文化产业经典案例解读

主　　编　　韩　英
执行主编　　张鲁君

山东大学出版社

图书在版编目(CIP)数据

文化产业经典案例解读/韩英主编. —济南:山东大学出版社,2017.1

ISBN 978-7-5607-5708-7

Ⅰ.①文… Ⅱ.①韩… Ⅲ.①文化产业—产业发展—案例—世界 Ⅳ.①G114

中国版本图书馆 CIP 数据核字(2017)第 027416 号

责任策划:陈海军

责任编辑:陈　珊

封面设计:张　荔

出版发行:山东大学出版社

社　　址　山东省济南市山大南路 20 号

邮　　编　250100

电　　话　市场部(0531)88364466

经　　销:山东省新华书店

印　　刷:济南景升印业有限公司

规　　格:787 毫米×1092 毫米　1/16

19.25 印张　435 千字

版　　次:2017 年 1 月第 1 版

印　　次:2017 年 1 月第 1 次印刷

定　　价:58.00 元

前　言

文化产业是一门理论＋实践的应用型学科，理论学习固然重要，实践案例的学习与研究同样不可或缺。众所周知，文化产业与诸多领域的发展密切相关，如互联网、影视传媒、旅游休闲、动漫会展等等。如今，文化产业在国家利好政策和科学技术飞速发展的共同推动下已经成为国家的支柱性产业和全民共同关注的事业。

在多年的教学实践过程中，我们十分注重搜集和整理文化产业领域的相关案例。本书的编写，即是由我们从中选取的中外典型案例集结而成。《文化产业经典案例解读》共设置八大板块，分别是：最新热点、学术经典、影视传媒、品牌动漫、民俗瑰宝、历史名城、文化遗产和体育娱乐。在每一板块，我们都精心挑选若干典型案例加以分析，希望通过这些案例能够为文化产业学习者和爱好者提供参考和借鉴，这也是本书编写的意义和价值之所在。若这些案例解读能对大家有所参考和裨益，亦不负我们所付出之努力。

编者

2016 年 12 月

目　录

最新热点

学术经典

影视传媒

品牌动漫

民俗瑰宝

历史名城

文化遗产

体育娱乐

最新热点

“互联网＋”与文化产业

随着互联网的高速发展，人们的生活正发生着日新月异的变化。在过去的二十多年里，中国93.5%的行政村已开通宽带，网民数达到6.5亿。2010～2013年，中国的IGDP① 从3.3%上升到4.4%，达到全球领先国家水平，为加快推进“互联网＋”的发展打下了坚实的基础。

互联网作为文化产业传播过程中产生的新媒介与新平台，打破了原有的传播模式，具有很强的灵活性与机动性。文化产业传播模式由原有的单向传播转变为双向传播，塑造了全新的经济结构。专家通过分析得出结论：“未来几年与互联网相关的文化产业将占所有文化产业的70%，成为文化产业中最有潜力的部分。”目前，“互联网＋”文化产业主要有两种形态：一是原本做文化生产营销的公司跟互联网平台相互融合，形成以文化生产和文化营销为主要业务的新型互联网公司；二是互联网企业进入文化产业这一领域，在其互联网业务的基础上开发与文化产业相关的业务。

一、“互联网＋”的提出

国内“互联网＋”理念的提出，最早可以追溯到2012年11月易观国际董事长兼首席执行官于扬在“易观第五届移动互联网博览会”上的发言。他在大会上提出：“在未来，‘互联网＋’公式应该是我们所在行业产品和服务。它是在与未来我们将要看到的多屏全网跨平台用户场景结合之后产生的一种化学公式。我们可以按照这样一个思路找到若干这样的想法。而怎么找到自己所在行业的‘互联网＋’，则是每个企业需要思考的问题。”

2014年11月，李克强总理在出席首届“世界互联网大会”时指出：“互联网是大众创业、万众创新的新工具。”这代表了互联网技术将带来新的商业模式和商业形态，为社会和市场注入一股新鲜的血液。

2015年3月，在全国两会上，全国人大代表马化腾提交了《关于以“互联网＋”为驱动，推进我国经济社会创新发展的建议》的议案。他呼吁，我们需要持续以“互联网＋”为驱动，鼓励产业创新、促进跨界融合、惠及社会民生，推动我国经济和社会的创新发展。

2015年3月5日，李克强总理在《政府工作报告》里指出：“要制定‘互联网＋’行动计

---

① 为衡量各国互联网经济规模，麦肯锡推出了IGDP指标，即互联网经济占GDP比例。

划，推动移动互联网、云计算、大数据、物联网等与现代制造业结合，促进电子商务、工业互联网和互联网金融健康发展。”

2015年7月4日，国务院发布《国务院关于积极推进“互联网＋”行动的指导意见》(以下简称《指导意见》)，其中指出：“‘互联网＋’是把互联网的创新成果与经济社会各领域深度融合，推动技术进步、效率提升和组织变革，提升实体经济创新力和生产力，形成更广泛的以互联网为基础设施和创新要素的经济社会发展新形态。”简单来讲，“互联网＋”就是以互联网为平台和载体，利用信息技术与各行业进行融合。

为了顺应互联网的发展趋势，《指导意见》中提出了发展“互联网＋”的五项基本原则：第一，坚持开放共享，营造开放包容的发展环境，将互联网作为生产生活要素共享的重要平台。第二，坚持融合创新，鼓励传统产业树立互联网思维，积极与“互联网＋”相结合。第三，坚持变革转型，充分发挥互联网在促进产业升级以及信息化和工业化深度融合中的平台作用，引导要素资源向实体经济集聚，推动生产方式和发展模式变革。第四，坚持引领跨越，巩固提升我国互联网发展优势，加强重点领域前瞻布局。第五，坚持安全有序，完善互联网融合标准规范和法律法规，增强安全意识，强化安全管理和防护，保障网络安全。

二、互联网如何“＋”文化产业

在“互联网＋”概念被正式提出并受到重视之前，互联网在文化产业领域已有了大的发展，例如网络音乐、网络文学、网络游戏等。

“文化产业方方面面都能与互联网、移动互联网结合，结合的过程会产生新的用户消费习惯，会不断产生新的市场需求，也会产生一批新的伟大的公司。”在2013年底举办的《2014中国文化产业峰会》上，百度董事长兼首席执行官、中国民营文化产业商会会长李彦宏就曾表示，文化产业与互联网，尤其是移动互联网结合将产生很大空间。

“企业能与互联网、移动互联网结合，垂直打通各个文化产业环节，把文化产业做大，给用户带来各种各样好的理念。在这样的大背景下，我们就有望共同创造适合于移动互联网的新型文化产业生态。”李彦宏认为，企业如果不能跟上时代步伐，不能感知到新的文化现象的产生，不能去研究移动互联网时代用户的行为、习惯和变化，就可能被淘汰。

在互联网高速发展的时代背景下，文化企业要与“互联网＋”产生良好的互动，首先，要有强烈的创新意识。当前信息传播速度快、传播平台多，如果没有独特的内容，企业很快就会被淹没在信息海洋当中。第二，要选择合适的传播平台，不能盲目撒网。为了追求传播效果而使用各种互联网平台，一定要找到与内容相符合的新平台、新方式，否则可能会收到适得其反的效果。第三，要遵守国家相关法律法规。在传播内容上要符合时代发展潮流，不违背社会价值观，不为了争取受众的注意力而进行恶意消费炒作。

三、“互联网＋”能为文化产业带来什么

“互联网＋”文化产业的出现，促进了文化生产力的新组合，通过整合硬件、软件、创意、资本等要素，正在形成具有极大包容性和连贯性的文化商业生态系统。在“互联网＋”的背景下，越来越多的有识之士正在积极探索，开发包括新技术、新服务、新业态等在内的

文化产业新模式。[①] 那么“互联网+”能为文化产业的发展带来什么呢？

（一）互联网带动文化消费

互联网的火热发展打破了许多传统行业的生产规则。以文学为例，随着互联网的渗透，文学并不再拘泥于以前单纯的读和写的模式，整个行业的宽度得到了较大的扩展。而互联网平台延伸到人的生活当中，使网络小说的读者被聚集起来，他们在同一个社交平台产生了个体间的社会联系，形成了互联网文学的基础。

在2015年7月14日召开的第六届“中国数字出版博览会”上，国家新闻出版广电总局副局长孙寿山透露，2014年我国数字出版产业收入规模再创新高，达到3387.7亿元，同比增长33.36%，数字出版产业收入占新闻出版产业收入的17.1%。多样化的文化载体带动了多元化的内容呈现方式与传播方式，成功吸引受众注意力，激发了其消费需求，产业形态进一步丰富，“互联网+文学”的互动方式将成为数字出版的新趋势。

在国际上，“互联网+文学”的模式已经趋于成熟，也出现了一些比较成功并为我们所熟知的案例。如《指环王》《暮光之城》，无一例外地都在这种模式下受到了市场的热捧。其中，《暮光之城》系列小说，在全球37个国家、以20多种语言出版，热卖超过7000万册，甚至挤下了《哈利·波特》，蝉联《纽约时报》第143周冠军。而根据同名小说改编的系列电影在全球已经收获了将近30亿美元的票房。由此可见，一部好的文学作品所能创造的经济价值与社会价值是巨大的。而在日本，在其成熟的ACG产业链下，当一部漫画累积了足够人气之后，就会被改编成动画或游戏，随后便进入影视领域。

我国文化产业随着经济的增长也到了发展的关键点。首先是国家政策的大力支持，国家“十二五”规划纲要明确要求“推进文化产业结构调整，促进文化产业的升级转型”；另外我国的原创文学市场估值已达70亿元，网络游戏市场规模达到1264.9亿元，影视市场规模达到400亿元，动漫市场规模达316亿元。文化产业的蓬勃发展为“互联网+文学”提供了良好的市场环境。[②] “互联网+文学”已经成为互联网企业在2015年重要的商业战略之一。百度、腾讯、阿里巴巴三大网络巨头都先后成立了网络文学部门。2014年11月，百度整合纵横中文网、熊猫看书、百度书城等成立百度文学；2015年1月，腾讯统一管理和运营起点中文网、创世中文网等网络文学品牌，成立了阅文集团；2015年4月，阿里文学正式成立，与新浪阅读、长江传媒签约合作。那么在新兴市场环境下，我们该如何使文学在“互联网+”这条道路上走得越来越远呢？

第一，要依托良好的网络平台，进行多平台、多元化的整合互动营销，将其影响范围扩大到最大化。中文在线曾经提出“一种内容、多种媒体、同步出版”的全媒体出版模式，将文学内容依托不同的平台呈现出不同的表现形态。第二，抢占独特的内容资源，进行IP[③]整合开发，把单独的IP发展成为一个IP体系，从而最大限度地挖掘其商业价值。而对粉丝们来说，IP开发创造是一种全新的消费体验，过去是电视剧拍什么观众看什么，而现在

① 参见花建：《“互联网+”释放文化产业新动能》，2015年8月25日《解放日报》。

② 参见童之磊：《“文学+”：数字出版新趋势》，2015年8月24日《中国文化报》。

③ IP是英文“Intellectual Property”的首字母缩写，原意为“知识产权”或者“智力成果权”，现在被引申为IP。它可以是文学作品、漫画、动画、电影、话剧、游戏，甚至只是一个概念，或者一个网络热词，只要有足够的人气，就可以后续衍生为电影、电视、游戏、音乐、动漫、文学、周边创意等各种文化产品。

是观众想看什么电视剧就拍什么。近期的《古剑奇谭》《盗墓笔记》都是依托原著而改编成的电视剧，其本身就有独特的内容，并且依靠周边衍生品和产业链的开发，使得利益价值得到了最大化。第三，要注重内容和渠道的融合。任何一家公司都无法控制整个产业链，以开放共赢的态度来进行跨界合作成为行业共识。在渠道扩展方面，百度关注爱奇艺，与华策影视共同成立华策爱奇艺影业，参与电影的投资。

“互联网＋”带来了数字出版的新模式、新方向。无论是互联网企业还是文学内容生产方，都应该互动联合起来，以消费需求为基础，整合开发产业链上下游，加深其合作范围，共同挖掘文学作品的深度价值，从而共享利润。

（二）互联网促进文化企业主动升级转型

在互联网的席卷之下，我们周围的行业几乎都在重新定义着自己。而在互联网冲击下，所受影响很深的传统媒体也顺应时代潮流，做出了自己的回应。以《人民日报》为例，它已经不再是一家单纯的报纸，而是“1 个旗舰＋4 个平台”的结构：“一个旗舰”就是被中央领导称为“中国媒体旗舰”的《人民日报》；“四大平台”则是指人民网 PC 平台、电子屏户外平台、新闻客户端移动平台，以及人民日报媒体技术公司正在搭建的全媒体平台。

在 2015 年全国两会报道中，《人民日报》试行了全新的报道机制，这一机制被称为“中央厨房”。《人民日报》媒体技术股份有限公司总经理叶蓁蓁这样介绍了“中央厨房”在两会期间发挥的作用：“我们分了四个角色，分别为联络员、服务员、程序员、推销员。采用这些名词，也是对内容生产的一种重新定义。”

叶蓁蓁这样形容四个角色的分工：“联络员是沟通中心，需要将前方记者的采访计划、采访任务，以及后方报纸、网站、客户端等渠道的需求进行汇总，实现前方与后方、上级与下级的信息无缝对接。服务员是生产中心，我们称之为内容定制团队，主要由资深编辑组成。之所以没有称之为‘编辑中心’，是因为他们的任务远远不止传统的编辑工作，而是主要承担再生产、再加工的任务。这个团队要把前方记者采集回来的‘食材’二次加工、三次加工，生产出多种类型的产品，以满足多种渠道的需求。我们把内容定制团队称为‘服务员’，是希望强调其为记者服务、为渠道服务、为用户服务的意识。程序员是技术中心，主要指我们的可视化团队，不仅包括传统的美编，还有 H5 程序员、UI（用户交互工程师）、UE（用户体验工程师）等人员，这个团队的功能是通过图解、视频、小游戏或者互动产品等可视化手段来呈现新闻。推销员是分发中心，负责将‘中央厨房’的全媒体产品分发给《人民日报》体系的新、老媒体，同时推送给有合作的所有国内新媒体，也可根据境外媒体的需要，翻译成十几种语言，向几百家主流媒体分发产品。”①

由此可见，在互联网平台的基础上，《人民日报》形成了完整的工业流程来进行新闻的采编与发布。这就像是一个连锁餐馆，记者去菜市场采购新闻素材，由大后方烹制成为各色菜品，提供给不同的餐厅供食客享用，并根据阅读平台的不同，针对同一条新闻的报道会有不同的风格。

“互联网＋”在推动文化企业升级转型的过程当中发挥了巨大的作用。在新的时代潮流下，文化企业要想不被淘汰，就必须结合自身特点推出新的文化商品和服务，从而满足

---

① 叶蓁蓁：《人民日报还只是报纸吗？》，《新闻与写作》2015 年第 9 期。

消费者的文化需求，进而提升国家的文化实力，巩固我国大国地位。

（三）互联网消除文化生产领域的壁垒

据不完全统计，2014 年文化传媒领域的上市公司共发生 169 例并购，至少有 1600 亿元资金流向了文化产业。以百度、阿里巴巴、腾讯为代表的一批互联网企业纷纷进驻包括影视、文学、音乐、游戏等等在内的众多领域。互联网企业对文化企业的并购和融资标志着互联网资本入驻文化生产领域。

随着网络技术与传播媒介的不断发展，人们的碎片化时间越来越多，对互联网的依赖性也在不断增强。早在 2011 年，腾讯公司副总裁程武在中国动画电影发展高峰论坛上，提出以 IP 打造为核心的“泛娱乐”构思。通过腾讯数年的布局和探索，“泛娱乐”战略已经成为腾讯在“互联网＋文化产业”领域中富有成效的运用。2014 年，文化部发布的《2013 中国网络游戏市场年度报告》中提到了“泛娱乐”概念，使其成为一种行业共识。腾讯提出在动漫、文学、影视、音乐等方面，都积极促进互联网产业与传统文化产业融合。以腾讯推出的儿童网络社区“洛克王国”为例，这是中国最大的儿童网络社区。社区历史最高在线账户数达到 100 万，同名系列大电影已推出四部，舞台剧刷新了中国儿童舞台剧单场演出最高票房纪录。围绕一个线上的儿童网络社区，洛克还衍生出了图书、动画片、周边产品等多种“泛娱乐”形态，成为腾讯尝试的第一个“泛娱乐”全产业链。

2014 年 3 月，阿里巴巴进驻电影行业，以 62.44 亿港元投资，获得“文化中国” 59.32％股份，成为“文化中国”的第一大股东。随后，阿里巴巴将“文化中国”更名为“阿里巴巴影业”。阿里影业 CEO 张强表示：“在强化线下渠道的固有优势之外，阿里影业将以‘娱乐宝’众筹项目作为前期的项目预热，以电商平台作为重要的电影票销售渠道和影片宣传媒体，充分利用淘宝的流量为影片造势，并通过‘支付宝’平台来吸引用户购买电影票。阿里影业和以娱乐宝、淘宝电影为代表的阿里生态圈的深度结合，将成为阿里影业产业构建中的核心优势。”同年 11 月，阿里创投以 15.3 亿元入股“华谊兄弟”，占股 8.08％，成华谊兄弟第二大股东。2015 年 3 月 4 日，光线传媒发布公告称，阿里巴巴集团斥资近 24 亿元购入 9909 万股光线传媒增发股，占公司发行后总股本的约 8.8％，成为公司第二大股东。针对阿里巴巴的大手笔收购，张强这样回应：“阿里影业旨在打造一个制作内容优质、具备多渠道发行及创造商业发展机会的领先综合平台。”

复星文化产业集团董事总经理钱中华说：“互联网颠覆了经济，也颠覆了文化产业，形成了新的文化产业生态链，文化要根据自身的情况不断进行提升，并在这个新的生态链中找准自己的位置。”一个新的平台出现，必然会引起一系列传播生产方式的变革。互联网平台催生了文化企业新的产业链，从横向上来看，企业之间的界限被打破，没有任何一家企业可以完全操控整个文化生产的产业链，企业之间必须进行精诚合作才能获益；从纵向上来看，文化企业在技术集成、内容制作、产品运营以及版权贸易等方面进行改革创新，从而占据较大的市场份额，获得生产利润的最大化。

（四）互联网思维催生新的服务

创新的互联网思维往往会催生新的服务，这些服务可能是从传统行业所发展进化而来，也可能是根据当下时代潮流而产生的新服务。在互联网思维指导下所成立的 Uber 就是一个典型代表。Uber 中文名为“优步”，它是一款由国际集团优步开发的连接乘客和司机、提供载客车辆租赁及实时共乘的分享型经济服务的移动应用程序。乘客可以通过发送短信或是使用移动应用程序来预约这些载客的车辆，利用移动应用程序时还可以追踪车辆的位置。

Uber 创立之后，在硅谷迅速火了起来，并开始向全美市场蔓延。2013 年，在其创业 4 年后，开始进入中国、德国、法国、英国和日本等全球 56 个国家和地区，服务范围超过 300 个城市。作为一家互联网企业，它格外受到市场追捧，在 2014 年获得 12 亿美元第一轮融资后，公司估值飙升至 182 亿美元。

作为互联网时代一种典型的分享经济的业务模式，Uber 最核心的竞争力其实来源于互联网思维里的便捷性。即用户只需要用几秒钟的时间，在安装了 Uber 客户端的智能手机上就可以完成一个订单，并免除了打不到出租车的烦恼。这并不是 Uber 全部的竞争优势，据了解，Uber 在后台会持续关注用户数据，包括使用 APP 的群体有哪些，打算使用 APP 的群体又有哪些。它会根据具体情况为每一个城市制定一套独特的打车服务，在用户体验上争取达到消费者满意程度的最大化。

这就是互联网为生活所带来的便利化——在智能手机上轻轻一点就能打到车，在家足不出户就能购买到生活用品，甚至可以在互联网上找到厨师来家里做饭。这些新兴服务都是以互联网平台为基础而发展壮大的。创新的互联网思维成为驱动发展的先导力量，深刻地改变着人们的生产生活方式。

四、小结

“互联网＋”就是利用互联网平台，通过先进的信息技术把互联网跟社会上的各行各业结合起来，从而在行业领域内创造一种新的业务形态。“互联网＋文化产业”不是简单的物理连接，而是要超越连接，产生“1＋1＞2”的效果。互联网将为文化产业带来新的活力，使其从不同的角度满足消费者的体验和需求，进一步壮大文化产业的力量。

☞ 参考文献：

1. 戴宇：《交流：创新驱动新常态“互联网＋”如何加文化》，2015 年 3 月 13 日《中国文化报》。

2. 童之磊：《“文学＋”：数字出版新趋势》，2015 年 8 月 24 日《中国文化报》。

3. 刘阳：《解析：“互联网＋电影”深度融合，好戏能否上演》，2014 年 4 月 21 日《人民日报》。

4. 叶蓁蓁：《人民日报还只是报纸吗？》，《新闻与写作》2015 年第 9 期。

5. 鲁元珍：《“互联网＋”给文化产业带来什么》，2015 年 3 月 27 日《联合日报》。

6. 邹岩：《Uber 生死劫：一场互联网思维和现实矛盾的较量》，《IT Time Weekly》2015 年 5 月 15 日。

7. 郭万超：《互联网文化产业发展的四个新态势》，《中国国情国力》2015 年第 7 期。

8. 牛梦笛：《互联网＋电影：“谁为谁打工”不重要》，2015 年 5 月 8 日《光明日报》。

9. 花建：《“互联网＋”释放文化产业新动能》，2015 年 8 月 25 日《解放日报》。

10. 谭丁：《加速“互联网＋文化产业＋”的跨界融合——第六届中国文化产业论坛综述》，《前线》2015 年第 8 期。

“一带一路”与文化产业新格局

一、“一带一路”是什么

(一)“一带一路”的内涵

“一带一路”(One Belt One Road 或 the Belt and Road Initiative,缩写为 OBOR)是“丝绸之路经济带”和“21 世纪海上丝绸之路”的简称,是中国国家主席习近平总书记于 2013 年 9 月和 10 月访问哈萨克斯坦和印度尼西亚时分别提出的共同建设“新丝绸之路经济带”和“21 世纪海上丝绸之路”的战略构想。2014 年 12 月,中央经济工作会议把“一带一路”确定为优先经济发展格局的三大战略之一。

在 2015 年 3 月 27 日召开的“海南博鳌亚洲论坛”上,中国国家发展改革委、外交部和商务部联合发布了《推动共建丝绸之路经济带和 21 世纪海上丝绸之路的愿景与行动》(以下简称《愿景与行动》),这标志着“一带一路”战略进入了全面推进建设阶段,将对中国的发展产生历史性影响。

根据《愿景与行动》,“一带一路”旨在促进经济要素有序自由流动、资源高效配置和市场深度融合,推动开展更大范围、更高水平、更深层次的区域合作,共同打造开放、包容、均衡、普惠的区域经济架构。“一带一路”框架强调“共商、共建、共享”的原则,坚持“和平合作、开放包容、互学互鉴、互利共赢”的核心理念,包含“政策沟通、设施联通、贸易畅通、资金融通、民心相通”五个合作重点,共同打造政治互信、经济融合、文化包容的利益共同体、命运共同体和责任共同体。

(二)“一带一路”的涵盖范围

丝绸之路经济带战略涵盖东南亚经济整合、东北亚经济整合,并最终将二者融合在一起通向欧洲,形成欧亚大陆经济整合的大趋势。21 世纪海上丝绸之路经济带战略从海上联通欧、亚、非三个大陆,和丝绸之路经济带战略形成一个海上、陆地的闭环。①

丝绸之路经济带圈定了新疆、陕西、甘肃、宁夏、青海、内蒙古、黑龙江、吉林、辽宁、广西、云南、西藏、重庆 13 省市。21 世纪海上丝绸之路圈定了上海、福建、广东、浙江、海南 5 省市。共计 18 个省、自治区、直辖市被圈定为丝绸之路经济带。根据《愿景与行动》,新疆被定位为“丝绸之路经济带核心区”,福建则被定位为“21 世纪海上丝绸之路核心区”。

---

① 参见王义桅:《中欧在海上丝绸之路的合作》,《国际援助》2015 年第 1 期。

而对于其他城市的定位,《愿景与行动》也有所说明,将广西定位为21世纪海上丝绸之路与丝绸之路经济带有机衔接的重要门户,要发挥广西与东盟国家陆海相邻的独特优势,加快北部湾经济区和珠江-西江经济带开放发展,构建面向东盟区域的国际通道,打造西南、中南地区开放发展新的战略支点。将云南定位为面向南亚、东南亚的辐射中心,发挥云南区位优势,推进其与周边国家的国际运输通道建设,打造大湄公河次区域经济合作新高地。对于陕西、甘肃、宁夏、青海四地的定位是,形成面向中亚、南亚、西亚国家的通道、商贸物流枢纽、重要产业和人文交流基地。发挥陕西、甘肃综合经济文化优势和宁夏、青海民族人文优势,打造西安内陆型改革开放新高地。加快兰州、西宁开发开放,推进宁夏内陆开放型经济试验区建设。对沿海诸市的定位是,加强上海、天津、宁波-舟山、广州、深圳、湛江、汕头、青岛、烟台、大连、福州、厦门、泉州、海口、三亚等沿海城市港口建设,强化上海、广州等国际枢纽机场功能。对内蒙古、黑龙江、吉林、辽宁、北京的定位是,建设向北开放的重要窗口。发挥内蒙古联通俄、蒙的区位优势,完善黑龙江对俄铁路通道和区域铁路网的建设,以及黑龙江、吉林、辽宁与俄远东地区陆海联运合作,推进构建北京-莫斯科欧亚高速运输走廊。

此外,《愿景与行动》还明确了其他相关区域的功能定位。例如,推进西藏与尼泊尔等国家边境贸易和旅游文化合作,加快推动长江中上游地区和俄罗斯伏尔加河沿岸联邦区的合作,推进浙江海洋经济发展示范区、福建海峡蓝色经济试验区和舟山群岛新区建设,加大海南国际旅游岛开发开放力度。对于港澳台地区,《愿景与行动》提出:"发挥海外侨胞以及香港、澳门特别行政区独特优势作用,积极参与和助力'一带一路'建设。为台湾地区参与'一带一路'建设作出妥善安排。"①

二、各省市推出"一带一路"的实施方案文化含量占几分

在国家"一带一路"政策的指导下,很多省市的"一带一路"实施方案已经成型。据统计,截至2015年8月,重庆、上海、黑龙江、山西、湖北、湖南、福建、山东、江苏、四川、广东、陕西、江西、新疆、甘肃等省区市的"一带一路"实施方案已经成型,或已按程序报送,或已正式对外发布。在各省市推出的方案中,文化及文化产业是否有一席之地呢?

新疆作为丝绸之路经济带核心区,其初步方案提到将建设文化科教中心。新疆将把中国新疆丝绸之路国际民族舞蹈节、中国-亚欧博览会"中外文化展示周"、新疆国际艺术双年展和新疆丝绸之路文化创意产业博览会打造成对外文化交流品牌项目,扩大新疆在丝绸之路经济带上同各国之间的文化艺术双向交流和民间文化交流。

福建作为"21世纪海上丝绸之路"的核心区,其对接"一带一路"的实施方案已经基本形成送审稿,将尽快按程序报批实施。泉州市正在着手制定《泉州市建设21世纪海上丝绸之路经贸文化合作先行区行动方案》,筛选配套项目180个。厦门市在基础设施、招商引资、对外投资、海洋合作、旅游会展、人文交流六大领域,已确定了39项"一带一路"重点项目。

陕西在《"一带一路"建设2015年行动计划》中提出,陕西将打造丝绸之路国际文化交

① 参见崔鹏:《"一带一路"最终圈定18省,福建和新疆成核心区》,2015年3月28日《人民日报》。

易中心等。在“密切人文交流合作”部分，明确提出积极发展文化保税产业，加快陕西国际文化贸易基地建设，拓展文化进出口业务，加快“丝绸之路国际文化城”文化策划和项目规划建设，积极引入战略投资者。

甘肃“一带一路”工作重点之一为丝绸之路（敦煌）国际文化博览会。截至2015年8月，《丝绸之路（敦煌）国际文化博览会总体方案》正在审议当中。计划年内或先行举办丝绸之路（敦煌）国际文化博览会成立大会，2015年9月中旬做好各项筹备工作，2016年6月在敦煌正式举办首届博览会。

江西于2015年6月25日推出《江西省参与“一带一路”建设优先推进项目》（2015～2017年），共涉及对外通道建设项目、经贸合作项目、人文交流项目、重大开放支撑平台5个大方面26类小项目。主要任务为推动基础设施互联互通，打造连接“一带一路”内陆通道；加强产业合作，建设具有国际影响力的特色产业；深化经贸往来，大力开拓沿线国际市场；加强人文交流，促进丝绸之路友好合作；搭建合作平台，拓展“一带一路”交流渠道。

黑龙江提出了构建黑龙江“陆海丝绸之路经济带”的设想，围绕“中蒙俄经济走廊”建设，抓紧实施《“中蒙俄经济走廊”黑龙江陆海丝绸之路经济带建设规划》（以下简称“龙江丝路带”），相关工作初见成效。黑龙江关于“龙江丝路带”的建设初步形成了包括总体规划、实施方案、年度推进计划等在内的规划实施体系。

广东于2015年3月草拟《广东省参与建设“一带一路”的实施方案》，上报国家“一带一路”建设工作领导小组办公室，并获得批复。5月22日，省委常委会审议并通过《实施方案》。其实施方案提出了九方面设想，其中包括提高旅游合作水平、密切人文交流合作、健全外事交流机制等。同时梳理形成了《广东省参与“一带一路”建设实施方案优先推进项目清单》，一共有68个项目，总投资达550多亿美元，涵盖了基础设施建设、能源资源、农业、渔业、制造业、服务业六个领域。广东将积极与沿线国家签订《旅游合作框架协议》《旅游合作备忘录》等整体性协议，促进更多的广东旅客到沿线国家旅游观光，开设广东驻海外旅游合作推广中心，并筹划一批跨境丝绸之路主题旅游项目。

山东进一步完善推进“一带一路”建设实施方案，加强与沿线国家在投资贸易、海洋领域、基础设施的合作交流。在人文交流方面，将以旅游、教育、科技、文化、社会事业等领域交流合作为切入点，加强山东与沿线国家的人文交流与合作，促进经贸合作关系的提升。突出抓好青岛、烟台、日照、济南等节点城市、支点城市建设，把这些城市打造成为改革开放高地、开放型经济高地，使其在山东融入“一带一路”建设中发挥重要支撑作用。

2015年8月14日，湖南省人民政府印发《关于印发〈湖南省对接“一带一路”战略行动方案〉（2015～2017年）的通知》，明确行动重点是装备产能出海、对外贸易提升、引资引技升级、基础设施联通、服务平台构筑、人文交流拓展“六大行动”。其人文交流拓展行动的行动目标为，力争到2017年，文化产品进出口贸易额达到13亿美元，年均增长15%以上；国际旅游收入达到10亿美元左右；招收沿线国家留学生数量年均增长10%；建立一批与沿线国家和地区政府间定期合作交流机制，结对一批友好城市，并加强文化旅游合作。与沿线国家和地区、中西部各省区合作开发旅游线路，互办旅游推广周、宣传月，拓展旅游市场。充分利用湖南卫视、中南传媒的平台优势和湖湘文化的国际影响力，扩大与沿线国家在文化体育、广播影视、新闻出版、文艺演出等方面的交流合作，互办文化年、艺术节、文化遗产展览展示、体育赛事等活动，合作开展文物考古发掘，加强对外文化中介机构和海外营销渠道建设，推动文化创意产业、特色文化产业和特色文化产品“走出去”。

此外，上海也积极开展文化旅游合作，江苏省将重点建设中捷水晶文化产业合作园。从这些省、市推出的政策中，不难看出文化或多或少都占据了一席之地，这也意味着文化产业在新环境、新政策的指导下，迎来了另一个发展的春天。借着“一带一路”这股春风，文化产业将展现出强劲发展势头，为实现强国梦而助力。

三、文化产业借力“一带一路”

在国家提出“一带一路”战略的大背景下，文化产业在发展上迎来了新的机遇，同时也面临着新的挑战。

（一）机遇就在那里

“一带一路”是以经济贸易与文化发展为双核心的战略。“丝绸之路经济带”和“21 世纪海上丝绸之路”沿线各国间的关系既需要经贸合作，又需要文化交流。通过实施这一战略，能进一步深化我国与沿线国家的文化交流与贸易往来，促进区域间共同发展。那么，“一带一路”战略为文化产业的发展插上了怎样的翅膀呢？

首先，“一带一路”开拓了文化产业的市场。人们在满足了物质生活的需求之后，转向精神文化需求，从而使文化消费成为市场主体的一部分。文化消费需要广阔的市场，而“一带一路”战略强调各国间的文化交流，使不同文化背景的各国、各地区、各族人民间的交流更为密切，为各种优秀文化的传播提供了有效的路径，也意味着为文化消费、文化产业的“走出去”开辟了道路。文化产业可以利用国内和国际两个市场、两种资源的优势，更加积极地参与国际分工和经济转型，使文化的传播更加广泛、文化的影响力更大，发展文化产业更大的市场空间。

其次，“一带一路”为各国文化融合创新开辟了渠道，从而丰富了文化产业的资源储备。不同的社会政治背景，造就了各国、各地区丰富多彩的文化特色。中华文化在几千年的历史演变中，并不是固步自封的，也受到其他民族、国家、地区的影响，在凸显自我民族个性的同时，也在不断吸收外来文化的精华，丰富本国的文化。在“一带一路”战略的指导下，各国、各地区、各民族的文化得到进一步的交流，使得文化得到进一步的生长和创新。各国加大了文化的对外开放水平，通过文化的交流、传承和创新，使古老文明焕发出新的活力。这种相互交融为文化产业提供了资源积累，为其在创意改造、技术创新方面打下了坚实的基础。

再次，文化产业可以依托“一带一路”沿线优越的自然条件、丰富的民族文化和深厚的历史文化积淀，进行影视方面的开发。我国是文化资源大国，新的环境下可以促进传统产业的转型升级。比如，可以把古代传说改编成电视剧、电影、舞台剧等。借助“一带一路”带来的开放机遇，让中国文化走出去，打造我国文化品牌，促进文化消费，推动文化的大发展、大繁荣。

最后，“一带一路”战略促进我国文化产业形成新的空间布局。从全球范围看，文化产业和创意经济的发展，显示出区域化、规模化的的发展趋势。它们并不是均衡地分布在各个地方，而是“闻风而动”，在科技发达、文化繁荣、政策完善、市场健全的地方集聚。我国地域辽阔、人口众多，具有资源分布不均衡、区域发展不平衡的特性，“一带一路”战略联结各省、市相互合作，推动要素资源在不同区域间快速流动。以文化产业服务平台为体系，汇集各地的文化生产力，形成了一个互联互通的经济文化合作网络，从而规整了文化产业的发展布局，促进其优化升级，创造出更好的经济效益。

（二）文化产业怎么做

在当今的国际形势下，文化“走出去”已经不是单纯的由内向外传播的过程，一味的强势推广和单向传播的模式往往会影响文化“走出去”的成效。文化是互动的，文化产业在“走出去”的过程当中，要打破简单的单向传播方式，要考虑到文化接收地的实际情况并注意收集其反馈信息。文化传播需要在理解尊重和互利共赢的基础上进行。

文化日益成为推动经济增长的重要力量和增强综合国力竞争的重要因素。文化产业目前已成为文化流动的基本形式，文化产品和文化服务已经在国际贸易当中占据了一席之地，文化产业的传播思维应该由“跟随顺应”向“引领主导”转变。如过去30年来，我国电影主要考虑的都是如何融入世界规则体系。如今，在交流沟通的大背景下，电影国际化的重要性越来越强，我们不能再被美国式电影的规则所引领，倡导新的电影规则体系成为必需。

文化产业要改变单一的参与方式，形成活跃的交流层次。在以往的文化交流当中，政府并没有充分利用民间企业、非政府组织等公共外交资源。传统的以政府为主导的文化交流渠道在全球化背景下显得过于单薄，传播效果也不明显。以电影为例，我们要构建电影交流和合作机制，与“一带一路”沿线区域国家和地区，利用官方、民间、学术机构等多种途径，通过互联网、实地等各种手段，经由电影教育、电影节、合作制片等多种形式，建立差异化的电影交流和合作机制①，积极推动中华文化走出去，扩大其影响力。

四、小结

在互联网时代，我们应该建立起一种平台，这个平台既能提供内容的分享，又能动员所有人来做内容和开发。在“一带一路”战略的支持下，我们可以跟各国之间形成多国的、互联网上的平台互动。这种交流互动可以用合作投资的方式来完成，建构出大众文化的互惠共同体。文化“走出去”，应进入互动、合作的新状态，不是中国文化强势输出，而是跨文化合作与开发。文化产业借力“一带一路”，努力实现中国沿线各国的全方位交流和合作，促进文化产业的又好又快发展。

☞ 参考文献：

1. 王义桅：《中欧在海上丝绸之路的合作》，《国际援助》2015年第1期。

2. 崔鹏：《“一带一路”最终圈定18省福建和新疆成核心区》，2015年3月28日《人民日报》。

3. 侯光明：《“一带一路”下的中国电影国际化策略思考》，《北京教育》2015年第7期。

4. 陈飞：《六大重点行动对接“一带一路”，力争到2017年，形成湖南省内交通网与“一

① 参见侯光明：《“一带一路”下的中国电影国际化策略思考》，《北京教育》2015年第7期。

带一路"陆海大通道直接连通的大格局》,2015 年 8 月 18 日《长沙晚报》。

5. 作者《2015 中国文化财富榜暨"一带一路"文化发展高峰论坛回眸》,2015 年 5 月 23 日《中国文化报》。

6. 陈恒、任维东:《特色文化产业融入"一带一路"》,2015 年 8 月 20 日《光明日报》。

7. 西沐:《"一带一路"战略格局中文化产业发展四个反思》,2015 年 6 月 5 日《中国出版传媒商报》。

8. 虚革:《"一带一路"格局中的文化产业发展》,2015 年 4 月 4 日《团结报》。

9. 花建:《"一带一路"战略与我国文化产业的空间新布局》,《福建论坛(人文社会科学版)》2015 年第 6 期。

10. 吴忠:《在"一带一路"战略实施中推动中华文化走出去》,2015 年 8 月 18 日《深圳特区报》。

《广告法》的修订在业内引起大反响

一、《广告法》的修订背景

广告业是文化产业和现代服务业的重要组成部分，在塑造优质品牌、展示国家形象、推动产业创新方面起到了极大的积极作用，能够引导消费、拉动内需、传播先进文化，为构建社会主义和谐社会打下坚实的基础。伴随着改革开放的春风和社会主义市场经济的日益完善，我国广告业取得了辉煌的成就。我国广告年经营额在2014年达到5600亿元，广告市场总体规模居世界第二位，为促进经济社会的发展做出了积极贡献。

在公布新《广告法》之前，我国实行的《广告法》于1994年10月27日公布、1995年2月1日实施。在过去20年的时间里，在规范广告经营行为、维护广告市场秩序、保护消费者合法权益等方面，《广告法》都发挥了举足轻重的作用。但是，随着我国现实条件的变化，广告业迅速发展，其经营环境与手段都发生了很大的变化，广告监管工作也面临着许多新情况、新问题。此次《广告法》的修订，是为了适应时代发展潮流，为了在广告监管过程中有法可依，是新形势下规范广告市场秩序、规范广告执法的要求，是促进广告行业持续健康发展的要求，也是保护消费者合法权益的一项重要举措。

2015年4月24日下午，第十二届全国人大常委会第十四次会议表决通过新修订的《广告法》，新《广告法》将于2015年9月1日起施行。新《广告法》由原来的49条变为现在的75条，充实和细化了广告内容准则，明确了虚假广告的定义和典型形态，进一步提升法律责任的震慑力，有力保障了广告产业的发展、有效整顿了广告市场秩序，为广告业在人民群众和消费者当中树立良好形象起到了促进作用。

二、新《广告法》到底“新”在哪儿

此次《广告法》修改的幅度非常大，由原来的49条变为现在的75条，其中新增了33条，删除了3条，同时修改了37条，真正原文保留一个词没有动的只有8条。此次修改可以概括为以下十个特色。

第一，充实和细化广告内容准则。旧《广告法》对一些内容准则的规定原则性比较强、规定范围较窄，修订后的《广告法》则更加丰富了内容准则。比如说完善了保健食品、药品、医疗、医疗器械、教育培训、招商投资、房地产、农作物种子等广告的准则。也就是增加进来了人民群众关心的热点问题，包括与人民群众的消费、生活健康密切的问题。

第二，明确虚假广告的定义和典型形态。新《广告法》规定广告有下列情形之一的，为虚假广告：商品或者服务不存在的；商品的性能、功能、产地、用途、质量、规格、成分、价格、生产者、有效期限、销售状况、曾获荣誉等信息，或者服务的内容、提供者、形式、质量、价格、销售状况、曾获荣誉等信息，以及与商品或者服务有关的允诺等信息与实际情况不符，对购买行为有实质性影响的；使用虚构、伪造或者无法验证的科研成果、统计资料、调查结果、文摘、引用语等信息作证明材料的；虚构使用商品或者接受服务的效果的；以虚假或者引人误解的内容欺骗、误导消费者的其他情形。对于过度宣传和刻意引导等过去广告商和媒体“打擦边球”惯用之术，新法明文规定，这些均属于虚假广告。

第三，新增广告代言人的法律义务和责任的规定。广告代言人问题是社会和媒体比较关心的问题。在广告当中经常有一些明星、专家、社会知名人物做某产品的推荐和代言。旧《广告法》中对这些代言人是没有法律规制的，此次《广告法》修订中对明星代言也作了法律责任规定。因为明星代言是要收费的，有的代言收费还很高，不能只收钱、只有利不担责。这次规定，只要代言的是虚假广告，代言人同样负有连带责任。

第四，严控烟草广告发布。中国于 2003 年 11 月 10 日正式签署《烟草控制框架公约》。2003 年 11 月，中国成为该公约的第 77 个签约国。2005 年 8 月，全国人大常委会表决批准了该公约，并于 2006 年 1 月生效。中国承诺将在 2011 年 1 月 9 日起在公共场所全面禁烟。所以烟草广告成为工商机关监管的重点。从 2014 年的情况来看，烟草广告在广告市场占的比例已经接近百分之零点零几，违法烟草广告案件的数量在全体广告案件中的比重也比较少，烟草广告秩序还是比较好的。但尽管如此，这次新《广告法》当中对烟草广告作了更加严格的规定，如禁止在一切大众媒体和公共场所发布烟草广告，禁止变相地发布违法广告。

第五，新增关于未成年人广告管理的规定。“不得在中小学校、幼儿园内开展广告活动，不得利用中小学生和幼儿的教材、教辅材料、练习册、文具、教具、校服、校车等发布或者变相发布广告，但公益广告除外。”比如说在学校、幼儿园等少年儿童经常活动的场所里面不能做广告，特别是在教材里面是不能做广告，这是为了给孩子的身心打造一个干净的环境，不要从小就受到商品的干扰。除此之外，新《广告法》还规定“不得利用不满十周岁的未成年人作为广告代言人”，儿童可以作为广告的表演者但不能做广告的代言人。比如家居广告要表现其产品的舒适性，可以出现家长抱着儿童玩耍的画面，这类广告可以出现儿童形象，且广告商要为儿童支付表演劳务费。而广告代言人一般会与广告商签署长期的代言合同，广告商支付的是高额的代言费，而非劳务费。新《广告法》实施后，对违法利用十周岁以下儿童做代言人的行为，工商部门会依法查处。

第六，新增关于互联网广告的规定。互联网是一个新生事物，在旧《广告法》当中没有关于互联网广告的章节，因为那时候互联网广告还没有或者刚刚出现。这次对互联网广告有了规定，“利用互联网从事广告活动，适用本法的各项规定。利用互联网发布、发送广告，不得影响用户正常使用网络。在互联网页面以弹出等形式发布的广告，应当显著标明关闭标志，确保一键关闭”。

第七，强化对大众传播媒介广告发布行为的监管力度。传媒是广告主体的最后一道把关主体，一定要当好把关人的角色。只要传媒不去发行违法广告，消费者、人民群众也就看不到，所以传媒在发布广告当中也承担着重要责任。因此，这次对发布广告的媒体和平台也做了严格规定，并且也加大了对其的处罚力度。

第八，增加公益广告，扩大《广告法》调整范围。我们在媒体上经常见到公益广告的身影，这次把它写到法律里，作为一种法定的职责发布，要求媒体也要承担发布公益广告的责任。

第九，明确和强化工商机关及有关部门对广告市场监管的职责职权。比如，对工商机关的要求是，接到投诉以后七天以内应予处理。对于工商机关发现违法广告后查处不力而使违法广告长久发布没有受到处罚的，要对行政执法机关问责。情节严重的，如在里面有收受好处、渎职失职等行为的要追究刑事责任，这就表示对工商机关执法监管的要求更高了。

第十，进一步提高法律责任的震慑力。这次罚款金额进 步提高了，比如过去对媒体、广告主发布的广告，根据广告费用的不同，罚款为广告费用的一到五倍，现在是三到五倍。还有对于的广告费用难以计算的，现在最高可以罚 200 万。处罚力度加大，将加强对违法广告的震慑。

新修订的《广告法》对虚假广告重拳出击，广告一旦违法，将受到严惩。同时，明确了虚假广告的定义和典型形态，对重点领域划出了红线，消除了模糊地带。原来《广告法》只有 7 种商品和服务的广告准则，这次增加到 17 种。凡是和消费者生产生活联系比较紧密的，几乎都囊括了进来。增加的部分也都是前几年违法广告发生率比较集中的地方。同时，理清了具体责任，对广告代言人和广告发布者的法律义务和责任作了明确规定，也强化了对大众传播媒介广告发布行为的监管力度等。

三、文化产业正面迎上新《广告法》

新《广告法》的治理核心是打击虚假广告的发布，这直接影响到媒体单位的经营创收。据相关人士推测，目前电视广告中有 30%受新《广告法》影响，电台广播和报纸有 90%受新《广告法》影响，网络媒体有 60%受新《广告法》影响。新《广告法》施行后，违规的广告将撤去，电视广告将出现空余时间、报纸和网络将有空白的版面，文化产业势必受到一定的冲击与损失。那么在这种情况下，文化产业行业又会作出怎样的反应呢？

（一）新《广告法》对文化产业的冲击

新《广告法》出台后，其威力横扫各大行业，也横扫许多我们已经司空见惯的广告形式，尤其对媒体经营带来了大的影响。新法的波及范围相当之广，给许多广告主、广告代理公司和媒体的广告业务造成了消极影响。突破传播整合视频部门经理周翼觉得，“此次新《广告法》的出台，对广告行业会带来相当大的影响，其法律法规针对目前传统的广告形式而言可以说是颠覆性的，传统媒体单位的经营创收将会受影响”。

第一，在经济形势整体不容乐观的压力下，保健食品、药品、医疗、医疗器械、教育培训、招商投资、房地产和农作物种子等成为广告市场的“宠儿”，此类广告曾大量出现在不上星的地方卫视、报纸和互联网上。但随着新《广告法》的出台，划清了广告违法的界限，这些领域的广告失去了“保护伞”，将直接被禁播，导致了媒体广告收益的下降，广告收入也将会有一定幅度的下降。如果媒体违规播放上述领域的广告，执法部门在有法可依的情况下，将可以直接惩处媒体。

第二，利用名人效应进行过度宣传和刻意引导是广告商和媒体过去的常用手段。而新《广告法》明文规定，这些均属于虚假广告的范畴，是有关部门严厉打击的对象。而据统计，世面上涉及明星代言的广告占传统媒体广告的50%之多。没有广告代言人，广告的生动性将大大减弱，广告的创意、传播以及促销作用都会大幅下降。这类明星、专家、社会知名人物做产品代言的广告一旦被撤下，在媒体方面无异于掀起了一场大的波澜。

第三，新《广告法》出台了针对互联网广告的管理办法。新法规定，未经接受者同意，不得以电子信息方式向其发送广告；如果发送，应当明示发送者的身份和联系方式，并向接收者提供拒绝继续接收的方式。例如在QQ邮箱中，用户可以在邮箱设置中选择添加感兴趣的广告，对于定期发送的广告邮件，每封邮件下均有“退订本栏目”或“点击即可退订该广告”的选项。为用户设置“同意”“拒绝”还是“退订”的选择，不仅是对广告主的约束，同时也是对消费者选择权尊重的体现。除了投放广告需要经过用户同意外，飘窗广告和弹窗广告等广告方式也会被终结。新《广告法》规定，互联网广告的发送不得影响用户正常使用网络，互联网广告应当显著标明关闭标注，并确保一键关闭。而受到“一键关闭”条款影响最大的，可能是视频类网站。在腾讯、优酷等视频网站观看视频时，通常都有几十秒的广告时间，而只有网站会员才能“一键跳过”广告。电子商务行业分析师梁振鹏认为，“这几十秒的广告往往占据了视频网站的大部分流量，这是视频网站的主要收入来源之一。新《广告法》要求一键关闭的广告范围也包含此类广告，这样一来，不仅可能给视频网站带来流量损失，也会使网站会员和非会员的差别缩小，减少会员的购买人数”。

第四，新《广告法》对于发布广告的媒体和平台也作了严格规定，并且加大了处罚力度。显然，这一招就是对所有的媒体平台亮剑，如果媒体只看钱不看广告质量，在广告播放时，不讲道德和法律，那么一定会受到严厉的处罚。在以往各类硬性广告中，会展行业经常使用的“国家级”“最高级”“最佳”等极限用语将被全面禁止。新《广告法》还明确禁止“使用或者变相使用国家机关、国家机关工作人员的名义或者形象”用于广告推广。另外，较多会展组织在投放广告时，偏好引用数据来显示展会的实力，新《广告法》规定：“对广告中使用数据、统计资料、调查结果、文摘、引用语等引证内容的，应当真实、准确，并表明出处。引证内容有适用范围和有效期限的，应当明确表示。”所以，会展在打出“上届展会接待观众总数达到××人次”类似的广告时，需要有确实的证据来证明，而不能像以前那样随意捏造数据。

（二）新《广告法》施行后对媒体经营行业的影响

2015年上半年，广告行业以5.9%的降幅呈现新常态，这是中国传统广告行业首次出现下降。其中电视下降超过了10%，报纸下降34%，广播下降14.4%。新《广告法》施行后，在媒体经营行业将卷起怎样的波澜我们不得而知，只能根据当下情况作出些许判断。

首先，或将有成批的广告公司倒闭。目前经济形势不容乐观，商品市场疲软，加之新《广告法》的施行，许多产品不做广告了，也有许多产品做不了广告了，那么失去了“源头”的广告公司也将成为“枯水”。

其次，部分电视媒体或将出现亏损。新《广告法》所规定的很多商品都是省级地面不上星频道、市级卫视和县级台的主要客户群，这些广告一旦流失，将使这些电视台失去大批业务，从而导致经济效益的下降。

除此之外，互联网广告等新媒体广告创收也步入低谷。互联网等新媒体广告快速发展主要有两个原因：一是相对于传统媒体来说，传播速度快、传播平台广、覆盖人群面广，从而对传统媒体造成了很大的受众分流。二是广告管理不对等。旧《广告法》并没有对互联网广告做出明确规定，像未经用户同意，通过特殊渠道投放弹窗广告的灰色产业链一直存在。而新《广告法》施行后，互联网不能再为违法广告提供庇护，电信用户经营者、互联网信息服务提供者对互联网违法广告有制止责任，即其明知或应知的利用其场所进行信息传输、发布平台发布、发送违法广告的，应当予以制止。比如，阿里巴巴移动事业群公关部门相关负责人表示，与以往一些广告拦截功能不同，UC 电脑版浏览器的拦截方式有两种：一种是仅拦截悬浮广告及其他影响浏览器使用的广告，另外一种则是利用过滤规则拦截。这一灰色地带被曝光，势必会影响互联网的发展走向，并对其经济收益造成不小的打击。

最后，媒体之间的竞争将会更加激烈。互联网使得每个人都成为可以传播信息的媒体，新《广告法》的施行让媒体从业人员的收入变得透明，一部分人会选择离开媒体这一行业。在广告业务减少的现状下，“狼多肉少”会使媒体间的竞争变得更加激烈。

（三）媒体行业如何置之死地而后生

新《广告法》约束了广告的表现形态，也影响了广告的生产方式，在褪去名人效应、华丽辞藻之后，广告创意被推到了广告的前线。找到合适的消费沟通点，用优秀的广告创意打动消费者，是广告从业人员要考虑的问题。而对于媒体经营从业人员来说，新《广告法》是成为压死传统媒体的嘴最后一根稻草，还是成为媒体成功转型的桥梁，全看媒体如何来应对。在这个技术创新的时代，大数据或许能够帮助更多创意人员开拓思路，找到与消费者对接的开脑洞的创意点。

新《广告法》对于广告创意的推动无疑是有好处的。广告从业人员只要回归到创意本身，不胡乱吹嘘，杜绝比拼明星大腕代言、比拼华丽词语包装，依靠产品和技术创新进行有序竞争，不做“标题党”，真正提升内在竞争力，才是广告公司在面对新《广告法》时的成功生存之道。

媒体从业人员要注重内容价值的广度开发。以电视与手机客户端的互动为例，将电视用户引导到手机端以后，可以把广告扩展到手机屏，比如央视、江苏卫视都有自己的手机客户端，有多位广告主都与电视台合作进行手机 APP 的广告投放，这相当于延展了广告的播放时间和播放量。同时，可以创新广告变现模式，媒体从业人员可以将电视广告直接投放在手机客户端，通过流量、访问量来变现。创新广告呈现模式，以游戏、音乐等形式直接转化为用户的购买行为，这不仅会提升广告定价，也将提升电视受众的忠诚度。

在新《广告法》对广告投放监管越来越严的背景下，媒体从业人员要遵守法律、遵循政府政策，将内容和广告以互动形式呈现在用户面前，在合理范围内合法的规避风险，创新广告业态，只有这样才能赢得未来。

在会展业方面，会展组织者既是广告主，又是广告经营者，其要合理利用会展现场广告资源，并合理管理这些广告资源。在新《广告法》实施后，会展组织者应该更加重视展会现场的墙体广告、户外宣传、电子显示屏、活动背板、横幅等大型广告形式，避免违反新法的规定。同时监管展会官网、门票和会刊等广告内容，不越入雷区一步，以创新的形式来进行广告宣传。

传统媒体应加强与新兴媒体合作，服务好本地商户和品牌，利用好手中的客户资源优势，与高速发展的互联网技术相结合，规范大数据未来发展，形成完整的产业链。未来的广告行业正朝着以效果营销为主的移动营销方向发展，采取与新兴媒体合作形成媒体联盟，实现资源互换、扶持发展是其最合适的发展方向。

☞ 参考文献：

1. 媒体长安街：《大批广告公司或将倒闭——新广告法解读与预测》，微信公众号“广告销售老鸟”，2015 年 8 月 7 日。

2. 常超：《解读新广告法对广告代言制度的完善》，《法制博览》2015 年第 23 期。

3. 李晨宇：《新广告法对大众媒体运营的影响》，《青年记者》2015 年第 6 期。

4. 奉永成、许英：《新广告法有哪些新变化》，2015 年 8 月 7 日《湖南日报》。

5. 沛琳：《新广告法对会展行业产生较大影响》，2015 年 9 月 4 日《中国会展门户》。

6. 赵正：《新〈广告法〉重拳出击，革了谁的命？》，http://www.meihua.info/a/64606，2015 年 9 月 14 日。

众筹的前世今生

"众筹"翻译自国外"crowdfunding"一词，即大众筹资或群众筹资，是指一种向大众募资，以支持其发起的个人或组织的活动。众筹的模式最早可追溯到18世纪，当时很多艺术作品都是依靠一种叫做"订购"的方法来完成的。比如莫扎特要召开音乐会或出版音乐书籍，他会先去寻找对音乐会或者书籍感兴趣的订购者，用订购者所提前支付的资金去做音乐会或是出版书籍，而订购者所能得到的回馈则是能成为音乐会的VIP或是第一时间拿到莫扎特签名的书籍。这并不是一种完整的商业模式。2009年，在美国出现众筹。这种网络商业模式一经出现，便在全球范围内得到了迅速发展。

众筹活动一般是以互联网为平台，联结投资者和筹资者。当创意者或小微企业等项目发起人（筹资者）在通过中介机构（众筹平台）身份审核后，在众筹平台的网站上建立属于自己的页面，用来向公众（出资者）介绍项目情况，并向公众募集小额资金或寻求其他物质支持。所筹得资金起初由众筹平台掌握，并不直接到达筹资人手中。项目若在目标期限内达到募资金额，则项目筹资成功，所筹资金被众筹平台划拨到筹资人账户。待项目实施成功后，筹资人将项目实施的物质或非物质成果反馈给出资人，而众筹平台则通过接受和审核筹资创意、整理出资人信息、监督所筹资金的使用、辅导项目运营并公开项目实施成果等价值活动，从所筹资金中抽取一定比例的服务费用作为收益。如果在目标期限内未达到募资金额，所筹资金就会被众筹平台退回至出资人，项目发起人则需要开始新一轮的筹资活动或宣告筹资失败。①

众筹利用互联网和SNS营销（SNS，全称Social Networking Services，即社会性网络服务，专指旨在帮助人们建立社会性网络的互联网应用服务）的特性，让小微企业、独立项目发起人等向大众展示其创意，以期得到大家的关注并进一步获得其物质支持，从而得到项目成功的物质保障。无论身份、地位、职业、年龄和性别，发起人只要有创意、有想法都可以发起项目。众筹的项目并不限制行业和方向，项目发起人可以做的项目涵盖设计、科技、音乐、影视、漫画、游戏等多种类别。

一、众筹模式在中国

2011年中国引入众筹模式，此后各个众筹网站有了迅猛发展。根据《2014年中国众

① 参见范家琛：《众筹商业模式研究》，《企业经济》2013年第8期。

筹模式上半年运行统计分析报告》中数据显示，2014 年上半年，国内有 1423 个项目通过众筹成功募集到启动资金，募资总金额达到 18791.07 万元，该资金大多来源于民间资本。从数据看出，我国众筹市场的领域是广阔的。

从最早兴起的“点名时间”(点名时间于 2011 年 5 月成立，是中国最早也是最深入了解智能硬件产业的专业平台)起，累计创办 7000 多个众筹项目，其中接近一半的项目筹资成功并顺利回报给出资人。2013 年 2 月正式上线的众筹网，目前已成长为国内最大的专业众筹平台，涵盖科技、艺术、设计、音乐、影视、出版、动漫游戏、公益、公开课、农业等多个领域。截至 2014 年 9 月 30 日，其共发布众筹项目超过 4200 个，协助融资超过 4600 万元，在专业众筹网站中当属第一。众筹网累积众筹金额最高为 627 万元，众筹速度最快的记录为项目上线 5 分钟即成功，参与众筹人数最多时达到 39563 人。我国众筹行业不断发展，众筹这种融合创新的发展模式获得了较快的发展。

据艾瑞咨询统计，截至 2014 年 12 月，全国约有 110 家正常运营的众筹平台。2014 年中国权益众筹市场融资总规模达到 4.4 亿元，京东众筹、众筹网、淘宝众筹、点名时间和追梦网这五家平台融资规模总额达到 2.7 亿元，占比达到 60.8%。互联网的快速发展为信息的传播带来有效的平台，并且兼具传播速度快、范围广、成本低、效率高的特点，人们对于互联网的高使用率以及对网上金融业务的信任度逐步加深，为众筹投资模式提供了必备的市场基础，并为其创造了稳固的投资基础。但是中国的众筹平台普遍存在以个体名义进行融资的现象，在其影响下，众筹模式下融资还会受到些许限制。

首先，我国金融市场的结构和功能都较为单一，监管机制不够完善。我国金融体系过分重视银行的作用，人们对于非银行金融机构的信任程度较差，没有形成良好的信用环境和完备的价值体系。在这样的环境下，众筹模式通过陌生的平台或微弱的关系开展，对于投资者而言风险较大，很难让投资者获得安全感。其次，众筹网站具有开放性特征。对于项目发起者而言，在开放平台上公布自我创意很难避免被抄袭的风险。再次，众筹平台的安全边际比较模糊。众筹模式和非法集资的界定标准并不清晰，我国金融法律体制并不完善，对互联网金融的立法还需要一个漫长的过程。最后，国内众筹网站同质化严重，运营模式相当接近，对于自身并没有形成鲜明的独立定位，这也会让出资人不知该选择什么项目进行投资。

二、众筹模式在国外

(一)以美国 Kickstarter 众筹平台为例

众筹作为一种起源于美国的新型融资模式，在其出现后的十余年里，在欧美国家的发展速度不断加快，在其他一些国家和地区也得到迅速传播。根据清科集团发布的《2014 年中国众筹模式上半年运行统计分析报告》(以下简称《分析报告》)，2014 年上半年，美国国内众筹模式共发生募资案例接近 5600 起，参与众筹投资人近 281 万人，拟募资金额共计 10426.99 万美元，实际募资金额达到 21508.61 万美元，募资成功率达到 206.28%。

海外最火的众筹平台当属美国的 Kickstarter 众筹平台。Kickstarter 于 2009 年 4 月在美国纽约成立，自身定位为专为具有创意方案的企业筹资的众筹网站平台。网站创意来自于创始人当中的华裔 Perry Chen(中文译名佩里·陈)。他的正式职业是期货交易员，因为爱好艺术，时常参与主办一些音乐会，并开办了一家画廊。2002 年，因为资金问题他被迫取消了一场正在筹划中的音乐会，这让他非常失落，进而产生了建立一个募集资金的网站的想法。佩里·陈回忆说："一直以来，钱就是创意事业面前的一个壁垒。我们脑海里常会忽然浮现出一些不错的创意，想看到它们能有机会实现，但除非你有个富爸爸，否则不太有机会真的去做到这点。"在经历了很长时间的准备后，2009 年 4 月，Kickstarter 终于上线了。

Kickstarter 平台的运作方式比较简单而高效。平台用户分为两类：一类是有好的创意和想法的人，另一类则是愿意为他们投资的人。双方在达成一定协议后将共同见证新发明、新创作或者新产品的诞生。Kickstarter 网站的创意性活动涵盖方面非常广泛，包括电影、音乐、网页设计、平面设计、动画以及所有有能力创造以及影响他人的活动。

Kickstarter 让商品和服务的提供者变成了要实现梦想的人，让出资人变成了助力梦想照进现实的人，一些新奇的创意和设计在 Kickstarter 众筹平台上变成现实。在这个不断实现梦想的过程中，Kickstarter 一直强调自己是梦想平台的定位。通过该网站，任何人都可以向某个项目捐赠指定数目的资金。网站收取很低的佣金，门槛相当低。比如，美国加州的马金·卡拉汉想要创作一部关于半人半妖的新漫画，因此，她给网站写了一封介绍信，希望有人能够提供小额捐款，来满足第一期的创作和宣传费用，预计需要 1500 美元。出资人可以得到的回报是，出 5 美元可以得到一册带有作者签名的漫画书，出 100 美元可以得到一个带有以漫画故事中主人公为饰物的包。当然，只有收到的捐款超过 1500 美元，她的许诺才会兑现。结果是，她在很短的时间里就拥有了这笔捐款。

截至 2014 年，共有 22252 个项目在 Kickstarter 成功实现融资，募集总金额达到5.29 亿美元。根据《分析报告》称，目前 Kickstarter 的项目数量及其他综合数据，仍然占美国众筹领域 90%以上的比重。Kickstarter 平台的融资流程非常简单明了：首先在平台工作人员的协助下，项目发起人需要对融资项目进行包装，找到鲜明的宣传点，设定融资要达到的目标，以及设定融资的期限；其次是在发起人提交项目后，由 Kickstarter 平台对项目进行审核，然后是发起人将设计好的项目发给身边的亲人朋友，以获得针对项目的反馈意见，并根据反馈对项目进行修改；最后完成修改后，该项目就可以通过 Kickstarter 平台展示给所有投资人并募集所需资金。

Kickstarter 既是融资平台，又是项目的监督者，还是出资者的利益保障人。项目上线前，Kickstarter 平台对项目发起人的创意项目进行审核，确保其符合法律法规和平台的规定。在审核通过之后，Kickstarter 发布项目，并对其进行后期跟踪，以保证项目的顺利实施。2012 年 4 月，美国颁布了《初创期企业推动法案》(以下简称《JOBS 法案》)，作为对《1993 年证券法》和《1934 年证券交易法》的补充和修订。《JOBS 法案》承认了股权众筹的合法性，因此在项目成功融资并实施后，出资人除了可以从项目发起人那里得到相关产品或服务作为投资的回报，还可以获得项目股权作为投资的回报。

(二)美国模式带给我们的启示

经过几年的发展，美国的众筹网站都已经初具规模，众筹平台项目发起后的募资的成功率达到 40%以上，这些与国内政策环境、监管制度以及大众对众筹模式的认知程度密切相关。国内众筹平台也应借鉴国外模式的长处，积极做出改变以适应国内的环境。政府应当尽快完善相关法律法规，监管到位，并使众筹过程中有法可依。

针对众筹平台在近几年发展中所保留的问题，美国通过了《JOBS 法案》，明确众筹平台的合法性，放松对中小企业和创业企业的监管，为其融资提供便利。除此之外，美国总统奥巴马于 2012 年签署《创业企业融资法案》，其中包括众筹赦免条款，让创业公司可通过众筹平台向大众进行股权融资，并规定了融资人的法律责任、众筹平台不得从事的活动等。在我国，众筹和非法集资往往只有一线之隔。我们应当明确众筹的定义，理解其是促进经济发展的活动。因此建立起具体的众筹融资法律体系，明确界定众筹定义，使众筹行为合法化，是当前众筹活动中的当务之急。

其次，美国拥有最发达、最完善的金融市场。完善的法律体系和监管制度为金融体系的发展提供了必要的法律保障。我国对于非金融机构信任度低的现状导致了国内互联网环境里缺失信任感。而众筹模式是基于信用基础的新型商业模式，缺乏信任度使融资项目并不能获得足够的起步资金。我国相关部门应根据市场环境的现状，制定专门针对众筹融资平台的法律规范，多角度加强管理，提高监管效率。同时，众筹平台应当监督整个项目的完成，使流程透明化，保障出资人的利益。

最后，国内众筹网站急需建立完整的产业链。在美国，已经出现了为众筹项目提供相关服务的公关公司，比如 Shmedia。这些公司有的专门帮助众筹项目拍摄专业而且能够抓住大众眼球的宣传视频，有的扮演众筹项目的专业顾问，帮助创业者来解决众筹过程中的一系列问题。国内众筹网站突破同质化重围的一个重要举措就是要建立完备的产业链，把项目发起人、众筹平台网站和出资支持者有机连结起来。比如某个项目发起人提出很好的创意，但是在创作文案、拍摄宣传视频方面力不从心，那么众筹网站可依提供第三服务体系，帮助项目发起人完成项目的有效传播，获得大众关注，进而募得项目所需资金。对于众筹网站来说，整合第三方服务提供商进入自己的平台，是转型过程中重要的一步，也是促进未来扩大发展的重要举措。

三、中国众筹网站的发展趋势

由于国内市场环境和社会环境的不同，众筹模式进入中国的时候，就注定了要走一条有“中国特色”的发展道路。随着参与主体的不断增多，服务一体化水平将不同提升，未来众筹行业将迎来新的发展高峰期。

随着众筹网站的不断增多，项目发起人和投资人会更看中平台专业化。众筹网站为了在竞争中脱颖而出，会精准自身定位。以乐童音乐为例，这是一个专注于音乐行业的项目发起和支持平台，专注于自身音乐特色的打造，专注于为音乐人服务、解决音乐人的实际需求。而该网站也于 2015 年 8 月获得将近 2000 万元的 A 轮融资。在资金使用方面，乐童依旧专注于音乐方面，其计划扩充产品和实力，把线上的产品开发和服务做的更好，让音乐人在线上玩的更加顺畅。截至 2015 年 8 月，乐童做了程璧的巡演执行方、李志和邵夷贝巡演的公关宣传方，而且乐童音乐早已开始在帮音乐人卖票，做票务服务。2015 年 6 月底的数据显示，乐童平台上的项目超 1000 个，演出场次超 3000 场。乐童以其开放的合作方式去服务音乐人，精准自身定位。细分受众市场将是众筹网站未来的发展的趋势之一。

众筹未来要取得成功应该是线上线下的有效结合。《网络新经济》研究专家邱道勇在2015年1月18日召开的“全国企业品牌评价发布会暨第二届中国企业五星品牌论坛”上谈到，“我们自己上线了一个众筹的平台叫‘新生活’，我们在全国各地准备做路演大厅。如果你没有一个固定的社群，没有一群忠诚的粉丝和一帮信任靠谱的人，没有线下路演，特别是股权众筹，你在网上发布一个信息，人家没有见过面怎么给钱？我觉得一定是线下。所以现场的路演太重要了，什么情况你上场一说别人就愿意给你投钱，为什么十个项目，有的项目大家愿意投，有的项目就不能做到呢？我觉得这是我们需要思考的。路演的系统，如何控制现场，基本的技巧还是必须的。”通过网站的关注量和粉丝传播，在线下组织众筹活动，在线上发起募资，是未来众筹网站发展的重要方向。

数字时代的消费者习惯网络完全透明，对于众筹平台也有同样的要求。在线平台的透明度越高，越能增加投资者对项目的信任度，使其做出明智的投资决定。众筹平台的未来发展趋势必定会是完全透明的，向投资者们提供在做投资决定时所需要的全部信息。比如同一个投资项目里都有哪些投资人、回报机制如何运行、项目资金的流向、融资的未来发展的动态等。这样透明化的机制会保证投资者的投资信心，同时也能使众筹平台在透明化监督下合理合法运行，促进自身的成长与发展。

在网络迅速发展的今天，新媒介以其方便快捷的特性占据了大众的生活。所以除了网站自身的不断完善，信息交流的平台也显得格外重要。手机技术的不断改进，为大众随时随地交流信息提供了必要的手段和平台。手机平台促进新媒体的发展，同时新媒体的发展也促使手机功能的不断推陈出新。而以出售创意为主的众筹网站也要紧跟这一时代潮流。未来的众筹网站会开拓手机平台，包括推出网站手机APP，与微博、微信等社交平台合作等方式，有效利用移动互联网平台，促进信息的进一步快速流通，扩大众筹网站的影响力，以更高效地完成项目融资。

四、小结

众筹网站虽然在我国尚处于起步阶段，在发展过程中还有一些阻碍，但在当今互联网发展迅速、网络利用率激增的时代背景下，众筹平台能够借助网络平台为创业者提供更加丰富的资源。尽管中国的众筹平台目前发展还不成熟，要寻求进一步发展需要国家政策的支持、出资人的信任、完备的金融机制等，要处理好这些问题，众筹网站就能扎根于更优质的土壤，实现自身的跨越式发展，为创业者提供更优质的创业融资环境。同时，众筹模式将扩充网络营销思路和文化产业的融资渠道，促进文化产业的发展。众筹网站将成为今后网络中不可或缺的一部分。

☞ 参考文献：

1. 范家琛：《众筹商业模式研究》，《企业经济》2013年第8期。

2. 来艺博：《论众筹网站在中国的起步与发展——以“点名时间”网为例》，《今传媒》2013年第11期。

3. 熊斌：《互联网众筹模式的现状与分析》，《新经济》2014年第12期。

4. 徐锟：《美式众筹 vs 中式众筹：繁荣 vs 虚火》，《经理人》2014年第8期。

5. 于延磊、潘旭华:《国内外众筹发展的对比分析》,《电子商务》2015 年第 1 期。

6. 吴秋桐、张逸凡:《国外众筹融资模式发展及其对我国的启示》,《现代经济信息》2014 年第 23 期。

7. 肖本华:《美国众筹融资模式的发展及其对我国的启示》,《国际金融》2013 年第 1 期。

8. 清华大学五道口金融学院互联网金融实验室:《众筹发展的八大趋势》,微信公众号“互联网金融”,2015 年 5 月 25 日。

H5 悄无声息地进入大众生活

一、H5 究竟是什么

（一）H5 的概念

“H5”是“第 5 代 HTML”的简称，是对万维网的核心语言、标准通用标记语言下的一个应用——超文本标记语言（HTML）的第五次重大修改。HTML 是“超文本标记语言”的英文缩写。我们上网所看到的网页，多数都是由 HTML 写成的。“超文本”是指包含图片、链接、音乐、视频以及程序等非文字元素的页面，“标记”则是指此类超文本必须由包含属性的开头与结尾标志来标记。浏览器通过解码 HTML，可以把网页内容显示出来，这也是互联网兴起的基础。HTML5 的设计目的是为了在移动设备上支持多媒体，可以真正改变用户与文档的交互方式。

HTML 的第一版于 1991 年开始研发，于 1993 年正式发布。本来每隔一段时间 HTML 都应该进行更新，但是自 1999 年 12 月 HTML4.01 发布以后的很长一段时间，就再也没有更新。此后的十多年，互联网行业发生了翻天覆地的变化，人们逐渐意识到原有的 HTML 已经不能适应互联网的发展了。为了推动 Web 标准化运动的发展，一些公司联合成立了两个组织 WHATWG① 和 W3C②，二者分别提出了新的方案：前者于 2004 年开发了 Web Applications 1.0，后者则开发了 XHTML2.0。在 2006 年，双方决定进行合作，来创建新一代的 HTML，这就是 H5。

2008 年 1 月 22 日，HTML5 的第一份正式草案发布，但尚处于完善之中，并未引起广泛关注。直到 2014 年 10 月 29 日，万维网联盟宣布，经过长达 8 年的艰辛努力，HTML5 标准规范最终制定完成并向全世界开放。

H5 之所以能引发如此广泛的效应，在于它不再只是一种标记语言，同时也为下一代互联网提供了全新的框架和平台。比如 H5 工具互动大师提供免插件的音视频、图像动画、本地存储等非常重要的功能，并使这些应用标准化和开放化，从而使互联网也能够轻松实现类似桌面的应用体验。

此外，H5 的本地存储特性也给使用者带来了更多便利。基于 H5 开发的轻应用比本

---

① Web Hypertext Application Technology Working Group Web，超文本应用技术工作组。

② World Wide Web Consortium，万维网联盟。

地 APP 拥有更短的启动时间，更快的联网速度，而且无须下载占用存储空间，特别适合手机等移动媒体。而互动大师让开发者无须依赖第三方浏览器插件即可创建高级图形、版式、动画以及过渡效果，这也使得用户使用较少的流量就可以欣赏到炫酷的视觉、听觉效果。

（二）H5 可以做什么

简单来说，H5 就是一种高级网页技术。我们平时看到那些邀请函、小游戏、抽奖等都是 H5 网页完成的。在之前我们已经介绍过 HTLM 的解码功能，在新形势下应运而生的 H5 则显得更加人性化，在品牌营销时能给营销人员带来很多实用的功能。

一方面，H5 有一个非常重要的特性——绘图功能。此功能类似于 Flash，但是二者的区别在于，因为插件的要求，Flash 做出的动画无法在移动端的浏览器当中浏览，而在 2012 年 Adobe 就已经停止了对移动端 Flash 的开发，H5 可以完全摒弃 Flash 的动画制作插件，直接配合 JavaScript① 做出各类二维动画。

另一方面，H5 兼容 CSS② 语言。如果把 H5 比喻为一幅画的素描草图，那么 CSS 就是用来上色的，相当于 PPT 界面上方的工具栏。如果没有 CSS，我们看到的 H5 网页就只能是黑白色了。除此之外，CSS 支持使用标记语言在网页界面里进行 3D 空间的建立，不需要安装任何插件就可以通过鼠标拖拽玩转 3D 空间，进一步强化 Web 网页的视觉表现性。比如 Google 利用 H5 的新特性开发了一个叫作 Bookcase 的 3D 空间书架网页应用，它可以展示超过 1 万本图书。图书有 28 个分类，用鼠标即可让书架一直滚动下去，找到你想要的书。在用户选择了一本书之后，该应用就会直接引导用户到 Google Books 上进行。在线阅读网页还采用二维码的技术，利用手机扫描也可直接快速在手机上阅读。网页最值得人惊叹和夸赞的是其华丽的视觉效果。页面采用螺旋框架的结构，组成一个立体的三维空间，通过鼠标滚轴的滑动，可以逐级浏览书目。书架的滚动速度会根据鼠标的滑行速度而定，并模拟出现实生活中的惯性现象，让场景更加真实生动。③ 曾经的网页设计技术做不到如此逼真的效果，而且网页响应的时间会很长。如今利用 H5 中的非文本技术就可以构建一个完整的三维空间，让网页互动技术向前迈了一大步。

二、H5 红透半边天

在移动互联网的竞争平台上，APP 和 Web 一直都在相互抗衡。起初 APP 以其良好的用户体验迅速占据用户群，而不甘落后的 Web 开发出 H5 技术，微信和朋友圈的快速发展为其提供契机，靠着无须下载、方便灵活的特性一跃到大众眼中，成功逆袭。

据国际科技媒体的调查报告统计，截至 2015 年 8 月，有 80%的 APP 将全部或部分以 HTML5 为基础。这意味着大部分 APP 的内容都将是以网页的形式呈现，典型的例子包括微信、Facebook、Twitter 等。2014 年被称为 H5 技术的元年。要说现在哪些营销

① JavaScript 是一种网页编写程序语言，可以丰富页面的内容，比如有为网页加入倒计时、显示浏览的停留时间等功能。

② CSS 指层叠样式表单，是用来进行网页风格设计的计算机语言，全称是 Cascading Style Sheet。

③ 参见陈紫婷：《我国商业类网页广告的互动创意设计探究》，华东师范大学硕士学位论文，2012 年。

方式传播最快，屡屡刷爆朋友圈的H5页面肯定是首当其冲。提到H5页面，人们就立刻会想到《围住神经猫》。这一款以日本游戏设计师TaroIto于2007年制作的“黑猫”为原型的游戏，上线仅三天便创造了用户500万、访问量超1亿的神话。

也似乎就是在一夜之间，H5市场燃起熊熊战火。能否策划和制作优质的H5界面、能否进行H5营销，突然变成了各个企业考核员工的一项指标。百度、腾讯、搜狐等互联网巨头纷纷进驻H5营销。比如百度推出了一款“神奇”的轻应用——只要对着手机吹口气，就能知道自己的健康情况。这款百度“智呼吸”要求用户首先把手机水平放好，接着深呼吸，然后对着手机下方吹一口气，几秒钟后，用户健康值就会显现出来，同时全面的附有这口气各种成分的数值。

在2015羊年春晚中，央视春晚与微信团队以“摇一摇”这种老少咸宜的零操作门槛方式与观众进行互动。有数据显示，从除夕20:00至初一0:48，春晚微信“摇一摇”互动总量达110亿次。当晚峰值出现在22:34，其时互动量高达8.1亿次/分钟。除此之外，央视通过微信发布“家和万事兴”的H5界面，文案内容为“我们对世界微笑，彬彬有礼，却带着一身疲惫和抱怨回到家里；我们在外拼命售卖自己的观点，却懒得和父母解释我在忙什么……”家文化的内容引起了网友的广泛共鸣，最终号召了亿万网友“按手印”表达支持。

三、H5火爆的原因

首先，随着智能手机、通信4G、微信等社交平台的兴起，用户的操作习惯、接受习惯发生了改变。用户接触信息变得碎片化、娱乐化，同时等待加载的耐心在渐渐减少。他们希望在任何时间、任何地点、任何平台，都能接收到他们感兴趣的消息与资讯。在我们的现实生活中，睡觉前在玩手机、早晨起来睁开眼睛就要玩手机已经成为很多人的常态。根据数据调查显示，大众平均每天要查看手机150次，接近45%的人睡觉时要把手机放在身边。大众对社交媒体与社交软件的依赖性，为H5的成长提供了丰沃的土壤。

其次，H5广告在内容上更丰富，给用户带来的体验更好。不管H5的形式是动态的还是静态的，其有价值的内容始终都是第一位的。H5在有限的篇幅里，集合精练的文字、精美的画面、动人的音乐以及隐形的技术，用讲故事的方法引发了用户的情感共鸣。在H5的设置中，往往会融入很多我们日常生活中的元素，这激发了用户的熟悉感，使其在接受信息的时候更加迅速。同时，在内容上，H5连结用户的喜好与产品本身的特性进行参与机制的设置，这种互动让用户进一步感知品牌的力量、加深对品牌的印象，从而提升了购买欲望。

再次，H5广告往往用制造悬念的方式来引发用户的猜想。相较于以前网页广告的“直截了当”，这更能勾起用户的好奇心，带来更多的访问流量。2015年8月，一则名为《吴亦凡即将入伍?》的H5迅速刷屏微信朋友圈。消息一出，则引发了大众的热烈讨论。这个链接蔓延至朋友圈的各个角落，大家争先恐后地点开链接想要对于发生了什么一探究竟，在看到最后的时候，大家都恍然大悟。这是一则H5广告，可这也没有耽误这则广告在朋友圈的病毒式传播。这是一例极具代表性的利用人众好奇心来吸睛的H5广告。

最后，H5广告得以广泛传播，离不开其本身的社交性和互动性。H5广告为用户带来前所未有的参与感，拥有用户体验的H5会让用户更加青睐。比如优衣库为推广春季新装，推出自主拼装H5游戏，让用户在购买前就过一把为自己装扮的瘾。

四、"H5"如今势头渐弱

H5广告在2014年强劲发展，如今黄金时代在慢慢过去。腾讯游戏设计团队TGideas于2015年发布的《移动页面用户行为报告》中指出："加载超过5秒就会有74%的用户离开页面；中午12点和晚上10点是页面访问的高峰期；通过用户口碑扩散的移动界面，其访问热度往往持续两天左右；大多数用户习惯滑动切换，防止在左边的按钮点击率低；用户随着页面层级的加深而不断流失，只有不到50%的人会翻到5页以上；输入行为或复杂交互行为会导致用户流失；移动页面引导去下载或打开APP转化率平均值为25.01%，最高值为73.8%；移动页面的分享率平均值为12.61%，最高值为64.63%。"从数据中我们可以看出，H5广告的前景并不如想象的那么乐观。

第一，H5本身还存在技术问题。虽然当前H5的普及度越来越高，H5工具类开发平台发展迅速，但是H5是在微信以及朋友圈发展的前提下才大放异彩的。目前来看，H5在开发方面依旧存在较多的问题：比如页面切换时会出现白屏、卡顿比较严重，菜单下拉时不流畅，多个音频播放不流畅，操作时无法用语音来控制、无法扫描二维码等问题。这些都是H5开发团队需要解决的问题，不然用户流失量会非常严重。

第二，H5广告由于其易抄袭且缺乏知识产权保护，会导致产品的严重同质化。随意抄袭的后果导致H5广告良莠不齐，各类H5呈现严重饱和的状态，用户已经出现明显的审美疲劳。针对这一现象，W公司创始人三水先生打过一个有趣的比方："曾经世界上没有枪，只要你手里有一把枪，或许就可以称霸一方。但很快你会发现街上的每个人手里都有一把枪，这个时候能否称霸就要考验你的枪法、你使用枪的熟练程度，以及你对枪的全新理解了。H5这个行业也是。一切都没有变，唯一变的就是留给我们的时间越来越紧迫，留给我们在各个工具上进行再度开发和衍生的时间和机会越来越少了。"

第三，H5的火爆得益于微信的发展。但恰好是这种寄生于微信的模式将极大地限制H5的发展。在微信朋友圈进行传播受平台政策的影响，在内容上有较大的限制，且这种限制是H5所无力撼动的。微信在2015年3月15日出台了《微信朋友圈使用规范》，其中界定了违规信息的概念。包括"强制用户分享：分享后才能继续下一步操作。包括但不限于：分享后方可预定，分享后方可知道答案等。利诱用户分享：分享后对用户有奖励。包括但不限于：邀请好友拆礼盒、集赞、分享可增加一次抽奖机会等。胁迫、煽动用户分享：用夸张言语来胁迫、引诱用户分享。包括但不限于：'不转不是中国人''请好心人转发一下''转发后一生平安''转疯了''必转'等"。发布内容如涉及违反相关规定的地方，将根据违规程度对微信用户采取相应的处理措施。初次违规将会面临封号30天、拦截链接、删除诱导增加的粉丝等处罚，二次违规将直接被永久封号。这在一定程度上限制了"寄人篱下"的H5的成长。

五、H5的未来

随着新技术的不断涌现，H5广告会被更加广泛地应用于其它领域。企业希望通过H5带给用户更多的新鲜体验，但由于自身的发展不足以及外部环境的限制，H5的发展进入了瓶颈期。那么 H5 应该如何应对这场风雨并进一步成长呢?

首先,在内容营销的时代,H5 必须扛起创新的大旗。三水先生提出,“轻技术+轻制作+重策略+重创意”才能让 H5 继续生存。作为一直战斗在 H5 一线的工作人员,三水觉得 H5 其实是一场和时间战争的游戏。如何让用户愿意在一个 H5 上停留更多的时间,这关乎的不仅仅是技术和美术,更多得的这背后的策略和创意,以及对于消费者的强烈洞察。H5 是承载内容的载体,如果能通过页面巧妙的把核心信息传递给受众,那么这次 H5 广告就算成功了。

其次,在选择 H5 广告制作团队上要做科学的思考。一方面可以选择专业开发团队。此类团队有着高自由度的定制以及高质量的代码运行效率等优点,但在成本上较高,开发周期长。另一个选择是选用 H5 设计工具。此类设计工具成本低、周期短、改版快以及在与设计师的沟通上没有繁杂的程序,可以独立完成交付,但也有其缺陷,即代码会出现冗余、运行效率比较低下。在制作 H5 广告时,应根据实际情况选择相应的制作团队,实现场景应用的完美交付。

再次,具体到页面来说,在界面字号的选择上,建议最小不要低于 18 号,同级菜单下使用一样的字号。排版方面,在有限的手机屏幕空间内,中心元素不宜过多,有一个核心元素即可。另外,越左边的排版会越容易引起关注。在背景设置上,最好选用缓缓运动的效果。在此基础上,间歇性地出现大幅度运动的画面,提升视觉的冲击力。在某种程度上,由于涉及用户加载速度的问题,所以繁杂的动态效果不一定是最好的。在音效上,要考虑到用户使用场景的多样性,介绍类的界面如果要加音乐,尽量选用温和的曲调,而且要留给用户关闭的时间。

最后,H5 要用心做好场景,注重用户体验。比如设计端口让用户可以在场景中添加应用,简化传播并且产生不同的互动分享体验。互动性是 H5 的大势所趋。比如在设计一款 H5 小游戏时,可以创新分享机制,带有情境的分享设计会在无形中造成一种分享的延续性,由此促进用户更多的参与和分享。

☞ 参考文献:

1. 陈紫婷:《我国商业类网页广告的互动创意设计探究》,华东师范大学硕士学位论文,2012 年。

2. 邹晨:《到底是谁打败了淘宝微信? 解密刷屏 H5 成功原因》,http://www.meihua.info/a/64563,2015 年 9 月 8 日。

3. 姑婆那些事儿:《如何通过 H5 页面走入用户内心》,http://www.gupowang.com/yunying/972.html,2015 年 8 月 27 日。

4. 清风徐来:《换汤不换药,8 张图告诉你 H5 广告的本质》,http://www.meihua.info/a/63979,2015 年 7 月 15 日。

5. H5 君:《想让 H5 活更久,关键得让你的品牌通过 H5 走入用户内心》,http://www.meihua.info/a/63384,2015 年 5 月 25 日。

6. 邹晨:《吴亦凡 H5 为什么能够刷爆朋友圈》,http://www.meihua.info/a/64497。

7. H5 研究院:《才一年,H5 的发展就成这样了……》,公众号“H5 研究院”,2015 年 9

月 19 日。

8. 互联网八先生:《微信让 H5 火了,但 H5 营销需小心七大误区》,微信公众号“互联网八先生”,2015 年 2 月 3 日。

9. Social Talent:《品牌 H5 营销完全实战指南》,http://www.meihua.info/a/33577,2014 年 12 月 10 日。

10. 默尔索:《H5:Social Marketing 的新宠?》,微信公众号“TheMeursault”,2015 年 1 月12 日。

学术经典

阿多诺和霍克海默的“文化工业”理论

文化工业，在当代中国文化语境中，即文化产业。随着中国工业化进程的加速，科学技术的突飞猛进，商品化进入了社会的每一个角落。文化的工业化是现代社会中不可避免的现象。而较早提出“文化工业”一词并建立文化工业理论的是西方马克思主义者阿多诺和霍克海默。借助弗洛伊德的精神分析理论和马克思的商品交换理论，阿多诺发现，文化工业成功地对大众实施了欺骗和操纵，最终使大众成为“被动接受者”，并被总体性地整合到了文化工业的意识形态中。对此，阿多诺和霍克海默建立了文化工业批判理论，以《启蒙辩证法》为其代表著作。他们的批判十分尖锐，表现出了浓厚的悲观主义色彩。马丁·杰用“无情的敌视”来形容他们的这种观点。但不可否认的是，阿多诺和霍克海默的文化工业批判理论在一定程度上揭示了文化工业的部分本质特征，暴露了晚期资本主义的矛盾与危机，故而引起了社会各界特别是知识界的广泛关注。现今任何对大众文化的讨论都无可避免地要包括对阿多诺群众文化理论的某种评估。

一、理论渊源

霍克海默和阿多诺的思想带有鲜明的时代特征，他们对大众文化的分析和批判有其特定的社会基础。据《启蒙辩证法》前言称，该著作是在国家社会主义的恐怖统治行将就寝的时候撰写出来的，且其揭示的主题也是根据20世纪三四十年代美国的社会现象而来的。由此可见，《启蒙辩证法》的时代语境有两个重要的社会背景：一是纳粹主义的灾难，一是以美国为代表的资本主义文化工业的兴盛。

霍克海默和阿多诺对文化工业展开如此激烈地批判，以及对其所怀有的明显悲观态度，并不是偶然的，而是与他们的个人经历息息相关。记忆、反思和经历都是理论构造的必要组成部分。霍克海默和阿多诺目睹了纳粹德国法西斯主义的极权统治，对德国法西斯利用宣传工具操纵大众意识的做法有痛切的感受，部分决定了其文化态度：“集中营无可辩驳地证明文化失败了，奥斯维辛集中营之后的一切文化，包括对它的迫切的批判都是垃圾。在奥斯维辛之后写诗是野蛮的。”于是，奥斯维辛几乎成了他们内心深处无法摆脱的阴影。霍克海默在纽约的秘书麦尔曾经描述过20世纪30年代末40年代初研究所所面临的压倒一切的任务：必须抨击希特勒和法西斯主义——可以说这是我们共同拥有的一个信念，正是这一信念把我们团结到了一起。我们都觉得有一种使命，包括所有的秘书，所有参加研究所并在那里工作的人，这个使命确实使我们产生了忠诚和一体的感情。于是研究所的成员被法西斯无情地驱逐，从此开始了颠沛的流亡生活。然而当他们到了异地美国时，到处都是大众文化的迹象，人们热衷于大众文化的消费，并且津津乐道。法西斯主义统治下所产生的痛切感受，自然而然使他们对文化工业对大众意识的操纵特别敏感。因此，对法西斯主义的批判就转换成了对文化工业的批判，而对文化工业的批判又是对法西斯主义批判的合理延伸。

19 世纪末 20 世纪初期商业化的西方资本主义得到迅速的发展，致使艺术体制转型的进程加快，艺术品商业化的发展也更加迅猛。在这一前提下，具有交换价值的商品，必定会进一步扩大自己的势力范围，从而实现其绝对的社会统治。这一情况在当时欠发达但顺应世界资本主义经济的德国也充分的表现出来。马克思曾提出过“经济基础决定上层建筑”。在资本主义经济迅速发展的世界，商业化和工业化在一定程度上影响着当时的大众文化，甚至直接导致资本主义文化工业的出现。在这些情况下，阿多诺和霍克海默的文化理论的出现有着极其深远的社会现实背景前提。以马克思主义经济学来说，当商业化和工业化的资本主义经济不能够自主解决其经济危机时，自由资本主义过渡成为垄断资本主义则会成为一种社会发展的历史的必然。在此情况下，不同的政治派别则需要利用大众媒体对群众进行政治意识形态的宣传。“在集中化的、极权主义政治体制的社会里，通达大批民众的高效率手段的存在以及高压统治，已被很多人看成是进一步巩固这种体制、压制民主体制的另一种方式。”[①]进而，阿多诺文化工业理论得以产生的另一前提为，极权主义社会的崛起以及其对于大众媒体的掌控和利用。

二、理论研究

从理论来源上来讲，马克思对于文化工业的思考是文化工业理论的重要来源。马克思在其 19 世纪中叶的批判中就曾表达过文化工业的思想。其《1844 年经济学哲学手稿》中就曾提出过“具有抽象普遍本质的历史”，这句话中的“普遍存在”和“普遍运动”在某一程度上来说，就是指“经济基础决定上层建筑”中其所讲到的政治、文学等上层建筑的组成部分，并且还可将其视为“工业的一个特殊部分”。文化行为与工业活动相联系而产生的精神与物质的相统一，在理论上是历史的第一次。马克思在《资本论》中更加深层次地提到“文化工业”这一问题，指出“只有在这种基础上，才能够既理解统治阶级的意识形态组成部分，也理解一定社会形态下自由的精神生产”。阿多诺和霍克海默的文化工业理论当然不止来源于这两方面，其另外一个重要的来源是法兰克福学派的大众文化批判。而在某种程度上来说，其本身就是法兰克福学派的大众文化批判理论的组成部分。而如何去解读文化工业理论则需要从不同的方面出发思考。

霍克海默和阿多诺在文化工业理论中指出，文化产业的最终产品就是迎合大众消费需要的各类产品，也就是大众文化（不同于今天所指的“大众文化”）。按照机械化流程生

① ［英］多米尼克·斯特里纳蒂：《通俗文化理论导论》，阎嘉译，商务印书馆 2001 年版。

产出来的文化产品，同其他普通商品一样进行流通和消费，其同一性代替了异质性，产业化的文化成为了不可感知的同质文化。在被同质化过程中，作为文化商品的文化产品的文化多样性和内涵丰富性荡然无存，其同一性降低了思想深度，泯灭了艺术个性，限制了文化的自由和批判精神，由此沦为国家进行思想控制的工具。霍克海默和阿多诺哀叹这同一逻辑，坚持对"文化工业"进行猛烈的价值批判，试图唤回传统时代文化艺术的精英文化，而非当代遍存各个领域的大众文化。在美国著名社会学家斯科特拉什看来，20 世纪中期在上层建筑的统治领域，文化以强调符号表征和意识形态的形式较少出现在公众视野中，文化产品较少见于日常生活，更多的是经济商品。这种情形从 1945 年一直持续到 1975 年。

三、理论意蕴

如前所述，文化工业理论的形成是以其从否定辩证法与启蒙辩证法两个角度就大众文化的两个领域（通俗音乐、大众传播媒介）展开广泛而深入的批判作为基础的。综观其文化理论，其意蕴大致可以解读为如下几个方面：

第一，商品性。文化工业的商品性在体现出资本主义商品经济之余，也体现了后艺术非实体化倾向。阿多诺在《美学理论》中提到，艺术的非实体化过程是人类把握事物的对象化方式的必然结果。艺术的非实体化有两种极端的形式：具体化，即将艺术看为物中之物；另一种则是心理主义，即"视艺术为观众心理的载体"。在其看来，文化工业的产品与一般的商品并没有多大的差别，其生产的目的都在于消费者消费。阿多诺也从其本质上提出，文化工业品与一般商品一样，都是以追求最大利益为动机的。文化工业品不像传统的艺术品那样受到人们的膜拜，只是用来消费。因此他提出："具有典型文化工业特征的文化不仅仅是商品，而且是完全彻底的商品。"①

第二，模式化生产的统一性。在商品经济发达的今天，文化工业的产品已非传统艺术家所创造的具有自我风格的艺术品，而是在流水线上手工标准化生产的艺术生产，且缺乏民间文化的创造性，有的只是大机器化的生产方式。说其缺乏创造性并不单单指标准化流水线式的生产，也指其对于未经实验的东西作为标准化的外围而被排斥。如现如今电视节目形式单一，电影内容的枯燥，以及电视剧爱情描写的乏味等等。

第三，具有意识形态。在阿多诺看来，文化工业因标准化大机器的生产，其个性的真实的意识形态被抑制，表现出的只是一种非真实的虚假的意识形态。在文化工业化产品中，我们看不到社会的各个方面及其进程的脚步，社会的真正矛盾得不到体现，看到的只有政治家宣传的一种口头上虚假的幸福。因此，也有专家学者指出，文化工业是一台蒙蔽性强、效率高的，向大众宣传灌输政治方向、消费心理等的机器。当一个人长期受到虚假意识形态影响的时候，其反抗意识将愈加的弱化。而人身自己的意识，甚至于智力等等都将会被压制。人们长期受到文化工业产品的压抑的过程，也就是文化工业得到大力宣传、

① T. W. Adorono. *The Culture Industry*, J. M. Bernsteon(ed.), Routledge, p. 86.

政治家们达到目的的过程。

总体而言，文化工业理论主要针对资本主义进入垄断阶段后对文化艺术控制进一步加强的事实，指明文化工业正是这一自上而下控制加强的产物。他所勾勒的文化工业的主要特征，非常符合当时资本主义文化现实中文化工业的实情。但是，其局限性也是明显的。从其局限性出发，对文化工业理论的批判远胜于对它的赞誉。不可否认，逻辑推断是其文化的魅力之一，它是站在经济政治的角度上，科学地对资本主义文化实质的一个推断。同时，它是理论知识与实践结合的一个产物，我们可以从这一理论方法中获益，也正是因为这样，它也成为了后人在学习过程中不可触及的黑匣子。

四、理论缺陷

文化工业理论对资本主义社会文化现象的归纳及其批判，的确十分深刻和犀利，给人带来的启发也是多方面的，因而给不同学科提供了学术养料。但是，文化工业理论的背后，有自己独特的理论出发点，有其产生的特殊社会文化背景。正因如此，也就不免带有自身的缺陷。

第一，批判是法兰克福学派一大特征，但是其批判的目的不是为了消除某种弊病，也不是为了纠正这一结构，使之起更好的作用。相反，它怀疑现存秩序下人们所理解的所有有价值的东西，全然不信社会由此建立起来并提供给每个社会成员的行为准则。批判是以与他们的社会冲突为标志，冲突是批判思维方式的一切概念的特点。批判就需要一个批判的标准，马尔库塞提供了两条：(1)人是值得活在世上的，或更确切地说，人能够是和应该是值得活在世上的。(2)在一个特定的社会里，存在着为改善人类生活的一定可能性、以及实现这些可能性的特定的方式和手段。可是，提出一个标准是不够的，关键是这个标准不能虚空，必须有经验材料为基础。而马尔库塞拿出手的"材料"，只是一些被批判现象——工业社会与其评判标准不相吻合的事例的归纳，评判标准本身却缺少经验的支撑。也就是说，评判的前提无法评判。马尔库塞本人对此认识还算清醒："重新掌握这些范畴的批判含义并理解这个含义如何被社会现实所勾销的尝试，自开始起就出现从与历史实践相联系的理论倒退到抽象的思辨的思想，即从政治经济学的批判倒退到哲学的批判。批判的这种意识形态性质来自这个事实：即这个分析被迫从一种'超越'社会中肯定的和否定的、生产性的和破坏性的种种趋势的立场出发。"[①]这等于说，法兰克福学派的这批理论家也许都是舒尔曼所谓的"在某种方式上，看重人的主体经验的超验直接性"的"超越论者"。这种退回"哲学"和"超越"，尽管不乏思想的深度和冲击，但由于无法验证，使其说服力打了折扣，甚至让人怀疑其可行性和现实性。这同样反映在文化工业的理论中。阿多诺曾十分坦诚也带有无奈地说："确确实实，暂时还没有彻底的研究提供论证严密的材料来证明文化工业的特定产品造成人们的心智衰退的效果。"

第二，流亡美国时期的法兰克福社会研究所，若以马丁·杰的概括，是其创造力最伟

① 孙利军、高金萍、张长明：《理解与超越阿多诺的文化工业理论》，《湖南大学学报(社会科学版)》2004年第1期。

大的时期，同时也是其影响不大的时期。创造力的迸发，在一定积度上得益于他们的孤立状态，研究所本来差不多就是一个局外团体。其到美国之后，不仅初衷不改，而且基本独立于美国学术主流之外，也切断了其与美国思想传统的潜在联系。这种坚持不受外部干扰和压力的情况，保证了批判理论家们有充分的时间、精力和自由，以其相对冷静客观的立场，按照自己的宗旨和兴趣进行研究和写作。但另一方面，与社会各方面的隔膜，无疑也使得他们对美国的情况缺少足够的了解，于是直把德国当美国的情况也就在所难免。他们仅仅根据法西斯的潜能来判断美国社会，以至于无视美国的发达资本主义和大众社会不同于他们在欧洲遭遇的独特历史因素。关键是电视的出现对所有娱乐媒体产生了有力的影响，其他媒体因此被迫将它们的活动转向特定受众。在以后的几十年里，人们创办了许多新的高度专门化的流行杂志，广播电视台也变得专门化，提供特定类型的音乐以取悦不同听众。这就产生了后来被津津乐道的"小众化"或"分众化"趋势。这似乎也不能完全舍弃类型化标准化，可与批判理论中所批判的早已不可同日而语。而这些，在法兰克福批判家那里却丝毫不见踪影。其中不排除他们倾向于用极端的语汇宣讲自己的批判理论，疏于或不屑作作进一步的资料收集分析也是一个不可忽略的原因。习惯于逞思辨推理之能，长于在"总体"上做宏大叙事的文章，结果就把许多必须注意的细节或者丢弃，或者简约化，甚至可能压根不知。但最根本的是，他们的传统、命运遭遇以及"面对一种工人阶级革命力量被腐蚀与法西斯主义的崛起相伴随的处境"①，形成了他们理论的历史、社会和政治语境。文化工业的是是非非，都必须首先还原到这样的语境，然后人们才可能对之作出比较恰如其分的评判、分析和使用。

第三，当他们深度关切技术和技术理性作用，社会和人由此都成为单向度时，他们的取向同样是一种单向的循环观。即人利用技术从而顺从技术逻辑，技术因此又乘机扩大了自己对人的影响和控制，忽略了甚至是故意忽视技术与人之间实际所存在的一种张力。"就社会实践循环往复的安排过程而言，最深入地卷入其中的因素，就是人类行动者认知能力所特有的反思性特征"②。反思以理性化为基础。正依赖于此，我们才能领会在社会生活中，面对许多规范性的界限，"可以有许多种不同的态度来对待它、操纵它"③。人与技术同样如此。因此，如果小心剔除其宗教的意识，舒尔曼说在人和技术的关系中，"自由和责任仍然留归人类主宰"④是有道理的。技术功能的对象化不能完全穷尽人和技术的关系及其意义。要是美国时期的法兰克福学派能够看一眼芝加哥学派的东西，稍为吸收一点米德的"符号互动论"养料，也许可以避免这种极端化。

☞ 参考文献：

1.［德］特奥多·阿多尔诺、马克斯·霍克海默：《启蒙辩证法》，洪佩郁、蔺月峰译，

① ［英］多米尼克·斯特里纳蒂：《通俗文化理论导论》，阎嘉译，上海商务印务书馆 2001 年版。
② ［英］安东尼·吉登斯：《社会的构成》，李康、李猛译，三联书店 1998 年版。
③ ［英］安东尼·吉登斯著：《社会的构成》，李康、李猛译，三联书店 1998 年版。
④ ［英］安东尼·吉登斯：《社会的构成》，李康、李猛译，三联书店 1998 年版。

重庆出版社1990年版。

2.[德]特奥多·阿多尔诺:《否定辩证法》,张峰译,重庆出版社1993年版。

3.《马克思恩格斯全集》第26卷,人民出版社1972年版。

4. T. W. Adorono, *The Culuture Industry*, J. M. Bernstein(ed.), Routledge.

5.孙利军、高金萍、张长明:《理解与超越阿多诺的文化工业理论》,《湖南大学学报(社会科学版)》2004年第1期。

6.单世联:《现代性与文化工业》,广东人民出版社2001年版。

7.[美]马丁·杰:《法兰克福学派史》,单世联译,广东人民出版社2001年版。

8.[英]克里斯纳蒂:《通俗文化理论导论》,阎嘉译,商务印书馆2001年版。

9.黄旦、黄燕虹:《文化工业理论及其批判性思考》,《新闻记者》2004年5月。

10.凌海衡:《阿多诺的文化工业批判思想》,《理论研究》2010年10月。

本雅明的“机械复制”理论

德国哲学家瓦尔特·本雅明(Walter Benjamin,1892-1940),在20世纪人类思想史上是一个独特的存在。他提出的许多思想诸如“寓言式批判”“光晕说”和“震惊说”等都别具一格且影响深远,许多观点在今天看来都显示出敏锐的洞察力和深刻的预见性。当下蓬勃发展的大众文化的理论源头最早可以追溯到本雅明。面对古典艺术的衰微和现代艺术的兴起,本雅明最早从技术进步的角度加以阐发,引起了传统审美观念的变革。学术界一般认为对视觉文化的研究大致可以分为两派,即视觉诋毁者和技术乐观主义者,前者以阿多诺为早期代表人物,后者以本雅明为代表。本雅明对以摄影和电影为代表的现代机械复制艺术表现出了最大限度的包容,但其内心深处却对光晕的丧失抱有惋惜和怀念的情绪,这种矛盾暧昧的态度自始至终贯穿于他对机械复制理论的论述当中。

一、理论渊源

保罗·瓦莱里曾经说过:“美的艺术的创立及其不同种类的确定,可追溯到一个与当今完全不同的时代,与我们相比,那时的人把握事物及各种关系的能力微不足道。而我们的手段在适应能力和精确度上的惊人的发展,为我们展示了在不久的将来改变古希腊罗马美工业的前景。所有的艺术种类都有其物质部分,对这一部分,我们再也不能像以前那样来观察对待;他不可能摆脱现代科学及现代实践的影响。近二十年来,无论是物质、空间还是时间,都已不同于从前。如此巨大的革新必将改变各种艺术的多有技术,并以此影响创意本身,最终或许还会魔术般地改变艺术概念。对此,我们必须做好准备。”[①]西方18世纪中期的工业革命带来了飞速发展的技术革新,深刻影响了人们的生活方式,同时在艺术领域也引起了不容小觑的变化,产生的一些新的艺术样式对人们的传统艺术观念形成一定冲击。19世纪末20世纪初产生的技术革命,彻底改变了传统艺术的表现形式和存在方式。机械复制艺术一方面以其在视觉和听觉上的极大震撼力冲击着固守阵地的传统艺术,另一方面又以极快的速度从本质上改变了传统艺术在内的根本属性。

本雅明被苏珊·桑塔格称为“欧洲最后一个知识分子”。他所生活的时代是欧洲大陆经历的最具悲剧性的时代。两次世界大战的阴影令人们感到前途渺茫,同时人们亲身感受了工业革命之后技术革新和大众传媒力量给社会带来的翻天覆地的变化。残酷的现实

① [德]瓦尔特·本雅明:《经验与贫乏》,王炳多译,百花文艺出版社1999年版。

以及矛盾的处境，使本雅明最终将思考视为他一生的生存状态。在本雅明眼中，机械复制技术彻底改变了传统艺术的核心力量，不仅在规模上制造了数量颇丰的艺术品，更重要的是其对艺术生产方式引发了深刻的变革。在这种背景下，本雅明敏锐地觉察到了这一变化，提出了独树一帜的机械复制理论，并预言机械复制最终导致大众文化的产生。从表面看，本雅明的学术研究主要论述的是文学和艺术、甚至也可能说文学与政治之间的题目，很少涉及纯哲学的问题。他在《机械复制时代的艺术作品》序言中写道："比如创造性、天才、永恒价值与神话等，如果不加以控制使用，结果是就将导致依照法西斯的意志来加工现实材料。而传统艺术的独一无二的灵韵本质同期膜拜价值相结合，极易成为被法西斯主义所利用的政治工具，因为法西斯主义本身即是为一种巫术礼仪和宗教崇拜的恶性膨胀势力。"本雅明试图通过反思，调动一个知识分子对社会的高度责任感，使其在社会的种种变化之中，依然坚守民主及和平的阵地。

作为法兰克福学派的第一代成员，本雅明的思想同正统的学派思想之间存在着很大的差异。无论是早期对宗教救世论艺术观的研究，还是后期对于技术的乐观主义态度，无不显示了一个知识分子对于精英文化的叛逆。本雅明针对现代艺术提出的机械复制理论在被刻上技术乐观主义的烙印的同时，也成就了法兰克福学派里独树一帜的声音。面对技术发展带给艺术领域的转变的问题，与法兰克福学派对于现代机械复制艺术的否定判断不同，本雅明倾注了积极的意识和想法。他力图将艺术领域内发生的巨变，转化为现实社会进步的推动力。他认为，物质技术生产的发展促进了艺术的进步，而技术进步给予了艺术参与政治斗争的利剑，政治斗争则是现代人保持清醒的革命状态和维护民主的有力武器。因此，机械复制理论的提出实质上是本雅明有感于现代社会危机的一种人文关怀。

二、理论研究

机械复制理论是本雅明学术研究中最为人们所熟知的理论，也是最具特色的理论。技术发展导致艺术经历了从单纯的手工复制方式到大规模的机械复制方式的变迁。伴随着崭新的复制方式的诞生，非议之声也接踵而至。在针对摄影术的质疑声中，本雅明适时地看到了技术变革带给艺术发展的促进作用。而面对一见倾心的的电影艺术，他则表现了更多的赞许之情。本雅明用电影复制解决了艺术与科技间的矛盾，并将二者有机结合，使之成为机械复制艺术的典型代表。本雅明在集中阐述该理论的《机械复制时代的艺术作品》一书中，分析描述了摄影以及电影等兴起的典型现代复制艺术在艺术复制方式、艺术价值以及艺术接受等方面的转变和革命性意义。同时，本雅明并没有局限于艺术领域探索的单一方面，而是将理论研究扩展到了对于文化，特别是大众文化范畴的探索。在其所在的法兰克福学派对待媒介技术和大众文化的一致否定声中，他首发异样的声音，举起了肯定的旗帜。

从时空维度来看，传统艺术自诞生之初，其自身就凝聚着特定时期的历史环境等神圣不可逆转的特征，也正是由于神圣性的存在，使传统艺术在时空的限制中发展并延续下来。相反，复制艺术并没有对时空进行严密地限制。当传统艺术历经岁月的打磨还依然封存于博物馆当中时，机械复制的产品却可以一批批、大规模、无限制地将无论是古希腊的雕塑还是文艺复兴时期的诗文画作展现在欣赏者的眼前。摄影师在按下快门的那一瞬,可以将任何想要记录的影像留存下来,并可以将底片冲洗成一张张相片,每一张都是复制品,艺术品的原作则完全地隐退。甚至在电影艺术中,导演可以根据创作需要,将不同时代、不同国别、不同宗教信仰的历史人物,冲破历史的限制整合在一起,这就打破了艺术品衍生的链条。在断裂的历史中,随着历史感的丧失,传统艺术的神圣性已经被逐渐瓦解,艺术品被机械复制时代的到来成了不可争辩的事实。

本雅明将主体艺术作品的接受分为两种极端方式:一种只看重膜拜价值,另一种只看重展览价值。膜拜价值和展览价值间的相互作用是一个漫长的历史进程。随着技术的发展,当艺术脱离了礼仪膜拜的束缚,被以机械方式大量复制的时候,艺术不再被当作罕见之物而藏匿起来。复制技术解除了大众与艺术品之间的障碍,使原本被少数特权阶级所独享的东西,随着单独艺术活动从礼仪中解放出来,艺术作品便获得了向大众展示机会。艺术品复制时代自身产生了独立的存在和意义。机械艺术的展览价值逐渐取代了传统艺术的膜拜价值,艺术品逐渐摆脱了宗教的束缚,或是完全摆脱了宗教礼仪的束缚,其供展示的价值大大加强。当艺术品不再以犹抱琵琶半遮面的姿态面对大众的时候,实际上艺术的整个社会功能从本质上已经发生了彻底的改变。

因此,所谓机械复制理论,就是在现代大工业生产条件下,艺术作品可以像其他产品一样大批量生产,具有程式化的特点。本雅明的机械复制理论是在福克斯的影响下形成的,他曾经说过:"对大众艺术的观察和对复制技术的研究,福克斯的作品的这些部分是具有开拓性的。"[①]福克斯认为每个时代都有与之相对应的特定复制技术,这些技术代表了该时期的技术能力。因此,无须惊讶,每次重大历史变革,通常也会造成图像复制技术的变化,这一点尤其需要阐明。福克斯对大众文化、复制技术的研究直接启发了本雅明。只不过福克斯以木刻、版画为研究对象,主要是手工复制;而本雅明以摄影、电影为研究对象,主要是机械复制。在福克斯的基础上,本雅明对复制技术的研究更深入了一层,也更加具有开创意义。

三、理论意蕴

本雅明认为技术进步的复制艺术潜藏着巨大的政治力量。他是最早意识到这一问题的学者之一。他认为,复制技术的繁盛发展"使最保守的关系变成了最进步的关系"。值得注意的是,本雅明所知的艺术政治化并不如同我们想象当中的含义。他并非意味着艺术将承载政治教化的内容,成为我们记忆当中的诸如样板戏一类的艺术作品。本雅明并不想让艺术成为马克思主义指导下的文艺服务政治的含义,而是试图从根本上改变艺术的性质和功能。随着复制技术的发展,传统艺术的膜拜价值被机械复制艺术的展示功能所取代。这样的替代是具有革命性的,是将大众从膜拜的幻想中解救出来,免受法西斯主义的蒙蔽,对革命保持一种更清醒的状态。

斯道雷在《文化理论与通俗文化导论》一书中,将本雅明的《技术复制的艺术作品》作为了研究的对象。他曾指出本雅明"褒扬"机械复制的积极潜力。他认为:"'机械复制'开

---

① [德]瓦尔特·本雅明:《技术复制时代的艺术作品》,胡不适译,浙江文艺出版社2005年版。

启了'灵韵文化'向'大众文化'的进程。"①如林赛·沃特斯曾指出,本雅明认为机器设备使艺术作品的美得到了最高解释的观点无法见容与人文主义者,因为他把一个不过是工具的机器植入了人类自以为拥有统治权的领地。他把从前人们一直认为只有通过神圣力量的参与才能起作用的过程,解释为一个机械作用的过程。更糟糕的是,这个可怕的事具有双重意义:艺术作品中没有一个突然出现并能够解决一切难题的艺术创造者;相反,那儿却有一个机器,它与人一起创造了如电影和摇滚乐等一些思想高超的人宁愿其流产的艺术形式。德国学者布罗德森也认为,本雅明对于他对机械复制为大众带来了理解和领悟艺术作品的新的可能性这一估计是过于乐观了,但这或多或少是由他提出的问题所决定的乐观主义。

本雅明的机械复制理论中所探讨的"技术"具有双重含义:一方面是科学意义上的技术,另一方面是创造层面上的技术动力。而在对技术的看似决定论的礼赞中,实际上是主体对创造力的高扬。现代社会需要的不是具有神秘性和不可接近的灵韵,而是属于平民的复制艺术。摒弃灵韵,艺术承担了使用和政治功能。在不断创新和复制中大量繁衍,本雅明意图将艺术专业化的壁垒打破,使艺术真正的走进大众的生活,发展到群众中,成为政治铁爪的武器和政治宣传的工具。本雅明用艺术复制技术的进步来衡量政治的进步。技术上的进步就是艺术的进步,也是政治上的进步。他率先将革命的希望寄托在进步艺术的身上,鼓励艺术家在艺术创作当中采用先进的技术,用社会主义的原则对其进行加工和利用,以推动无产阶级的革命斗争。基于上述,我们才能更好地理解本雅明围绕机械复制技术所阐释的大众文化的革命意义。

四、理论疑议

本雅明所处的时代,人们对于机械复制理论的探究与怀疑似乎没有停止下来。对于大众文化批量生产与机械复制的特性的批判是本雅明所在的法兰克福学派的主流话语。19 世纪 30 年代,该理论遭到了同为法兰克福学派的重要成员阿多诺等人"技术决定论"的诟病,掀起了轰轰烈烈的学术之争。在法兰克福学派看来,大众文化的势力扩张泯灭了艺术崇高的理想和追求自由的精神,使其堕落为平面、庸俗的商品性质的文化。经济和文化的互相融合最终瓦解了艺术的自由本质和独特特征,同时也对人的思维模式和反抗意识造成了摧毁性的迫害。然而,本雅明却在一直的否定声中提出了一个异样的论调,"他的独特的构思把技术和技巧、手段和形式等传统美学的边缘问题至于美学的中心位置。并以此作为判断作品倾向和革命性的标准"②。

在阿多诺看来,机械复制艺术是借由技术进步优势来满足人们的各种需求的技术,其实是一种速度快的练剑的精神满足。大众完全没有自由选择的权利而是被动的接受。因此从总体上看,是一种文化上的霸权和侵入,通过虚假的需要和幸福的意识,迫使大众认同现实,进而操纵大众的生活。公众的态度在名义上和实际上都支持着文化工业体系,因此它也是这个体系的一部分,并没有被排除在外。文化实际上承担着的是资本主义体系

① [美]约翰·斯道雷:《文化理论与通俗文化导论》,杨竹山、郭发勇、周辉译,南京大学出版社 2006 年版。
② [德]马克斯·霍克海默、特奥多·阿多尔诺:《启蒙辩证法》,梁敬东、曹卫东译,上海人民出版社 2003 年版。

牢固作用的工具，艺术和娱乐则变成了意识形态的工具。文化具有十足的意识形态性质。当文化被打上工业机械复制的烙印之时，它就沦为麻醉受众的恶果。机械复制为受众展现的实为一种虚假的快乐。文化工业操纵了大众文化，剥夺了大众利用充足的时间从事有价值活动的权利，企图用伪审美、假升华掩饰现实生活的痛苦，是通过技术上的无限复制进而对意识形态形成控制的将压抑合法化，是别有用心的手段。集体权利不可避免地在消除个体性，它导致的是"个性的泯灭"。最终结果只能使个体性格的丧失，以便于更容易的被统治阶级的思想意识所支配。

值得注意的是，被阿多诺批判的本雅明看似乐观主义的技术观点，实际上是建立在对社会工业文明的批判基础之上。技术挣脱了枷锁却反过来钳制着现实，造成主体人的异化和压制。这看似乐观主义的畅想所展现的是在20世纪30年代的欧洲，是在传统艺术灵韵四散、法西斯势力疯狂叫嚣的复杂背景之下。怀抱着救赎的热情和理智的思考，投入了强烈的主题介入情怀，从艺术未来命运的角度出发，占据历史主义立场，立足关注艺术本体的研究，深刻洞悉了机械复制技术的民主价值。他对技术的肯定是建立在艺术释放的革命力量问题的充分认同之上的。因此在《技术复制时代的艺术》的最后，本雅明为自己的理论作了这样的结尾："帝国主义战争是技术所发动的一次起义，技术在人力资源上提出要求，因为社会剥夺了它的自然资源。技术不是去疏浚河流，而是把人流引向了战壕；技术不是用飞机播种，而是把燃烧弹投向了城市；通过毒气战，灵韵以一种新的方式被消灭了。"[①]在本雅明看来，艺术家不应该毫无批判地一味接受新生的艺术形式，而是应该对其加以发展，使艺术承担革命的责任。

☞ 参考文献：

1.［德］瓦尔特·本雅明：《技术复制时代的艺术作品》，胡不适译，浙江文艺出版社2005年版。

2.［德］瓦尔特·本雅明：《迎向灵光消逝的年代》，广西师范大学出版社2004年版。

3.［德］瓦尔特·本雅明：《摄影小史》，王财勇译，江苏人民出版社2006年版。

4.［德］瓦尔特·本雅明：《经验与贫乏》，王炳钧译，百花文艺出版社1999年版。

5.［德］瓦尔特·本雅明：《发达资本主义的抒情诗人》，张旭东、魏文生译，三联书店1989年版。

6.［德］特奥多·阿多尔诺、马克斯·霍克海默：《启蒙辩证法》，梁敬东、曹卫东译，上海人民出版社2003年版。

7.［美］林赛·沃特斯：《美学权威主义批判——保尔·德曼、瓦尔特·本雅明、萨义德新论》，北京大学出版社2000年版。

8. 伍蠡甫、胡经之主编：《西方文艺理论名著选编》，北京大学出版社1987年版。

9.［美］马丁·杰伊：《法兰克福学派史》，单世联译，广东人民出版社1996年版。

10.［德］毛姆·布罗德森：《本雅明传》，敦煌文艺出版社2000年版。

---

① ［德］瓦尔特·本雅明：《技术复制时代的艺术作品》，胡不适译，浙江文艺出版社2005年版。

约翰·费斯克的“大众文化”理论

约翰·费斯克(John Fiske,1939-)是大众文化研究领域的主要实践者与理论家。1939年他出生于英国,在剑桥大学完成学业,曾长期担任美国威斯康辛大学传播艺术系教授,还曾执教于英国以及澳大利亚,是《文化研究》期刊的总编之一。作为“世界知名的文化研究健将”,费斯克著述颇丰。代表性的著作主要有《理解大众文化》《解读大众文化》《解读电视》(与约翰·哈特利合著)《电视文化》《传播研究导论》《媒介的实质——美国政治中的种族与性别》《关键概念:传播与文化研究辞典》(与蒂姆·欧·苏里文合编)等。另外,他还发表了大量电视研究以及大众文化研究方面的论文,还曾参与编辑若干文化研究方面的书籍。费斯克是站在大众一边的,在《理解大众文化》一书中,他宣称大众文化是人民创造的,而不是文化工业生产的。费斯克没有使用“mass culture”(群众文化)、“folk culture”(民间文化)或者“working-class culture”(工人阶级文化)等概念,而是用“popular culture”(大众文化),这本身已彰显了其研究的基本立场。

一、理论渊源

在阐述其大众文化理论时,费斯克借鉴和改造了很多理论资源,在参照以及比对的过程中也误用和变形了不少学术思想。西方学者中对费斯克批评最为激烈的吉姆·麦克盖根曾指出:“他(费斯克)征得了很多观点并不完全一致的理论权威支持他的论点(仅举其中几位,有巴赫金、巴特、布迪厄、德塞都、福柯、葛兰西、霍尔)。他们被搜罗起来,摈弃歧议,以替代他反对那些他认为因为如此无望地专注于文化工业的宏观政治与策划而看不到消费活动与阅读快乐之中的通俗文化之微观政治的人们而擂鼓助威。”①费斯克的大众文化理论在某种程度上有“拼装”进行再生产的嫌疑。在援引别的理论家的理论时,费斯克的方法是“权且利用”以及灵活多变。费斯克自己也宣称:“我不仅利用福柯的观点,我还随意改变他——但是这有什么关系,思想就是这样的,不是吗?”②

具体说来,费斯克理论的渊源主要包括:

法国思想家米歇尔·德塞都(1925～1986年)。德塞都是备受费斯克推崇的学者,他在著述中常常完整地引用德塞都的理论,认为他“是思考日常生活的文化与实践方面最精

---

① [英]吉姆·麦克盖根:《文化民族主义》,桂万先译,南京大学出版社2001年版。

② [美]约翰·费斯克:《理解大众文化》,王玉珏、宋伟杰译,中央编译出版社2001年版。

深的理论家之一”。德赛都在其著作《日常生活实践》一书中，揭示了“从属群体是怎样策略性的运用现有体制提供的文化资源进行抵抗的这一主题”。费斯克在复述德塞都上述观点的基础上指出：“正如艾柯指出的，体制越庞大，要花招便越容易，而它对体制内部的活动者进行控制的可能也就越弱。”[①]费斯克借鉴德塞都的有关见解，认为日常生活是由大众的文化实践组成的，大众文化乃是从属者的“诡计”艺术，是一种“权且利用”的艺术。日常生活中的文化，落实在创造性地、有识别力地使用资本主义提供的资源。

罗兰·巴特（1915～1980年），结构主义的代表人物之一，创立了以反对“常识”和“权威”观念为核心观点的符号学理论。费斯克主要借鉴了巴特的符号学、文本理论、神话理论和身体快感等理论。巴特区分了“读者式”文本和“作者式”文本，认为“读者式”文本已经被因为懒惰而成为单向接受者的读者所消费，它已经与生产无关，而“作者式”文本则与读者的生产有关，它是在读者的参与下形成的。费斯克借用上述分类法，提出了其关于大众文化文本的——要概念——大众“生产者式文本”。

布迪厄（1930～2002年），法国当代著名的思想家、文化理论批评家和社会学家。费斯克对布迪厄理论的引用包括关于文化趣味的差异、大众的辨识力以及文化斗争等等。费斯克在探究大众文化文本的矛盾性以及复杂性时，所阐述的“艺术的复杂性其实是阶级差别；难度是一扇文化的单向旋转门，只接受买对了票的人，而排斥大众”[②]，援引的即是布迪厄的文化功能理论。根据费斯克的观点，文化的作用就在于把人区分为各种不同的等级，从而确立文化社会。

在构建其理论体系的过程中，费斯克还借鉴引用了让·波德里亚、葛兰西、阿尔杜塞、列维·斯特劳斯等人的观点或者分析方法。总体说来，在运用其他理论家的理论时，费斯克体现出的特点包括灵活性、片断性、创新性、实用性和利己性等等。

二、理论研究

（一）日常生活中的大众理论

费斯克所谓的大众文化就是日常生活的文化。在他的概念中，大众文化并不是文化工业提供的产品，“大众文化只存在于其生产与再生产的过程中，只存在于日常生活的实践中，而不是存在于静止、自足的文本中”[③]。当大众的日常生活实践与文化工业提供的资源相遇时，就创造出了大众文化。费斯克借鉴了德塞都的“日常生活”这一概念，并指出在日常生活中，不同对立利益之间进行讨价还价，从属者对当权者不断进行着自下而上的斗争。日常生活成为社会中各种利益冲突进行协商和竞争的空间所在。“弱势者采用游击战术对抗强势者的战略，偷袭强势者的文本结构，并不断对该体制玩弄花招”[④]，从属者一直试图对强势者所主宰的社会秩序进行反对活动，这是一种周旋的艺术。大众对于当权者建立的不实施权力的若干地盘欣然接受，诸如城市、学校以及工厂等。与此同时，他

① [法]米歇尔·德赛都：《日常生活实践》，南京大学出版社2009年版。
② [美]约翰·费斯克：《理解大众文化》，王晓珏、宋伟杰译，中央编译出版社2001年版。
③ [美]约翰·费斯克：《理解大众文化》，王晓珏、宋伟杰译，中央编译出版社2001年版。
④ [美]约翰·费斯克：《理解大众文化》，王晓珏、宋伟杰译，中央编译出版社2001年版。

们灵活利用这些空间,居住其中并开创出自己独特的文化以及意义空间。大众进行着持续的对抗,通过各种方式,把自己的生活方式灵活地植入、强加于他们的系统。由此可见,日常生活也即是权且利用的艺术,“是在他们的地盘建构我们的空间并与之对抗的艺术,是用他们的语言言说我们的意义的艺术”①。这是在夹缝中求生存的艺术。大众可以在文化工业产品与日常生活实践之间发现若干联系,灵活运用文化工业提供的产品并从中创造出大众自己的意义。

(二)大众文化的两种经济

费斯克认为:“过去有太多的理论家凸显了标志着金融经济和文化工业的集中制的生产,而忽略了另外一种不屈不挠的沉寂的行为,即人们称作‘消费’的那种截然不同的生产形式。”②从这种角度出发的有关研究得出的结论往往是,大众是被操纵的群体,文化工业的强势者用大众文化来麻醉弱势者。费斯克所做的是一种双重的聚焦,即在分析用以支配他人的权力时,也注重分析对权力的抵抗;在关注金融经济的同时,也极为关注流通意义以及快感的文化经济。也正是因此,费斯克才看到了大众的主动性以及创造性。他探究了电视产品在“金融经济”和“文化经济”中的生产以及销售:金融经济的第一阶段生产出节目也即商品,并将节目卖给经销商以谋求一定的利润。电视节目与普通物质商品的不同之处在于,其经济功能并不是卖出后立即完成。在第二阶段,节目会转变成生产者,生产商品化的“受众”,随后节目会被广告商买走。这时金融经济的运作即告完成,文化经济中的流通开始进行。费斯克认为,文化商品同时具备交换价值以及使用价值,“必须认识到文化商品和市场上其他商品的重大区别”③。仅仅运用经济话语是不可能很好地描述文化商品的,对文化商品的流行颇为重要的流通,往往产生在文化经济中。在文化经济中,流通的并非货币、财富以及利润的周转,而是快感、意义以及社会身份的认同。这时商品会成为文本以及具有潜在快感、意义的话语结构,并形成大众文化的丰富资源。所以,费斯克主张把文化经济纳入研究范畴。通过对两种经济的分析,费斯克阐述了其大众文化的抵抗理论。“对许多人来说,文化工业最重要的产品,是被卖给广告商的商品化的受众”④,“如果将关于‘商品化受众’的观点加以进一步的引申就可能会得出大众是被动的、被操纵的、麻木的结论”⑤。根据费斯克的看法,如果只将注意力集中在金融经济中,就根本无法看到快感和意义的生产者,看到的只能是文化工业所整合的麻木的大众。

(三)大众文化的“生产者式文本”

在分析费斯克“生产者式文本”的概念时,必须先对其“文本”概念进行分析。在符号学中,所有的文化产品都能够被看作是文本。费斯克在《传播符号学理论》一书中指出,只有通过研究符号,才能分析是什么使得文字、图像以及声音可能变成信息。在费斯克看来,“文本”是具有广泛含义的一个概念,所有文本都不仅仅是能指,“文本是意义的载体,它使能指与意义相连,而不只是给意义提供适当的所指。它们识别并限制可能发现意义

① [美]约翰·费斯克:《理解大众文化》,王晓珏、宋伟杰译,中央编译出版社2001年版。
② [美]约翰·费斯克:《理解大众文化》,王晓珏、宋伟杰译,中央编译出版社2001年版。
③ [美]约翰·费斯克:《理解大众文化》,王晓珏、宋伟杰译,中央编译出版社2001年版。
④ [美]约翰·费斯克:《理解大众文化》,王晓珏、宋伟杰译,中央编译出版社2001年版。
⑤ [美]约翰·费斯克:《理解大众文化》,王晓珏、宋伟杰译,中央编译出版社2001年版。

的舞台"[①]。费斯克将"文本"的概念扩展到其关于电视的相关分析中，指出电视节目只有在被解读时才会变成文本。

费斯克借鉴巴特的"读者式文本"与"作者式文本"的论述，强调大众文化的文本就是意义的潜在体，提出"大众文本应该是生产者式的"。巴特对文本的"读者式"倾向与"作者式"倾向进行了区分，并分析了两者各自引发的阅读实践。他所谓的"读者式文本"对那些消极的、接受式的、被规训了的读者极具吸引力，这类读者倾向于将文本的意义当作既成的意义去接受。这是相对封闭的一种文本，易于阅读，同时对读者要求不高，因而也更容易理解和流行。而与此相对的"作者式文本"则要求读者必须不断地重新书写文本，从其中创造出自己的意义。"作者式文本"显示了文本自身的"被建构性"，这一文本邀请读者参与到意义的建构当中。由于"作者式文本"更难、更具先锋性，因此也只对极少数人有一定的吸引力。而费斯克则运用"生产者式文本"这一概念来对大众的"作者式文本"进行描述。他认为"生产者式文本"像"读者式文本"一般便于理解，它不要求读者创造意义，读者能够不依照该文本本身，而以其自己的选择解读文本。"生产者式文本"同时还具有开放性，相对于"作者式文本"，其特点在于，"生产者式文本"不需要读者的主动行为，也不需要设定规则来控制读者。费斯克多次强调，"大众文化的艺术是权且利用的艺术"[②]。

(四)大众的辨识力和生产力

一个文本是否可以成为大众文化的文本，依赖于大众的辨识。费斯克认为："大众对文化工业的产品加以辨识，选取其中一部分而淘汰另一部分。这种辨别不仅仅取决于文本的有关特征，同时也取决于大众的社会状况，大众辨识力注重的是文本的功能性而不是其特质，即日常生活中文本的使用潜力。"[③]大众在对文本进行筛选时主要包括三个标准，即"相关性、符号生产力、消费模式的灵活性"[④]。

费斯克曾对审美辨识力和大众的辨识力进行了区分。在他看来，审美辨识力是反大众的，深为中产阶级所看重，它不单否认解读的多样性和文本功能，同时还否认文本在不同的社会效忠从属关系中的各种功能。费斯克强调，"美学是赤裸裸的文化霸权，而大众的辨识力正是对这种霸权的拒绝"[⑤]。相关性标准则更多的立足于读者的社会情境。相关性受到空间以及时间的制约，是"由每一个特殊的解读时刻所决定和激发的特质"[⑥]。文化工业提供的产品是否可以被大众选取，首先取决于该产品与大众日常生活体验是否具有一定的相关性。如果一种文化资源无法提供切入点，引起日常生活体验的共鸣，它就不可能被大众选取。这就足以说明大众辨识力的核心判断标准即是相关性。相关性是被读者发现或者生产的，而不是文本的固有特质。

费斯克强调，必须重视大众文化的生产力。费斯克对受众生产力断续式与选择性的特征进行了研究。中产阶级读者往往会将电视文本从开始看到结束。而大众在观看电视

① [美]约翰·费斯克:《传播符号学理论》，张锦华译，台湾远流出版事业股份有限公司 2008 年版。
② [美]约翰·费斯克:《解读大众文化》，杨全强译，南京大学出版社 2001 年版。
③ [美]约翰·费斯克:《理解大众文化》，王晓珏、宋伟杰译，中央编译出版社 2001 年版。
④ [美]约翰·费斯克:《理解大众文化》，王晓珏、宋伟杰译，中央编译出版社 2001 年版。
⑤ [美]约翰·费斯克:《理解大众文化》，王晓珏、宋伟杰译，中央编译出版社 2001 年版。
⑥ [美]约翰·费斯克:《理解大众文化》，王晓珏、宋伟杰译，中央编译出版社 2001 年版。

节目时，却会打散文本的整体结构，断续的、有选择的消费符合其利益的那些部分，逃避文本结构中的意识形态以及社会意义，生产出无数的新文本。对此，费斯克解释说，文本“不是一个由高高在上的生产者——艺术家所创造的高高在上的东西，而是一种可以被偷袭或盗取的文化资源”[①]。文本的价值恰恰在于其意义的多元性，同时也在于其为读者提供了多元的解读方式。

（五）大众文化的政治功能

费斯克理论的一个极为重要的内容，就是大众文化的政治功能。在他看来，大众文化总是具有政治性的，总会在被统治的社会条件下被生产出来，主要涉及到的是社会中的权力游戏。那些没有能够考虑到激进和进步之间，以及日常生活中的微观政治与宏观政治之间的差异以及关系的理论，往往是无法认识到大众文化的进步性的。费斯克所感兴趣的地方在于，大众文化进步性的政治潜能是以什么方式打碎社会的表层以及微观政治与宏观政治之间，激进、进步的思想与行动之间的关系的。

微观政治是费斯克理论的主要概念之一。费斯克坚持认为，大众文化往往在进步与微观政治的层面是最有效的，并且“只有在微观政治的层面上，大众文化才通常是政治化的”[②]。大众形式的政治，并非表现在它的文本特性上，而更多的表现在该政治的具体阅读情境中。

费斯克赋予微观政治以重大使命：“在符号权力的抵抗中实现受众的自我身份认同。”[③]贯穿费斯克《理解大众文化》一书的主题是：“大众文化是围绕着权力集团与大众之间不同形式的对立关系来组织的。与权力集团进行斗争，就是反对社会控制与文化控制，在权力集团与大众的对抗中，总是包含着变成社会进步力量的潜能，大众的力量正尝试规避或者抵抗权力集团进行规训以及控制的力量，以努力构建各种空间。”[④]在大众文化那里，大众的怀疑态度、抵抗以及规避行为，要比在政治领域明显得多。文化形式的政治主要在于其社会动员，而并不在于它形式的特质。

三、理论意义

费斯克的大众文化理论开拓了思考大众文化的新视野。费斯克的研究始于反思以往大众文化研究中“文化主义”和“结构主义”两种视野的局限性：“文化主义”范式庆祝大众文化，但并没有把它纳入到权力模式中进行考察；“结构主义”范式虽然将其纳入权力模式中，却自始至终强调自上而下的宰制性力量，而没有关注到自下而上的抵抗力量。文化主义称赞大众文化真实地表达了弱势集团的兴趣，往往是不加辨别地一味浪漫；在结构主义的视野中，大众文化被认为是“意识形态机器”，专横地对大众的思想进行着统治。在费斯克看来，上述两种范式都仅仅告诉了我们整个故事的一部分，如果想要把故事讲完，就必然得引入他所反复强调的“双重聚焦”的视野：聚焦于结构的同时也聚焦于大众的能动性。

---

① ［美］约翰·费斯克：《理解大众文化》，王晓珏、宋伟杰译，中央编译出版社 2001 年版。
② ［美］约翰·费斯克：《理解大众文化》，王晓珏、宋伟杰译，中央编译出版社 2001 年版。
③ ［美］约翰·费斯克：《理解大众文化》，王晓珏、宋伟杰译，中央编译出版社 2001 年版。
④ ［美］约翰·费斯克：《理解大众文化》，王晓珏、宋伟杰译，中央编译出版社 2001 年版。

“虽然它同样视大众文化为斗争的场所，但在承认宰制力量的权力时，它却更注重大众的战术”[①]。费斯克的这种视角明显地克服了文化主义以及结构主义范式的偏狭，因而非常有助于更全面地认识大众文化。

对大众文化的地位以及功能进行了鉴定。费斯克对大众文化的地位以及功能评价非常高，与法兰克福学派的文化观相比，毫无疑问，这是一种新的鉴定方式。费斯克对大众的消费体验进行反复赞叹，并对大众文化给予很高的评价。在他看来，大众文化是从属者对统治者的灵活多变的进攻，具有潜在的微观政治学抵抗意义，大众文化的驱动力主要在于能给大众提供快感，在文化经济中运作的意义、价值以及符号能为大众所拥有。对大众文化的积极意义，费斯克给予了充分肯定。他把大众文化视为在资本主义工业社会体制中创造以及流通快感与意义的积极过程，他认为大众文化只能从内部产生，而不能无中生有或者从上面强加。

分析了大众文本与解读以及文本与大众日常生活实践之间的关系。费斯克提出了大众辨识力的相关性标准，认为此种辨别行为不仅仅取决于文本的特征，同时还取决于大众的社会状况。大众辨识力关注的是文本的功能性而不是其特质，也即文本在日常生活实践中的使用潜力。在进入社会和文化关系中之后，文本的意义潜能才能被激活，无论读者分属于哪种不同的社会效忠从属关系，文本都有潜力提供相关的若干切入点。

提出了大众文化文本的“生产者式”特征。以往的大众文化研究理论家常常极力贬低“大众文本”的价值。针对这些观念，费斯克指出，大众文本应该是“生产者式”的，并从以往批评家所垢病或者斥责的东西出发，从语言的误用、过度与浅白、文本的贫困与互文性等角度，对大众文化文本的特征进行了细致入微的分析，回答了在大众文本中，让读者认可的东西究竟是什么的问题。

重估了大众文化积极进步的政治潜能。以往的理论家们往往认为，文化工业所提供以及特许的大众文化规避性的或者狂欢式的快感，仅仅只发挥了社会安全阀的作用，最终仍然对于维持宰制性社会权力结构有帮助。费斯克在著述中充分肯定了大众文化积极进步的政治潜能。他提出了社会变革中存在的大众模式和激进模式，阐明了大众文化是进步微观的，而并不是激进宏观的观点。在费斯克看来，大众文化的微观的进步政治与宏观的激进政治存在着相通的地方。在社会变革的过程中，虽然大众模式并不是以推翻宰制权力为目的，但若是没有这一模式，也就不会有激进的社会革命。

四、结语

费斯克大众文化理论的最大特点就在于其参与性、实践性、日常生活的审美性以及权且利用的适时性。费斯克通过对大量大众文化文本的细读，在日常生活实践的层面，对快感和意义的生产进行探查研究，揭示出大众文化的生产力以及创造力。

就学科建设方面的意义而言，费斯克大众文化理论具有的是方法论价值，而不是具体结论的价值。大众文化对自 20 世纪 80 年代以来西方人文学科研究所造成的挑战，不单单意味着研究对象的扩大，同时也是对原有的研究方法、知识结构以及学术范式的突破。

① ［美］约翰·费斯克：《理解大众文化》，王晓珏、宋伟杰译，中央编译出版社 2001 年版。

很多学者的研究对象不再只是精英文化现象，他们逐渐将研究视角转向被边缘化的大众文化现象。许多著名大学也不仅仅局限于传统的研究，也开始将诸如电视、电影以及广告等文本引进课堂。毫无疑问，此类研究才更符合大众文化真实和鲜活的本意。

☞ 参考文献：

1.［英］斯威伍德：《大众文化的迷思》，冯健三译，台湾远流出版事业股份有限公司1993年版。

2.［美］约翰·费斯克：《传播符号学理论》，张锦华译，台湾远流出版事业股份有限公司1995年版。

3.［澳］约翰·多克：《后现代主义与大众文化：文化史》，吴松江、张天飞译，辽宁教育出版社2007年版。

4.［美］约翰·费斯克：《理解大众文化》，王晓珏、宋伟杰译，中央编译出版社2001年版。

5.［美］约翰·费斯克：《解读大众文化》，杨全强译，南京大学出版社2001年版。

6.［美］约翰·费斯克：《黄金时间电视节目中的犯罪现象》，张朔、梁虹译，《世界电影》2000年第3期。

7.陶东风：《文化研究：西方与中国》，北京师范大学出版社2002年版。

麦克卢汉的“媒介传播”理论

马歇尔·麦克卢汉(Marshall McLuhan,1911-1980),20世纪原创媒介理论家。麦克卢汉1933年在加拿大曼尼托巴大学(The University of Manitoba)拿到了文学学士学位;1934年在同一所大学获得硕士学位;此后不久到剑桥大学留学,继续文学方面的研究;1942年获得剑桥博士学位。主要著作有《机器新娘》(1951年)和《理解媒介:论人的延伸》(1964年)。

一、理论渊源

马歇尔·麦克卢汉出生于加拿大西部的艾伯塔省的埃德蒙顿小镇,父亲从事保险销售,母亲是个演员。幼年的麦克卢汉受其母亲的影响,对诗歌产生了浓厚的兴趣,以至于在他进入大学之前,就已经记住了大量英国诗人的作品。早年麦克卢汉在曼尼托巴大学学习工程,但他对于英国文学不断增长的热情淹没了他想当工程师的愿望。1967年,麦克卢汉进入英国剑桥大学的“三一学院”攻读英国文学,并于1942年完成了博士学业,其博士论文的题目是《纳什在他那个时代学问中的地位》。托马斯·纳什(Thomas Nashe)是伊丽莎白时代的作家兼教育家。论文检讨了逻辑和科学中的现代偏向,这种偏向的结果就是牛顿世界观及其钟表式精确性在19世纪欧洲的胜利。早年从事文学研究的麦克卢汉,就已经显示出其研究视域宽阔的特性。回到加拿大的麦克卢汉开始了他长达20多年的文学教授生涯。他先后在威斯康辛大学、圣路易斯大学任教,1946年成为多伦多大学的文学教授,1963年起担任该校的文化与技术中心主任。在20多年的教师生涯中,麦克卢汉发表了许多论述中世纪到现代的一批西方作家的文章。

从20世纪50年代开始,麦克卢汉的研究由文学领域转向传播学领域,以美国为代表的现代大众媒介、大众社会是他主要的研究对象。1951年,《机器新娘》出版,这是麦克卢汉由文学教授、批评家转向传播学研究的重要标志。该书分析了社会及报纸、广播、电影、广告等传播媒介给人带来的心理压力,初步显露了麦克卢汉怪诞而富有洞察力的见解,为他赢得了“福特基金会”赞助的“文化与传播研究会”主席的职位。1962年,麦克卢汉的第二部著作《古登堡星云——印刷人的出现》问世,他因此获得加拿大政府奖,并确立了他在西方思想界特立独行的思想家的地位。进入传播学领域的麦克卢汉试图突破原来传播研究的文学偏向,代之以“客观的探索”。在他看来,作为美国教育和工业领域基础的印刷技术即将被传播业的电子革命所取代。因此,探讨印刷以及与之相连的文字在整个西方社会，尤其是在美国社会的形成中的作用，探讨电子媒介这一新型的传播媒体的文化意义就十分重要了 。

1964 年，《理解媒介：论人的延伸》(*Understanding Media—The Extensions of Man*)由美国麦格罗-希尔书局(McGraw-Hill Book Company)出版。这原本是受美国教育部委托以油印本的报告形式出现的，旨在阐明如何在中等学校中讲授传播媒介的效果。这本以“论人的延伸”为副标题的著作使麦克卢汉迅速成为全“美国知识分子和学生为之倾倒的人物”。《纽约先驱论坛报》称麦克卢汉是“继牛顿、达尔文、弗洛伊德、爱因斯坦以来的思想家”，是“电子时代的先知”。《理解媒介》比较详尽地论述了有关“媒介是人体的延伸”“媒介即信息”等观点，以及他独特的“媒介冷热论”。这本书是他泛媒介观的最好体现。所以，《理解媒介》历来被视作麦克卢汉的经典之作。随后出版的《媒介即信息》(*The Medium is the Message*，1967 年)、《地球村的战争与和平》(*War and Peace in the Global Village*，1967 年)等一系列著作，继续阐发着他特异的媒介思想。整个 20 世纪 60 年代，麦克卢汉声名卓著，犹如“来自外太空的一颗流星”。他奇特的媒介观和媒介研究方法震动了传播学界，一度成为西方领尽风骚的思想家。《理解媒介：论人的延伸》也被冠以“最重要、最成熟的著作”。

二、理论研究

(一)媒介即讯息：关于媒介形式与内容的考察

媒介即信息是麦克卢汉最著名的理论。与其说这是理论不如说是一个“警语”，麦克卢汉想以此来唤起人们对长期处于被遮蔽状态的媒介的关注。麦克卢汉的出现使人们对媒介的认识进一步扩展，媒介的概念在他那里得到了延伸。在麦克卢汉看来，人类引进的每一种媒介都会作为人类身体的延伸而存在，给人类社会带来新的尺度。印刷媒介是麦克卢汉着墨较多的一种媒介。这种媒介与以往的口语传播媒介相比，延伸了人的视觉。阅读是一种内向的、自我的、视觉的，而口语时代则是全感知的，印刷时代由于印刷文字的线性排列，使人们习惯于线性的、机械性的思考。在印刷时代，承载印刷文字内容的媒介很容易被忽视。随着电力时代的到来，电子媒介给人类的感知引入了新的尺度，打破了印刷时代的视觉偏向状态而重新唤起了人类的综合感知。此时，媒介形式本身越来越多的引起注意，不再是内容的服务者，而成为能够影响人的感知的独立的“存在”。

(二)媒介是人的延伸：对传统思想中“主体性”预设的挑战

媒介在麦克卢汉的理论中是与人相对独立的一种存在，对人的感知有强烈的影响。不同的媒介由于其具有的内在技术偏向性，对人的不同感官起作用：书面媒介偏向视觉，人的感知相应的就是线性结构；而电子时代的视听媒介则调动人的一切感官，是触觉性质，人的感知就变成了三维立体模式。“一切媒介都是人的延伸，它对人及环境都产生了深刻而持久的影响，这样的延伸是器官、感官、或功能的强化和放大。”[①]麦克卢汉以电子媒介为界，将媒介演化分为机械时代和电子时代。电子媒介是对人的中枢神经系统的延伸。而其他机械媒介则是对人的某一器官的延伸。比如印刷是眼睛的延伸，广播是耳朵

① [加]马歇尔·麦克卢汉：《理解媒介：论人的延伸》，译林出版社 2011 年版。

的延伸，而电视则包含着这两种延伸。随着媒介技术的发展，新的媒介不断出现，我们使用媒介的比率也随之变化。这种比率的变化影响人的感官组织，进而对社会文化结构产生影响。随着技术的发展和使用，人类对世界的认识能力极大提高这是毋庸置疑的。麦克卢汉提出这一命题正是抓住了媒介技术的本质属性。媒介延伸的是人的感知器官，也延伸了人的力量和技能，进而极大地改变了人类社会。麦克卢汉对《理解媒介》的主旨是这样概括的："本书研究的是人的一些主要延伸及其心理影响和社会后果。"①他在论述这一命题时始终围绕着媒介技术本身的性质对整个社会的影响展开。他认为衣服是皮肤的延伸，轮子是脚的延伸，文字是口语的延伸，网络则是中枢神经系统的延伸。随着媒介形式的演进，媒介对人的延伸逐渐从机械化走向神经系统，这种影响远远超出媒介内容本身的影响。

（三）地球村：一张不规则的无中心之网

随着网络的发展，麦克卢汉的地球村预言正在变成现实。何道宽《理解媒介》的中译本序中将"地球村"列为麦克卢汉奇异思想的第一条，并对之作了较为详细的解释。在麦克卢汉看来，地球村主要包含三个层面：第一，电子媒介使信息传播实现了瞬息万里和同步化，打破了空间距离和时间差异的束缚，整个地球在信息传播层面上缩小为一个小部落；第二，电子媒介的同步化性质使人类交往进一步密切，人类生活成了一个相互联系、密不可分、无法独处的小社区；第三，关于人类社会的"部落化-非部落化-重新部落化"的划分。在部落化时代人类过着迁徙不定的生活，对世界的感知方式是整体的、直观把握的，人是整体的而非分割的；随着劳动分工、专门化以及拼音文字的出现，人类开始学会分析，人变成了感知残缺不全的人；而随着电子时代的到来，需要人们的全感知参与或者说触觉参与的电子媒介出现，这种媒介不再偏向人的视觉感知，而是调动所有的感官系统共同参与，人类不再是分割的，而是进入重新部落化的社会。

三、理论解读

（一）深刻分析了现代媒介技术对个体感知方式的影响

在强有力的新媒介——互联网迅速发展之后，人们才终于重新审视麦克卢汉的独特媒介研究视角。他的著作如今也比20年前更容易为人理解。麦克卢汉"媒介即信息""冷媒介、热媒介""地球村"等振聋发聩的名言只是一种核心思想的派生，它们都建立在更加基础的东西之上，那就是"感知革命"。"麦克卢汉媒介技术思想的核心与其说是经济学的或文学的，不如说是认识论的、心理学的，这一核心就是所谓'感知革命'的观点"。② 也就是说，麦克卢汉的所有媒介技术思想都是基于探讨传播技术如何改变了人类的基本感受，包括听觉、视觉、触觉、嗅觉和中枢神经等方面。麦克卢汉媒介理论的一个考察重点就是媒介技术对个体感知方式的影响。"技术的影响不是发生在意见和观念的层面上，而是要坚定不移、不可抗拒地改变人的感觉比率和感知模式。"③麦克卢汉将媒介技术看作是人

① ［加］马歇尔：麦克卢汉：《理解媒介：论人的延伸》，何道宽译，译林出版社2011年版。

② 殷晓蓉：《麦克卢汉对美国传播学的冲击及其现代文化意义》，《复旦学报》1999年2月。

③ ［加］马歇尔・麦克卢汉：《理解媒介：论人的延伸》，何道宽译，译林出版社2011年版。

体感官的延伸，并以此区分了口头、文字和电子三种不同文化传播模式之间的差异，以及它们各自对个体感知方式的不同影响。通过这种方式，麦克卢汉完成了对口头文化、印刷文化和电子媒介文化的历史划分，并以此为出发点，对人类交流方式的历史变革进行阐述。

麦克卢汉的论点主要集中于传播媒介对人类感觉中枢的影响上。他指出，媒介的性质就在于，它表现了人在新技术形态中受到的肢解和延伸，以及由此而进入的催眠状态和自恋情绪。他的成名作《谷登堡群星璀璨》中就表现了对拼音文字和印刷品造成的个体感觉以及相应文化后果的思考。麦克卢汉认为媒介和其他技术性工具一样，是人类感觉器官或身体功能的巨大延伸。每一种新的媒介技术都会因为产生分离，或令人入迷的力量而在文化的发展中创造出不平衡，从而改善"感官的关系"。同时，当任何一种感觉或身体的功能以技术的形式具体化时，官能的分裂和各感觉之间比例上的变化就出现了，从而解构出人体感官的新的感应特性和复杂性。

电子媒介是麦克卢汉对媒介考察的重点。他将电子技术的出现(包括电影、电视、电话、电报、电脑等方式)看作是活字印刷术之后发生在传播领域的第二次技术革命。如果说印刷媒介延伸的是人体的视觉器官的话，那么，在麦克卢汉看来，电子媒介延伸的就是人体的中枢神经系统。印刷术鼓励人的直线思维，鼓励人们以方便印刷书页视觉形态的方式去安排知觉；而电子媒介是非线性的、重复性的、非连续的、直觉性的，是靠类比的方式来分析，而不是靠因果序列的方式进行推理。在麦克卢汉那里，这种感觉和思维结构是全新的，是对"部落文化"时期个体感官的整体性的回归。

(二)集中阐释了现代媒介技术对人类社会生活方式的影响

在传播学发展史上，麦克卢汉较早、明确而全面地提倡研究媒介技术对社会生活方式的影响。伴随着电子媒介的问世，媒介已经无处不在、毫不犹豫地干预了整个社会生活。传播技术的进步改变了人类的历史。在他看来，"对人体通过延伸而增加的力量和速度所作的反应，又产生新的延伸。每一种技术在造就他的人的身上，都造就新的紧张和需要。新的需要及其新的技术回应，是由于我们拥抱现存的技术而诞生的——这是一个生生不息的过程"[①]。以电视为例，在短短的几十年里，人类社会的政治、经济、文化生活随之发生了爆炸式的发展。电视作为传播的主体，已突破技术进步的范畴进入经济、政治、文化的运作，全方位地渗透到整个人类生活中来。可以说，电视的社会组织意义正在显露，因此鲍德里亚(Jean Bandrillard)激进地认为，现今的符号制作规模已经足以让历史发生另一次断裂，以工业生产为组织核心的社会开始向符号社会回归，社会凝聚力不再是源于经济生活，而是来自传播媒介的控制。因此我们可以这样归纳麦克卢汉媒介思想对人类社会生活方式的阐释：电子媒介接管或替代了人们认知世界的文化感官，世界按它分配的比例呈现在人们的面前，终于形成了它至高无上的权力，电子传播媒介已经代替了世界。

随着传播信息技术的发展，网络媒介也开始改变着人们的生活方式、社会结构以及文化走向，多方面、全方位地塑造着人类的生活。正如施拉姆所说，传播媒介一经出现，就参与了一切意义重大的社会变革。而且，传播媒介一经出现，在社会生活中也就立即成为人类技术的根本标志。1969 年，麦克卢汉在接受《花花公子》杂志记者采访时，描述了这样

① 宋奎波：《马歇尔·麦克卢汉媒介技术思想研究》，东北大学硕士学位论文，2008 年。

一个全球心灵感应的前景:"电脑预示了这样一个前景:技术产生的普世理解和同一,对宇宙理性的浓厚兴趣。这种状况可以把人类大家庭结为一休,开创永恒的和谐与和平。"电子时代的媒介创造了一个没有陌生人的世界,具有民主化的效应,它产生心理上的整合作用,产生社会的非集中化。非集中化意味着部落化,意味着处处是中心,意味着民主化。只要拥有一定的媒介设备,地球村的村民可以在地球上任何一个角落浏览世界。此时此地,他感觉自己就置身于一个中心,天下在此的全球感油然而生。麦克卢汉怀着乐观主义情绪描述"地球村",电子传播形式已彻底重组了公共领域。全球是紧密联系之地,村民们"具有深厚的情感意识,知道自己与全人类完全是相互依存的"①。部落意志是由全体成员用交感的方式同时相互作用表现出来的,他们的关系千丝万缕,彼此卷入的程度很深"②。

四、结语

麦克卢汉的媒介技术思想源于他对于所处社会的深刻观察。麦克卢汉作为一名对后现代媒介思想产生重要影响的传播学者,在他思想的成熟时期,后现代主义作为一种思潮尚在萌芽状态。如同很多理论溯源一样,在他的理论中包含着部分后现代思想的胚胎。他是一个敏锐的观察者,从当时社会的躁动不安中感觉到了后现代社会的来临。他积极投身于理论探索和社会实践,求索打开新世界之门的钥匙即媒介。他的贡献主要是两点:第一,在传播学研究领域,他贡献了关于媒介技术研究的思想;第二,在社会生活领域,他普及了传播学的影响,引起了人们对于媒介以及传播学的关注。麦克卢汉成为传播学史上里程碑式的人物,同时也是传播学研究范式中自成一派的人物。

面对当今势不可挡的信息传播技术革命的浪潮,我们要想更加全面深刻地认识媒介的性质及其与社会之间的关系,就要结合新的形式对麦克卢汉的媒介理论进行新的思考。

☞ 参考文献:

1.[加]马歇尔·麦克卢汉:《理解媒介:论人的延伸》,何道宽译,译林出版社 2011 年版。

2.[加]马歇尔·麦克卢汉:《机器新娘》,何道宽译,中国人民大学出版社 2004 年版。

3.何道宽:《媒介革命与学习革命》,《深圳大学学报》2000 年 6 月。

4.殷晓蓉:《麦克卢汉对美国传播学的冲击及其现代文化意义》,《复旦学报》1999 年 2 月。

5.[英]尼克·史蒂文森:《认识媒介文化——社会理论与大众传播》,王文彬译,商务印书馆 2000 年版。

① [加]马歇尔·麦克卢汉:《古登保星汉璀璨》,杨晨光译,北京理工大学出版社 2014 年版。

② [加]马歇尔·麦克卢汉:《古登保星汉璀璨》,杨晨光译,北京理工大学出版社 2014 年版。

布迪厄的"文化资本"理论

皮埃尔·布迪厄1930年出生于比利牛斯一大西洋省(Pyrénées-Atlantiques)的小城市邓吉恩(Denguin),父亲是邮差(后成为地方邮局主管)。法国社会学大师布迪厄的学术思想极其复杂,而文化资本理论是其社会学思想的重要内容。布迪厄是近40年来在西方学术界中被人们引用最多的当代法国著名人类学家、社会学家和思想家。他从20世纪60年代起,就积极从事人文社会科学理论和方法论的革新,试图打破西方传统的主客二元对立的固定思考模式,创建了"建构的结构主义"的独特思想风格和理论研究新视野。

他的著作极其丰富而艰深,往往以深入浅出的文字和流畅的文体,系统地说明和分析布迪厄社会理论的基本脉络、主要概念及其对于当代社会问题的批判性探索成果。他分别重点地说明其中最关键的"文化再生产""生存心态""场域""资本"及"语言象征性权力"等范畴,并就现代社会学校教育文化特权的再生产、权力正当化、生活风格及文化品味等当代消费社会的中心问题,作了详尽的分析。布迪厄将场域作为他进行社会学研究的基本单位,他以资本为工具将对场域的分析扩大到整个社会,场域与资本贯穿于他文化资本理论的始终,共同构成了文化资本理论的范畴体系。

一、理论渊源

社会现代化是文化资本概念产生的社会背景。"由于现代化社会出现了各种劳动分工,它们形式不同但具有根本的同质性。它们的主体可以凭借自己资本的占有,获取社会报酬与社会身份;不同资本之间可以互相转换,从而在形式上形成主体的社会群体。"①因此,正如布迪厄所言,在社会界中,资本是一个最重要的结构性因素。"在某一个特定的时刻,资本的不同类型和分布结构,在时间上体现了社会界的内在结构,即包含在这个现实世界中的一套强制性因素,后者以一种持久的方式掌控了资本所产生的影响,并决定了实践能否成功。"②在此以前,人们往往把资本等同于货币,即认为资本就是经济资本一种形式。这是经济主义的主导影响造成的。实际上,构成社会界的结构性因素是一切形式的资本,除非人们引进资本的一切形式,否则是不可能对社会的结构和作用加以解释的。在现代社会里,"至少有三种不可忽视的资本类型:一是经济资本,这种资本可以立即并且直

---

① 陈锋:《文化资本导论》,中共中央党校哲学部2005年印行。

② 包亚明主编:《文化资本与社会炼金术》,上海人民出版社1997年版。

接转化成金钱,它是以财产权的形式被制度化的。二是文化资本,这种资本在某些条件下可以转化成经济资本,它是通过教育资质的形式制度化的。三是社会资本,这种资本在社会联系中形成,在一定条件下也可以转化成经济资本,它是以某种社会地位头衔被制度化的”①。

文化最早被视为资本,始于“社会学之父”孔德。他在《社会政体体制》的第二章里提出,当人类的产出高于消费时,一部分代代积累的资本会随时空转换为耐用性资本。这里,他用“积累”将政治经济学和社会学联系了起来。虽然我们在此没有看到文化资本概念的明确提出,但它却是文化资本概念的最初萌芽。到 20 世纪,经过法国社会学家布迪厄批判理论的复兴,“文化资本”受到人文科学的青睐。布迪厄在探讨教育再生产、文化消费、社会等级等问题中推出“文化资本”的概念,并使之不断地深化和完善。在《理解布迪厄》一书给出的《布迪厄社会学术语表》中,作者这样解释文化资本:“一种属于文化正统的趣味、消费方式、社会属性、技能和判断的价值形式。譬如在教育场域里,是一种构成文化资本的学术资历。”②文化资本概念的提出和阐释是布迪厄文化社会学的突出贡献,这一概念在文化研究领域内掀起了层层波澜。当然,本文并不意欲对布迪厄的思想作全面的分析,而是要将思考点聚焦在文化资本理论上。在他的著作中,有两个起核心组织作用的概念贯穿于其社会学的整个理论体系中。要解读布迪厄的社会学理论及深刻理解文化资本理论,就不能不提及他的两个基本概念:“场域”(field)和“资本”(capital)。布迪厄主张在理论的系统以及运用过程中去界定这两个概念。场域是对人们的关系、地位、角色、占据的位置的多维空间的分析和阐述,每个场域都处于不断的斗争和变化中。他认为,只有在两个概念的双维关系系统中,这两个概念才能获得真正的意义,而决不能孤立地定义它,因为这些概念不仅是实践理论的核心内容,其本身也反映了关系主义的基本倾向。

布迪厄的“场域”和“资本”概念是在关系主义方法论基础上提出的。所谓场域,是指“一些关系集合,一个场域由依附于某种权力或资本形式的各种位置间的一系列客观历史关系所构成”③。把各种社会关系连接起来的,就表现为形式多样的社会场合或社会领域。用布迪厄自己的话说:“一个场域可以被定义为在各种位置之间存在的客观关系的一个网络(network),或一个构型(configuration)。”④场域是由不同的社会要素连接而成的,不同的社会要素在复杂的社会联系中都占有特定的位置,或者说社会不同要素通过占有不同位置而在场域中存在和发挥作用。“如果场域是一张社会之网,那么位置可以看成是这张网上的纽结。位置是客观的,它是人们形成一定社会关系的客观前提;社会成员和社会团体因占有不同的位置而获得不同的社会资源和权利;由于位置中含有资源和权利,因此,它成为场域内矛盾斗争的焦点,并在复杂的斗争中处于持续的变易之中。”⑤布迪厄认为,场域是人的活动相互作用结成的关系网络,不能离开人的活动而存在。场域有不同的类别和形式,如哲学场域、政治场域、文化场域等。各种场域都是在特定的社会结构中存

① 包亚明主编:《文化资本与社会炼金术》,上海人民出版社 1997 年版。

② 张意:《文化资本》,http://www.shuimohue.com/new/2-news/mL-2-a/nrb-7/30.htm,2005 年 11 月 28 日。

③ 洪进:《论布迪厄社会学中的几个核心概念》,《安徽广播电视大学学报》2000 年第 4 期。

④ [法]皮埃尔·布迪厄:《实践与反思:反思社会学导论》,李猛、李康译,中央文献出版社 1998 年版。

⑤ 刘少杰:《后现代西方社会理论》,社会科学文献出版社 2002 年版。

在的，都具有某种特殊的利益和作用。但是，一定的场域一经形成就有自己的相对独立性，甚至制约着人的心理、行为及地位等。场域对社会行动者的行动有形塑作用，正如布迪厄所说："场域都是关系系统，而这些关系系统又独立于这些关系所确定的人群。"①场域作为各种因素而形成的关系网，是一个动态变化的过程，变化的原动力就是其各种构成要素，自然也离不开文化资本的分布。文化资本不仅是资源，更重要的是权利，行动者凭借这种权利占据场域中的某种位置，进而可以支配场域中的资源。

二、理论研究

布迪厄在《资本的形式》一文中，通过对资本范畴的进一步研究，第一次完整地阐述了文化资本的基本概念，提出了自己的文化资本理论。文化资本在形式上表现为一种具体化的文化资源，本质则是人类劳动成果的一种积累。现实社会布满着人类活动的踪迹，整个世界自然也就是人类劳动累积成的人化世界。布迪厄看到了这一事实，提出社会是一个积累的世界，为了理解社会界的积累性，必须引入资本的概念，因为"资本是积累的劳动"②，"资本是一种铭写在客体或主体的结构中的力量，它也是一种强调社会世界的内在规律的原则"③。

文化资本的概念之所以能够出现，文化之所以能被称为"资本"，是因为在文化与资本之间有着某些共有的属性和特征。"从资本是积累的劳动角度上看，文化来源于人类的实践，是人类智慧和劳动积累的结晶，它的传承是通过教育和学习把知识固化于头脑中的劳动，是一种积累或未被消费掉的劳动。从资本能够自身增殖的角度看，文化的运用过程就是精神生产过程，通过这种抽象劳动能实现价值转移，创造出新的价值，使自身增殖。从个人的角度看，个体文化资本的占有离不开投资，正如资本的形成离不开投资一样，在受教育和学习的过程中，要消耗掉人的精力；要消耗掉物质财富如生活费用和学习费用、教学设施、教师等；还要消耗掉大量的时间。尽管文化投资需要付出很多，但它是具有较高回报的投资，是能够增殖的，是值得的"④。正因为文化具有上述资本的特征，因此，可以将其称之为资本。布迪厄的文化资本观恰好实现了文化与资本的完美契合，它不光开拓了资本的形式，同时为我们从资本的角度探讨文化提供了理论资源。

在布迪厄的眼中，文化资本存在着三种基本形式："第一，具体的状态，以精神和身体的持久性情的形式；第二，客观的状态，以文化商品（图片、书籍、词典、工具等等）的形式，这些商品是理论留下的痕迹或理论的具体显现，或是对这些理论、问题的批判等等；第三，体制的状态，以一种客观化的形式，这一形式必须被区别对待，因为这种形式赋予文化资本一种完全是原始性的资产，而文化资本正是受到了这笔财产的庇护。"⑤文化资本相应地也就分为个体化的文化资本、客观化的文化资本和体制化的文化资本。其中个体化文

① ［法］皮埃尔・布迪厄：《实践与反思：反思社会学导论》，李猛、李康译，中央文献出版社 1998 年版。

② 张怡：《文化资本》，《外国文学》2004 年第 4 期。

③ 包亚明编：《文化资本与社会炼金文本》，上海人民出版社 1997 年版。

④ 卜长莉：《文化资本多寡决定财富分配高低——布尔迪厄文化资本报资的启示》，《CPA 中国行政管理》2003 年第2 期。

⑤ 包亚明主编：《文化资本与文化炼金术》，上海人民出版社 1997 年版。

化资本的获得以内在化为前提，这一过程需要学习，需要时间的投入，且必须由习得者亲力亲为，不具任何代表或者代替性的原则。可见个体化文化资本是一种内在化的文化资本，一旦获得，它就成为人的固定财富，成为一个人的确定的组成部分，成为人的素质的一个方面。因而，它与特定的个体是紧密相连的，正如父母的学识、禀性不能直接赠予自己的孩子一样。文化产品是文化资本的客体化形式，一种文化产品总包含着一定的文化价值，其价值是由具有文化能力的个体根据其内化的文化内容赋予的。文化产品以物质的形式存在，是可以进行传递的。这种文化资本品的物质形态决定了它的可为人占有性：从经济角度讲，它可以被实体性地占有；从文化消费角度讲，它可以被象征性地占有。例如，一个富商购买了高级艺术品，那么这艺术品便成为他的物质财富。如果他具有了艺术欣赏能力，那么他可以进一步从个体象征性的意义上消费这种艺术品，否则，这种艺术品对他而言只能是一堆纯粹物质和摆设。虽然布迪厄认为，文化产品的内在价值有其自存性，不能单纯以是否被主体占有来衡量，然而，它只有被占有并被作为一种投资参与到文化生产的斗争之中，才能够作为一种有效的资本而存在，才能在物质或象征层面获得增殖。体制化的文化资本是文化能力经过文化体制的资格授权后的存在形式。就体制化状态而言，文化资本的客观化往往是以学术资格这一形式出现的。文化管理部门通过对文化资本制度化来干预控制文化资本，使得具体化文化资本得到合法保障，其拥有者的学术身份得以确认，从而使得它与社会非体制文化资本相区别，非体制文化资本及其持有者则不断受到质疑。我们都知道，在高度社会化的市场经济中，一些体制文化资本也能够因价值波动而获取被错误定义的利润。一旦文化资本体制化，它在体制上就得到认可，并表征为一种学术资格证书，这种证书就赋予其拥有者一种社会约定的、有合法保障的文化权利。这种体制化文化资本相对于其占有者而言，在一定时间范围内具有一种相对自主性。可见，在文化资本日益发展和资本形式日渐庞杂的现代社会，文化资本的体制化具有明显的必要性和有效性，这种资本的体制化确定了文化资本社会价值的合法性，保证了体制化文化资本的社会公认性，同时也形成了文化与社会权力的张力，体现了文化资本在社会发展领域的绝对权力和价值力。

三、理论评析

布迪厄将文化视为一种资本，提出了文化资本理论。从资本的角度对文化进行分析，为我们的社会学研究和文化研究开辟了新的蹊径。可以说，文化资本理论既拓宽了社会学研究的视野，扩充了资本的形态，又赋予了文化新的属性，提升了文化的主体性。

(一)社会学研究新视角的开辟

首先，文化资本的分析框架为我们的研究提供了新的视野。文化资本概念和文化资本分析框架对我们的启示是明显的，它是一种全新的研究途径，为我们更充分地认识社会发展的文化原因提供了一个新的视角。文化资本的分析途径有助于引起人们对经济、物质以外的非物质性因素的重视，促使人们从更深的理论层面关注那些隐藏于社会结构之中的文化资本以及个体文化资本、物质文化资本、体制文化资本等多种文化资本形式，从而有助于人们更全面地认识到文化资本对个人、社会的发展，乃至对一个国家的经济增长、政治民主、产业完善以及社会和睦所起的重要作用。

其次,文化资本分析大大提升了相关经验研究的理论价值。文化资本作为一个新的概念和术语,它具有两个方面的新内涵:一是它将经济学意义上资本概念的外延扩大了,丰富了资本概念的内涵;二是它将一些构成社会结构要素的文化资本表现形式视作一种资本。不仅澄清了资本的多种存在形式,而且更清晰的表达了社会构成和发展所必需的多种结构性要素,赋予了文化资源、文化产业、文化体制这些概念以新的意义和内涵,提升了相关研究的理论价值。因此,我们认为,文化资本概念和分析框架可以为国内的文化资源、文化产业、文学艺术、文化体制等相关研究提供很好的分析工具上的支持。

(二)多元资本形态的开发

文化资本是法国文化社会学家布迪厄的理论术语,是他将经济学概念成功地运用于文化研究的典型例子,是他对马克思的资本理论进行非经济学解读之后提出的一个社会学概念。布迪厄超越了前资本主义生产方式下人们形成的单一资本形式(经济资本)的狭隘视域,将社会分为各个相互联系和作用的场域,将各个场域中的资本分为不同的形式,其中包括经济资本、文化资本、社会资本、象征资本等,极大地开阔了人们对资本的理解范围和研究思路,在整个人文科学思想体系中占据着极为重要的位置。首先,布迪厄大胆将资本概念与权力概念相联系,而这一权力概念包括各种物质、象征、文化或社会权力形式。如此一来,他的资本概念便从原有的物质化状态,广泛延伸至文化符号领域。其次,布迪厄对于文化的深刻理解,突出体现在他建立的“场域－资本”两位一体概念模式上。在这理论模式中,文化修养和教育经历能在特定场域中,成为行动者们获取社会地位的凭借。而合法的文化形式或品味标准,则是场域中被争夺的资源。布迪厄把这种资源概念化为资本。他指出,在高度分化的资本主义社会里,行动者若想在社会场域获取收益,他必须凭借一定程度的教育资历(文化资本)和社会关系(社会资本)。以资本的形式理解权力在个人和群体中的不平等分配,可以避免将社会生活理解为轮盘赌的简单模式。换言之,布迪厄的文化资本理论给我们阐明:一个现代行动者和社会如何在特定文化场域中逐渐地去运用资本来发展,并且有意无意地从资本的角度去与他人不断争夺和分配更具权威性的文化资本,从而改变文化资本在个人和社会中的分配结构,提高自己的竞争力和推动社会的发展。

(三)文化资本主体性地位的确立

在布迪厄的资本概念体系中,文化资本居于核心的地位。其实“资本对布迪厄来说是隐喻式的借用。既然如此,我们可以说,文化资本这一概念并没有对资本这一概念做出理论上的实质性贡献,但是对于文化分析的价值却是很大。文化资本这一概念旨在消解文化场域的非功利性神话,在布迪厄看来,文化就像一种资本,可以成为一种获得的工具,是手段而不仅仅是目的。需要指出的是,在布迪厄以前的文化理论中,将文化作为手段来分析的主要有两类,一类为进化论者,以泰勒、摩尔根为代表,将文化视为人类适应自然的手段,认为人类的文化选择是为适应环境而不断进行的,所以,各民族的文化都依着一定的法则,沿着一定的阶段次序向前发展着”①。另一类为功能论者,如马林诺夫斯基,他认为:“功能主义的文化观坚持这样的原则,在每一种文明中,每一种习俗、器物、观念、信仰

① 李会生:《布迪厄的文化资本理论》,《东方论坛》2003年第1期。

都完成着某种重要的功能。”①虽然说这两类观点各有侧重，前者关注人类与自然的关系，后者关注社会的整合，“但他们都是从社会的整体上来把握文化的作用，而布迪厄与他们的区别在于，将文化在社会中分解成不同量的资本，从而成为不同个体或群体进行社会竞争的手段。文化实践从来不隔绝于社会的政治经济权力运作以及社会变迁和历史转型，文化从来不只是这些历史过程的被动记录，它是生产和再生产社会等级结构的重要力量。如果说文化作为进化论者的‘对外界的适应’和作为功能论者的‘对需求的满足’，体现了文化的被动、消极的一面，那么布迪厄将文化视为资本，视为不同个体、群体的竞争手段，则体现了文化的主动、积极的一面”②。他将文化资本看作是整个社会和文化场域中的结构要素，并随着社会场域的变化而变化着，以充满影响和斗争的姿态与社会的其它结构要素相互作用着，共同推动了社会的发展，充分地显示了文化资本在社会中的主体性。

四、理论局限

文化资本理论在布迪厄社会学理论体系中占据着极为重要的地位，为社会学的研究提供了新的范式和视角。随着社会历史条件的不断变化，文化资本理论在促进社会学理论研究和社会实践发展的同时，也不断地遭到质疑，暴露出了自身的不足与局限。

理论上的局限。首先，布迪厄文化资本概念本身具有浓厚的意识形态色彩。虽然布迪厄的资本概念不同于马克思所谓的“能带来剩余价值的价值”，但他在去除文化资本经济特征的同时，将文化资本视为一种支配性权力，认为这种资本在阶级社会则表现为统治阶级对被统治阶级的支配，加剧了社会的等级秩序和社会资源的不平等分配，从而也给文化资本蒙上了意识形态的面纱。其次，布迪厄文化资本概念在界定上具有模糊性。布迪厄的理论是建立在一系列复杂的概念基础之上的。在布迪厄的理论词汇中，文化资本虽然被分为具体化、客体化和体制化三种形式，但他并未对其做明确的定义，文化资本也并不构成一个结构严谨的元概念，而是以一种开放性理解被隐喻式运用的。尽管文化资本概念的暧昧性和模糊性有时候可以提高它自身的灵活性并使它更能够被理解和适应各种变化，但这种范畴上的不确定却阻碍了理论本身的建构与完善。再是，布迪厄文化资本理论具有社会决定论倾向。我们都知道，布迪厄是个关系主义方法论者，他力求消解主客二元之间的对立。布迪厄认为，文化资本产生于一定的社会历史场域，场域是其赖以生存的母体。在此，他将文化资本的产生完全归于了社会的特定场域，只强调对文化资本被形塑结构的把握，而忽视了文化资本本身所包括的个体的形塑结构的作用，从而以文化资本的主体性替代了人的主体性，把文化资本视为一个片面强调社会决定作用的静态和僵硬的概念，使其不但没能摆脱主客之间的二元对立，反而使其陷入了社会决定论的怪圈。

实践上的局限。第一，随着世界经济、政治、文化的发展，文化资本概念已经突破了布迪厄原有概念的界限，尤其是我国有中国特色的社会主义条件下的文化资本，已不在是资本主义生产关系下单纯的阶级支配，原来那种蒙有意识形态面纱的文化资本被超历史的现代文化资本所取代。所以，在某种程度上讲，布迪厄的文化资本理论已经难以对中国文

① 郑也夫、李强主编：《西方社会学史》，北京能源出版社1987年版。

② 李全生：《布迪厄的文化资本理论》，《东方论坛》2003年第1期。

化资本做出全面准确的解释。第二，以前文化资本单纯个体社会化的单一生成途径变得多元。文化资源向资本的转变成为文化资本生成的另一重要途径，除家庭、学校、社会通过个体社会化生成文化资本外，对文化资源的开发和文化产品的创造亦成为文化资本生成的重要路径，而在改造和开发中国文化资本的过程中，布迪厄文化资本理论明显地暴露出了自己的不适用性。第三，在社会主义文化观念和教育体制下，教育不再是生成不平等的根源，而是人们自身社会化和文化需求得以满足手段，文化资本的分配与再分配不再被少数统治阶级所垄断，而是取决于文化市场调节下的社会劳动人民的文化需求。第四，文化资本概念的突出要义也从对支配性权力的占有转向了对经济价值与文化价值的追求。所以，面对中国特色社会主义文化实践的蓬勃发展，布迪厄的文化资本理论愈加显得黯淡，暴露出了它与新文化场域的不协调。

☞ 参考文献：

1. 张意：《文化资本》http://www.shuimohua.com/news/z-news/ml-2-a/nrb-7/30.htm，2005年11月28日。

2. 洪进：《论布迪厄社会学中的几个核心概念》，《安徽广播电视大学学报》2000年第4期。

3. 朱国华：《习性与资本：略论布迪厄的主要概念工具》(上)，《东南大学学报》2004年6月。

4. 包亚明主编：《文化资本与社会炼金术》，上海人民出版社1997年版。

5. 卜长莉：《文化资本多寡决定财富分配高低——布尔迪厄文化资本投资的启示》，《CPA中国行政管理》2003年第2期。

6. 李全生：《布迪厄的文化资本理论》，《东方论坛》2003年第1期。

7. 郑也夫、李强主编：《西方社会学史》，能源出版社1987年版。

8.《马克思恩格斯全集》第46卷(下)，人民出版社1980年版。

影视传媒

在这里，读懂中国

——《南方周末》三十年发展史

《南方周末》由南方报业传媒集团主办，创刊于1984年2月11日，以“在这里，读懂中国”为办报宗旨，每周四出版，面向全国发行，是中国发行量最大、影响最广泛、公信力强的新闻周报。《南方周末》在全国设有11个印点，分别为广州、北京、上海、西安、武汉、成都、海口、济南、南京、长春、福州，覆盖全国各大、中城市，通过卫星传版，实现同步彩色印刷。《南方周末》每期32版，分新闻、经济、文化三大板块，内容紧扣时代发展的热点与焦点，通过全面、深入、生动地反映和报道新近发生的重大事件，向广大读者提供更完整、真实的中国社会发展脉络。

1997年以来，《南方周末》受到国际著名新闻机构广泛关注，美、英、法、德、新加坡、中国香港等国家和地区20多家权威媒体对《南方周末》进行过专访或报道。包括《新闻周刊》(*Newsweek*)、《华尔街日报》(*The Wall Street Journal*)、BBC、《联合早报》等。《南方周末》荣获“2003艾菲广告实效奖”，是第一个获得国际营销大奖的中国报纸。2006年，世界品牌实验室公布的《中国500最具价值品牌》中，《南方周末》以20亿元的品牌价值位居周报第一名。2008年，《南方周末》在由中国商务广告协会和中国传媒大学主办的“2008中国消费者理想品牌大调查”中，位列报纸类“理想品牌”第一位。

一、历史转折中的三次重要转型

自1984年创刊至今，《南方周末》的发展脚步与中国社会变迁紧密相连。它记录着中国社会发展的历史，同时也在历史的转折中进行着自身的转型。

(一)第一次转型：由娱乐小报转向报告文学大特写

《南方周末》创刊的1984年，正值文革之后和改革之初两种社会状态交接之时。经过十年“文革”对文化的压抑，人们对新文化、新观念表现出极度的渴求，由此中国报界兴起了一股以娱乐信息为主要内容的“周报”热潮。从1981年《中国青年报》开办首家周刊，到1991年的10年间，100多家全国性大报中有54家开办了周末版，但此时周报在中国报业中只是作为日报或者是区域性报业集团的补充而存在。此时的《南方周末》当然也不例外。

1984年1月21日，《南方周末》试刊号出版，并被正式命名为《南方周末》。2月11日，《南方周末》创刊号面世，报纸对开4版，每份定价4分。此时的《南方周末》是一个以刊登文摘稿件以及娱乐八卦新闻为主的报纸，是一张靠裁裁剪剪拼凑而成的娱乐小报。但是《南方周末》又不同于一般的周报，而是报人们以理想主义与启蒙主义。当时的负责人之一的左方认为："中国要实现现代文明必须要做两件事：第一是要延续'五四'运动科学和民主的启蒙，改变中国人的思想素质。这个启蒙是双向的，不仅要对老百姓进行启蒙，而且要让知识分子的精神回归。第二个就是要发展经济，要成为一个强国。因此，报纸必须伴随着改革开放，为它摇旗呐喊、推波助澜。"[①]这种精神基调加之适合当时读者口味的版式设计，使得《南方周末》在众多同质的周报中产生了一定的影响。1988 年 9 月 2 日，《南方周末》头版上刊登的专稿《一位女研究生被拐卖始末》，在社会引起强烈反响，表明《南方周末》在休闲娱乐的内容之外，开始涉及对社会问题的解剖。

到 20 世纪 90 年代初，周报热潮势头更猛，大量休闲、娱乐的周报充斥市场，《南方周末》逐渐失去了作为娱乐周报的优势。1991 年，南方日报社编委会决定自次年第一期起，将《南方周末》由对开 4 版扩为对开 8 版，并从日报社内部抽调一些年轻人参与扩版，想让报纸做得更娱乐化一些。但是这些年轻人觉得在这个如火如荼的改革年代尽编些家长里短的八卦新闻很没劲，于是开始大胆地编写深刻表现历史和社会现状的报告文学，这些报告文学开始受到人们的关注。于是《南方周末》开始摆脱休闲娱乐的风格，向大特写转型，用报告文学来关注社会、表现社会。从这时起，《南方周末》一直保持着百万份以上的发行量，也使当时报告文学的流行一时。

(二)第二次转型：由单纯新闻报道转向舆论监督

20 世纪 90 年代中期以后，经济改革的不断深入打破了原有的社会规则与秩序，社会阶层不断分化。在这样一个改革失败者与牺牲者不断产生、弱势群体不断产生的时代，各种社会矛盾纷纷出现。人们呼唤正义与公正，对腐败与社会不公的痛恨成为一种共有情绪，社会要求媒体承担起更多责任。

1996 年，《南方周末》由 8 版扩为 16 版，编辑方针上由大特写转向新闻事件报道。《南方周末》提出的"新闻主攻、副刊主守"的竞争策略在这次转型中发挥了重要作用。"新闻主攻"就是鼓励记者走出广东，放眼全国，参与新闻竞争；"副刊主守"就是在原先已经得到读者认可的知名文化娱乐类版面的基础上，进一步保持并强化其在同类全国型报刊中的优势地位，以确保在硬新闻报道出现竞争乏力的情况下，报纸的传统读者不会出现大规模流失的后果，即所谓"进可攻，退可守"。转型后，《南方周末》提出"以服务改革、贴近生活、激浊扬清为特点，以正义、爱心、良知为诉求，坚持讲真话，坚持公信力"的办报理念，对重大案件进行深入采访报道。并且其报道大多为揭露性报道，以强烈的社会责任感深入到事件最核心、最敏感的话题中去，在大量的案件报道中为受到冤屈的弱者奔走呼号。如《昆明在呼喊：铲除恶霸》(1998 年 1 月 9 日)、《张君案检讨：一个极端暴力集团的成长》(2001 年 4 月 19 日)等。此外还有其他对社会弱势群体的报道，如对于"三农"问题的报道，对于拐卖妇女的报道，对于城市农民工的报道等。《南方周末》还是我国最早关注艾滋病问题的媒体之一，早在 1996 年 11 月 19 日，就刊登了长篇报道《艾滋病在中国》。以后几乎每年全国艾滋病日前后，《南方周末》都会发表相关报道。

---

① 周志懿、黄逸秋、彭波：《理想照耀现实——南方周末二十五年成长史》，《传媒》2009 年第 8 期。

通过这些报道,《南方周末》迅速提高了其公信力和社会影响力。《南方周末》1999 年《新年献辞》中“让无力者有力,让悲观者前行”的主题恰当地表现了这一时期的报道风格。

(三)第三次转型:打造综合性、高品位的主流时政周报

从 20 世纪 90 年代中期到 21 世纪初的几年内,《南方周末》专注于关注弱势者,揭露、曝光真相。但随着时代的发展、媒体生态环境的变化、读者要求的提高、现代理念的多元,使得《南方周末》需要多元的报道题材,不能再如同以前那样仅仅充当社会泄愤的工具。“《南方周末》现任总编辑向熹认为,在中国快速发展的过程中,国家、社会、人心都发生了前所未有的变化,中国、中国人变得让人看得不那么清楚了。于是,‘中国是什么样’‘中国为什么是这样’‘中国将会怎么样’成为这个时代最大的难题,中国人需要对之解答,中国之外的人也需要对之解答。”①在此时代大背景下,《南方周末》于 2007 年正式提出“在这里,读懂中国”的品牌口号,开始向“综合性、高品位的严肃周报”转型,突出时政性报道。

然而,内容风格上的突变使得读者一时难以适应,《南方周末》一时之间失去了原有的光芒。在重重压力下,此次转型经过了七八年的时间。《南方周末》不断强化时政评论,扩大时政版面,随着质量的提升,逐渐在社会引起了很好的反响。现任副主编伍小峰这样总结转型后的《南方周末》:“我们将以一种内涵更成熟、形式更现代的面孔出现。从气质上讲,它好像一个正直而愤怒的青年随着阅历的增长,在向成熟的中年人过渡,它将更具理性、更从容,因此也更具吸引力。”②

二、新媒体时代下的挑战与出路

“2043 年春季的某一天,美国的一位读者把最后一张报纸扔进了垃圾桶,从此,报纸便消失了。”③这是美国北卡罗来纳大学新闻学院教授菲利普·迈耶在《正在消失的报纸:如何拯救信息时代的报业》一书中的预言。随着新媒体时代的到来,传统纸媒面临着前所未有的挑战:大批广告收入流向互联网,一部手机就解决了读者的信息需求,报纸的读者流失,发行减少,经营日益困难。面对新媒体带来的强大冲击,《南方周末》进行了多方探索与实践。

(一)以深度报道为核心竞争力

“内容为王”看似已经输在了网络快速化传播信息上,但有价值的内容往往会吸引大量的注意力,原创性和深度始终是吸引读者观看的重要元素。④《南方周末》一直坚持“内容为王”的办报原则,以“深入成就深度”的理念报道新闻,这构成了它的品牌特色。

1. 选材力求触及社会深层

《南方周末》将读者定位为关心社会问题的、有社会责任感的知识分子,因此在题材选择上偏重于国内的热会新闻。“它频繁触及司法公正、政体改革、弱势群体、绿色生态等社会问题,这些问题常涉及中国社会深层次的矛盾和问题,一经刊登,便在社会上引起巨大

---

① 周志懿、黄逸秋、彭波:《理想照耀现实,南方周末二十五年成长史》,《传媒》2009 年第 8 期。

② 伍小峰:《一张报纸,一个灵魂——〈南方周末〉站在一个新的平台》,新浪博客:blog. sina. com. cn/s/blog-4a8668af01000584. html,2006 年 4 月 19 日。

③ [美]菲利普·迈耶:《正在消失的报纸:如何拯救信息时代的报业》,新华出版社 2007 年版。

④ 参见赵亚萍:《“我们”在路上——传统媒体的转型升级》,《城市开发(物业管理)》2015 年第 7 期。

反响，促人反思，符合《南方周末》‘关注民生，彰显爱心，维护正义，坚守良知’的理念。例如2013年10月10日的头版头条《衡水中学的“封神”之路——超级高考工厂》，对‘超级中学’的应试神话和‘衡水效应’及其背后的争论和隐忧作了深入报道，引发了受众对于‘衡水神话’和教育模式的更广泛关注与深入思考。”①

2.独家披露

力求报道独家新闻，是《南方周末》一个非常显著的特征，也是其核心竞争力的重要体现。《南方周末》的头条经常会独家披露一些鲜为人知的内幕。比如2001年11月29日《千里追踪希望工程假信》、2003年4月25日《被收容者孙志刚之死》等报道，一经刊载，便在社会上引起巨大反响。它以一贯的质疑态度和认真调查的精神为公众提供更接近事实真相的答案。同时，深度报道的调查难度很大，各种外部阻力会让记者的报道举步维艰，有时够不着“事实真相”时，写一字都会怕。这就要求调查记者忠于职守、坚持底线，勇气和智慧并举。

3.人文关怀：让无力者有力，让悲观者前行

人是社会活动的主体，人的生存和发展是社会发展的根本目的，突出“人”在传播中的地位是深度报道的重要一环，即最乐于被社会和广大读者所接受的人文关怀。《南方周末》不仅在选材上大量报道普通人的生活，而且深度挖掘公众广泛关注的热点问题。例如2013年10月10日绿色版的一篇报道——《食药改革，触动利益比触动灵魂还难》，报道了全国食药改革进程缓慢的问题，触及全国公众普遍关心的话题。

此外，《南方周末》重视与读者的沟通，以增强亲和力。温情的语调和动人的文字是《南方周末》吸引读者的秘密武器。报纸设置了“主编信箱”这一和读者交流的窗口，并利用每期部分版面刊登优秀的读者来信，认真地了解读者的意见和需求，让读者不仅亲身参与报纸的建设，并获得发表真知灼见的平台，也有利于报纸的深度报道在读者的批评和建议中发展。《南方周末》第1599期改版上架，这期报纸头版的左边一栏，刊登了一篇致读者的文章——《改版致读者：只做精品》。与带有明显人文关照色彩的新年献词一样，文中不仅有情怀的流露，也有作为纸媒代表在当前传播格局被彻底颠覆形势下的自我打气，其目的在于与读者产生心灵的交流。

（二）开发推广移动客户端

“全媒体”是指一种业务运作的整体模式与策略，即运用所有媒体手段和平台来构建大的报道体系，全媒体的传播形态包括文本、图片、音视频等各种元素，报纸、电视、网站、手机等各种终端尽量齐备，体现了一种结构上的介质聚集和规模效应。②

随着智能手机的普及和风行，移动互联网的势头愈发强劲，纸媒根植于其中的移动客户端成为了继传统阅读形式之外的一个全新拓展渠道。“纸媒在全媒体运营之后，正逐步融入互联网的发展，进入数字化发展。智能手机能够随时、随地、随身的便利性，价格、技术的不断走低与普及，及其具有的非线性传播方式，让全媒体下的纸媒移动客户端面对着

---

① 刘展：《如何以深度报道为核心竞争力应对纸媒“拐点”——以〈南方周末〉为例》，《东南传播》2014年第9期。

② 参见彭兰：《媒介融合方向下的四个关键变革》，《青年记者》2009年第2期。

比电脑客户端更多机会与发展空间。"[①]

《南方周末》新闻阅读器是一款基于移动新闻资讯打造多系统的移动客户端，早在2009年10月28日便成功登陆苹果官方App Store市场，最早是为iPhone用户量身定制的一款纸媒移动客户端。随后登上安卓系统第三方市场等应用平台，在国内中文传统媒体中较早试水智能手机新闻阅读器领域，适用于苹果IOS、安卓、Windows phone等各大手机系统。其中在安卓第三方市场安智手机市场的下载量超过20万。《南方周末》阅读器(即《南方周末》手机客户端)分为深度、文化、评论、绿色、经济、生活六大板块。该阅读器传承《南方周末》报系优秀的采编团队与制作理念，坚守人文情怀与媒体责任，传递最具价值的报道，并在采编上辅以南方周末网的独立制作，对当下最新、最具价值的文章与新闻进行第一时间的报道，打破了传统媒体在发行时间上的限制。

《中国周刊》总编辑朱学东就认为："当下中国传统纸媒的iPad化，更多是一种品牌推广手段，iPad独立的商业模式尚未形成，并且其商业模式的形成需要时间、需要资本、需要各种条件。"[②]与国外的纸媒移动客户端不同，《南方周末》客户端侧重于品牌传播与推广，在用户使用上以免费为主。例如《南方周末》阅读器推出高级账号功能，一个月3元，一年25元，可享受去广告、在多台设备上实现收藏、同步等功能。客户端的推广有利于南方周末把握住本土新闻的覆盖率和自身的影响力，从而保证《南方周末》报纸的社会地位与影响力，稳定其主要的收入来源——广告收入。

(三)品牌传播策略

品牌是一个企业的代号，也是一个产品的标志。《南方周末》基于深刻报道社会和人民的内容定位和有社会责任感的知识分子的受众定位，在报道内容与形象塑造方面为品牌传播做了大量工作。

1.坚持深度报道塑造公信力

《南方周末》新闻报道的口号是"深入成就深度"。他们把最好看最具价值的新闻做深、做透，并将其放在头版。它要给受众的印象是新闻素材厚重、信息量大且质量高，能够从多个方面满足处于不同需求层次的读者。它的话题涉猎广泛，不局限于追求新闻的时效性，而是更为关注重大新闻事件的选择。此外，《南方周末》在深度报道方面有着独到的理念。还原事实真相，挖掘新闻价值，是《南方周末》深度报道的一大标牌。这是对"新闻"这一概念的丰富，也深化了"新闻"的内涵。在对新闻进行架构时，因为追加、系列、组合等多种报道方式的运用，使《南方周末》新闻报道的形象特征更加的立体化、透彻化。

2.形象广告塑造影响力

报纸形象广告是一种以树立社会形象、吸引受众注意力为直接目的的广告。形象广告是对一家报社的产品定位、理念主张的发布，也是报纸树立形象的重要手段。

《南方周末》在品牌广告的运用中，以周年纪念宣传、读者评价以及名人推荐的方式进行形象的塑造。此外，每年随报策划发表的新年献词以其独特的视角、强烈的社会责任感

---

① 黄贺铂:《全媒体下纸媒移动客户端的发展路径探析——以南方周末阅读器为例》,《新闻知识》2014年第11期。

② 朱学东:《iPad来了,传统杂志如何生存》,《传媒》2012年第2期。

和饱含人文关怀的风格为大众喜闻乐见，在提高自身社会影响力的同时加强了品牌形象的塑造。

三、结语

《南方周末》作为中国最具影响力与公信力的传统媒体之一，对中国社会发展产生了深刻的影响，在丰富公众业余生活的同时，传递了媒体的关怀与责任感。在新媒体的时代，《南方周末》积极进行了符合时代潮流的探索，在与时俱进中推动着自身的转型升级。作为时代与历史的记录者，它坚持着“在这里，读懂中国”的理念，引领着中国报业发展的潮流。

☞ 参考文献：

1. 周志懿、黄逸秋、彭波：《理想照耀现实——南方周末二十五年成长史》，《传媒》2009年第8期。

2. 赵亚萍：《“我们”在路上——传统媒体的转型升级》，《城市开发（物业管理）》2015年第7期。

3. 刘展：《如何以深度报道为核心竞争力应对纸媒“拐点”——以〈南方周末〉为例》，《东南传播》2014年第9期。

4. 彭兰：《媒介融合方向下的四个关键变革》，《青年记者》2009年第2期。

5. 黄贺铂：《全媒体下纸媒移动客户端的发展路径探析——以南方周末阅读器为例》，《新闻知识》2014年第11期。

6. 谢方勃、马跃飞：《纸质媒体向数字化转变的初探》，《东方教育》2014年第11期。

7. 李晓霞：《形成特色，塑造品牌——对《南方周末》成功的几点思考》，《新闻知识》2011年第11期。

8. 刘嘉：《浅析纸媒在新媒体时代的价值回归》，《新闻研究导刊》2015年第7期。

9. 曹颖：《新媒体冲击下纸媒的“讲故事”之道——以〈南方周末〉的深度报道为例》，《青年记者》2015年第5期。

10. 杨晓燕、张真真：《全媒体时代报纸的数字化转型及策略选择》，《新闻前哨》2015年第5期。

11. [美]菲利普·迈耶：《正在消失的报纸：如何拯救信息时代的报业》，新华出版社2007年版。

12. 伍小峰：《一张报纸，一个灵魂——〈南方周末〉站在一个新的平台》，新浪博客：http://blog.sina.com.cn/s/blog-4a8668af0100584.html，2006年4月19日。

澎湃新闻：互联网上的思考者

“澎湃新闻”是上海报业集团为应对新媒体冲击改革后公布的第一个成果，于2014年7月正式上线。其口号是“专注时政与思想的互联网平台”，主打时政新闻与思想解读，生产并聚合中文互联网世界中所有优质的时政思想类内容。同时，澎湃新闻作为互联网技术创新与新闻价值传承的结合体，致力于新闻问答功能与新闻跟踪功能的实践。澎湃新闻已经推出网页、Wap、App客户端等一系列新媒体平台，做出了许多比较有影响力的微信公共账号，如“中国政库”“中南海”“打虎记”“人事风向”“一号专案”“舆论场”“知识分子”等。上海报业集团希望借助澎湃新闻的模式，通过优质原创内容吸引流量，依靠海量用户来获取广告收入。

澎湃的新闻内容以深度报道见长，有的注重找到新闻当事人以还原新闻事实，有的是在某新闻报道或事实基础上，注重澎湃新闻记者的多元解读和深入思考。“澎湃”立志要成为“中国第一个新闻问答产品”，通过与读者的互动，分辨真相和谣言，并将核实结果实时更新。在澎湃App上，就设计了“提问”和“跟踪”两大功能，前者帮助读者发问，后者则便于读者对感兴趣的主题进行长期跟踪阅读。澎湃新闻通过问答模式实现了新闻用户定制化，通过客户端和其他社交化平台的推广使用实现媒体转型。

一、澎湃新闻成立的背景

（一）移动媒体的兴起冲击传统媒体

2014年7月中国互联网络信息中心（CNNIC）发布的《第34次中国互联网络发展状况统计报告》显示，截至2014年6月底，我国网民规模达到6.32亿，其中手机上网的网民规模达5.27亿，所占比例为83.4%，相比2013年底上升了2.4个百分点；而台式电脑和笔记本电脑上网网民比例略有下降，分别为69.6%和43.7%；2014年我国网民使用手机上网比例首次超过传统PC（仅包括台式机和笔记本，不包含平板电脑等新兴个人终端设备）上网比例（80.9%），手机作为第一大上网终端设备的地位更加巩固。移动终端以其便携性、实时性、交互性的特征，不仅改变了人们的信息接收习惯，也改变着整个社会的信息传播方式。原有的传媒格局受到了巨大冲击，传统媒体原有的观众资源、广告资源和资金资源被移动媒体大量抢占，传统媒体陷入艰难处境。

移动媒体时代人们注重对个性体验的追求，促使新媒体不断开发利用新技术来满足用户的体验传播。用户体验是用户在使用产品或享受服务过程中建立起来的主观心理感受。对媒体产品的用户体验直接影响了人们以后媒介接触时的选择。苹果产品风靡全球，不仅因其高效、稳定的多媒体处理能力，也与其操作便捷性和舒适度密切相关。依靠先进的技术，移动媒体不仅满足了用户对信息的需求，还在在时空方面和使用过程中为用户提供了舒适的体验，吸引了越来越多的黏性受众。在移动互联网时代，传统媒体如果仍延续原有的片面重视内容的生产方式，忽视受众的个性化需求，必将失去越来越多的领地。

(二)“碎片化”的信息传播方式破坏新闻事实的完整性

移动互联网时代，伴随着信息技术愈发成熟，在以微博、微信为代表的信息传播中，新闻传播内容呈现出明显的“碎片化”趋势。“碎片化”的信息传播方式使得信息在被编辑的时候不得不进行人为主观上的取舍，往往出现为了突出“出彩”的部分来吸引眼球，而牺牲事实的完整性的后果。这种带有很强随机性的信息取舍使得其他部分的信息被淡化甚至是完全被忽视。这种残缺的信息处理使得新闻事实在传播上被撕裂了完整性，受众不得不发挥想象去“复原”事实。“在这样的传播过程中，信息很容易出现有意或无意的曲解和变形，产生消极的传播效果。撕裂的时效性与完整的真实性应该是一个眼前利益与长远利益的关系。报纸是社会的良知，是社会的瞭望者，也是社会公信力的重要载体，对于报纸来讲显然是长远利益更为重要。所以，报业转型过程中必须坚持为受众提供更多的跟踪报道、跟踪解读，让新闻报道在受众面前更加完整地展现出来。”①

在移动媒体时代，实现有效的信息整合，包括内容的筛选、加工，渠道的构建，这对传统媒体来说显得极为迫切。“最理想的局面应是媒体能够保障充分的、高质量的信息供选择，且技术上足以保障信息能够低成本、有效地被读者获取。而传统媒体的区域分割、行业分割现象普遍存在，造成信息分享不够，单个媒体实力较弱，加之原有的技术手段相对落后且成本较高，搭建高质量的信息平台难度较大。”②

(三)与新媒体融合的传统报业转型陷入两难

面对新媒体的蓬勃发展，一方面，以广告收入为主要盈利模式的传统报业的发展陷入困境；另一方面，微信、微博和新闻客户端获得越来越广泛的受众信任度。面对移动互联网带来的移动新闻巨大的市场潜力，传统报业逐渐接受了与新媒体融合的思维，大量报纸纷纷进行报网融合的转型尝试。人民网研究院发布的《2013 中国报刊移动传播指数报告》显示，在统计的 150 家报纸中，开通新浪认证微博的有 149 家，开通腾讯认证微博的有 137 家，121 家拥有微信认证公众账号，110 家拥有苹果版 App，105 家拥有安卓版 App。

但是，在报业转型的各种探索中还没有出现被大家一致认可和接受的模式，大家探索的步伐也大多还很谨慎。很多报业既担忧新媒体带来的颠覆性变化使得报业“不转等死”，又担心盲目转型带来的高昂运营成本使得报业“早转早死”。目前，我国报业的转型主要集中在“报网互动”和区域性门户网站，也就是简单粗放地复制一个报纸电子版，或者依托报纸所采写的稿件来办个区域性的门户网站。这些转型方式存在的普遍问题是观念陈旧，主要体现在依然采取传统媒体的采编理念和新闻思路。从自身来看，传统的采编方

① 刘强：《试析报业转型期“澎湃新闻”的探索价值及发展前景》，《东南传播》2014 年第 10 期。
② 郭全中：《大数据时代传统媒体转型的关键》，《中国记者》2013 第 7 期。

式所形成的报道难以形成突破，简单的照搬到网上并不能吸引到更多的受众，相反还有可能削弱原有报纸的依存度。从媒体环境来看，这种简单的“报网互动”模式同新浪、搜狐等门户网站相比，在信息汇聚、用户资源以及广告收入等方面都没有明显的优势可言。

二、澎湃新闻的互联网思维

“媒介融合”的时代趋势使传统媒体机遇与挑战并存。传统媒体纷纷通过拓展新媒体项目来促进自身的转型。苹果与默多克新闻集团合作推出了 *The Daily* 却惨遭失败，《纽约时报》转型后推出的电子版付费模式陷入收益困境，这些转型遇阻的先例引发了传统媒体对如何转型的进一步思考。上海报业集团旗下的“澎湃新闻”运用互联网思维做出了一次尝试。

百度 CEO 最早提出 “互联网思维”的概念，指在(移动)互联网、大数据、云计算等科技不断发展的背景下，对市场、对用户、对产品、对企业价值链乃至对整个商业生态的进行重新审视的思考方式。“互联网思维下的转型要求新闻媒体将新闻平台当作产品运营，将新闻内容、受众定位、用户体验、盈利模式、营销推广纳入一个体系内进行思考。”[①]互联网思维的核心是要树立用户思维和产品思维，变原来的单向传播为互动传播，以用户为导向进行新闻产品的生产。澎湃新闻的产品设计就很好地体现了用户思维和产品思维。

(一)媒介融合，实现全媒体运营

“全媒体”，是指打通传统媒介界限，在数字介质上构建全新的融文字、图片、音频、视频、动画等多种表现形式为一体的内容平台，并打破原有的刊发和播出频率，实现全天 24 小时滚动内容提供。[②] 如今“媒介融合”已被提高到国家战略高度。2014 年 8 月 19 日，中央全面深化改革领导小组在第四次会议上通过了《关于推动传统媒体和新兴媒体融合的指导意见》，“媒体融合”首次以国家战略高度出现在公众视野之中。

目前，许多传统媒体所谓的“媒介融合”，本质上还是建立在传统媒体原有的生产模式上的小修小补，实现的仅仅是局部的、有限的融合。澎湃新闻的转型融合则是颠覆性的，它最大限度地突破原有的新闻生产模式，打造的是一个全方位的新媒体集群。澎湃新闻目前全面覆盖网页版、手机移动客户端、Wap 网页版，微博、微信账号同步运营。通过多终端、多平台的融合尽可能覆盖更多的受众，并且不同端口的内容均由同一个团队运营，既降低了成本，又使多终端的风格和认知的统一性得到了有效保证，有利于培养受众稳定的阅读习惯。在网页和客户端布局上，澎湃改变了以往新闻网站和客户端上的分条布局，采用了卡片式布局，网页版采用“图片 + 题目 + 摘要”的方式，客户端采用“图片 + 标题”的方式，使界面形成视觉冲击力，形成良好的用户体验。全方位的产品设计，能够最大限度地满足不同的受众信息接收习惯，各种渠道间的取长补短，也能更好推进品牌建设。

(二)报网融合，资源共享

新浪网副总编辑孟波说：“传统媒体拥有巨大的政府、企业、社会等资源，传统媒体本身无论如何是消化不了这些资源的，资源无法得到充分的挖掘，而这些资源完全可以输送

---

① 粟子桥:《澎湃新闻:用互联网思维做新闻》,《科技传播》2015 年第 4 期。

② 参见吴蔚欧:《美报业危机下的“全媒体”生产链重构Ⅱ》,《南方传媒研究》2010 年第 23 期。

到新媒体中来。”[①]在报网融合的条件下,《东方早报》的采访资源、信息资源和人力资源可以直接共享至新媒体。澎湃新闻的采编团队直接来源于《东方早报》,并另外进行了一定的人员招募。澎湃新闻与《东方早报》采访队伍共享,统一供稿。澎湃新闻在报网融合的过程中,注重把传统媒体的优势输送到新媒体上。它是以一个独立品牌来进行运营,而不是作为《东方早报》的附属而存在 。因此澎湃新闻坚持“网站优先供稿”的原则,网络编辑与报纸编辑互补,参与到对方流程中来。“《东方早报》的原创内容绝大部分源自澎湃新闻内容的精选,两者在编辑方针上既保持方向上的大体一致,也展现不同媒介载体的各自风格。这种模式既能够把握两种媒介载体不同的时效性要求,又能极大节约采访成本,减少媒体融合发展的成本问题。在审核把关上,《东方早报》和澎湃新闻共同执行‘三审签发制’,不会因为抢速度而降低审核标准和要求。”[②]澎湃新闻打破了传统媒体组织科层化、封闭化的组织架构,引入互联网式的项目团队制度,各个小组独立运营,组织结构扁平化、开放化,以适应移动互联网时代信息快速反应的要求。除了强调自己的采编团队外,澎湃新闻邀请梁文道、徐远、莱布雷西特等一批知名学者、作家、思想家开设个人专栏,为澎湃新闻贡献优质内容,补充采编队伍的不足。[③] 澎湃新闻传承了《东方早报》“影响力至上”的目标定位,注重原创稿件的比重与质量,突出自身的差异性和不可替代性。通过网络互动,澎湃新闻大力挖掘受众的思想和智慧,实现新闻与思想两级的共生。

(三)互联网思维下的受众定位和盈利模式

澎湃新闻将受众定位于“时政爱好者”,偏向于社会精英人士。但是从网民年龄分布来看,30 岁以下的网民占比达到 57.2%,这一点导致澎湃新闻网站的用户流量属于“小而精”模式,澎湃不得不思考高质量的流量带来的广告投放能否比大规模流量带来的广告投放更具有效益这一问题。

澎湃的“时政新闻”的定位无法使其很好的延伸线下产品销售环节,于是澎湃仍然依靠“优质内容→积累用户→二次贩卖→广告收入”的收入模式盈利。上海报业集团的社长裘新提到“三次销售”—— 不拘泥于曾经传统纸媒的“卖报纸”和“卖广告”的策略,在此基础上,充分利用传统媒体的公信力和社会资源,在报纸以外布局垂直产业,把服务卖给读者,力争把读者变成忠实用户。按照上海报业集团的综合营销策略,澎湃在销售环节中所起的作用就是汇聚用户资源,做好综合营销里的中间环节。可见,澎湃的自身内容定位和在报团系统中的定位决定着把握“用户”或是“受众”资源对澎湃盈利的重要性。[④]

三、“内容为王”下的新闻生产

澎湃新闻上线之初,就以原创和高品质的内容作为新媒体发展的一大重要策略。借助于上海报业集团的权威性,澎湃新闻将内容定位于时政和思想,主张遵循“通俗但不庸俗,懂批评也懂建设,听民意但不迎合,谈问题也谈主义”原则,将目标受众定位于关注中

① 孟波:《事业还是企业? 投入还是投资? ——关于传统媒体转型的十个方向性思考》,转引自王跃春:《新京报传媒研究》第 3 卷,南方日报出版社 2013 年版,第 10 页。

② 陈良飞:《澎湃新闻内容建设的“变”与“不变”》,《中国编辑》2015 年第 4 期。

③ 参见郭泽德:《澎湃新闻的移动战略研究》,《新闻研究导刊》2014 年第 12 期。

④ 参见粟子桥:《澎湃新闻:用互联网思维做新闻》,《科技传播》2015 年第 4 期。

国政治经济以及海内外的精英人士。

澎湃新闻秉承着"内容为王"的理念，深度挖掘焦点问题，发布原创性稿件。例如关注度极高的《打虎记》栏目，主张"第一时间披露腐败主角犯何事，涉何人，仕途起底，言之凿凿。拼贴窝案人脉链条，梳理贪腐弊案共性，反思廉政制度漏洞，明辨'治本'之策与'打虎'路线图"。它以一篇名为《令政策的平陆往事》为开端，对各地的贪官和反腐现象进行深入报道。专题内容也是澎湃新闻的重点打造对象之一。比如澎湃新闻针对 2014 世界互联网大会特别报道做出的《新互联时代》专题，就集合了即时播报的最新互联网新闻、对话、声音以及解读和热追问部分。[①]

在互联网思维的指导下，澎湃新闻致力于搭建一个集结了专业新闻组织和网民智慧而形成的新闻聚合平台，致力于对准用户需求，实现用户个性化定制。为了满足用户"个人兴趣"，澎湃新闻增加"追踪"和"定制"功能，使用户能持续关注自己感兴趣的新闻，并鼓励用户参与到新闻内容的生产中。澎湃在新闻网站和移动客户端开放"热新闻"与"热追问"两个栏目，让用户就新闻疑点质疑追问，并与专家一起探讨新闻答案。其"问答"设计既发挥了新闻人员的新闻报道专业性，又给广大用户提供了表达思想和观点的机会。它把专业团队和网民力量整合起来发挥作用，打造一个"开放的内容平台"和"新闻问答产品"。在内容呈现方式上，澎湃新闻利用网站的多媒体呈现优势，根据新闻内容采用适当的表现形式 —— 文字、视频、图片、数据图，并且每条新闻均会配以相应的图片。澎湃新闻既提供新闻又提供意见，内容既自己生产又要网络聚合，在强调新闻专业组织化生产特长的同时，也采纳基于互联网而形成的新闻生产方式。采取非常开放的态度，接受与所有时政思想类优秀内容团队的各种形式的合作，把专业采编团队和民间生产力量有序结合起来。

"澎湃新闻的原创深度报道来源于《东方早报》专业采编人员的齐心协力。《东方早报》的采编队伍中三分之二的成员转战到了'澎湃新闻'，其中记者整体转移，只保留了部分编辑。未来澎湃新闻的新媒体项目团队将多达 400 人，并且会相继在外国配备属于澎湃的摄影师，由此看来澎湃新闻在专业人员配备上将较为强大，后续的内容深度仍有保障。"[②]在纸媒时代，深度报道的表现形式主要是文字和图片。但在网络媒体时代，无论是深度报道还是一般报道，都有了更多的表现形式，比如超文本标记语言第五次修改(H5)、制图、视频等。澎湃新闻，在原来由文字记者和摄影记者构成的采访团队基础上新加入了视频记者、交互产品经理、相关开发技术人员等。除了采用音视频技术和适用于智能手机、智能平板电脑客户端和网站的一切技术外，澎湃新闻还采用 360° 技术，在屏幕上 360° 全景展示新闻现场和局部细节，并在界面设计上不断收集用户体验，改进方式，力求完美。[③]

---

① 参见何梦琴:《媒介融合下传统媒体的转型——以澎湃新闻新媒体平台为例》,《濮阳职业技术学院学报》2015 年第 2 期。

② 何梦琴:《媒介融合下传统媒体的转型——以澎湃新闻新媒体平台为例》,《濮阳职业技术学院学报》2015 年第 2 期。

③ 参见陈良飞:《澎湃新闻内容建设的"变"与"不变"》,《中国编辑》2015 年第 4 期。

四、结语

近年来，在新媒体与移动互联网技术的强烈冲击下，传统纸媒的转型升级已如箭在弦上。作为上海报业探索新媒体转型的伟大尝试，澎湃新闻迈出了成功的一步，尽管在很多方面的发展都还并不成熟，但其互联网思维下的运营模式和高质量的原创性新闻生产为行业转型提供了范例。不管最终的结果成败与否，它的探索对紧跟其后的其他传统媒体转型都有着巨大的引领示范作用。

☞ 参考文献：

1. 粟子桥：《澎湃新闻：用互联网思维做新闻》，《科技传播》2015 年第 4 期。

2. 何梦琴：《媒介融合下传统媒体的转型——以澎湃新闻新媒体平台为例》，《濮阳职业技术学院学报》2015 年第 2 期。

3. 陈良飞：《澎湃新闻内容建设的“变”与“不变”》，《中国编辑》2015 年第 4 期。

4. 郭泽德：《澎湃新闻的移动战略研究》，《新闻研究导刊》2014 年第 12 期。

5. 刘强：《试析报业转型期“澎湃新闻”的探索价值及发展前景》，《东南传播》2014 年第 10 期。

6. 王云峰、李泽林：《“澎湃新闻”与移动互联网时代报网融合》，《新闻研究导刊》2014 年第 13 期。

7. 陈曼琼：《从“澎湃新闻”看纸媒的新媒体转型》，《传媒观察》2014 年第 11 期。

8. 范洪岩：《传统媒体移动化转型的典范——澎湃新闻》，《东南传播》2014 年第 10 期。

9. 王跃春：《新京报传媒研究》第 3 卷，南方日报出版社 2013 年版。

乐视生态:颠覆者的战略与勇气

乐视于2004年由贾跃亭一手创办,致力于打造以视频产业、内容产业和智能终端为基础的"平台+内容+终端+应用"的完整生态系统。这一生态系统被业界称为"乐视模式"。乐视垂直产业链整合业务涵盖互联网视频、影视制作与发行、智能终端、大屏应用市场、电子商务、互联网智能电动汽车等,旗下公司包括乐视网、乐视致新、乐视影业、网酒网、乐视控股、乐视投资管理、乐视移动智能等。2014年12月,乐视启动"SEE计划",致力于打造超级汽车以及汽车互联网电动生态系统。2015年4月,乐视在北京举行超级手机发布会,以生态模式进军手机行业。

如今,互联网行业的竞争已经从点对点的竞争进入到生态布局的竞争。在这个以用户为中心,内容、体验为王的互联网时代,乐视以其独特的生态模式成为行业的颠覆者与先行者。

一、乐视网:颠覆·全屏实力

2013年12月,乐视网确立了"颠覆·全屏实力"的品牌定位,即通过PC屏、手机屏、Pad屏、乐视TV超级电视智能大屏和乐视影业电影巨幕大屏组成的视频生态系统,全力实践"五屏生活视频营销"的战略理念。

(一)内容为王,坚持正版

内容是视频网站吸引用户最基本的武器。从视频网站行业起步的乐视网,深知掌握海量优质内容资源的意义。因此,乐视网一直以来致力于对高质量视频的不断积攒。其不仅拥有超过10万集(部)的影视作品的网络版权,而且还向综艺、音乐、体育、动漫、自制等领域扩展。乐视网始终积极主动地用募集资金和自有资金购买版权,并通过版权分销和视频点播的方式奠定了盈利能力。贾跃亭表示,版权投入更像一个存钱过程,乐视网自成立以来通过9年的版权积累,实现了在视频行业率先盈利,建立起业内最全的影视剧版权库,推动了中国视频正版化进程。在版权储备上,乐视网已形成明显的垄断优势,且建立了稳定的版权采购渠道。

2015年,乐视继续保持国产剧覆盖全行业第一的优势,达到了上星电视剧覆盖率80%的目标,汇聚《百万新娘Ⅱ》《紫钗奇缘》《千金女贼》《极品新娘》《璀璨人生》《千金归来Ⅱ》等多部精彩剧集。其中,由乐视旗下花儿影视出品、郑晓龙导演、孙俪主演的古装历史大剧《芈月传》,由范冰冰挑梁的女性宫廷大剧《少女武则天》,以及由起点中文网白金级作家月关作品改编的两部传奇大剧《锦衣夜行》和《回到明朝当王爷》，是乐视网 2015 年强档大剧的扛鼎之作。为充分发挥强档大剧的 IP 价值，乐视在剧集播出之前，就在相关宣传媒体上策划了一系列社会化传播话题进行预热，同时举办相关角色选秀、竞猜等主题活动，量身定制独家花絮、片场日记等系列衍生内容，为不同传播需求的广告主创造广泛机会。[①] 此外，乐视网还积极参与影视制作，向产业链上游延伸，投资乐视娱乐有限公司进行影视剧的生产发行。2013 年 5 月，乐视网斥巨资聘请张艺谋担任公司艺术总监，为乐视自制剧保驾护航。乐视在 2015 年与韩国顶级制作团队合作，推出一系列画面精致唯美、情节引人入胜的“自制韩流”剧集，如由《来自星星的你》导演张太侑执棒、“都教授”金秀贤等一线明星出演的记录整形行业故事的《被美人》，根据韩国最大社交网站 LINE 热门漫画改编、KBS 全明星阵容出演、讲述吸血鬼爱情的小清新故事的《橘皮马末兰果酱》。韩国制作团队在画面拍摄、视觉设计和故事情节的把控上具有丰富经验，加上乐视对中国网民深入透彻的了解和强大的多屏传播力量，韩流风格必将给乐视网带来巨大的收益。

除了影视与综艺，乐视视频接入了众多体育赛事的直播和点播。乐视网的版权赛事已囊括大众体育（欧洲足球五大联赛、中超、亚冠、CBA 、欧冠篮球等），高端体育（网球包括中网、上海大师赛、WTA 及 ATP 巡回赛等，高尔夫涵盖英国公开赛、美巡 PGA 锦标赛、欧巡、亚巡等），精英体育（MLB 美国职业棒球大联盟、美式橄榄球联盟 NFL 超级碗等）三个层次的诸多顶级赛事，而对于其中的欧冠篮球、WTA 巡回赛、ATP 巡回赛、英国高尔夫公开赛、美巡 PGA 锦标赛和高尔夫欧巡赛亚巡赛等，乐视网均取得了连续三年的全网独家直播权。

（二）依托乐视生态，跨屏营销

扩展终端业务是乐视“平台＋内容＋终端＋应用”垂直整合的完整生态系统中一个具有关键意义的环节。根据这一思想，乐视网在 2013 年 12 月确立了“颠覆 · 全屏实力”的品牌定位，全力实践“五屏生活视频营销”的战略理念，在帮助用户实现操作便利的同时，实现与其他媒介资源的有效整合运营。

乐视网充分利用 CDN 和 P2P 技术，加速视频传输的速度，提高视频传输的质量，实现和淘宝网、网易的有效合作，在云视频平台的基础上共同搭建开发者联盟，提升互联网电视一体机的实用价值，实现和新兴媒体的合作。另外，乐视网还授权乐视致新电子科技（天津）有限公司，全权代理乐视 TV 相关的产品研发、设计、运营和销售等互联网电视业务，并成立乐米社区平台，促进与用户的沟通交流。[②]

依托乐视生态系统的优势，乐视网的版权、自制内容可以横跨五屏在多终端上为用户呈现极致体验，实现与观众零距离交流；而基于乐视内容的衍生品也可以在乐视商城与乐视生态天猫店等电商平台进行输出，拓展了产业链的纵深影响力；在乐视 TV · 超级电视上的数千款 APP 应用涵盖了游戏与动漫等类别，可以为乐视网的内容产品进行跨行业开发量身定制。依靠乐视生态的众多乐迷用户基础，乐视网的版权内容营销获得了多样化的输出渠道和畅通的运营平台。

---

① 参见袁林：《态屏盛视：乐视生态构建 IP 商业模式》，《声屏世界 · 广告人》2015 年第 1 期。

② 参见朱昊赟、史旖珺：《互联网视频媒介整合的策略分析——以乐视网为例》，《新闻研究导刊》2014 年第 9 期。

(三)开创性的盈利模式

乐视网在国内首创“收费＋免费”模式，满足对视频质量有高要求的网友。一方面，网站对购买了版权的优秀正版影视和节目内容进行互联网上的收费发行，吸引用户访问网站，创造高访问量，同时吸引广告投放获得收益；另一方面，网站推出免费的客户端，用户可以自由上传各种影视视频，并进行视频分享，为免费用户提供网络标清视频及个人 TV 服务，为付费用户提供网络高清视频及企业 TV 服务。

视频服务行业当前存在的恶性竞争更多的是传统的流量竞争，日渐高涨的版权费用则将竞争推向高潮。身处其中的乐视网一方面要维系当前流量，一方面还要应付看不到上限的版权费用。而在付费视频领域，乐视网的流量相对偏低，与优酷、土豆等有不小的差距。就行业未来的发展，乐视网曾指出，网络视频服务商通过版权合作的方式实现资源共享是最主要的路径。基于此理念，乐视网在 2011 年 10 月选择了与土豆合作，后者所拥有的客户群、浏览量及行业综合排名第二的地位足以让乐视网弥补规模上的遗憾，更加可以让乐视网的正版模式得到进一步发展。①

在广告盈利上，乐视网不仅拥有具有传统的交互传播贴片广告(对视频进行“前贴、暂停、后贴”)，还有网页弹窗广告、种子广告、植入式广告等。乐视网在充分实施视频网站行业传统的广告模式的同时，还自己开创了“全网贴片”的这一新的广告形式，即将广告内置于影视剧内容中，直接分销给合作伙伴，使其成为投放乐视网广告的客户，同时达到投放国内主要视频网站的“全网贴片”效果。还有诸如线下活动、命题电影、定制剧合作广告等其他业务形式。乐视网以视频内容为依托进行广告营销，率先打开了广告营销的“O2O”营销模式，让其线上线下广告得到充分的运转互动。这也为其广告营销创造无数机遇，得到了广告商大笔订单。乐视网 1080P 的广告清晰度能够满足对广告质量要求非常高的知名品牌，并且给收看广告的用户更清晰直观的感受。

二、乐视超级电视:传统电视业的颠覆者

传统彩电企业的商业模式主要围绕硬件设备，以电视等终端设备为中心，通过经销、代销、联营等方式，将电视销售到消费者手中。当互联网兴起后，各个厂家增加了自营在线购物网站、与各大电商合作等新型销售渠道。但是，各个家电企业都还局限在制造业范畴，关注的焦点依然是他们的实体产品。互联网条件下，随着智能化席卷了整个中国彩电业，制造业与服务业的界限越来越模糊，彩电企业的商业模式从硬件转向“硬件—软件—服务整合”的智能电视商业模式。智能电视行业是传统彩电行业、互联网、智能操作系统三者发酵的产物，既包括终端设备制造商，也包括内容供应商、电视平台经营商等软设施。乐视超级电视是这一新型商业模式的典范。

(一)“硬件收入＋内容收入＋应用分成＋终端广告”的四重收入来源

2013 年 5 月 7 日，贾跃亭第一次携乐视超级电视亮相，这一 60 英寸超级电视的价格是 6999 元＋499 元。前者为“硬件收入”，后者为收看乐视轮播频道一年的年费，也就是

① 参见李雪峰:《乐视网:“正版＋付费”双驱动》,《股市动态分析》2011 年第 42 期。

“内容收入”。虽然卖出一台乐视电视并无多少利润，但是如果按照贾跃亭预计的一年之内销售100万台的数量计算，乐视仅年费收入就可达5亿元。“乐视电视并不靠硬件赚钱。从设备上赚取刀片利润，那是传统的电视厂商干的事情。平台一旦铸成，现金流就会像自来水一样，沿着光纤流入上市公司，源源不断地创造价值。”①按照贾跃亭的逻辑，乐视电视凭借其背后的整个生态系统，就能把单一的硬件销售获利升级为“硬件收入＋内容收入＋应用分成＋终端广告”的四重收入来源。②

乐视电视的定价模式也大大区别于以前传统电视机的定价模式。传统电视的定价是全行业先根据成本价确定零售价，一般是成本价加上100％或者200％。根据不同的品牌价值，像三星就直接用成本价加上200％来作为零售价。但乐视电视以出厂价作为零售价，因为只在网上预售，没有任何中间环节，价格大大降低。

（二）众筹营销模式

乐视电视销售采取的是“CP2C”众筹营销模式——通过网络平台展示创意产品后，向消费者解释量产计划，有意购买的消费者可以通过提出需求、预购交款的方式促成该计划的实施。它的好处是可以缓解生产方在资金上的压力，而消费者则能获得更个性的产品。

在设计与研发上，乐视电视让用户深度参与，甚至可以为用户进行“客制化DIY”，真正打造出适合用户兴趣和需求的产品。在销售上，以持续销售结合持续预售，取代分批次限量抢购。乐视电视全系产品在首次现货预约购买完成后，立即转入持续预售，即启动开放预售模式，购买和支付通道将长期开放，消费者无须预约和抢购，可直接付款下单。在这一过程中，乐视根据对产能的精确判断，可让消费者在下单时获知供货周期，乐视将会按照付款的先后顺序发货，真正实现订单驱动式供应。

实际上，众筹营销的模型由两个生态环共同构成，产品传播的核心是用户。该模型的内环，将用户购买商品的流程，分为“初选、评估、购买、购买后体验”四个阶段，围绕这四个阶段的外环，则可概括为“千万人不满、千万人参与、千万人研发、千万人使用、千万人传播”。这五个关键词构成了一个闭环。这个闭环是循环的，没有起点，也没有终点，人们可能在任何阶段进入到这个环中，直接参与到产品的研发、设计、生产、物流、传播等各个环节，真正实现了全流程社会化传播。③

三、乐视影业：做互联网时代的电影公司

乐视影业成立于2011年，以“互联网时代的电影公司”作为自身的品牌定位，是中国电影行业最具商业价值和创新能力的电影公司之一，在出品、发行优秀影片的同时，旨在互联网2.0时代背景下建立“一定三导”和“五屏联动”O2O的电影市场系统，为观众提供

① 周文：《外滩画报：互联网破局者贾跃亭》，比特网，http://net.chinabyte.com/280/12716280.shoml，2013年9月12日。

② 参见程桔华：《乐视TV：全产业链突围》，《中关村》2014年第5期。

③ 参见李国敏：《乐视TV开创众筹营销模式》，2013年4月10日《科技日报》。

从线上到线下全方位的观影及增值服务。2013 年 5 月 28 日下午，乐视影业有限公司 CEO 张昭宣布，张艺谋正式成为乐视影业的签约导演，并担任公司艺术总监。张艺谋坦称，与乐视影业的合作，结束了其长期无序和不规范的合作模式。乐视影业于 2014 年 3 月宣布，未来三年的时间，将由电影公司转型为以分享电影文化价值为己任的互联网公司。

（一）营销和发行的力量

乐视影业的 CEO 张昭曾说，“电影产品的价值取决于你的营销方式”。作为一直关注互联网新媒体的电影人，张昭认为，互联网是观影长尾市场的核心平台，而影院是以热门市场为主的观影平台，而在长尾市场和热门市场之间存在的混合市场，则主要靠营销。“混合市场是真正有作为的市场，市场产品数量最大，而票房差距巨大，做营销你可以从两千万做到两亿元，而我们正从热门模式进入长尾模式的过程，这个过程就意味着渠道非常可为。”①

张昭用独特的“互联网的方式”来为乐视影业做营销，可概括为“一定三导”：“定”是电影产品在广大消费者心中的定位，“三导”包括社会化媒体的“导航”、影院观影综合服务平台——APP“乐影客”的“导流”和地网营销系统的“导购”。

首先，乐视影业建立自己的数据中心，为影片进行精准定位。数据的来源包括乐视网提供的网上观影用户数据、乐视影业地面系统提供的影院观众调研数据，以及其他合作伙伴提供的行业数据。这些数据将为影片提供档期竞争环境和目标受众分析。其次，通过互联网社会化媒体进行口碑营销，这将是区别与传统的地铁和媒体广告的方式，社会化媒体的话题讨论，以及电影相关的视频传播等新媒体宣传手段将让网络用户了解影片信息并且有冲动到影院观看。再者，专门成立了“乐影客”公司，把线上用户“导流”到线下观影。《乐影客》手机 App 是基于影院位置的 LBS 观影及增值服务预售平台，比如将用户观影附近的餐饮等本地生活消费与电影票绑定，将为用户观影提供一条龙的服务。②

乐视影业的商业化还强调“三屏联动”，将乐视网这个网络视频播放平台以及乐视超级电视这个家庭点播平台均作为影片的营销发行和变现渠道。例如，用户在视频网站上面点击预告片花 1 毛钱，当用户购买影票时预告片的钱将在票价中扣除。有时付费的预告片会让人更有点击欲望，把兴趣转成收入，也是对影片宣传的投入程度的价值实现，这就是大数据的商业化应用。

（二）全球市场下的影视产品版权建设

随着国内外版权交易快速的发展，相关版权保护与推广措施推动着大型国际资源购买谈判。电影视觉知识产权，能延伸销售授权分成，改变了完全依赖文学知识产权的模式。一旦掌握知识产权，衍生品将是不可估量的财富。2014 年 10 月，乐视影业与好莱坞 Radical Studios 共同成立了 Radical Vision China——“乐视野”中美文化创意合资公司，共同进行国际电影知识产权联合研发，解决了电影版权之争及知识产权问题。此外，乐视

① 丁尘馨、马海燕：《张昭：在互联网时代做电影——专访乐视影业 CEO》，《中国新闻周刊》2014 年第 16 期。

② 参见张小洁：《乐视影业：营销和发行的力量》，2013 年 7 月 20 日《IT 经理世界》。

影业还与CAA(Creative Artists Agency,简称CAA)创新艺人经纪公司合作,还包括中美合拍影片制作,为好莱坞6大影业公司影片提供中国市场服务、中美合作电影衍生品开发销售等业务或服务。这家公司掌握着好莱坞三分之二左右的一线明星经纪约,在美国和欧洲有着巨大的行业影响,为乐视影业谋求海外市场打下基础。此外,乐视影业积极探索国际化战略新模式,相继成立乐视影业北美分公司、韩国分公司,通过共同运营、研发、合拍、提供中国市场服务等方式成为中外电影产业合作的领军企业。

一直以来,互联网公司在导演资源和片源的争夺上相当激烈。乐视影业以张艺谋的加入为影片质量提供了保障。而面对外采电视剧版权费用的不断疯涨,乐视影业积极进行了自制剧的建设。相比外采电视剧,自制剧不仅能绕开版权费用不断疯涨的泡沫,规避了版权官司的纷争,也有利于视频网站之间形成内容差异化竞争。通过自制网剧不仅能够直接获得版权,还可以在自制网剧中放入植入广告作为收入来源。

早在2013年初,乐视就已进军网络自制行业,打造了“乐视午间自制剧场”品牌。2013年排名前十的网络剧,乐视网自制剧有6部入选,相当于在虚拟世界重塑了一个黄金档。2014年,更成功推出了《光环之后》《STB超级教师》《学姐知道》《整垮前男友》等多部口碑热播剧,受到网民强烈追捧。2015年伊始,乐视网为网友们精心准备的自制贺岁季正式拉开序幕,在这个横跨圣诞节、元旦、情人节、春节的史上最长贺岁档,乐视网陆续为用户奉上10部精品自制内容。涵盖自制剧、自制纪录片、自制综艺三种类型,同时囊括了都市情感、无厘头段子喜剧、玄幻爱情、萌娃脱口秀等一系列不同题材。如带有魔幻主义色彩的无厘头爆笑喜剧《沙僧日记》,台湾综艺天王吴宗宪自编自导自演的“段子剧”《阿宪走着瞧》,乐视网联手田朴珺推出的纪录片《谢谢你,纽约》,萌娃脱口秀综艺节目《一年级大会堂》和《真的假不了》等等。众多自制优质资源使乐视影业的市场领地得到进一步拓展。

四、结语

乐视致力于构建“平台+内容+终端+应用”的全产业链业务体系,以乐视网、乐视电视、乐视影业、乐视商城等平台为核心进行内容建设与营销,并以超级智能的理念进军手机、玩具、汽车等新领域,以巨大的勇气和精明的战略布局引领着互联网行业的潮流,以“颠覆者”的形象打造一个独一无二的“超级乐视”。

☞ 参考文献:

1. 张小洁:《乐视影业:营销和发行的力量》,2013年7月20日《IT经理世界》。

2. 李国敏:《乐视TV开创众筹营销模式》,2013年4月10日《科技日报》。

3. 朱昊赟、史旖珺:《互联网视频媒介整合的策略分析——以乐视网为例》,《新闻研究导刊》2014年第9期。

4. 李雪峰:《乐视网:“正版+付费”双驱动》,《股市动态分析》2011年第42期。

5. 袁林:《态屏盛视:乐视生态构建IP商业模式》,《声屏世界·广告人》2015年第1期。

6. 林俊:《智能电视企业战略管理研究——以乐视网为例》,《现代商贸工业》2015 年第 2 期。

7. 侯云龙:《乐视:众筹模式的胜利》,2013 年 8 月 2 日《经济参考报》。

8. 杨晓音:《乐视影业:做互联网时代的电影公司》,2013 年 6 月 10 日《中国经营报》。

9. 靳戈 、于晓敏:《中国网站发展的第三种模式——乐视网全产业链发展模式研究》,《传媒案例》2014 年第 3 期。

10. 吴雪:《浅析乐视网赢利模式》,《中国经贸导刊》2012 年第 6 期。

11. 丁尘馨、马海燕:《张昭:在互联网时代做电影——专访乐视影业 CEO》,《中国新闻周刊》2014 年第 16 期。

12. 周文:《外滩画报:互联网破局者贾跌亭》,比特网,http://net.chinabyte.com/280/12716280.shom/,2013 年 9 月 12 日。

《速度与激情》:十四年成就国际经典

在惊险的街头亡命飙车,是《速度与激情》系列电影中最具代表性的画面。当《速度与激情1》一骑绝尘,以黑马之势杀得2001暑假票房猩红一片时,这款飞车便有了一路纵横的特权。2001年到2015年,由环球影业发行的好莱坞动作大片《速度与激情》系列一续再续,其紧凑的剧情、刺激的场面在全球范围内俘获了大批影迷的心。迄今为止,《速度与激情》系列的七部影片,几乎每一部在上映时都会创造一个票房奇迹,同时又让观众对下一部充满期待。

一、四位导演的“接力”巨制

《速度与激情》系列电影至今已上映发行了七部,共由四位国际知名导演倾力执导,几乎每位导演都在继承前者风格的基础上又进行了大胆的创新。

罗伯·科恩是好莱坞集制片人、导演和编剧于一身的商业片导演,由他执导的《极限特工》《速度与激情1》两部电影全球票房合计超过10亿美元。迄今为止,罗伯·科恩执导的约20部电影,几乎都是好莱坞卖座影片。

2001年,由罗伯·科恩执导的《速度与激情》系列的第一部横空出世,以区区3800万美元的成本,最终取得北美票房1.45亿、全球票房破2亿的好成绩,成为当年的票房黑马。追究其成功之道,是因为电影将流行于洛杉矶的街头飙车亚文化成功输出——五湖四海的少数族裔、炫酷的改装跑车、刺激的赛车大战,电影中的这些元素无疑准确地抓住了年轻观众的脉搏。本片不仅让两位主角范·迪塞尔和保罗·沃克一战成名,其超高的投入产出比也让其续集计划得以顺利进行。

约翰·辛格顿,以处女作《街区男孩》成为获奥斯卡金像奖最佳导演提名的最年轻的导演和首位黑人导演。“从影二十多年,他从20世纪90年代的写实风格影片创作,到2000年后转向商业类型电影,全面好莱坞化。”①2003上映的《速度与激情2》正是他转型之后的代表作。《速度与激情2》自2003年6月6日在美国上映,上映三天票房就达到了5210万美元,位居北美票房榜首,最终更是在全球取得了2.34亿美元的票房。

《速度与激情2》中,约翰·辛格顿将游戏化的赛车电影与兄弟电影杂糅,并进行了开拓多元族裔市场的尝试,在影片中大胆起用不同种族和肤色的演员。这正反映出当时美

① 李春:《约翰·辛格顿:一个黑人青年导演的好莱坞之路》,《当代电影》2014年第1期。

国社会文化的变化:“随着移民和混血人口的增加,种族性消解,混血、多元族裔角色成为好莱坞电影的新趋势。”①同时,影片承接了第一部的惊险与刺激,影片中酷炫的画面、风驰电掣般的街头飙车再次赚足了观众的眼球。

然而,业界对此部影片的总体评价并不高,剧情也没有出彩之处,但其票房却并不低。究其原因,不得不归于“好莱坞电影工业的核心:娱乐观众,创造最大的利润。正是这一生存法则使得《速度与激情2》不以反映真实、追求深度表达为诉求,更多地遵循了商业类型片的规则,迎合了观众的心理需求”②。

作为一名华裔美国导演,自1997年凭借电影《人海奇花》出道以来,林诣彬已经执导了10多部国际知名电影,几乎每一部都取得了令人惊叹的票房成绩。迄今为止,《速度与激情》系列的七部影片中,有四部皆为林诣彬执导。2006年,他执导的《速度与激情3》全球票房超过了1.5亿美元;2009年,《速度与激情4》同样收获了3.6亿美元的全球票房;2011年,《速度与激情4》全球票房超过6.5亿美元,创下了好莱坞华裔导演单片票房最高纪录;2014年,林诣彬凭借《速度与激情6》入围第十二届华鼎奖最佳导演。

在四部影片中,观众经常可以看到属于华裔导演林诣彬的私人特色。例如,相对于前两部影片选景集中在美国,《速度与激情3》几乎迎来了全新的面貌,故事的中心也移到了全球人口密度最大的城市——东京。演员方面也加入了很多的东方面孔,且较之前两部赛车时人或车辆往往很少的特点,本部将重点放在了人流密集的东京街头,更增加了赛车的难度,同时也塑造了韩这一东方面孔的赛车英雄。

作为好莱坞新秀,温子仁虽并未在好莱坞度过多少个年头,但作为编导的他早在2004年凭借堪称经典的恐怖电影《电锯惊魂》名声大振。其执导的恐怖片除在剧情上丝丝入扣外,更在鲜血淋漓的背后体现出对人性丑恶的揭露和对生命哲学的思考。温子仁独具特色的恐怖片艺术使其执导的恐怖电影拥有了动人心弦的魅力。

2015年,温子仁首次转型执导的赛车题材电影《速度与激情7》上映后,全球票房达到了15.2亿美元,仅在中国就达到了24.2亿人民币,堪称当时中国内地影史票房冠军。《速度与激情7》在剧情上承接了第三部和第六部的剧情,导演温子仁在不变的风格中力求感官刺激的升级。“前六部一直努力将一众超级车手改造成不败车神,而《速度与激情7》最明显的变化则是将一众车神改造成飞天遁地、无所不能的钢铁战士。从某种程度上说,温子仁将一众主演当成了《变形金刚》里的汽车人来拍,实现车与人的合体:他们可以驾车可以从万米高空的飞机上跳伞,可以从百丈悬崖上翻滚而下,可以在摩天大厦见飞越穿梭,甚至可以拔地而起撞击悬空的直升机。”③同时,作为保罗·沃克的遗作,《速度与激情7》重点回归家庭叙事,极大地烘托了布莱恩这个角色的灵魂性,加上片尾用好莱坞商业电影罕见的十分钟向故去的保罗·沃克致敬,整部影片用急速的画面和温暖的爱意极大地满足了观众对保罗·沃克的缅怀之情。

影评人戢二卫认为,温子仁在继承林诣彬风格的基础上有了更大胆的创新,迎合了观

① 李春:《约翰·辛格顿:一个黑人青年导演的好莱坞之路》,《当代电影》2014年第1期。
② 李春:《约翰·辛格顿:一个黑人青年导演的好莱坞之路》,《当代电影》2014年第1期。
③ 曾念群:《〈速度与激情7〉,激情升级的走肾作品》,2015年4月14日《京华时报》。

众的需求。“观众并未察觉更换导演让这部以赛车为主体的视觉动作大片在风格上有迥异，但是不同导演却给影片更新鲜的活力和更大的想象空间，这就是好莱坞的魅力所在。”①

二、精彩绝伦的视听效果

以赛车为主题的《速度与激情》系列，在影片的表现效果上大量运用逼真的特效制作，视听的完美加上风光旖旎的拍摄圣地，为观众创造了奇观化的感官体验。

（一）极具冲击力的奇观画面

电影奇观指“非同一般的具有强烈视觉吸引力的影像和画面，或是借助各种高科技电影手段创造出来的奇幻影像和画面”②。“《速度与激情》系列影片呈现两种奇观性画面：一是赛车手极速驾驶时营造的速度奇观，二是赛车女郎高挑、性感的身材及赛车手健壮、刚强的身躯对比构成的身体奇观。飙车族在山路上的急速转弯和险境下的高速漂移成了难得一见的景观，同时也创造了令人叹为观止的速度奇观。在竞赛过程中，赛车间相互超越、车身碰撞、驾驶技术的呈现使观众在激烈的场面中感受速度与技术本身带来的愉悦感。速度奇观化不单是吸引观众眼球的诱饵，更是以比赛过程中赛车手的言语和面部表情凸显其性格，而比赛结果则推动影片的叙事进程。”③此外，《速度与激情》系列影片利用观众接受媒体传播的主动性，利用女郎的性感身材、男性强健的身躯，极大地满足了观众的观赏和心理需求。

（二）极具渲染效果的声音特效

影片中以北美文化中独特的说唱音乐和逼真的音响效果来渲染赛车场景的紧张与刺激，还“常将处于高速运动的影像与音响元素相融合，创造更富有空间感、真实感的速度效果。在竞技和竞速场面中，马达的轰鸣声、急速转弯时轮胎与地面的摩擦声、赛车之间以及赛车与障碍物之间的碰撞声、爆炸声等都为追逐战渲染了激烈惊险的氛围，使观众在紧张氛围中尽情享受视听盛宴”④。

（三）风光旖旎的拍摄胜地

1. 迈阿密

《速度与激情 1》和《速度与激情 2》的拍摄地在佛罗里达的迈阿密。

迈阿密是佛罗里达州第二大城市，位于佛罗里达半岛比斯坎湾。迈阿密海滩在全美都是数一数二的，其白色的沙滩，温暖的碧蓝海水可以和巴哈马群岛相媲美。南部海滩更是享誉全球，海滩风光比海浪和阳光更迷人。迈阿密海滩的装饰艺术历史区是全球装饰艺术建筑最集中的地方，有将近 1200 座建筑排在 Ocean Dr 和 Clooins Ave 附近的街道上。

“晚上，漫步在 Espanola Way 上，在这条欧式风格的街道两旁，排列着代表欧洲各国的餐馆和酒吧。向北几个街区的 Lincoln Road 路上的一段被隔成一条步行商业街，这里

① 朱耘：《〈速 7〉票房如何超越了阿凡达》，2015 年 4 月 27 日《中国经营报》。

② 周宪：《论奇观电影与视觉文化》，《文艺研究》2005 年第 3 期。

③ 赵雪丽：《〈速度与激情〉系列影片：视听盛宴与人文关怀》，《电影评价》2014 年第 20 期。

④ 赵雪丽：《〈速度与激情〉系列影片：视听盛宴与人文关怀》《电影评价》2014 年第 20 期。

的商店、餐馆和酒吧不分昼夜总是人潮涌动。”①

2. 洛杉矶

《速度与激情 3》拍摄地主要是在洛杉矶。

洛杉矶市又名“天使之城”，位于美国西海岸加利福尼亚州南部，是当今美国仅次于纽约的第二大城市。“一望无垠的沙滩和明媚的阳光、闻名遐迩的好莱坞、引人入胜的迪士尼乐园、峰秀地灵的贝佛利山庄，旖旎的海滩、大都市的气派、集繁华与宁静于一身，是美国西海岸边一座风景秀丽、璀璨夺目的海滨城市。”②

电影业是洛杉矶一个闻名全球的重要产业，主要集中在市区的好莱坞地区。电影业在洛杉矶能够扎根发展，与洛杉矶的气候及地理环境有着极大的关系。洛杉矶全年少雨又基本上不会降雪，阳光普照的时间长，加上附近地理环境变化多样，有山有海，取外景很容易，使其成为取外景的最佳地点。

3. 墨西哥

《速度与激情 4》的部分镜头取景于墨西哥和拉丁美洲的一些其他国家。

墨西哥被称为“太阳城下的仙人掌国度”，拥有多彩的气候、地貌，深邃的古印第安文明，神秘的玛雅预言，同时也是一所繁华的现代都市。墨西哥是美洲大陆印第安人古老文明中心之一，闻名于世的玛雅文化、托尔特克文化和阿兹特克文化均为墨西哥古印第安人创造。公元前兴建于墨西哥城北的太阳金字塔和月亮金字塔是这一灿烂古老文化的代表。

4. 里约热内卢

《速度与激情 5》主要场景均在巴西的里约热内卢拍摄。“这个季节的里约很美”是出自《速度与激情 4》中的一句台词。迪塞尔回忆道：“在上一部中，是莱蒂把故事带到了里约。”

里约热内卢位于巴西东南部沿海地区，东南濒临大西洋，海岸线长 636 公里，是巴西仅次于圣保罗的第二大城市。里约热内卢是世界著名的旅游胜地，其海滩举世闻名，其数目和延伸长度为世界之最。全市共有海滩 72 个，其中两个最有名的海滩是科帕卡巴纳海滩和依巴内玛海滩。

“欲望的沙滩、雄伟的耶稣像、激情的狂欢节、贫穷与奢华并存”，《圣经》里说上帝用六天创造了世界，第七天休息，也叫安息日，但是巴西的里约热内卢在周日依然热闹狂欢，于是有言“上帝用六天创造了世界，第七天创造了里约”。

5. 西班牙加那利群岛

《速度与激情 6》影片一开始就展示了蔚蓝的大海和美丽的海岸线。本部影片中托雷多等人隐居的美丽小岛是西班牙加那利群岛中的特内里费岛。

特内里费岛是西班牙位于靠近非洲海岸大西洋中的加那利群岛 7 个岛屿中最大的一个岛屿，面积 2034 平方公里。和加那利群岛中其它岛屿一样，它也是由火山形成的。西班牙的最高点泰德峰，就在这个岛上。

特内里费岛又被称为幸运岛。由于每年有超过 3000 小时的日照，这里一年四季充满

---

① 陈泳蓓：《重温那些年〈速度与激情〉的拍摄地》，2015 年 4 月 21 日《中山日报》。

② 陈永蓓：《重温那些年〈速度与激情〉的拍摄地》，2015 年 4 月 21 日《中山日报》。

了几乎所有的颜色——红色、黄色、紫色和橙色,当再加上所有的香味和热带气候,可以称为画像天堂。

6.迪拜

奢华的迪拜成了《速度与激情 7》的取景地,影片中驾车穿越迪拜塔的镜头更是令人惊心动魄。

迪拜位于阿拉伯半岛中部、阿拉伯湾南岸,是海湾地区中心。作为现代化的国际大都市,迪拜是阿拉伯联合酋长国人口最多的城市、中东最富裕的城市,是中东地区的经济和金融中心,被称为阿联酋的"贸易之都"。

哈利法塔原名迪拜塔(Dubai Tower),又称迪拜大厦或比斯迪拜塔,是位于阿联酋迪拜的一栋已经建成的摩天大楼,有 162 层,总高 828 米,比台北 101 足足高出 320 米。建筑设计采用了一种具有挑战性的单式结构,由连为一体的管状多塔组成,具有太空时代风格的外形,基座周围采用了富有伊斯兰建筑风格的几何图形——六瓣的沙漠之花。

"在海的那边、沙漠的那头、一个城市横空出世。直插云霄的未来感建筑,纸醉金迷的奢华酒店,漫天黄沙的沙漠腹地……迪拜,一个似真亦幻的地方。"[①]

三、《速度与激情》系列成就的动作好莱坞巨星

从小成本电影到系列电影标杆之作,从无人问津的龙套角色到动作片巨匠,从音乐知名人到好莱坞代表性人物,从体坛冠军到硬汉巨石,《速度与激情》系列成就了一众好莱坞英雄,而这些人也成就了《速度与激情》系列的不朽传奇。

(一)范·迪塞尔

从《拯救大兵瑞恩》到《星际传奇》,范·迪塞尔并没有理想中那样一炮而红,直至 2001 年的《速度与激情 1》这部原本只是计划中的小成本电影,让他一战成名。《速度与激情 1》成为 2001 年投资回报率最高的影片,范·迪塞尔也成为当年的动作偶像。

在《速度与激情》系列的七部影片中,范·迪塞尔共主演了第一部、第三部、第四部、第五部、第六部、第七部等六部影片,饰演一直以老大地位领导着整个黑道赛车团队的多米尼克·托雷多,绝对堪称"撑起整个系列"。在汽车的疾速奔驰中,他把时尚与速度的视觉快感呈现给银幕前的人们。同时他又是铁骨柔情,偶尔流露的温情可以引发人们的瞬间感动。

(二)保罗·沃克

《速度与激情 1》中,保罗用他那灿烂的笑容和极速时坚定的眼神让自己虏获诸多拥趸。随着续集系列的上映,他从无名小卒迅速跻身于好莱坞最耀眼的动作明星行列,影迷横扫全球。现实生活中他拥有自己的改装车行,每周都要到赛道跑上几次。巨星的光环并没有让他迷失自己,入行 38 年保罗一直洁身自好,避免娱乐圈的任何丑闻。

在主演的第一部、第二部、第四部、第五部、第六部、第七部影片中,从 FBI 警探到黑道团队的一员,保罗饰演的布莱恩一角成功地塑造了自己实力派男神的经典形象。《速度与激情 7》中保罗将回归家庭的温暖主题演绎得深入人心,一曲《See You Again》更是成

---

① 陈泳蓓:《重温那些年〈速度与激情〉的拍摄地》,2015 年 4 月 21 日《中山日报》。

为自己的荧幕绝唱。全球影迷以超高的票房支持表达了对保罗·沃克的悼念之情。

（三）道恩·强森

在好莱坞动作演员群中，道恩·强森有着得天独厚的条件。他出身于摔跤世家，曾多次获得摔跤冠军。“从体育界跳槽到影视圈，顶着打酱油的旗号，干着极为专业的活儿”是很多人对他的评价。靠着这身大块头的视觉冲击力，道恩·强森在《木乃伊》《蝎子王》《特种部队》等电影中均留下了精彩的表现。

在主演的《速度与激情》系列的第五部、第六部、第七部中，道恩·强森饰演与范·迪塞尔饰演的黑帮老大有着密切联系的安全局特工霍布斯。片中他以带着幽默柔情的硬汉形象再次为观众熟知，并顺利打开了自己的好莱坞进阶之路。

（四）泰瑞斯·吉布森

泰瑞斯·吉布森以歌手身份出道，曾获得过两届格莱美提名。2001年首次参演电影《妈妈的小男孩》，在片中扮演的约瑟夫·萨默斯一角，这一角色让他获得黑人娱乐大奖最佳电影男演员奖提名。

2003年泰瑞斯开始加入《速度与激情》系列，并在参演的第二部、第五部、第六部、第七部中饰演罗曼·皮尔斯。片中他以开心果的形象为惊险刺激的场景贡献了幽默搞笑的气氛，也为自己赢得了大批观众的喜爱。歌手出身的泰瑞斯可以说凭借“速度”的影响力成就了自己诸多大型卖座影片的出演。

（五）卢达·克里斯

卢达·克里斯也是说唱歌手出身，是美国最近几年最为出色的南方说唱歌手之一，还是一名出色的说唱唱片制作人，以其高低有致的说唱和荒诞有趣的MV闻名。职业生涯专辑总销量在全美超过1700万张，全球超过2400万张，获得过Screen Actors Guild，Critic's Choice，MTV和格莱美奖。

“唱而优则演”让他的荧幕之旅日渐丰富起来。一开始他只是在一些小成本电影里演一些配角，一次偶然的机会让他加入了《速度与激情》的拍摄，很快地成为有名气的黑人演员。在出演的《速度与激情》系列的第二部、第五部、第六部、第七部中，他饰演的IT精英帕克以高超的电脑技术、敏捷的身手成为影片的一大亮点。克里斯具备黑人演员的所有优点，快嘴、动感、机智，人们经常可以在一些动作片和警匪片中见到他的精彩表演。

（六）姜成镐

姜成镐，又名成康，是一名韩裔好莱坞演员。1999年他通过影片《神秘人》登台，之后成功地出演了《珍珠港》《明日好运到》等片，但这些都未能给他的演艺事业带来太大起色。不过在《明日好运到》中与亚裔导演林诣彬的合作却为这个韩裔青年的崛起埋下了伏笔——片中他饰演角色所使用的“Han”这个名字，意外地在林诣彬接手后的《速度与激情》系列中得以传承。

在《速度与激情》系列的第三部、第四部、第五部、第六部中，姜成镐饰演一名日裔赛车手韩，并与托雷多领导的黑道团队建立了深厚的友谊。作为曾经被好莱坞主流影片排挤的韩裔面孔，其在《速度与激情》系列中的精彩表现使他成为东方面孔立足好莱坞的典范。

四、《速度与激情》系列的周边商品

作为以赛车为主题的系列电影，炫酷昂贵的跑车是其中必不可少的主体装备。随着影片的热映，各种名贵跑车及模型成为热购商品。从1970年款的道奇Charger到300多万美元的Lykan，在影片中均是亮点。网上已有这些汽车模型在售，店家在介绍中也贴出了不少电影海报。一家专门从事美国代购的网店店家表示，可以代购《速度与激情7》电影中原车模型(1∶24)，订货后从美国发货，大约2周左右到手，售价为272元。不仅如此，《速度与激情》前六部相关汽车模型也颇受关注。一家销售汽车模型的网店甚至推出了一组汽车模型套装，一组8个，所有车型均在电影中出现过，月成交记录超过160件，有不少用户选择整组购买。

美国汽车模制造商Jada Toys在《速度与激情7》上映前推出了包括演员保罗·沃克驾驶的蓝色战神GT-R在内的多款车模，之后还陆续推出《速度与激情7》系列多款车模。现在上市的还有在《速度与激情6》中亮相的红色1969款道奇战马Charger Daytona及《速度与激情7》中的另一款1970年款黑色越野道奇挑战者Dodge Challenger R/T。车模单个售价为14.95～15.95美元。

此外，除了汽车模型外，与电影相关的其他商品也一度成为热销品。早在《速度与激情7》在北美上映时，就有预测称，影片中的T恤、项链等都会成为热卖的周边商品。在淘宝网上，输入“速度与激情7”字样，就会弹出一大堆电影系列产品。其中就有保罗·沃克的纪念T恤，单价169元，销售量超过300件。还有的店家销售直接印有中文海报的电影T恤，还有上面印着“the fast and the furious7”字样的T恤。

从最初的小成本制作到如今的好莱坞动作片典范，《速度与激情》系列电影可谓是时代大环境造就的一个奇迹，以其独特的赛车文化和一流的制作团队影响着国际电影的潮流。电影14年，人也14年，人如电影，电影如人，走过了迷茫，走向成熟。这是人与电影间的一份岁月经久的情。

☞ 参考文献：

1. 赵雪丽：《〈速度与激情〉系列影片：视听盛宴与人文关怀》，《当代电影》2014年第20期。

2. 李春：《约翰·辛格顿：一个黑人青年导演的好莱坞之路》，《当代电影》2014年第1期。

3. 史修永：《20世纪80年代以来好莱坞电影中的“速度”影像分析》，《当代文坛》2006年第4期。

4. 兰林：《好莱坞——电影工厂的生意经》，《文化月刊》2001年第1期。

5. 尤帆：《超越一切的〈速度与激情〉》，《劳动保障世界》2015年第13期。

6. 曾念群：《〈速度与激情〉，激情升级的走肾作品》，2015年4月14日《京华时报》。

7. 周宪：《论奇观电影与视觉文化》，《文艺研究》2015年第3期。

8. 陈泳蓓：《重温那些年〈速度与激情〉的拍摄地》，2015年4月21日《中山日报》。

9. 朱耘：《〈速7〉票房如何超越阿凡达》，2015年4月27日《中国经营报》。

《来自星星的你》:“造梦”般的荧屏奇迹

《来自星星的你》是韩国 SBS 电视台 2013 年 12 月 18 日播出的水木特别企划剧,由张太侑导演,朴智恩编剧,金秀贤、全智贤领衔主演。全剧讲述了从外星来到朝鲜时代的神秘男人都敏俊从朝鲜时代一直生活至 400 年后的现代,并和身为国民顶级女演员的千颂伊(全智贤饰)相恋,不同星球的两人彼此之间逐渐消除误解,最终克服危险追寻真爱的故事。这是一部唯美童话般的浪漫爱情喜剧。

根据韩国收视率调查机构尼尔逊的调查数据,在韩国,该剧首播收视率达 15.5%,为 2013 年迷你剧最高首播收视率。播完全剧后,该剧最高收视率达 28.1%,网络最高收视率达73.4%,双双位居 2013 年电视剧首位。之后该剧迅速风靡整个亚洲,仅中国地区网络播放量就超过了 50 亿,成为史上第一部百度指数破 400 万的电视剧,并被认为是“中国拥有社交媒体以来最被热议的韩剧”。该剧不仅在两会受到关注,被中、韩两国最高领导人在重要场合广泛提起,并登上了美国《华盛顿邮报》头版和《华尔街日报》首页。

一、剧情:创新型“造梦”,童话般爱情

在该剧之前,不少普通观众对韩剧的认识还停留在早期的《天桥风云》《蓝色生死恋》以及中期的《大长今》等的印象中。这些剧之后,韩剧确实也经历了一段比较平淡的时期,在中国以及其他亚洲国家当中的影响力下降。韩剧被不少人认为是画面唯美但虚假、剧情虐心却狗血、桥段单一而重复的代名词,甚至有人戏称韩剧有“三宝:车祸、癌症、医不好”。经过了低迷阶段,2013 年,韩剧进入了全盛时期。这个时期的韩剧,显示出一种求新求变的态度,在笼络人心方面不断地转型升级——爱情不一定要虐心,也可以搞笑浪漫,剧情充满很多轻松的萌点、笑点。并且在题材上也日益多样化,很多剧都充斥着穿越、读心、见鬼、瞬移、不死等等各种超能力,逐渐向美剧靠拢。所以有人将近年来这种题材各异、面目一新的韩剧称为“新派韩剧”。被编剧们精心编织起来的笑点,潜伏在唯美的剧情中,预防了观众的审美疲劳。

“《来自星星的你》的外星人题材并不足以让人称奇,但像电影一样充满复杂的剪辑方式,并且在爱情线中插入一条杀人线,让剧情充满悬疑感,能持续吊起观众的胃口。在教授和女明星的爱情方面,虽然两人也难逃‘生病’‘受伤’等韩剧必经之路,但这个过程却不再走苦情虐心的路线,反而充满萌点、笑点。女神级演员全智贤在剧中拼命发疯、卖萌、犯二,比起多年前的《我的野蛮女友》有过之而无不及。角色夸张、形象亮眼,被称为在‘女

神’和‘女神经病’之间自由转换，演绎得相当出彩，可爱而逗趣。而且模特出身的她身材出众，在剧中她身着超级大牌不断换装，每一个场景都有一套全新的行头，很有看头。而男主角金秀贤为典型的‘高富帅’，法律、医学、历史、投资样样精通，半个韩国江南地区都是他的地产。作为大学教授的他独自住着首尔超豪华大公寓，坐拥上百件古董，还拥有特异功能，并对女主角爱得死心塌地，处处为女主角排忧解难。所以使得不少女性观众称像全智贤一样患上了‘教授依赖症’。”①

《来自星星的你》的受众基本上为女性观众，年龄段从初、高中生到中年妇女。该剧在唯美的剧情中为观众塑造了一个爱情童话，一个在现实生活中不可能实现的童话，女性观众从中找到了情感幻想的对象，把现实生活中无法实现的想法寄托在剧中，这也充分体现了韩剧强大的“造梦”效应。也许，正因为现实中得不到，所以童话般的韩剧才格外地吸引人。而相对于韩剧的“造梦”，国产剧则表现出现实般的“破梦”，婆媳关系、孩奴、婚外恋、恐婚族、失婚女……每一出戏都将观众分分钟拉回现实。而且相对于韩剧爱情的单纯美好、一往情深，国产剧的爱情总是伴随着房子、车子、孩子、父母，偶尔再加上外遇，随时表现现实的残酷，令观众感到心累。因此，《来自星星的你》在中国一经播出，其令人耳目一新的剧情风格立刻抓住了观众的心理需求，创下了奇迹般的收视率。

二、整合营销策略

目前在传媒市场中，整合营销的策略已经深入人心，把这种理念推广到影视剧的传播中，那就是“整合所有的营销传播方法和资源，以实现影视剧的传播目标——收视率和利润的最大化”②。《来自星星的你》在营销过程中充分运用了整合营销的理念，运用各种传播手段和资源，以期提高该剧的收视率。

（一）与移动互联网和视频网站合作

电视媒介传播信息的局限性是传授双方不能进行互动，是一种线性的单向传播。而与视频网站合作和韩剧边拍边播的模式使得电视剧与观众之间的互动成为了可能。“未来电视媒体的发展趋势就是建立与受众直接互动的平台。‘弹幕’剧的出现就是分享和互动的最佳案例——在互联网时代，网络视频平台的播出更容易传播，视频平台提供了社会化分享的渠道，使该剧能够快速传遍千家万户。”③爱奇艺播出平台的用户基数大，《来自星星的你》选择该网站是实现高收视的一个保障举措。

此外，《来自星星的你》还采用了编播策略。“编播策略是指电视台在播出电视剧的时候，根据电视剧的不同类型、明星阵容、制作规模对其进行有针对性的编排。”④《来自星星的你》是水木剧，以周为单位进行播放，每周三、周四共播送两集，全部播完需要两到三个月的时间，这样就给话题的制造提供了充足的时间，加之边拍边播的模式，编剧在网上与观众进行互动，根据故事大纲讨论剧情，根据受众的喜好随时调整剧情，可充分借助话题

① 陈祥蕉、焦何结：《〈来自星星的你〉为什么这么火？》，2014 年 2 月 12 日《南方日报》。
② 刘加会、史果《韩剧的整合营销传播策略——以电视剧〈来自星星的你〉为例》，《新闻前哨》2014 年第 4 期。
③ 刘加会、史果：《韩剧的整合营销传播策略——以电视剧〈来自星星的你〉为例》，《新闻前哨》2014 年第 4 期。
④ 赵晖：《韩国电视剧营销策略》，《当代电视》2011 年第 8 期。

和事件进行营销。

（二）充分挖掘与发挥“意见领袖”的作用

明星带头追剧是该剧的一大亮点。本剧从一开始进入中国市场就博得众多中国一线明星的亲睐。赵薇、Angelababy、刘诗诗、高圆圆、吴克群等 30 多位明星都在微博上公开承认追剧，并且不断在微博上对剧情内容进行转发、分享，与粉丝进行互动。由于明星的特殊身份与极高的社会关注度，在传媒领域起到意见领袖的作用，他们的每一次分享、转发都有广泛的覆盖率与到达率，达到“一呼百应”的效果。“一个新事物在社会系统中进行传播，首先必须要有一定数量的人来接受，这个数量通常是人口基数的 10%～20%。意见领袖在大众传播中的转发、互动对信息传播和扩散起到了巨大的作用，当扩散比例达到临界数量，扩散过程就会呈指数增长，进入快速扩散阶段，从而使传播效果达到最大化。”①《来自星星的你》的制作团队利用了意见领袖的这种作用，捕捉看点，吸引大批明星追剧，以传播剧情，提高该剧的影响力。

（三）利用社会化媒体营销

《来自星星的你》在营销中还利用了微信的强关系和微博的弱关系进行营销。我们知道，微信的使用者是一种强关系连接，联系人彼此之间多为熟悉的亲人和朋友，朋友圈的信息分享在用户间更易被相信和接受。该剧在播出期间，其粉丝不断在微信上发布该剧的剧照和剧情的进展。随着冷空气席卷了全国大部分地区，微信用户甚至用“炸鸡和啤酒”做了下雪花的彩蛋，在微信中打“炸鸡和啤酒”就能看见雪花飘散。相对于微信，微博的使用者之间则是一种弱关系连接，彼此之间多为毫不相识的陌生人，其中明星与粉丝占了很大的比重。在新浪微博的热门话题中，“来自星星的你”“炸鸡和啤酒”“叫兽只叫易小星”等一直受到粉丝们的极大关注。新浪微博多个“星星”话题曾冲入微博热门版，《来自星星的你》曾以 2873 万次的谈论量，被粉丝们顶上新浪微博话题量榜首。明星们在微博上的追剧与分享也对民众的看剧起到了极大的助推作用。

通过对话题与事件的创造与维护，来维持产品的持续关注度，《来自星星的你》的传播策略在这方面是非常成功的。他们充分利用社会化媒体，使用户处于被营销的“信息轰炸”环境中，为高收视的目标打下了坚实的社会基础。

（四）实体商品营销

《来自星星的你》导演张太侑分析该剧走红的原因，他认为，“引领时尚”是该剧成功的重要要素之一，剧中妆容饰品的设计契合了受众的时尚需求。《来自星星的你》剧中有大量植入式广告，前置开发的线上线下产品随着电视剧的热播在网络上进行同步行销，化妆品、食品、服装汽车与电子等实体产品营销相伴随行。

“从第一集开始，全智贤从头到尾的‘土豪气质’就让人震撼，她的每个造型几乎都来自国际大牌，大到衣饰鞋包、小到耳环发带，无不来头十足。一位微博时尚大 V 应粉丝要求分析每集全智贤从头到脚的大牌服饰，学习者无数，淘宝上的‘全智贤同款’服饰更成了热门搜索。除了服饰，家居装饰也是一大看点。据制作方透露，剧中的男女主角的家并不是本来就有的，而是花了近 10 亿韩元（约 600 万人民币）布置的摄影棚，效果逼真的公寓

① 刘加会、史果：《韩剧的整合营销传播策略——以电视剧〈来自星星的你〉为例》，《新闻前哨》2014 年第 4 期。

阳台外的夜景则是通过实景拍摄后再用蓝幕CG制作的。比如男主角都敏俊家中最特别的是一座透明黄金挂钟，是整个韩国只有3座、价值3000万韩元的奢侈品。可以说，剧中每一个家装细节都是潮流风向标，完全可以成为‘家居宝典’。”[①]这一切也充分体现出该剧的制作精良。而中国内地电视剧制作，绝大多数投资都用在了演员报酬上，“赚快钱”的制播怪圈也让制作人不舍得在细节上砸钱，像《甄嬛传》那种处处考究的精品，实属难得一遇。

“当朋友圈、微博充斥着对剧情的热议时，走进武商广场YSL和兰芝专柜，YSL52号玫瑰珊瑚色唇膏、兰芝晶纯橙色唇膏都已卖断货，武汉国际广场卡地亚店铺中被告知钉子戒指和手镯已经售罄，你就能深刻感受到，在距离首尔千万里之外的武汉，《星星》带来的韩风一样八级以上。”[②]该剧播出成功后还有一系列衍生产品的延伸开发和续集跟进，使高品质内容实现了商业效益立体滚动开发的高回报。如《星星》中女主角所穿的衣服、使用的化妆品等均成为购物网站的热卖品。

三、《来自星星的你》引发的“蝴蝶效应”

“蝴蝶效应”是混沌学理论中的一个概念，由气象学家洛伦兹于1963年提出。蝴蝶效应大意为：一只南美洲亚马孙河流域热带雨林中的蝴蝶，偶尔扇动几下翅膀，可能在两周后引起美国得克萨斯的一场龙卷风。原因在于：蝴蝶翅膀的运动，导致其身边的空气系统发生变化，引起微弱气流的产生，而微弱气流又会引起它四周空气或其他系统产生相应的变化，由此引起连锁反应，最终导致其他系统的极大变化。蝴蝶效应特指在一个动力系统中，初始条件微小的变化能带动整个系统长期的巨大的连锁反应。

在文化与经济相互交融的时代，《来自星星的你》引发了全民追剧的热潮，并在经济和文化教育等多个领域产生了不小的影响，这部剧的风靡如蝴蝶效应一般震动了多个行业。

（一）饮食业：“啤酒＋炸鸡”成人气美食

在新一波H7N9禽流感疫情中，受到重创的中国家禽业，因为一部当红电视剧挽回了部分市场。因为《来自星星的你》的一句台词——“初雪了，怎么能没有炸鸡和啤酒？”使炸鸡和啤酒这个曾经出现在剧中的套餐搭配摇身一变，成为人气美食。此外，剧中都教授吃乌冬面的面馆和喜欢的咖啡厅也成为韩国最新的旅游景点。

（二）影视娱乐业：国内疯抢韩星

韩流粉丝们花钱大方，国内的影视公司也从这一点看到了巨大的商机。随着《继承者》《来自星星的你》等一批韩国偶像剧在中国的热播，金秀贤、李敏镐、全智贤等韩星成为中国影视公司的争抢对象。比如星皓电影公司就向金秀贤抛出橄榄枝，邀请其加盟电影版的《泡沫之夏》，尽管此事尚未有实质进展，其背后却是经纪公司庞大的利益链。此外，众多综艺选秀节目也瞄准韩国版权，《女人如歌》《妈妈咪呀》《我的中国星》等都请来韩国制作班底。“相比起国内明星堪比‘楼市’的片酬，韩国明星的性价比远远高于国内明星。在拍摄《神都龙王》时，导演徐克就谈到关于选角的话题，他说：‘选金范出演贵公子，也是

① 杨媚：《〈继承者们〉之后又一韩剧大热，〈来自星星的你〉如何“造梦”？》，2014年2月18日《深圳特区报》。

② 黄津：《〈来自星星的你〉最后一个记录》，2014年2月28日《武汉晚报》。

有缘由的。第一眼见他就觉得帅，养眼。此外，相对便宜，可以把更多的钱花在制作上。'导演高希希在接受记者采访时也表示，现在中国已成为亚洲影视圈的重点市场，韩星多是主动要来拍戏，相对于国内同级别的明星更是物美价廉。"①

（三）网络视频与社交：视频网站抢购韩剧版权，Line 中国成人气社交应用

来自爱奇艺的数据显示，2013 年 12 月 18 日，《来自星星的你》在爱奇艺、PPS 上线首周播放量破千万，前 4 集内容在两周内拿下 2300 万的播放量，上线 12 集后播放量冲破 4 亿，更新 15 集后破 5 亿，更新 17 集后破 8 亿，横跨 2013、2014 两个年度，成为最火爆韩剧。从 2013 年开始，各大网站纷纷从韩国电视台引进韩剧网络播放权，且更多的网站选择和字幕组合作。随着这些韩剧在视频网站的热播，中国的字幕组也开始走红。韩国电视台也看中了韩剧字幕组的"高性价比"，找到中国字幕组翻译，然后把翻译好的剧集打包销售给中国的电视台。

此外，来自韩国的即时通信软件 Line 也经过此剧进入中国并迅速走红。Line 是由韩国互联网集团 NHN 的子公司 NHN Japan 推出的社交软件。《来自星星的你》剧中全智贤和金秀贤的每一次对话，都会出现 Line 的对话框。金秀贤在第 15 集中发送"我想你"的信息给全智贤，当镜头切换至全智贤查看留言时，她的收件栏中除了金秀贤的"我想你"外，赫然还有"Line 中国"的字样。电视剧播映结束后，Line 迅速成为各主要网络应用商店人气商品，日均下载次数达 60～70 万次。

（四）服装饰品业："星星"同款引发销售风暴

"电视剧热播期间，便有网友和时尚界专业人士扒出剧中各种服饰与道具。男女主角剧中的鞋子有 UGGCapulin、Genevieve 与 Coquette 三个品牌；女主角千颂伊有 49 款各式女包，包括 Colombo、21 Days、ChIoe、Alexander Wang、Cartier、Hermès 等品牌，价格有十几万的 Colombo，也有不到千元的 Rouge&Lounge；男主角都敏俊的毛衣涉及 System Homme、ChristryAllSaints、Theory、Lro、Comme des Garcons、Customellow、8Seconds、Thom Browne、Codes Combins 等 35 个品牌；男主角的家具也种类多样，包括价值 1 万元人民币的 Bens 组合沙发，价值 2100 元人民币的 Bens 茶几和价值 1390 人民币的椅子等。"②

随着该剧的播出，中国掀起了相同品牌的商品销售风暴。出现了各种"千颂伊""都敏俊"同款在淘宝热卖的现象，各种同款服饰、首饰、包包、家居用品等也出现在购物网站上。另外，代购、高仿、定制大大受益于《来自星星的你》。剧中多款服饰包包，在国内并不多见，不是限量版就是合作款，剧迷们就利用网络代购的强大力量发起了购买热潮，微信圈中也出现了很多高仿的同款包包、鞋子、服装。

（五）旅游业：拍摄地受游客热捧

剧中的各大取景地随剧集热播成为热门景点。《来自星星的你》的拍摄地以及剧中提到的韩国的一些景点都成为观众热议追捧的对象，巨济岛、文京摄影城、游乐园、自然修养林、学林咖啡馆、博物馆……一位居住在韩国的中国粉丝甚至将《来自星星的你》取景地全

① 荀超：《揭韩流背后利益链：〈星星〉7 大"经济效应"》，2014 年 2 月 19 日《华西都市报》。

② 张宇：《我国影视作品价值开发模式的构建——以〈来自星星的你〉为例》，《中国版权》2014 年第 4 期。

部罗列出来，并配上图片做证据，详尽程度令人叹为观止。“星星取景地”全攻略，也成为韩国游的新收藏。数据显示，中国游客已取代日本游客成为访韩游客实力股，中国一些旅行社甚至计划开设一条“追星专线”。

（六）教育界：韩语和明星毕业大学受粉丝青睐

对于粉丝来说，周三、周四才是真正意义上的周末，因为这两天晚上，《来自星星的你》会与韩国同步更新。但是，中文字幕需要等到凌晨2点才能配好。为了在第一时间看剧，在疯狂追剧的女生中掀起了一股韩语学习热潮。此外，随着该剧人气大涨，许多留学机构纷纷趁热打铁，制作专题介绍全智贤和金秀贤两人毕业的学校——全智贤毕业的东国大学（话剧影像专业）和金秀贤毕业的韩国中央大学（戏剧电影系），以此来吸引学生留学。

（七）图书业：剧中同款图书异常热销

金秀贤在剧里阅读的《爱德华的奇妙之旅》一书的中英文版同样热销。国内出版中文版的新蕾出版社紧急加印此书，除平装版外，还再版了精装版。在亚马逊图书网站，剧中男主角阅读的《九云梦》也卖到断货。

（八）报纸媒体：粉丝登报正版为“都教授”庆祝

报纸媒体一直都是广告媒体中历史最悠久的一个，迄今仍是运用最广、最难替代的广告媒体。在金秀贤生日前夕，其粉丝自筹资金，包下当地报纸整版做庆祝广告，预祝他2月14日情人节快乐和2月16日生日快乐。情人节当天，金秀贤遭遇中国粉丝登报整版告白。据悉，这些广告费用超过了500万元。

四、结语

总体来说，《来自星星的你》从制作与营销上讲，是一部非常成功的作品。营销团队极大地发掘了作品的价值，引发了一系列的经济效应，并扩大了韩流文化的影响力，其产业化运营的模式值得中国影视行业借鉴。在文化软实力愈发重要的当今世界，各国文化竞争愈演愈烈，发掘并利用本民族文化优势，打造民族文化品牌，对于中国民族复兴及“中国梦”实现有着至关重要的作用。

☞ 参考文献：

1. 唐宏雪：《〈来自星星的你〉的成功原因分析》，《文艺生活·文艺理论》2015年第6期。

2. 台飞：《浅析〈来自星星的你〉的产业化运营》，《中文信息》2014年第8期。

3. 刘加会、史果：《韩剧的整合营销传播策略——以电视剧〈来自星星的你〉为例》，《新闻前哨》2014年第4期。

4. 刘佳：《韩剧之美——以〈来自星星的你〉为例》，《西部广播电视》2014年第24期。

5. 张宇：《我国影视作品价值开发模式的构建——以〈来自星星的你〉为例》，《中国版权》2014年第4期。

6. 吴倩：《新媒体环境下韩剧热播原因探析——以〈来自星星的你〉为例》，《今传媒（学术版）》2015年第2期。

7. 张瑞琦：《“韩流”对中国受众的影响及中国媒体突围的启示——以〈来自星星的你〉为例》，《今传媒（学术版）》2014年第8期。

《星际穿越》:超越时间的远征与回归

《星际穿越》是由《盗梦空间》《蝙蝠侠》三部曲导演克里斯托弗·诺兰编剧并执导,奥斯卡影帝马修·麦康纳、安妮·海瑟薇、杰西卡·查斯坦、迈克尔·凯恩等好莱坞一线巨星联袂主演的科幻巨制。它由知名理论物理学家基普·索恩的黑洞理论经过合理演化之后,加入人物和相关情节改编而成,主要讲述了一队探险家利用他们对于虫洞的新发现,超越人类对于太空旅行的极限,从而开始在广袤的宇宙中进行星际航行的故事。《星际穿越》于 2014 年 11 月 7 日在美国上映,并于 11 月 12 日登陆中国内地。影片上映后,由于其中涉及大量的物理学理论和许多虚拟的超前的太空科技,有关《星际穿越》的讨论在观影人群中“病毒式”扩散,影片也被贴上诸如“近十年最出色的科幻片”“真正意义上的科幻片”“年度神作”“浪漫史诗”“太空情书”等众多头衔标签。最终,《星际穿越》以 1.65 亿美元的拍摄成本在全球收获了近 5.5 亿美元的票房。

一、剧情看点

(一)“烧脑”的剧情

影片故事发生在一个濒临毁灭的地球——此时的地球黄沙肆虐,没有军队,没有高科技,连小麦都无法生长,只能种玉米。在这样一个连阿波罗登月事件都要被政府否认的世界里,人类只能为了生存整天奔波劳碌着,连身为前 NASA 宇航员的男主角库珀(马修·麦康纳饰)也不例外。早在之前,NASA 基地就已派出一批宇航员前往外太空寻找适合人类移民的星球,但很多年过去了,探访的 12 个星球只有 3 个发回了信号。此时在地球上的科学家们在一次偶然的机会中在太阳系的土星附近发现了一个虫洞,通过它可以打破人类的能力限制,使人类可以到更遥远外太空寻找延续生命希望的机会。一个探险小组通过这个虫洞穿越到太阳系之外,他们的目标是考察那 3 个发回信号的星球,以期从中找到一颗适合人类移民的星球。为了拯救地球上的人类,更为了自己挚爱的女儿墨菲——那个总是被用墨菲定律取笑“坏的事情一定会发生”的女孩,男主角库珀毅然加入了太空探险小组。然而,通过虫洞的时候,他们发现飞船上的 1 小时相当于地球上的 7 年时间,即使探险小组的任务能够完成,他们的救赎对于现在地球上活着的人来说已经太晚。太空中短短三个多小时的拯救,地球上已过了 23 年,曾经需要父亲保护的小墨菲也已长大,库珀当初送给女儿的纪念手表也早已停摆。但远在太空的库珀巧妙运用太空引力操纵手表指针的摆动来向地球上的女儿传送世界内部量子引力的关键数据。最终,墨非在父亲的指导下发现了“幽灵”的真正寓义，并用库珀空间站拯救了人类。

导演诺兰用了人性中最简单最纯粹最原始的情感——“爱”作为丝线，贯穿起了浩瀚宇宙里的亿万光年，编织出了库珀被静止的和墨菲努力着的几十年。影片长达三小时的思维引导：时间、宇宙、相对论、量子物理以及人性，对于任何一个喜欢太空科幻题材作品的人们来说，对于任何一个喜欢人性刻画作品的人们来说，它都不失为一部令人满意的史诗之作。

（二）科幻看点

1. 虫洞与黑洞

《星际穿越》中，制作团队在物理学家索恩指导下制作出了有史以来最好的虫洞和黑洞模拟。“虫洞”实际上是个很早就诞生的概念，在1916年人们就从爱因斯坦场方程的解中发现了它。美国物理学家惠勒在20世纪50年代正式提出这一概念。虫洞可以把平行宇宙和婴儿宇宙连接起来，并提供时间旅行的可能性。虫洞也可能是连接黑洞和白洞的时空隧道，所以也叫“灰道”。虫洞弯曲了空间，让超远距离旅行可以在瞬间完成。举例来说，可以将一张纸条视作通常的空间，那么从位于纸条一端的一点到位于另一端的一点需要跨过一段距离；然而如果我们把纸条两端接在一起，那么两点间的距离就很短了。虫洞就类似这种“接起来”的两端。虫洞的科幻意义巨大，因为假设真有虫洞，那么星际探索就有成果了。但遗憾的是，从天文学的角度来说，至今没有任何证据表明虫洞的存在。[①]

黑洞，可以简单地理解为空间一个引力非常强、强到光都无法逃出来的一个点。从广义相对论的角度来看，黑洞是个时空“奇点”，你可以认为在黑洞内时空都被凝固了。黑洞的引力非常强大、所有物体只要到它附近，就会被吸在一个巨大的绕着黑洞旋转的盘——吸积盘上。黑洞附近的吸积盘是世界上能量转换率最高的地方。另外根据科学研究，黑洞能产生强大的磁场，磁场强度和医院里“核磁共振”中的磁场强度差不多——大约是地球磁场的一万倍。

2. 时间膨胀

《星际穿越》中，宇航员库珀降落在绕着黑洞转的一颗行星米勒上。该星球上的1小时相当于地球上的7年。待库珀在几个小时内紧张完成任务返回留守母船时，留守母船的罗米利教授已度过23年，容颜苍老。而在影片结尾，依然年轻的库珀与小女儿相见时，小女儿更已老态龙钟。[②]

据爱因斯坦的理论，当人以接近光速的速度移动时，时间便会变慢。在地球上，科学家已经通过实验证明了这种理论。英国皇家天文学学会主席马丁·巴斯托说：“这种现象已经得到验证。根据爱因斯坦提出的狭义相对论，以不同速度移动的物体经历的时间存在差异。例如，登上月球的宇航员移动速度超过地球上的任何人，他们的衰老速度略慢于地球上的任何人，但还没有达到显而易见的程度。不过，如果你的速度接近光速——很难实现——你便能注意到这种影响。当物体快速在宇宙中移动，我们也能看到这种

① 参见朱姝：《〈星际穿越〉暗示什么》，2014年11月16日《扬子晚报》。

② 参见郭伟：《〈星际穿越〉：多少科幻，多少现实》，2014年12月8日《河北日报》。

现象。”①

3. 五维空间

库珀被从飞船中弹射出来不久，落入了一个由他家书房组成的高维空间里。对此，基普·索恩的解释是这是一个四维超正方体在三维空间的投影。电影中的五维，实际上包含了时间这一维度，多出来的那个空间维，则是可以让库珀迅速回到太阳系的捷径。这个超立方体的一个“面”在三维空间中，实际上是一个有体积的空间，刚好和库珀家的书房重合（宇宙中相距百万光年，在高维空间里也许只有数米，从黑洞到地球瞬间就可以返回），而那个时间维度又可以轻松让库珀通过引力影响过去（譬如风沙落地的痕迹），最后通过引力操纵手表的指针，传递给女儿世界内部关于量子引力的关键信息，最终使得人类得以操纵引力离开地球。②

4. 蠢萌炫酷的机器人

片中出现的 3 个具有人工智能的机器人，分别是塔斯、凯斯和基普——塔斯随着主角库珀跌入五维空间，随后也“获救”，返回木星空间站；凯斯随着女主布兰德登上她恋人爱德蒙德拓荒的行星，成为一台挖掘机；而基普则是一台报废机器人，之前跟着曼恩博士登上冰原行星，记录了敏感信息，因被另一位宇航员罗米利触发程序陷阱爆炸。在许多科幻作品中，机器人都是拟人态出现的，但本片中的三位机器人呈现了和以往机器人完全不同的形象。导演诺兰为避免机器人过于拟人化造成的“喧宾夺主”，将机器人设计为一个方方正正的铁盒子，它们拥有通过磁力枢纽拼合起来的四个主块儿，每个主块儿又能延展出更多的小磁力长方体，类似俄罗斯方块的结构。它们的人格更多的是通过语言来呈现，而不是本身的形态。低调的外形可能有助于影片将注意力集中在人物冲突之中。

《星际穿越》中塔斯和凯斯一方面保留了人类的语言特征（幽默感和诚实度均可设定），具有一定的人格，在大多数时候，他们是可以聊天解闷的好朋友，甚至还有酌情处理的功能；但是当他（它）面临毁灭，即将被黑洞吸收的时候，又没有人类的恐惧，显得义无反顾。可能最能体现机器人智能程度的是凯斯非常机智地识别了曼恩的谎言，提前关闭了飞船和空间站的自动对接系统，直接导致反派曼恩变成一堆太空垃圾。这种测谎系统在现实生活中确有模型存在，比如银行采用了特定的自动欺诈探测系统，使用机器学习就可以识别出预示着欺诈性付款行动的行为模式。

从整个《星际穿越》来讲，里面的机器人完全遵从了阿西莫夫机器人三大定律：全心全意为人类服务，关键时刻保护人类、从没有反抗人类的想法，面对毁灭毫无畏惧。

二、大手笔的幕后制作

（一）精英制作团队

《星际穿越》延续了克里斯托弗·诺兰一贯的明星大咖阵容，演员方面有马修·麦康纳、安妮·海瑟薇、迈克尔·凯恩和杰西卡·查斯坦等众多好莱坞一线明星坐镇，拍摄制作上汇集了《锅匠，裁缝，士兵，间谍》摄影师霍伊特·范·霍特玛、好莱坞配乐大师汉斯·

① 高美：《星际穿越离现实有多远》，2014 年 11 月 23 日《新京报》。

② 参见杨帆：《〈星际穿越〉真的很好看，真的很难懂》，2014 年 11 月 17 日《华西都市报》。

季默、编剧乔纳森·诺兰等，更邀请到特邀斯蒂芬·霍金的好友、著名天体物理学家基普·索恩跨界合作，只为打造出最科学严谨的科幻电影。

1. 导演兼制片：克里斯托弗·诺兰

无论是《盗梦空间》还是《星际穿越》，克里斯托弗·诺兰的每部电影都能创下惊人的票房纪录，并屡次获得奥斯卡和金球奖提名。诺兰喜欢采用诡谲、复杂的非线性叙事结构来讲故事，常常以精心编织的谜团和曲折离奇的后续情节给观众设下一道道悬念，从而使影片的剧情发展几乎具有逻辑论证般的严密，并支撑两三个小时的放映时长。

他钟情于胶片拍摄和传统电影制作工艺，极少使用电脑特效，却屡屡创造出震撼壮观的视觉效果，致力于为观众创造超乎想象的观影体验。从某些方面说，诺兰电影的成功所依存的原则，与大受欢迎的精品酒店、低保真录音方法、“毛刺”音乐及 Etsy 网站所依存的原则一样：在信息时代，更多（而非更少）的价值恰恰就会累积附着在那些无法剪切、粘贴的元素上——那些保密的东西、原创的想法、曲折的剧情以及摄影影像的完整性。①

《星际穿越》中，诺兰并不仅仅专注于营造独特的星际空间，依赖激烈的冲突和星际奇观来吸引观众，而是对影片人物和对话的刻画投入了巨大的耐心，让这场星际穿越始终发生在一个寻常人情故事——父亲对女儿的牵挂和承诺的语境中。男主角对女儿的思念和超维度接触最终拯救了世界，而贯穿全片的人物情感，也是这份浓浓的父爱。它让观众经历了一种全新的情感：有悲伤、渴望、失落以及对浩瀚时光的敬畏之心，所有这些巧妙地融合在一起，让“高冷”的科技始终贴近人性的温度。

2. 科学顾问：基普·索恩

因有著名物理学家基普·索恩的保驾护航，《星际穿越》堪称“硬科幻”影片。基普·索恩为了设置电影中的科学场景，特地在加州理工学院召集过包括了物理学家、太空生物学家、行星学家和心理学家共同参与的科学会议。为了打造《星际穿越》中的最为逼真的黑洞，基普索恩率领 30 名研究人员用将近 1 年的时间，数千台计算机联网进行精确模拟才得以实现。

正因为有基普·索恩的亲自操刀，才让《星际穿越》在物理学的约束之下不仅视觉效果惊人，描述宇宙中各种极端罕见的场景也更为准确。影片中并不过分夸张的生态恶化，饥荒与沙尘暴似乎也距离现在并不遥远；由于人类衰亡而导致的科技停滞，舍弃了华而不实设计感的宇宙飞船，飞船内部几乎全是模拟信号而非酷炫至极的数字信号。连行星上探测到的水和氨气结晶，也都符合科学原理。不能够解释的部分则统统推给了“THEY”——身份不明而掌握着未知力量的“高维度”的援助者。②

（二）艰辛严谨的拍摄

1. IMAX 实景拍摄

IMAX 摄影机拥有世界上最高的分辨率，其 15/65 毫米胶片的分辨率几乎是普通 35 毫米胶片的 10 倍以上。IMAX 帧率已经超过 18000 像素的水平分辨率，家庭高清电视也只有 1920 像素。《星际穿越》在拍摄时，IMAX 摄影机被绑在了所有可能的地方来拍摄影

① 参见［美］Tom Shone、辛献云：《诺兰：只拍你想不到的电影》，《新东方英语（中英文版）》2015 年第 3 期。

② 参见寇文静：《在那灿烂星空的彼端》，《世界文化》2015 年第 1 期。

片想要的画面。

IMAX 版被称作是观看《星际穿越》的最佳格式,因为这部影片用 IMAX 摄影机拍摄了片中 1 个多小时的原生画面。IMAX 银幕的全画幅超越了普通银幕宽度长于高度的尺寸,让狭长的视野变得开阔,从画幅、清晰度到画面内容都更加宽广、通透并展现出更多细节。在《星际穿越》中,从太空飞船驶离地球开始,IMAX 银幕上就以全画幅呈现影片中打造的宇宙奇观。IMAX 影院的观众会感受不经意间视野放大的感觉,当男主角库珀眼含热泪告别女儿后,画面一转,载人飞船腾空而起,此时 IMAX 银幕上,电影画面延展到全屏,开启这场星际旅行最精彩的篇章。

在音效方面,《星际穿越》IMAX 版本中每一个场景的声音都经过 IMAX 专利的 DMR(数字原底翻版)技术处理,与 IMAX 激光校准的数字环绕音响完美对应,使在影院中的观众被贯穿全片的真切声音所感染,在寂静的宇宙空间与星际的巨大轰鸣声中穿梭,沉浸在太空世界中久久不能忘怀。

2. 在全世界范围内取景

片中几乎所有地球上的场景都在加拿大艾伯塔省乡村完成。为此,制片设计内森·克劳利专门要求种上 500 英亩的玉米地,目的就是造成地球被火海毁灭的灾难场景。艾伯塔省根据诺兰的指示,要表现出地球上最不适合种玉米的地方都已经种起了玉米(玉米喜高温,而艾伯塔省气候寒冷,冬天最低温为零下 50 摄氏度左右)。最后,用 500 亩玉米地焚烧起来打造影片中的火海场景。

电影中的铺天盖地的沙尘暴,是鼓风机吹动硬纸板粉末拍成的。诺兰为了达到满意的沙砾和浸没感,根据特效协调员费希尔的建议,采用了一种无毒、可生物降解的、用碾碎的纸板做成的材料——C-90,它足够安全以用作某些加工食品的填充料,而且重量也足够轻,能够满足影片需要的悬停效果。

“外星球”的取景选择了冰岛,因为这里丰富而极端的地形为影片中的两个目标星球——水星球和冰星球提供了理想的拍摄地。不远距离的浅但看上去无边无际的布鲁纳仙度泻湖可以作为电影中在水星球的降落区。被火山喷射过的冰川,形成了一个冰面上超现实主义的灰色大理石效果。当时身穿宇航服泡在水里的海瑟薇拍摄的时候甚至产生了低温症状,拍摄同时几乎所有工作人员、汽车、大物件们都泡在汪洋大海里。

3. 真实打造的机器人和巨型飞船

诺兰对机器人的最初设想就是要跟所有科幻片里的都不一样,并且不用特效。设计团队用仅有的 8 周时间,使得机器人塔斯终于可以借助液压系统触发附件控制器的方式动了起来。简而言之,就像打电动游戏一样用按钮控制机器的各关节的动作,并且连屏幕也是真实的。塔斯重达 90 公斤,由舞台演员比尔·欧文操纵。

诺兰为了保证镜头的真实,还特地请设计师在加州建了一艘重达 1 万磅的飞船,搞出了一个完全密封的太空舱。这样马修和安妮在船上就可以透过窗外看到外面,让飞船不只是现场,更是模拟器。而这个宇宙飞船“漫游者号”混合了《007:海底城》里的水陆两用跑车、《星球大战》里的叛军雪地飞艇和蝙蝠车的设计,诺兰以几乎与电影中等大的飞船模型完成了最终拍摄。几艘飞船,每个都体重超过万磅,被拆卸、打包装在在集装箱里,由波音 747 货机运往在冰岛,然后装上卡车,运到拍摄地,在巨型帐篷里重组。

科幻与真实结合的最高境界，不是再现现实中的生活场景，而是展现一幅在科学依据支撑下最接近真实存在的画面。《星际穿越》致力于为观众呈现一种真实存在的“不可能”，在对宇宙的探索中融入了对人性与爱的追问，可谓是一部充满情感力量与科幻力量的精品之作。

☞ 参考文献：

1. 基普·索恩：《星际穿越》，浙江人民出版社 2015 年版。
2. 石嵩：《〈星际穿越〉：科幻电影的生态关怀》，《电影新作》2015 年第 2 期。
3. 寇文静：《在那灿烂星空的彼端》，《世界文化》2015 年第 1 期。
4. 杨帆：《〈星际穿越〉真的很好看，真的很难懂》，2014 年 11 月 17 日《华西都市报》。
5. 郭伟：《〈星际穿越〉：多少科幻，多少现实》，2014 年 12 月 8 日《河北日报》。
6. 高美：《星际穿越离现实有多远》，2014 年 11 月 23 日《新京报》。

世界电影之王——詹姆斯·卡梅隆

2009年,一部名叫《阿凡达》的电影以风卷残云之势掀起了全球的观影热潮,其票房成为史上第一。而提起这部堪称史诗级电影的导演——詹姆斯·卡梅隆,很少有人能够立即联想到他就是1997年《泰坦尼克号》电影的导演。霸占了电影史上票房前两位的电影出自同一位电影大师之手,詹姆斯·卡梅隆的导演才能无人能及。

卡梅隆在第70届奥斯卡电影奖最佳导演奖颁奖典礼上"我是电影之王"的呐喊并不是徒有虚名。12年来,他致力于在电影中创造新科技、在展现新科技的同时不忘电影的艺术性的工作。卡梅隆著名的口头禅"我就知道会这样"也正体现出他的远见和对成功的信心,更代表了卡梅隆作为未来主义者的内涵:善于谋划与设计未来,直到梦想成真。

一、詹姆斯·卡梅隆简介及其作品

昆汀·塔伦蒂诺曾说:"有一个好莱坞的人死后进了天堂。在大门后,他看到一个人高坐在挂着摄影机的吊架上,于是他说:'我不知道詹姆斯·卡梅隆已经死了。'彼得回答他:'不,他没死,那是上帝。只不过他以为自己是卡梅隆。'"①

詹姆斯· 弗朗西斯· 卡梅隆(James Francis Cameron)于1954年8月16日出生在加拿大安大略省。他的父亲菲利普·卡梅隆(Phillip Cameron)是名电器工程师,而母亲雪莉·卡梅隆(Shirley Cameron)是一位艺术家。这样的成长环境使这个狮子座少年兼具科学家和艺术家的气质。5岁时,卡梅隆全家搬到尼亚加拉瀑布的奇帕瓦湖畔旁。卡梅隆经常组织弟弟们去湖畔、溪流和丛林探险。受到父亲的影响,他从小便拥有极强的动手能力,总是能将各种奇思构想转变为可供操作的工具。他曾经制作过一个迷你球形潜水装置,并用它将一只老鼠成功送到了尼亚加拉瀑布支流的河底,之后将装着潜水器的罐子捞上来时,受到惊吓的老鼠依旧活蹦乱跳;他还改造了一个投石机,能够投掷20磅重的大石块,并在地上砸出坑痕。母亲对他的影响在于艺术创作与绘画。他从小具备良好的素描速写功底,喜欢在纸上绘画,直到成为著名导演后仍然保持着这个习惯。他画的众多草图和概念设计成为拿到投资方赞助和吸引演员的敲门砖。影片《泰坦尼克号》中杰克所画的速写便是卡梅隆的作品。

1971年,卡梅隆全家移居到美国加利福尼亚州的南部城市贝瑞阿。他曾在加州州立

① 转引自[美]蕾贝卡·奇肯:《预见未来的人》,张木屯译,(台北)财信出版有限公司2010年版,第111页。

大学学习物理学，不过他只对电影工作感兴趣。他首先以编剧的身份开始他的职业生涯，后来又转向电影的艺术导演以及特效处理工作。他还担任过电影导演罗杰·卡曼(Roger Corman 的制片。他的才华得到了好莱坞制片人罗杰·卡曼的赏识，从罗杰·卡曼那里他得到了人生第一份电影方面的工作——为卡曼工作室 1980 年的影片《星空大战》制作特技模型。第二年他就升职为这个工作室的另一部影片《恐怖星系》的第二小组导演和电影制作设计师。在以后的电影创作中，詹姆斯·卡梅隆始终都把电影特技制作放在最重要的位置，而且还经常亲自参与设计和实施特技的制作。在詹姆斯·卡梅隆的电影里，耀眼的特技制作总是创造出令人目瞪口呆的视觉效果。

1981 年，詹姆斯·卡梅隆的第一部导演作品问世。这部名叫《食人鱼 2：繁殖》的影片完全在意大利拍摄。在意大利期间，詹姆斯·卡梅隆备受疾病、饥饿和贫困的折磨，痛苦的经历使他每晚噩梦缠身。一次，他做了一个非常清晰的噩梦：被一个来自未来的机器杀手追杀。根据噩梦的内容，詹姆斯·卡梅隆写了一个充满想象力的电影剧本——《终结者》的雏形。他把这个剧本以一美元的价格卖给了制片人高尔·安尼·赫特(卡梅隆第二任妻子)，条件是让她以自己的方式导演这部影片。高尔答应了他的要求。1984 年，詹姆斯·卡梅隆推出了他第一部自编自导的影片《终结者》。这部影片的拍摄只花了 650 万美元，却赚得了 3600 万美元的国内票房，并赢得了影迷和评论界的好评。《终结者》的成功使得詹姆斯·卡梅隆获得了电影界的广泛关注。1985 年，詹姆斯·卡梅隆和西尔维斯特·史泰龙一起撰写了《第一滴血 2》的剧本，这部影片同样也取得了票房上的成功。

1986 年，詹姆斯·卡梅隆自编自导的第二部作品《异形 2》问世。这部影片是著名大导演瑞德利·斯科特的科幻经典巨作《异形》的续集。詹姆斯·卡梅隆编导的这部影片的续集明智地避免了重复原片的风格，而是把人和异形的战场从单个的太空船上搬到了一个太空基地，以一种动作片的风格重新演绎了发生在太空的恐怖故事。此片的视觉效果也堪称一流，其美工设计给人一种卡梅隆影片所一贯具有的、纯粹的机械审美快感，而其特技制作也堪称达到了电脑生成影像参与电影制作之前的高峰。《异形 2》也因此获得了奥斯卡最佳音响剪辑和最佳视觉效果奖。詹姆斯·卡梅隆的导演实力也再次得到了肯定。

1989 年，詹姆斯·卡梅隆自编自导的第三部重量级作品《深渊》问世。这部科幻影片和卡梅隆的其它同类作品有些不同。虽然其中穿插了很多惊险的打斗和关于海底神秘生物的描述，但它重点还是用一种比较慢的节奏、在一个科幻的背景下讲述了一个关于夫妻感情的故事。很多观众认为这部影片的节奏过慢，使人昏昏欲睡，这使得这部影片的票房遭到失败。在撰写《深渊》的剧本时，卡梅隆正在经历和第二任妻子——电影制作人高尔·安妮·赫特的感情危机，自然地把自己的经历带入了创作之中，把男女主人公的感情纠葛写得很深入。

1991 年，被影迷们盼望已久的《终结者 2》终于浮出水面，这部影片赚得了 2 亿美元的国内票房，获得了四项奥斯卡奖(最佳视觉效果、最佳音响、最佳化妆和最佳音效剪辑)。《终结者 2》宣告了一个时代的来临。詹姆斯·卡梅隆认为电影特技的表现已经无所不能，唯一的制约只是人们的想象力。在每个单个的场面中，詹姆斯·卡梅隆也发挥了卓越的导演和剪辑才能，在场面调度、蒙太奇的使用和时间的控制等方面达到了高水准的境界。

在《终结者 2》之后，詹姆斯·卡梅隆于 1993 年成立了自己的特技制作公司“数字领域”。1994 年由“数字领域”制作特效的第一部影片《真实的谎言》出炉。这部影片试图把间谍惊险片和喜剧情节有机地结合起来，成功地发掘出了当时正处于低谷中的动作明星施瓦辛格。和多数影片把特工人员描绘成冷酷无情的杀人机器相反，《真实的谎言》把他们描绘成传统意义上的普通人，这再一次体现了卡梅隆的乐观主义精神。

1997 年，詹姆斯·卡梅隆拍摄了著名的《泰坦尼克号》。他的完美主义在《泰坦尼克号》中得到了最高的体现，詹姆斯·卡梅隆亲自操办了几乎每一件事。在拍摄过程中，詹姆斯·卡梅隆对演员和职员也非常的严格。投资方的冷言冷语、演员及手下对他古怪脾气的埋怨和对抗、酷寒的海水，再加上拍摄过程中遇到的难以想象的困难，这一切使卡梅隆几乎到了崩溃的边缘，但他仍然坚持着，并且喊出了近乎悲壮的豪言：“泰坦尼克号可沉，《泰坦尼克号》不可沉！”

在《泰坦尼克号》推出 3 个月后，全美票房收入高达 4 亿 7 千万美元，而国际票房更是超过了 18 亿，这部影片成为最卖座的影片之一。这部影片更是获得了 14 个奥斯卡奖的提名并最终获得其中的 11 个奖项，平了《宾虚》的纪录。詹姆斯·卡梅隆也因此获得了第 70 届奥斯卡最佳导演奖和最佳制片奖。

《泰坦尼克号》之后，卡梅隆一直没有拿出什么特别出彩的作品。直到 2005 年，他才正式开始宣布开拍他的新片——《阿凡达》。这是一部真人表演结合电脑 CG 动画的科幻片。在接受美国《时代》杂志专访时，这位好莱坞最会“烧钱”的大导演自己也承认，此片在票房上肯定很难超越《泰坦尼克号》，但是他又补充了一句：“没人能超越《泰坦尼克号》。”

《阿凡达》在全球公映 39 天后，在票房方面获得了巨大成功。目前，《阿凡达》票房已轻松翻越惊人的 27 亿美元。不出意外的话，这个数据将在未来很长的时间里被尘封，直至下一部惊世之作的出现。《阿凡达》不仅缔造了全球票房纪录，在北美地区也一骑绝尘。《阿凡达》在北美地区上映 47 天，总入账 6 亿 110 万美元，超越了《泰坦尼克号》之前保持的 6 亿零 10 万的记录，成为新的本土票房记录。据国外媒体报道，目前《阿凡达》在中国票房已累计到 1.8 亿美元，仅次于北美 7.07 亿美元，排名全球第二。这也就意味着中国单片票房首次进入“一亿美元俱乐部”。中国也和北美、法国、日本一样，成为了好莱坞 A 级市场。

2012 年 4 月 10 日，《泰坦尼克号》3D 版登陆中国电影院，仅 4 月 10 日当天就拿下近 7 000万票房！仅三天就获得了 1.5 亿的票房，到 15 日已取得了 4.25 亿元的票房。导演詹姆斯· 卡梅隆在 3D 新片《阿凡达》的制作过程中受到启发，决定用这一高科技手段重新制作当年颇受赞誉的影片《泰坦尼克号》。《泰坦尼克号》3D 版的成功，同样与科技密不可分。如果说 15 年前看的是故事，那么 15 年后看到的则是故事背后的卡梅隆效应和 3D 效果的共同助推。卡梅隆启用专业的 3D 团队，将 2D 影片在修复过程中转制为 3D 版。3D 修复是修复技术的创新，对修复技术要求很高。制片人乔恩·兰道表示，《泰坦尼克号》拍摄时根本没有数字母带，所以要先清理影片中的噪点，让影片看起来像新拍的一样，然后再进行 3D 转制。团队中的计算机工程师需要把影片中每个物体的轮廓、形状和每个人物脸部的轮廓勾勒出来，并放在正确位置和深度，然后再进行画面无痕处理。将原片中巨轮在海上航行、船上频繁走动的人们、海中跳跃的海豚、沉船时的壮观情景等，通过

3D效果逼真呈现，再次卖到世界各地。不得不说，是这些电脑特技的完美展示，决定了卡梅隆的《泰坦尼克号》再次风靡全球。

二、特效技术及其探索精神

对于卡梅隆而言，电影特效无疑始终会被放在第一位，这似乎已经成为这位好莱坞大导演所特有的标志。不论是《深渊》里碧波起伏的水柱，《终结者2》里的液态金属机器人，《泰坦尼克号》里震撼人心的沉船一幕，还是《阿凡达》里真人表演与电脑合成人物不露痕迹的融合，每一次卡梅隆的电影总是可以掀起电影技术的数字化革命，并深深的影响和改变世界电影业的发展。

卡梅隆在接受央视《看见》节目专访的时候，这样定位自己，他说在好莱坞拍电影只是他的一份兼职。的确，在过去17年的时间里，他只拍了两部电影，《泰坦尼克号》和《阿凡达》，但是却做了8次深海探索，而且主要精力也在这里。原本在我们眼中的作为电影导演的他，在这里俨然成为了一个科学家、探险者的样子。然而，也正是探险使得他的电影有着更为强烈的存在感。正是这两者之间的关系为我们打开了一个奇异的卡梅隆式的现实梦境。

创作剧本与深海探险是共通的。卡梅隆的探险并不是为了要证明自己在这个世界上的存在，显示自己生命力量的坚实，不是为了冒险而冒险。在他看来，这样的冒险是有价值的冒险，因为可以通过自身的感受和观察，将人类并未踏足的另一个世界展示在世人面前。这是一个创造美好事物的过程。他的探险打开了一个不同于一般的想象空间，这也是为什么会有《深渊》和《泰坦尼克号》这样的作品出现。很难想象，卡梅隆在拍摄《泰坦尼克号》的前后都深入过海底，探险泰坦尼克号的残骸，为拍摄做准备亦或是将拍摄的场景与现实相对比，反复回味。是的，当你潜入海中，碰触泰坦尼克号的残骸，自己登上泰坦尼克的甲板，你才会感受到那些哭泣的灵魂，感受到这所大船曾经的辉煌与梦想、暗淡与哀伤，然后将故事真实地表现出来。

卡梅隆称，中国市场对3D电影的嗜好最终将转变成市场对拥有3D功能的平板电脑和个人电脑的需求。卡梅隆还补充称，他希望中国政府能帮助培育一个本土行业，将在未来某个时刻向海外市场出售中国制造的3D电影。他在谈及中国的3D电影时表示："你会看到，这个市场将会创造出一个特殊位置。"

卡梅隆在内心播下"不做特技就死"的种子，要从《星球大战》开始说起。乔治·卢卡斯创作的影片将卡梅隆引上了真正的电影之道。从《终结者2》中的T-1000，到《泰坦尼克号》中的滔天巨浪和冰山撞击，再到《真实的谎言》中的空中战斗，最后到《阿凡达》中的潘多拉星球，都显示了詹姆斯·卡梅隆天才般的特技才能。

在卡梅隆的电影生涯中，他一直有着这样的信念："我们创造我们需要的，我们没有源远流长的文化积淀，我们仅有我们自己。"卡梅隆虽然不是美国人，但是一样有着他们的果敢和勤奋，有着追逐梦想的决心和勇气。

卡梅隆说，在艺术和探险中，失败必定是个选项，因为这些都需要敢于挑战的信心。没有哪个需要创新的工作是在没有风险的条件下完成的，你必须愿意承担这些风险。无论你做什么，失败都是其中一个选项，但畏惧却不是。

三、卡梅隆的内心世界

我们知道，任何一部技术强大的影片如果没有深刻的内涵，必然只是形同枯槁。特技并非卡梅隆电影的全部。除了强大的电脑特效，卡梅隆所出品电影的每一次完美亮相几乎都能完美契合时代中的某些重要审美趋向，并将其以极富想象力的方式表现出来。卡梅隆的每次成功，在缔造一次电影技术革命的同时，也证明了自己与当下社会的高度关联，进行了一次关乎时代、关乎当下的成功的思想实验。从《终结者》的个人英雄主义，到《深渊》关于冷战的反省，再到《终结者 2》的末日审判，无不是其背后所隐藏的内核真正吸引了观众。

以《泰坦尼克号》为例，前不久刚刚上映的《泰坦尼克号》3D 版，在中国创下首周票房过 5 亿元人民币的纪录。这一数字的背后承载着一代人的集体记忆，它唤起来荧幕前观看电影所有观众对爱的共鸣。看过电影后我们不免会深刻思考：我们所认知的坚固的、安稳的生存与情谊是不是也会像泰坦尼克号这艘游轮一样在顷刻间化为虚有。于是我们更加懂得了珍惜，我们有了一种全新的对生命的认识，无论生活有多少艰难困苦，一份天真的爱可以给我们以勇气，让我们平静的在灾难面前面临生命的挑选。这份爱穿越了种族、肤色，穿过了国界和文化，直达人心灵深处。这无疑是卡梅隆的一次对爱的完美诠释和思想实验。

虽然卡梅隆早已扬名好莱坞，但他始终不是一个自信的人。对于自己电影的首映式，他每次都紧张得像第一次上台演讲的小孩。比如众所周知预算超支的《泰坦尼克号》，卡梅隆的声誉、福克斯和派拉蒙的钱、别人的饭碗，都指望着这部电影"好上加好"。首映那天，承受巨大压力的卡梅隆万分紧张。他说："早晚有一天我会死在自己的电影首映会上。我会心脏病发作然后挂掉，我清楚得很。我人生的终点站就在这样的地方。"他的不自信一样源于他的不安全感。但是相对于有些根本没多少真材实料的导演却盲目自信来说，他的这种小情绪是不是显得异常宝贵而又可以理解呢？以卡梅隆而言，他不需要再向别人证实什么，但他必须要给自己一个交代。这种交代，固然表现在态度上，也表现在细节上。

不只是《阿凡达》，几乎他的任何作品都是个人代表作，甚至是时代代表作：从《异形 2》到《终结者》系列，从《真实的谎言》到《泰坦尼克号》，当代电影史上总是有他浓墨重彩的一笔。他知道自己的成功，也懂得自己——"任何男人想成为父亲或丈夫很容易。但这世上恐怕只有 5 个人能胜任我所做的工作，所以我要一如既往地勇往直前"。卡梅隆是血性男儿，骨子里面都是英雄主义的思想。

电影产业的蒸蒸日上也是与科学技术的发展密不可分的。不过，喜欢运用电影特技的导演有很多，为什么卡梅隆可以一枝独秀、所向披靡？不得不说，卡梅隆是一个全能型的人才，在影片拍摄过程中，他可以胜任除了表演之外的所有技术和艺术工作，这非常有利于他对影片特技的宏观把握。而且，卡梅隆对于电影技术的运用并不只是简单的炫技，他的技术中包含了许多深刻的东西。

首先，技术与情感的完美融合。虽然说卡梅隆在拍摄影片的过程中非常推崇特技的使用，但是他却从不滥用特技。因为在卡梅隆的电影中，特技只是一种工具，它是为故事情节和艺术情感服务的。卡梅隆也不止一次提出："技术并非强奸视觉的武器，故事是诱发消费欲望的唯一动力。"卡梅隆之所以在漫长而枯燥的等待期中潜心钻研电影技术，并不是为了展示技术本身，而是为了通过技术的使用，使角色的心灵诉求得到最大化的展现。所以在观看卡梅隆的电影时,你不会因为炫目的特技而忽略了剧情。相反的,在特技的正确运用之下,人物情感得到了更为生动的诠释,故事情节得到了更为流畅的展现,这一切都要归功于技术手段与情感表现的巧妙融合。比如说在观看《泰坦尼克号》的时候,最让人震撼的不是沉船时的宏大场面,而是人们在面临灾难和死亡时的无奈与悲凉;最让人难以忘怀的不是影片中各种技术的使用,而是那刻骨铭心的爱情神话。

其次,技术运用中蕴含着伟大情怀。技术是一把双刃剑,在为人们的生活提供便利的同时,也对社会造成了不可弥补的创伤。从卡梅隆的影片中不难发现,卡梅隆试图通过各种先进电影技术的运用来引导人们反思技术本身。无论是《终结者》中机器人(技术的代表)对人类的暴力和统治,还是《阿凡达》中人类(凭借先进的武器设备)对潘多拉的侵占与掠夺,都是卡梅隆借助电影技术所构建的在虚拟空间中发生的故事。而通过对这些故事的生动展示,卡梅隆表现出了对技术发展的冷静思考。是技术的发展导致了强者对弱者的摧残,但隐藏其后的幕后黑手却是人们的欲望与贪婪。卡梅隆的电影,折射出的是一种对人类命运与责任的思考,是一种伟大的情怀。

再次,丰富的想象力使技术不再空洞。技术的发展可以破除想象力表达的障碍,而丰富的想象力也会使技术表现更加圆润饱满。如果没有想象力,那么再先进的技术也毫无用武之地。好在卡梅隆有着惊人的想象力,这使他所热衷的电影技术有了发挥作用的舞台。比起那些习惯使用大牌明星吸引观众眼球,而不愿意动动脑筋、开发想象力的"懒惰"的导演,卡梅隆更加倾向于通过展现人们想象不到的东西来获得满堂喝彩。而且,卡梅隆所想象的事物并不是凭空诞生的,而是以现实为基础的。比如说在《阿凡达》中,树精灵的原型是深海水母,闪电兽的原型是黑豹,哈利路亚山的原型是中国黄山等等。这种基于现实的想象,不会给人一种纯技术构成的假而空的感觉,而是一种熟悉中带有新颖的以假乱真的效果。

一个电影人,如果没有对人性的思索和对世界的包容,他的作品必定是思想狭隘、禁不起深度分析的。3D也不是个冰冷的技术,同样要讲求美感和社会效应,更需要服务于故事本身。詹姆斯·卡梅隆正是以电影的文化引领和情感力量让世人去看清技术背后的面孔,让人警醒而反思:技术只是个手段,我们更应该看重的,是电影对观众的引导力。

詹姆斯·卡梅隆,就像他自己呼喊的那样,他是世界之王,至少在电影世界里是这样的。他以先进的技术手段、深刻的艺术内涵、丰富的想象能力、生动的细节展示、"高投入、高产出"的财富观成就了自己的王者风采,让所有质疑他的人都闭上了嘴巴。

四、结语

卡梅隆:地球上所有的生物都是彼此关联的,其关联的方式是我们科学人所要破解的。但是,我们的工业社会正日益惊人地影响到这一生命网络,由此将不可避免地引起生物多样性的退化,并最终导致环境对人类的报复。我们取之于自然,却不做任何回报,秋后算账的日子就要来临。

附录:

主要作品:

《泰坦尼克号》3D版(2012年)

《阿凡达特别版》(Avatar)(2010 年)
《夺命深渊》(Sanctum)(2011 年),执行监制
《阿凡达》(Avatar)(2009 年)
《深海异形》(Aliens of the Deep)(2005 年)
《深渊幽灵》(Ghosts of the Abyss)(2003 年)
《重返俾斯麦战舰》(Expedition: Bismarck)(2002 年)
《末世黑天使》(Dark Angel Pilot: Part 1)(2000 年)(电视剧集)
《泰坦尼克号》(Titanic)(1997 年)
《真实的谎言》(True Lies)(1994 年)
《终结者 2:审判日》(Terminator 2: Judgment Day)(1991 年)
《深渊》(The Abyss)(1989 年)
《异形 2》(Aliens)(1986 年)
《终结者》(The Terminator)(1984)
《食人鱼 2:繁殖》(Piranha Part Two: The Spawning)(1981 年)

成就及荣誉:

1998 年第 70 届奥斯卡最佳导演奖
1998 年第 70 届奥斯卡最佳电影剪辑奖
1998 年第 55 届金球奖最佳导演奖
1998 年堪萨斯城影评人协会最佳导演奖
1998 年拉斯维加斯影评人协会最佳导演奖
2010 年第 67 届金球奖最佳导演奖
2010 年第 15 届帝国电影协会最佳导演奖

☞ 参考文献:

1. 姚睿:《来自未来的探索者——詹姆斯·卡梅隆的王者传奇》,《当代电影》2012 年第 11 期。

2. 朱梁:《天神下凡——詹姆斯·卡梅隆与〈阿凡达〉的数字立体和虚拟摄影技术》,《北京电影学院学报》2010 年第 3 期。

3. 杨文军:《〈阿凡达〉的技艺结合性分析—兼论詹姆斯卡梅隆的电影创作特征》,《现代电影技术》2012 年第 1 期。

4. 高五峰:《詹姆斯卡梅隆与 3D 电影技术》,《当代电影》2012 年第 11 期。

5. 梁军健:《卡梅隆和他的"泰坦尼克"》,《中国报道》2012 年第 5 期。

6. 刘峰:《如何看待詹姆斯卡梅隆下潜 10898 米——"蛟龙"号海试现场总指挥刘峰谈卡梅隆马里亚纳海沟探险》,《海洋世界》2012 年第 5 期。

7. 孙利:《〈泰坦尼克号〉3D 版对我国文化产业发展路径选择的启示》,《经济研究导刊》2012 年第 23 期。

8. 齐特:《〈泰坦尼克号〉3D 版成功路径之传播学要素分析》,《中国传媒科技》2012 年第 12 期。

品牌动漫

公主拯救了迪士尼

——《冰雪奇缘》的成功之道

2013年,《冰雪奇缘》为迪士尼家族再添两位新公主,使迪士尼家庭拥有了“十三钗”。这两位公主的分量绝对不比公主始祖——白雪公主的分量小。从1937年到2013年,迪士尼总共创造了十二部公主电影,这一对新生姐妹为这座处在暮色中的城堡带来了新生的力量。

2013年的圣诞季,迪士尼重磅推出的《冰雪奇缘》为其带来了高达12.7亿美元的票房收益。《冰雪奇缘》成为迪士尼史上最卖座的电影,斩获金球奖和两个奥斯卡奖项。这部影片的强大魔力在于它的魅力从荧屏之中散发,更是沁入生活各处。从歌曲首发强大阵容中,奏响属于冰雪公主的欢快和鸣,点燃了人们对于城堡的希望,打消了人们对于传统是否将被丢弃的顾虑。

有心留意,会恍然觉得这一幕像是发生在去年,《冰雪奇缘》中的歌仍然偶尔响起耳畔,它的热度可能正在渐渐退去,但公主拯救了迪士尼,用冰雪的梦点亮缤纷的世界。在这迪士尼首创的歌舞动画形式中,与百老汇首乐剧又是一场完美的邂逅。

一、“Let It Go”

首先肯定的是,《冰雪奇缘》还是一部传统的迪士尼动画,继承了传统优点。但相比较于迪士尼其他作品,《冰雪奇缘》拥有三大亮点:更符合大众审美,更迎合女性观众,电影的歌曲成为电影成功的重要部分。

《冰雪奇缘》的热度有很大一部分来自于它主题曲的巨大成功。当漫步在街上的人们耳边忽然响起的是各种语言版本的“Let It Go”的旋律,各种有趣的演绎视频满布于网上,人们又怎么会不对这部影片产生兴趣呢?

这部电影中的音乐制作精良,和剧情电影走向紧密贴合,情景代入感强,旋律具有感染力。音乐与电影的奇妙联系,大部分原因来自音乐先于剧本。所以,率先诞生的主题曲对于剧情走向有了重大影响,其中了一些经典歌词甚至左右了人物的设定。

最为突出的就是Elsa姐姐身份的设定。《冰雪奇缘》的前身是童话《白雪公主》。原剧本中白雪女工是反面角色,在“Let It Go”出现之后,工作室才赋予了Elsa这个姐姐的身份,使其演出了另一种女王范本。有网友在观影感悟之中写到“它告诉我一个道理:需要王子拯救的是公主,自我拯救才是女王”。这其中的女权色彩,也成为了吸引观众的一大亮点。冰雪奇缘的成功由一首传唱度极高的主题曲推开了多米诺骨牌的奇幻。

而作曲家们也考虑到了更多可能。在OST中可以听到Anna作为不被需要的非继承人的失落与由此产生的对Elsa的对立，以及Anna主动提出让Elsa把手套戴上作为解决方案导致两人关系激化等等的未被采用的剧情。《冰雪奇缘》也变成了一部家庭片，最终上演合家欢。

除了主题曲的成功，迪士尼在影片插曲中也做足了工夫，其电影的系列歌曲在热搜榜久居高位不下。音乐制作的严谨态度从电影开头一直延续到结束，给了我们一场酣畅淋漓的音乐盛宴，也挽救了人们对于迪士尼故步自封的印象。迪士尼使人们重新燃起了对于其动漫帝国的希望，打消了对于帝国将要落幕的疑虑。

音乐的质量无可挑剔。迪士尼此次邀请百老汇演员加盟，倾情演出，旋律、歌声都让人欲罢不能，感慨甚多。其中的一首"Do You Want to Build A Snowman"就用了三人合声，既有孩子又有大人。童声的稚嫩天籁让人童心萌动，而后的成熟之声中的些许无奈，试探的邀请又让人深感惋惜。

《冰雪奇缘》音乐的广为传唱，不仅在于旋律意外的好，制作团队对于歌曲质量的用心良苦，还在于一个最基本的传播要素——翻译。歌曲的歌词翻译简单明了，便于理解；各国演唱配音版"Let It Go"有趣生动，也适合孩子们听，这部影片对于孩子们的友好程度也成为它吸引人们进影院观看的原因之一。歌曲再创，丝毫没有以往引进片主题曲原音与字幕的混搭的尴尬情况，歌曲完全本地化，配音和谐才不会破坏观众对于电影的客观印象。

二、女王不需要王子

早期迪士尼塑造的公主形象都是美丽善良却身陷囹圄、险境，等待王子拯救。女性由于其自身美丽而遭人嫉恨，但陷害公主的角色恰恰是女生——女巫、后母、坏心肠的仙女等。女性之间的嫉妒和仇恨成为了故事冲突的直接来源，而道德上占优势的女性必将在男性的拯救下获得胜利，女性自身的行动通常是消极被动的等待，而占据行动上的主动和道德上的优越通常是男性。[①]

不同于以往的经典，此次《冰雪奇缘》在传统公主题材的基础上也做出了突破。在规规矩矩地塑造了Anna这样一位开朗大方、积极向上的公主后，创造性地将女巫与公主这两个曾经势如水火的元素合而为一，冰雪皇后Elsa也由此诞生。出色的创意配合着稳妥的剧情共同塑造出一位迪士尼史上性格最复杂，同时也是能力最强大的一位"公主"，这一番大胆的改变既可以说是对于往昔经典的重新演绎，又是对于功勋前辈们最为崇高的一番致敬与感激。

有好莱坞报道者称：编导将适度的时代感和女权主义的小情调加入情节和对白中，让这位天真娇美的公主更加丰满，惹人喜爱，估计少女和她们的母亲们都会对《冰雪奇缘》来者不拒。

冰雪女王这一原始魅影在迪士尼色调中的变奏也引人关注。冰雪女王发怒时，凛冬

① 参见王晓彤、王璁：《从〈冰雪奇缘〉看迪士尼公主题材动画片的传承与创新》，《电影评价》2014年第3期。

降临，唯有取悦她方能使温暖的春天重回大地。至于取悦冰雪女王，破除她的精灵魔法的手段——爱，在电影表现里为一个吻，在原始文化中显然就是交欢与舞蹈，而这个吻并不是由王子来完成，这改变了由男性拯救的固有情节走向。电影里的重要台词“Open the door!”就有很明显的暗线铺垫，以此暗喻用吻打开冰雪世界那扇温情的门，才是爱的世界。

如同大部分迪士尼动画都改编自童话名著或传说，《冰雪奇缘》也来自安徒生童话《白雪女王》。同动画电影及真人版电影不同，《冰雪奇缘》只取用大背景和所谓“寻找”主线。故事中代表邪恶的女王图腾般的存在着，这样暗黑的女王心理却成为主创着眼的地方和真正感兴趣的故事。她为何要仇恨平凡世界，为何要嫉妒他人的幸福，为何要住在那样一座冰冷坚硬的宫殿里。神秘背后，是无尽的宝藏。

于是可以看到，《冰雪奇缘》前所未有地以两位女性来担任主角。这样的设定不仅在动画界少见，即便真人电影也屈指可数。毕竟男性视角占据主流位置由来已久，从只是等待被拯救的《白雪公主》《睡美人》，到试图去干好某件事的《美女与野兽》《花木兰》，女性即便在主动要求权力和觉醒之路上走得再远，最终仍要以收获一段爱情作为真正的成就。公主无论如何也需要一位王子以救世姿态拯救，尽管他什么都没做，甚至起反效果。一个穷姑娘地位的改变不得不求助于一个优秀男人的帮助。灰姑娘童话内涵是嫁个好男人是女人一生幸福生活的保障。男权制社会的许多少女和妇女都相信曾做过这样的梦。以自己的靓丽去赢得一个美满的婚姻，也解救自己脱离苦海。[①]

即便不谈女权意识，套路在重复过多后总会令人生厌。所以颠覆变成了潮流，2007年迪士尼的《魔法奇缘》(*Enchanted*)中把王子变成一个懵懵懂懂的傻瓜，让动画国度的公主最终爱上了纽约的普通男人，还狠狠吐槽了“你们怎么没事就唱起来”这个惯用形式。《魔镜魔镜》中王子是被公主拯救的，《白雪公主与猎人》中直接把原著配角提升为主角。白雪公主无一例外地变成女战士，甚至王后也都以另一种女性独立的态度崛起。

这些动漫电影转变暗示着女性权重的增加和自主性的提高，但都没有《冰雪奇缘》中走的远。在片中，公主不再是只属于爱情的女孩。本片告诉人们，相较释放真我与亲情，男女之情反而处于次等位置。

电影中“公主打败反派王子”，王子形象的反派反转制作让人眼前一亮。第一次女主角完全摆脱男性角色的束缚，依靠内心的选择改变了结局，用自己的能力拯救彼此。虽然真爱的救赎稍显刻意，但立足于“人最大的敌人都是自己”这一点，也未有不妥。这让女性观众看得很是痛快，终于有一位公主不需要王子，王子成为了反派，甚至有些暗讽为了权力与地位而欺骗的渣男形象，这在当下社会中，不免会引起一片共鸣之声。女性愈发崛起，追求的不仅仅是被尊重，已经进一步成为一种自我救赎、自立自强的感受。这样一部以女性为中心的电影，视角新颖。动漫中愈发明显的女权色彩，也成就了它在动漫史上的奇迹。

---

① 参见张艳莲:《20世纪60年代美国女性悲剧——〈白雪公主后传〉女主人公形象解析》,《电影文学》2007年12月。

三、姐妹之情

“《冰雪奇缘》拥有纯正的迪士尼动画血统，也许你开场10分钟就知道了结局，但是有趣好玩的情节勾起你的欲望，想要看看到底发生了什么。这是一部纯粹为孩子们拍摄的动画片，却展示了开阔的世界观。”①

前文提到该片的亲情的珍贵，释放真我的重要。女主角完全摆脱男性角色的束缚，真爱变成了亲情，姐妹之间的互信、互相拯救。

早些年间，Chris Buck就向拉塞特讲述过这部电影的故事原型。更早的时候，包括华特·迪士尼在内很多人都试图改编过安徒生童话中“冰雪女王”这一原型。在原本的故事中没有交代女王与魔镜之间的关系，女王的角色亦正亦邪，正是一个好的故事素材，最终《冰雪奇缘》的这一版本是反复琢磨的结果。“如果你看到最初的故事，你可能根本认不出它来。”Chris Buck回忆说。

在Chris Buck与联合导演Jennifer Lee和拉塞特的不间断沟通之中，他们希望人物形象能比过去的迪士尼角色更复杂一点，对角色作了相应调整——Elsa一度是邪恶的，Elsa和Anna姐妹之间情感微妙，王子并不太喜欢与人交流，用亲情来替代传统“王子一吻”的浪漫情感。这些调整都让整部电影更为细腻，而最终也让更多人接受。更独立的女性气质让它先是获得了成人的认可，又受到了孩子的欢迎。②

除了女权色彩，更打动人的在于姐妹之情，到最后也是亲情拯救了彼此，难免会有些“我们不需要男人拯救”这样的潜台词在其中。情节中姐姐因为不想伤害妹妹而痛苦的隐藏了自己的爱，妹妹的心情却因为姐姐的突然疏离痛苦不堪，两人之间有不理解的争吵，又有最深沉的疼爱。爱与被爱，拯救与被拯救，电影对于姐妹感情的微妙化处理更加动人。这样一条亲情主线，在某个寒冷的圣诞节夜晚是不是也能给予我们一些触动呢？

四、衍生

《冰雪奇缘》的衍生品制造被视为动漫电影中的范本之举。“不夸张地说，迪士尼创造了20世纪电影产业的商业法则，”《好莱坞的经济法则》作者Edward Jay Epstein对《第一财经周刊》如此评论，“如果要说其中的秘密，就是它们一直靠角色授权赚钱。《冰雪奇缘》再次证明了这一点，它从衍生品中获得的收益会远远超过电影本身。”

根据美国国家零售协会的统计，两个公主的吸引力甚至超过了历史更为悠久的芭比娃娃。玩具制造商美泰也从中受益。沃尔玛和玩具反斗城分别拥有700种和300种不同类型的冰雪奇缘玩具，eBay上的一些产品已经卖断了货。2013年11月27日首映的《冰雪奇缘》至今已经在北美售出了超过300万件服装，这个数字大概等于北美4岁女孩的数量。电影本身也成为亚马逊上销量最好的儿童电影DVD。不仅如此，它还跨越了各个年龄阶层，在Twitter上，有个专门形容《冰雪奇缘》的流行标签“The Cold Never Bothered

① 沈清越：《〈冰雪奇缘〉影片介绍》，《小学生必读（中年级版）》2015年第7期。

② 参见张晶：《〈冰雪奇缘〉Elsa拯救了迪士尼》，2015年1月26日《第一财经周刊》。

Me Anyway"(寒冷永远不能令我困扰)。[1]

从全球范围来看,迪士尼的衍生品是相当典型的,其品牌种类已超过2400种,而生产线仍在不断扩充——从孩子的日用品到电脑,软件和手机等高科技产品应用尽有。至2002年,迪士尼在此领域收益已达24.5亿美元,其专卖店遍及各大不同国家和地区,成为迪士尼收入的重要组成部分。

这个话题看来会一直持续下去,像《冰雪奇缘》的故事结局一样,两位公主不仅为她们的家园解除冰封,也改变了迪士尼长久以来无精打采的面孔,人们不再只是提到米奇和狮子王两个像是博物馆中的角色。过去一年,迪士尼的股价上涨了25%,市值终于超过了1500亿美元。[2]《冰雪奇缘》为迪士尼尘封已久的画面点燃了一把火,照耀了现在也为后来留了预热。"它看上去的确已经不是妈妈那个年代的迪士尼了,而是个年轻人、老年人都喜欢的迪士尼。"Digital Media Wire 咨询委员会成员 Mike Vorhaus 如此评论。

五、小结

"《冰雪奇缘》的确非比寻常,很快就会有续集。它会成为一架利润机器。这也是迪士尼的荣耀,"Valentine 说,"它比我在的时候要成功得多。"Valentine 认为,迪士尼动画最适合的定位是"做最好的家庭动画片"。《冰雪奇缘》在这一点上超过了此前所有电影,它同时在全球范围内获得强烈反响。"你可以做一部像《里约大冒险》那样的成功之作,但是它不会像《冰雪奇缘》这样强烈地激发个人情感。"可以说,迪士尼终于再次借《冰雪奇缘》回到家庭娱乐的状态中了。

在西方童话基础上,面对熟稔的公主角色,迪士尼赋予她新生命、演泽出新世界。而中国的传奇故事,数量与质量均不输于西方童话,如何借助影视作品传承与发扬,值得中国影视人深思。[3]

☞ 参考文献:

1. 王新蕾:《〈冰雪奇缘〉缘何捧得奥斯卡》,2014年3月8日《大众日报》。

2. 王晓彤、王璁:《〈冰雪奇缘〉看迪士尼公主题动画片的传承与创新》,《电影评价》2014年第3期。

3. 张艳莲:《20世纪60年代美国女性悲剧——〈白雪公主后传〉女主人公形象解析》,《电影文学》2007年第12期。

4. 张晶:《〈冰雪奇缘〉Elsa 拯救了迪士尼》,2015年1月26日《第一财经周刊》。

5. 沈清越:《〈冰雪奇〉影片介绍》,《小学生必读(中年级版)》2015年第7期。

① 参见张晶:《〈冰雪奇缘〉Elsa 拯救了迪士尼》,2015年1月26日《第一财经周刊》。

② 参见张晶:《〈冰雪奇缘〉Elsa 拯救了迪士尼》,2015年1月26日《第一财经周刊》。

③ 参见王新雷:《〈冰雪奇缘〉缘何捧得奥斯卡》,2014年3月8日《大众日报》。

大圣归来

2015 年 7 月，国产动画电影《西游记之大圣归来》以黑马之姿在重重大片包围之中取得7.5 亿元票房(数据统计截至 2015 年 8 月 1 日)，不但创造了国产动画电影票房纪录，更打破了《功夫熊猫 2》保持的动画电影票房纪录，取得了巨大的经济和社会效益。虽然《西游记之大圣归来》的成功是不可复制的，但这一偶然性下隐藏着必然性，其现象级表现实际上也是近年国产动画发展的一次集中展现。

“自来水”这一新兴词是随着《西游记之大圣归来》的大获成功而产生的，指的是那些到处自发推广《大圣归来》的粉丝。他们甚至还在微博上注册了一个名为“水帘洞大圣自来水公司”的 ID，短短数日之内，这一 ID 已有万千粉丝。正是依靠这些着“自来水”大军的完美助力，《西游记之大圣归来》成为了今年票房与口碑齐飞的一匹影市黑马、一部现象级影片。

一、猴哥，猴哥

由于时代的发展，新的作品层出不穷，很多风靡一时的动画人物形象只保留在了一代人的记忆中，很少会有动漫形象拥有像大圣一样长盛不衰的魅力和吸引力。

《大圣归来》讲的是齐天大圣孙悟空被如来佛祖压到了五行山下后，神通尽失，偶然间被唐僧的前世——小和尚江流儿救出的故事。由于手臂上的封印没有消除，那时候的大圣并没有一点法力，只是一只普通的猴子，一只有着桀骜不驯臭脾气的泼猴。当遇见专门抓童男童女的妖怪时，他犹豫、彷徨过，有心救那些孩子们，却又怕失败了没面子。在这种情况下，自己到底是该一走了之还是拼死一战？他很纠结。而在江流儿不断激励甚至是舍身取义精神的感召下，大圣心中的善念被激发出来。并且，随着江流儿的眼泪落下，大圣手臂上的封印解除，那个身穿黄金甲、手拿金箍棒的齐天大圣，重新归来！

这部影片抓住了悟空与师傅的感情线。这对几百年来不离不弃的完美搭档，到底他们的前生今世有何渊源？悟空那样的舍命护他，真的只是因为如来佛祖的指示，还是为了师父的搭救之恩？在这里，《大圣归来》满足了我们天马行空的想象，给出了我们这些问题的答案。原来，唐三藏的前生就与悟空相遇，那个时候悟空是只身带法印的普通臭猴子，江流儿也只是一个问题多多的孩子。萌萌的江流儿，总是跟在偶像身后问这问那，问着像众多孩子一样无厘头的问题，让人啼笑皆非，温情满满。

作为四大名著《西游记》中的男一号，齐天大圣孙悟空这个角色早已深入人心。就像美国队长在美国人心中的地位一样，孙大圣这一出身不高却神通广大、敢于挑战权威、有情有义的形象，寄托了太多国人的英雄情结。而和孙大圣、《西游记》有关的影视作品更是数不胜数。1961 年的动画电影《大闹天宫》可以说是轰动一时，其中的大圣，成为动画电影中的经典形象；1982 年，电视剧版《西游记》上映；1999 年，动画片《西游记》上映，当时其主题曲还引发了一场大讨论。其中 1982 年六小龄童在《西游记》中饰演的孙悟空，可谓是不朽的经典。如今每到暑假，多家电视台都会播放这一版《西游记》，且收视率很高。后来又有人陆续翻拍了《新西游记》《西游记后传》以及各种版本的《西游记》，而且只要和孙悟空有关的电视剧，一般都颇受欢迎。①

二、这只猴子有点特别

《大圣归来》里的大圣与以往形象有很大不同，但是长脸、歪嘴的形象也完全不妨碍人们对它的喜爱。细数历来的大圣形象，1961 年版的《大闹天宫》算是动画中的经典，其中的大圣有些脸谱的色彩，虽然不算漂亮，可它为人们心中的大圣设定了一个标准的形象。1999 年的动画《西游记》画工虽有提升，但在孙大圣的形象上并没有进行特别大的改动。而在电视剧中，六小龄童版孙大圣几乎是最经典的。在其之后的相关剧作中，无论大圣形象如何变化，说都是对六小龄童的模仿也不为过。后来各种孙大圣中，最丑的大概要数《西游・降魔篇》里黄渤扮演的那版。其中的孙大圣头发几乎掉光，全身的深灰色，衣服破破烂烂，可鉴于那是对受封印的大圣的还原，倒也说得过去。但是这些角色和《大圣归来》中的大圣相比，怎么看怎么觉得《大圣归来》的大圣不像个中国猴，倒是有点皇马足球俱乐部中的前锋贝尔的模样。而且这一版大圣并没有标志性的虎皮裙，而是身着破衣烂衫，完全没有美猴王的风范。《大圣归来》出品人路伟说："我们想把一个虚拟的英雄真实化。"这里讲的就是一个落魄英雄的形象。

作为新时代的文化载体，动漫产品寓教于乐的特点使其深受青少年和儿童的喜爱，并正在被更广大的消费者人群接受。在日本、美国等动漫产业高度发达的国家，成人看动漫更是普遍的现象。为适应不同读者群和观众群的需要，动漫也形成了各种不同的类型，如儿童动漫、少女动漫、少男动漫、成人动漫等，都颇受观众喜爱。

而这次的大圣具有的外国风韵，与这部电影融合了日、美风格不无关系。中国的广大动漫市场一直是日、美动漫的重点攻陷对象。对于动漫而言，外国引进的电影一直占据着票房市场，众多的九零后、零零后们都是看着日、漫美漫成长起来的。我们不得不承认日、美动漫的高质量，相比之下的国漫画风一直处于简单化的状态，甚至把有些片子说成粗制滥造也不为过。动漫电影的观众群体一直都是以青少年为主的，看惯了高质量动画片的他们，很少会对国漫产生兴趣，有人说："不是我们不想看，是你不够好。"这样的评价也是让人无奈。而《大圣归来》成功借鉴了日、美的风格，迎合了漫迷们的审美。这独来独往的个人大圣，怎么看都有美式英雄的影子，江流儿也有些萌系设定，比较符合各类观众的胃口。

① 参见殷俊：《动漫产业与提升文化软实力对策探讨》，《西南民族大学学报（人文社科版）》2012 年第 5 期。

三、我们都是“自来水”

大圣用情怀打动了我们，真正做到了从感情上动人，这是近几年国产动漫最缺乏的。因此，《大圣归来》一出来，我们的大圣情节呼啦啦的都涌了出来。虽然没日没夜地吐槽着国漫的傻白，但其实心里非常想有这样一部良心作品出现。熊熊的爱国情感混杂着千百年来积淀的对大圣的喜爱，使人们潮水一般将《大圣归来》推向顶峰。为什么这样的好片子拍档率不足10%，我们既愤愤于其不足10%的排片率，又对它格外怜惜。为了不让它被淹没在其他片子中间，“自来水”们出现了。他们活跃在各大媒体沟通交流平台，硬生生的带着《大圣归来》杀出重围，使其站在顶峰接受它应当拥有的掌声与喝彩。

“自来水”大军中，明星们起到了不小的作用。观众对于国产动画的偏见是由来已久且根深蒂固的。虽然国产电影市场发展势头很好，但人们对于国产动漫的的认识依旧没有改观。而且一部动漫如果没有明星的参与，其关注度往往会很低。这种弱势的现状，制作团队也早就考虑到了，因此团队便充分利用了横店电影城的广大人脉资源。现代交流媒介不仅为其节省了天价的代言费，而且百位明星为中国动画发声助威，也是史上第一次。团队们为了点燃明星们的宣传激情，上映前的六个月内，一直在朋友圈内发布电影的素材原料，甚至在上海电影节期间，出品方横店影视制作有限公司总经理刘志江专门在横店埃个扫组，明星的微博也就是如此刷出来的。现在他的手里还有明星们为其宣传而自制的视频，未雨绸缪的工作做得如此极致不得不让人佩服。

宣传模式的创新不仅在质也在量。虽然一个明星的声音不够响亮，而当一百位明星同时发声时，就会形成让人难以忽视的呐喊。在宣传效应的不断扩大中，团队将其变成了一种感恩形式的传递。大规模的点映引爆口碑，推介会的火爆也给了院线经理信心，团队信心满满地决定举办更大规模的点映和口碑场。影片在较低的宣发费基础之上，和消费者、目标观影人群大量接触，观众们观影之后将感受分享来发酵口碑，从而形成大势。

电影上映后，在各院线排片率不足10%的情况下，三天票房破亿，“自来水”们的目的也达到了。后来因为反响不错，院线开始增加排片，《大圣归来》的表现也十分惊艳，上映第5天，票房过2亿；第7天，过3亿；第9天，过4亿；第12天，过5亿；第16天，票房达6.2亿。《大圣归来》的票房成绩不仅打破了之前由《熊出没之雪岭熊风》保持的3亿的国内动画电影的票房纪录，力压同时上映的《小时代4》和《栀子花开》，更是超过了《超能陆战队》《哆啦A梦：伴我同行》的国外动画电影，打破此前由好莱坞动画电影《功夫熊猫2》保持四年之久的内地动画电影最高票房纪录，登顶中国市场动画电影票房冠军。

对于我来说，最大的感触在于，这次动漫制作者没有把我们当成小孩子。低龄化的问题困扰我们的动漫产业多年。虽然每个人都明白，可是如何在浮躁的社会里沉下心来，专心制作一部作品，这不是仅靠一人之力就能完成的。既是产业就不得不重视经济效益——这也是众多制作者的无奈之处，就不得不随从于社会的风潮之中。8年的时光，在一张张手稿中我们能看到他们的努力，“自来水”们也希望人们能够看到。制作人说，想要做出一部好的作品至少需要3年，而现今的多数情况是赶工制造。《大圣》用了8年才出世，投资六千万，画风细腻、大气，能看出已达到与国际一流接轨的标准。从很多动漫制作单位的表现来看，拥有这样一颗甘于寂寞、不浮躁的心，是难能可贵的。

四、这只猴子老少通吃

《大圣归来》的全年龄段定位可以说是片子的一大亮点。近年的国产动漫成绩一直不理想，原因除了制作水准不高之外，还有就是前文一直提到的低幼化问题。有些动漫很受小孩子喜欢，可是大人们却难以接受，此类情况比比皆是。同样，制作方为保证票房，也不会轻易改变取向，便一直关注儿童的受众群体，使得国漫的受众群体年龄一直没有增长。只吸引孩子的目光是远远不够的，这便造成了国漫的排片率较低，票房低迷的情况。因此，坚持全年龄段定位，适时调档以确保市场空间，是制作团队一直坚持的原则。

《大圣归来》究竟如何定位？这是一直困扰导演制作团队的问题。导演田晓鹏和市场其实都做了妥协。“结尾我们还有不同的版本，当时为什么选择这个戛然而止的版本，也是因为考虑到了定位的问题。我们上一个版本可能相对来讲比较黑暗一点，合家欢嘛，还是做了调整。”导演坦言，从他个人角度出发，电影本来会更加黑暗系和成人向，可能并不适合低幼人群观看。而在团队确定了合家欢的方向后，他首先做了妥协。

市场却预判给《大圣归来》完全相反的定位。胡明一透露：“不管是宣发还是直接面对院线，都是想把你往低幼了走，因为这就是这个行业对国产动画的偏见，一个传统的认知。”“你会发现很多电影在中途会调整它的定位，一变就失败了。”胡明一表示，对于《大圣归来》，团队自始至终坚持全年龄段的定位。

因为放弃了合家欢的市场定位，在早期宣发时间不足的情况下，无法劝说大众接受大圣全年龄段的设定，团队决定撤出纯洁档。及时的调档决定也拯救了这部优质电影，使其免受票房低迷的荼毒。导演的宣言为团队带来了极大的信心，田晓鹏说：“给我点时间，我还可以做得更好。”这次换档为电影制作换来了更多的时间和空间。在电影后期编辑中，田晓鹏又对电影片段进行了微调，电影最终版二次送审。

在上映前，也就是春节档期间，《大圣归来》进行了小型的点映，并针对不同的人群做了问卷调查以吸收各方意见并积极修改。田晓鹏导演透露说，在电影最后最高潮点燃粉丝的最后 10 分钟，原版的时长更短，那一段竟不知觉地哭了。在预告片还没有理清电影思路的情况下，那一个片段就已经深深打动我。正是因为吸收了大众的意见，将最后大圣变身的部分做的更加帅气，加强了特效，表现的更加充分。而田晓鹏导演还觉得不尽兴，他坦言如果有时间，怕是要再等一年的春节才能做完。不过，也许现在这样不完美的才更完美，一年后的结局和未来谁又能知道呢？

大家都觉得《大圣归来》的排片率太低，可是就是这样的程度，也是团队们付出的极大努力后最终得到的结果。其实中间《大圣归来》换了一家发行公司，新的合作伙伴聚合影联曾参与发行《心花路放》。加入后，聚合影联最先坚持的就是电影全年龄段的定位。在具体的执行过程中，发行人员在各大重点城市举办院线看片推介会，付出了巨大的努力，就是为了将电影全年龄段的风格展现给影院经理、负责排片的经理还有院线的领导。放映时，团队觉得 mp4 格式的电脑播放视觉效果达不到预期，又空运了一份硬盘拷贝，就为了展现影片在电影院播放时的效果。

《大圣归来》的上映日期也是经过仔细斟酌的，最终杀进暑期档的大潮，也是考虑到此时观影总人数处于大幅度上涨时期。当时，后面有《捉妖记》的迅猛大势，而前方自我准备的不足又是大问题。《小时代》与《栀子花开》主流大片的夹击依然让人喘不过气。正是因为这样，大圣在第一天获得了不足10%的排片率。但是大家不知道的是，面向低幼化的国产动画最高排片率不足7%，所以大圣的空间已经很大，这也完全要归功于全年龄段的定位。

在宣传中的点映就是为了让群众拥有电影全年龄段的认知。第一期点映成功后，团队连夜商定，决定继续开展大规模点映。在7月4日和7月5日这两天期间，只要手中有硬盘的，完全不限制，可以自动下载密钥。中国动画里第一次有如此大规模的点映。大规模的点映宣传，要将影片手动拷到影城，而一块硬盘的拷贝需要两个小时，团队中180多人，每个人身上背着6～7家影城数量，用心至深。

虽然动用了明星宣传，但这部电影毕竟不是全明星阵容的电影，靠情怀打动“自来水”，以情动人才是《大圣归来》的必杀技，是营销模式中从自上而下到自下而上的转折点所在。

“移动互联网时代，电影应该具备这个时代的属性，应该更关注到用户的情感上的一种需求，满足了就能产生互动，能散发出一种能量。我们这部电影在动画电影当中，第一次做到了一个关于人性的情感的真正的互动。”谈情怀并不是文艺空洞的，相反这正是现在大多数电影所缺乏的。真正的情怀是从观众的需求出发，了解他们情感上的需求，反思自己的电影但不是适应这个时代。

“这是一个关乎执着，关乎信仰，关乎成长的故事，你的经历不一样，你的感动也不一样。”电影的确找准了不同观众的萌点、泪点、兴奋点，“自来水”们自发为其做宣传。“电影事业群”总经理胡明一曾经笑谈，这几乎成了“自来水”瀑布。但是其中，也有“脑残粉”不允许别人对大圣提出批评建议，对其他电影进行攻击的情况。“自来水”的出现是谁都没有料到的，而在后期营销方案中也不会因为“自来水”而发生重大改变，只能期望因势利导，用理性控制引导。田晓鹏导演表明了自己的观点，他是极其反感这种打击别人的行为的，团队的共识就是做好自己，而且非常忌讳用各种手段去诋毁别人。对于同期进行PK的两部电影，导演也表示了很大的欣赏，认为能够从对手身上学到更多。

近几年，优秀的动漫产品有很多，像《侠岚》系列、《秦时明月》系列、《魁拔》等等，都在脱离低幼化的局限。相对应成人化带来的是高制作成本，《大圣归来》其实仍有很大的进步空间，《大圣归来》的成功并不代表中国动画的春天来了。在投资方面，虽然《大圣归来》让投资方看到了中国动画市场的巨大，但太多投资者急于收回成本，一再压缩制作周期和成本。《大圣归来》的成功是一个信号：“好好做，踏踏实实做，别把观众当傻子，观众就会买账。”

动漫大师宫崎骏的筑梦之旅

2014年,第86届奥斯卡颁奖典礼将“终身成就奖”授予宫崎骏。这次的奖项与以往众多奖项不同,颁奖的对象不再是针对某一部作品,而是对他终身为动画电影做出的卓越贡献进行表彰,这样的分量有多重,三言两语无法说清。

宫崎骏曾带给我们11部动画长片,无数个曾经带给我们感动、温馨和童趣的画面。但关于宫崎骏退休之后,吉卜力如何继续,关于梦的艺术又该如何继续,我们不得而知。宫崎骏的动画工作室吉卜力向外发布消息说:“《记忆中的玛妮》将是吉卜力制作的最后一部动画电影。”原因无非是公司因运营成本极大而收益不景。但其实,从去年宫崎峻退休起,要不要解散工作室的问题,便已经被摆上了台面。到最后,工作室创作人之一铃木敏夫作出了决定。而这也是许多动漫爱好者并不意外的结局:一个大时代已经落幕。大部分坊间的日系漫画就是以美少女、校园、黑暗心灵、互攻互受为主题。宫崎骏和高畑勋那略带悒郁的明丽,不会再现,吉卜力也就没有存在的意义,因为吉卜力就是为了他们而生的。

一、吉卜力

吉卜力工作室(スタジオジブリ,Studio Ghibli)是一家日本的动画工作室,其作品以高品质著称。其细腻又富有生气、充满想象力的作品,在世界获得极高的评价。工作室标识为其代表作《龙猫》的卡通形象。

工作室成立于1985年中旬,原附属于德间书店,并由极富声望的导演宫崎骏以及他的同事高畑勋、铃木敏夫等一起统筹组建。它的起源可以追溯到1983年由德间书店杂志连载的漫画而改编制作的电影《风之谷》。德间当时是吉卜力工作室的母公司,并向迪士尼提供了多部动画片的发行权。

吉卜力工作室位于日本东京都近郊的小金井市,占地990多平方米,有130多名员工。2005年初,吉卜力出版部正式从德间书店拆分出来,成为吉卜力工作室的一部分。而未来工作室则自组公司,成为“株式会社吉卜力工作室”。宫崎骏负责创作,铃木敏夫担任行销,作曲家久石让为许多吉卜力工作室的作品制作过电影音乐。

“吉卜力”是由宫崎骏命名,意思是在撒哈拉沙漠上吹着的热风(ghibli)。吉卜力工作室从2003年开始发行的杂志名字也叫《热风》。此外,“ghibli”也是第二次世界大战时意大利的一种侦察机名字。另外“ghibli”的发音依照意大利原音发音应为“ギブリ”(gi bu ri)，宫崎骏是个飞行器狂，当然也知道这件事，于是决定用“吉卜力”作为他们工作室的名字。而在这个名字的背后，还有一层含意，也就是希望这个工作室能在日本动画界掀起一阵旋风。但因宫崎骏本人当初的误解，念作“ジブリ”(ji bu ri)，此名因此显得独一无二，工作室本身也因而顺理成章，不打算对念法再作修正。①

工作室的标志是根据他们的作品《龙猫》中的登场角色——“龙猫”(トトロ)来设计的。而吉卜力的附属工作室“卡吉诺工作室”(スタジオカジノ)是以公司所在的“小金井市梶野町”的发音来命名的。吉卜力工作室是一个相当特殊的团体，不论在日本国内或是国际间都是一样。因为吉卜力工作室原则上只制作由原著改编、剧场放映用的动画。由于制作剧场版的动画必须冒相当大的票房风险，所以一般的工作室通常都以制作 TV 版动画为主，虽然偶尔也会制作一些剧场动画，但是大多数也是由著名的 TV 版动画改编而成的。

天才需要知音。30 年前，宫崎骏和高畑勋的两个年轻人相遇了，那时他们一起在“东映动画”的工作室里工作。这个工作室原本也是只制作电影动画的，但是在时代潮流的影响之下，他们还是无可选择地做了一部 TV 的动画《阿尔卑斯山的少女》。该片于 1974 年播出，由宫崎骏制作，高畑勋导演，在世界范围内广受欢迎。

然而，在制作这部卡通片的同时，宫崎骏和高畑勋逐渐领悟到，通过电视版这种制作时间和成本都大受限制的动画形式，是没有办法达到表现他们心中真正追求的境界的。他们所追求的，是纯粹而高品质的动画，是能真正深入人心、刻画人们生命中喜悦与悲伤的动画。这一股信念，正是他们在《风之谷》成功之后，毅然成立“吉卜力工作室”的根本动机。他们的理想是将全副精力都灌注在他们的每一部作品之中，绝不牺牲品质向有限的时间和预算妥协。每一部作品都将由宫崎骏和高畑勋制作导演，一切的指示都由导演来下达，导演的决定拥有最高的优先权。这 10 年以来，吉卜力工作室一直都坚持着这样的理念。而这可说是宫崎骏和高畑勋这两位出类拔萃的导演和全工作室人员努力的成果。

吉卜力工作室的成员们从来都没想过这个工作室竟然能一直存活到现在。“我们制作一部电影，如果它成功了，就再做下一部。如果失败了，那这个工作室就得结束生命。”②就以这样的态度出发，每一部都像最后一部，就像把每一天都当做最后一天去活着。吉卜力的每一部动漫都成就了吉卜力，每一部都不能走错，11 部经典每一部都印着笑脸或者艰难，每一部电影的制作都有它自己长长的故事。他们的政策方针是将制作良好的影片摆在第一位，公司的经营和成长则是其次。这就是吉卜力和其他的工作室不同的地方。

其中在制作《龙猫》与《萤火虫之墓》时，由于这两部动漫是同时进行创作的，整个制作过程不能简单用混乱来形容，但对作品的质量却丝毫没有影响，这对于其他工作室来说简直是不可能的。这两部影片上映时也遭遇了不小的困难，因为剧情较前期的几部作品较

① 资料来自宫崎骏映画馆官方网站。

② 吉卜力工作室成员。

为沉闷，放映的机会只能自己去争取。[①]

在这里不得不提的一个人就是德间康快，吉卜力的总裁。他平时是很少来吉卜力工作室，他的名字也很少有人知晓。他很少出现在工作室是因为他原则上希望吉卜力工作室能自由地发展，自由地做决定。但是在有需要的时候，他总是站在第一线帮忙。当初将宫崎骏的漫画《风之谷》搬上银幕，正是出自他的决定。同时，吉卜力工作室也是由他一手创建的。德间康快风尘仆仆地游走于发行片商之间，为这两部片拼命地争取发行上映的机会，最后在他的努力之下，终于说服了片商。如果缺少了他的任何一点努力奉献，吉卜力工作室现在早已不在了。

但该片还是错过了暑假的放映旺季，虽票房不如预期，但它们的高品质获得了各界的一致赞赏。就在那一年，《龙猫》几乎包办了日本所有的电影大奖，甚至还包括了最佳摄影奖。而《萤火虫之墓》则被盛赞为"真正的艺术"。借着这两部片，吉卜力工作室在日本电影界获得了极大的名气。也是那时，我们的龙猫布娃娃成为了销售热点。龙猫玩偶的畅销是意外，也是惊喜。一个原因在于一位玩偶制作商看到龙猫之后认为不做成玩偶实在可惜，就央求工作室让他制作布偶。这样的小意外带来的巨大收益，弥补了吉卜力的长期赤字。后来龙猫被做成了吉卜力工作室的标志，不无吉祥物的寓意。但即便这样，吉卜力也从来不会为了周边产品的价值而改变电影中的任何一个部分，这样的非功利性使它在日本动漫中一枝独秀，有一片心灵纯净之地。

宫崎骏无疑是吉卜力工作室成功的最重要的原因，他就是工作室的灵魂。宫崎骏是毫无疑问的天才，他能够全心神沉浸在自己所构想的世界里，除了画画之外，生活中少有其他。但天才生活起来总是吃力的，行走在云端的人，有谁可以帮他打理地上的事呢？画与卖，创作与保护，艺术品价值的确定，这些都不是艺术家擅长的领域。但宫崎骏遇到了知音、伯乐，遇到了可以帮他解决现实琐事的人——铃木敏夫，他们联手创立了吉卜力。在另一位漫画人押井守眼里，吉卜力是克里姆林宫，宫崎骏是党的主席，高畑勋是国家主席，而铃木敏夫是克格勃。宫崎骏负责高瞻远瞩、说一不二，高畑勋有主见也配合他，而铃木敏夫则居中调谐，尽量让两个天才都发挥出最佳水平。他是个人精儿，没有他帮他们控制成本、管理发行，宫崎骏的漫画事业，也许早就因为艺术家的不谙生产而破灭了。吉卜力出品的20余部动漫，视觉没特效、剧情不劲爆，是绕开日本AV文化和任天堂文化的一泓清泉。[②]

二、我们的宫崎骏长不大

64岁的时候，日本动画片导演宫崎骏荣获第62届威尼斯电影节"职业终身成就奖"。这个奖项并非一定得颁发给功成身退的大师，但是获奖者多数都进入了自己的职业生涯末年。去年宣布退休的宫崎骏获此殊荣，未免有功成身退的意味。宫迷们的"哭泣"也留不住宫老爷子的身影。作为宫先生的铁杆粉丝，自是对他的获奖充满欣慰，却又不禁唏嘘。

① 资料来自宫崎骏映画馆官方网站。

② 凤凰文化：《宫崎峻吉卜力工作室关闭：一个动漫时代的终结》，2014年8月11日。

对宫崎骏的此番加冕，也自然表明了宫先生的地位。他成为继传奇黑泽明之后，日本第二位获此殊荣的电影人，之后的浅层含义，不言自喻。作为东方电影能够被世界各大电影节所肯定，这样的征服力，各位可以通过自身的观影体验来切身感受。宫老爷子每一次的创作都是走心的，每一次都倾注所有心血，一生十一部作品，大概也耗尽了所有气力。对于宫崎骏来说，如果无法做出完美的作品，还不如就此结束。哪一位电影人可以做到如此呢？宫崎骏已经在手绘动画这个领域做到了极致，而以目前动画发展的趋势来看，甚至或许是最后的巅峰。所以这个奖项虽然颁发给的是他本人，却更像是为传统的手工动画艺术"盖棺定论"。不过好消息是，宫崎骏虽然没有收回他的退休宣言，但至少承诺了将继续制作短篇动画。这让我们至少在短期内不用担心那只最熟悉的龙猫会消失在公众视野中了。①

宫崎骏的作品主角通常是少女，又是清纯的夏季，到处都是青春的味道，那感觉像是从屏幕里散发出来可以闻到的暖暖的味道。在宫崎骏的电影中看到孩子奔跑的样子是再熟悉不过的了，童心满满。而宫崎骏老爷子的成功秘诀，正是保持了这样一颗童心，充满想象，在幕布的那一边是另一个世界，活在他的心里，然后他让这一世界在观众的心里也活过来了。这只是我个人的体验，而他的作品却是第一个可以让我闻到味道的电影，我总能闻到一种温暖，那是夏天专有的味道。热情、慵懒，有些焦躁，还有快乐、欢笑，这些真的是可以闻见的，多么奇妙的感受。

"我向来对'动画是拍给孩子看的、幼稚、没剧情'诸如此类的想法嗤之以鼻。我相信这是一门艺术，它能通过另一种想象的力量给人们展示更多。虽然它源于儿童，但我们能够肯定它最初吸引的群众绝非只是儿童。它让人们轻松愉悦，看起来很傻很天真，那也毕竟只是它初期的形态。但是保持一颗充满童真和童趣的心对一个动画创作来说具有灵魂一般的地位。"

熟悉宫崎骏的人都知道，他是鲜明的反战派，在电影中他也不吝啬表达自己的这一看法，但他又像孩子一样耿直。说这些并不是执意将他的形象完美化，事实上他也有些固执。他虽然像个孩子，但他很严格，从对动画到对自己的孩子。宫崎吾朗没有从未沾到自己父亲的光。他们父子之间怕又是另一个故事，在生活中的宫崎骏又是什么样子，这需要我们自己去理解一番了。

他的脑海中，可以诞生《千与千寻》中那个庞大、繁杂却不失有趣的异世界，也可以诞生胖乎乎、肉嘟嘟的龙猫；他也可以挥洒想象力，将《奥列佛游记》和《海的女儿》改编成浪漫、可爱，却又不失导人向善的故事；更重要的是他的善良，他不忍将成人世界中丑陋的一面带进自己的作品，所以他的笔下，极少出现真正的坏人，即便有所暗喻，也要用童话的外衣包装得不至于让孩子们讨厌。

对于主题稍稍有些严肃的两部作品——《红猪》和《起风了》，老爷子也选择了尽量柔和与有趣的表现方法。在《红猪》里，虽然他想表达的是战争的残酷和和平的珍贵，却在一群群性格有趣空贼的演绎下，变成一场热闹的喜剧。而就连他作品中最晦涩、最成人化的《起风了》，也掺杂进"梦"的内容，使原本残酷到底的剧情，稍稍有了些缤纷的背景。孩子

① 参见桑卜卡夫：《十大关键词解说宫崎骏》，时光网，2015 年 1 月 26 日。

可以从他的电影里读出惊心动魄的好故事，大人却能从中读懂更多。宫崎骏的魅力，便来自于此。[①]

三、少女

宫崎骏老爷子是一个具有少女情节的人。少女作为美好世界的一种代表符号，或许和橄榄枝、和平鸽的象征意义有几分相似。少女纯净、美好，是一个没有受到污染的世界。举例而言，在西方传说之中，人们经常利用美好的处女引诱独角兽出现并捕捉它，少女就是这样的存在。

在宫崎骏的每部电影里，都至少有一位重要的少女角色，这些少女的形象又有些类似。她们都具有一种美好向上的品质，她们不是耀眼的，而是挂在天空虽微笑也永恒闪烁的星星。她们很可爱，情节人多在夏日，少女们穿着裙装奔跑在宫崎骏创造的奇异世界里。她们带领我们去寻找、去守护的东西在每个观众心里都有不同的投影。在宫崎骏的所有作品中，有8部都是少女第一主角或者与男主角同等重要的女主角，只有在《卡里奥斯特罗之城》《红猪》和《起风了》三部比较特殊的影片中，因为含有战争的元素，才采用了男主角戏份较大的设定，但少女在其中同样承载着无法忽视的叙事和突出主题的重要作用，没有她们就没有故事的延续。或许在宫崎骏的心中，少女就有着这样一种象征意味。她们纯净、自然、天真，一方面象征着与这个充满虞诈、欲望和戾气世界相反的另一种价值观；另一方面，昭示着人类和世界最本源、最珍贵的一种力量。所以，在《龙猫》中，只有她们能够看见神奇的龙猫；《魔女宅急便》里，只有她们能骑上飞天的扫帚；而《千与千寻》里，少女的勇敢、执着和智慧，不但拯救了自己，也拯救了他人。

其实，宫崎骏笔下的这些少女，绝大多数都很平凡。除开《风之谷》中的娜乌西卡等少数早期人物外，她们中的大多数既没有倾国倾城的绝世美貌，也不会在智慧和战力等方面高人一筹。甚至，在《哈尔的移动城堡》中，女主角苏菲在电影的绝大多数时刻，都以一个丑陋的老太婆形象面对众人。但她们却都拥有着最善良的本质。无论是娜乌西卡对曾经无数次毁灭人类文明的王虫，还是《幽灵公主》中阿桑对山林中的神怪魔兽，都体现出不同于其他多数人类的道德选择。而宫崎骏反战、环保的终极主题，也就从她们的身上自然流露出来。[②]

虽然宫崎骏的作品内容和主题并不低龄化，但在主角的设定上仍然具有日本动漫固有的低龄化的特点，这与日本的动漫受众群体有很大关系。我们更喜欢发生在同龄人身上的故事，而不是中年人。但在宫崎骏的作品中拥有另一层深意，他的奇异世界最适合的展开主体是谁呢？是老气横秋的中年人吗？就是因为这样，主角被选定在年龄较轻的阶段。他们充满想象天马行空，我们可以透过主角的视角看世界，看到不一样的风景，奇妙有趣却不失浪漫；还可以通过主角广阔的生长空间，展现未来的无尽可能，观众也可以轻易进入那个想象的世界。

可能有很多人是通过《千与千寻》这部影片才成为了宫老的粉丝，也有很多人从此成为了《龙猫》的忠实追随者。《千与千寻》是宫崎骏系列影片中最享有国际声誉的一部。影

---

① 参见桑卡卡夫：《十大关键词解说宫崎骏》，Mtime时光网，2015年1月26日。

② 参见桑卡卡夫：《十大关键词解说宫崎骏》，Mtime时光网，2015年1月26日。

片讲述了误入异界、不谙世事的小女孩在奇妙的旅程之后，学会了生存的故事。她拥有的正能量正是她父母为代表的中年人所不具有的。她的勇敢与善良拯救了白龙，解救了父母，小小的身躯不惧一切挑战。面对诱惑时迷失于物欲中的父母和千寻甚至有些恐惧的反应形成了鲜明对比，这样的情节设定，就更突出了纯真的价值。

角色设定中，《龙猫》中的小月和小梅是主角中最小的。对于她们初来乡村，新的生活，新的伙伴，包括只有好孩子才能看到龙猫的情节设定，以及与龙猫相遇的那场"追逐大戏"想来还印在许多人的心底。经历着母亲住院的危机，她们的年龄还是离不开父母的时候，却有幸遇到了龙猫，在它的帮助下她们学会了成为彼此的依靠和牵挂。最后的寻找情节升华了成长的力量。

以这两部影片为例，就可以明显看出宫崎骏系列主角低龄化的色彩，这是最适合他的，也是他最特别的，总是在有趣里拥有深意。回过神来是一层层的温暖或者因为再也无法触及那种美好的遗憾，总把心里填的满满的，这样的余韵勾人心肠肺腑，令人回味无穷。

四、不同于美式的力量

美国和日本是当今世界最具实力的动漫大国，代表着国际动漫艺术的两极。宫崎骏是这两极世界中将动画的思想性和商业性完美结合的集大成者。他迄今监督了 11 部动画，被国际社会公认为是"堪与迪士尼遥遥相望的世界动画另一高峰"，甚至被誉为"世界上最有影响力的动画大师"。他的动画在商业上也取得了极大的成功，有 6 部成为日本电影年度票房第一。

第一，宫崎骏动画故事主题往往要比好莱坞动画沉重严肃，和迪士尼浅显的主题相比，作品总是折射某种重大的人生命题。诸如人与自然的关系、战争、成长、人类的命运等，具有无穷的读解意味。

第二，在造型上，好莱坞动画力求时尚、新潮、奇异。在好莱坞的动画制作者看来，动画片的时代性是很强的，因为它的发展离不开当时他所处的社会科技水平的提高。所以动画的造型和色彩都会切近观众的审美，引领潮流，具有指导性和前瞻性。但是宫崎骏动画在造型上却有一种强烈的怀旧和复古的色彩。

第三，宫崎骏对好莱坞动画的闹剧风格也持批评意见，他认为："大部分的趣味点是嘲弄别人愚蠢的模样，可是我认为，嘲笑别人的失败并不是'趣味点'的真正意义，反而是等而下之的表现。真正的趣味点应该是一个很努力很拼命的人，突然在日常行动上有了脱序演出的感觉……作品里总有所谓的'逗趣人物'出现。他们总是失败、滑倒或跌跤，这是我最讨厌的地方。"在宫崎骏动画中，充满着善意的幽默，很少病态幽默和闹剧情节。[①]

第四，宫崎骏对好莱坞动画分工太过精细的制作方式持批评的意见。他说："现在美国电影工业的分工制度精细、明确到了过分的地步——有人专门写剧本、有人专门画故事版，有人专门负责导演工作。如果动画师建议导演改动某些细节，导演也许会这样回答：'对不起，我无权改动它。'但是我认为这种工作模式无法调动每个人的主观能动性和创造性，很不适合动画电影。"这实际上是好莱坞大工业的生产方式与吉卜力"手工作坊式"的

① 参见杨晓林：《宫崎骏动画：美国动画之"日式变奏"》，《电影文学》2009 年第 20 期。

制作观念的不同。[①]

第五，宫崎骏对暴力的表现也不像好莱坞那样禁忌森然，选材的范围比迪士尼更为广泛，对题材和原作的改编有更多的独创性。

除了这些，对于自身少女体裁设定，宫崎骏直言不讳地说："我喜欢路易斯·卡洛尔的作品，因此，这肯定也会渗透到我的电影中。我受很多艺术家的影响，所有这些影响都反映在我的作品中。我喜欢卡洛尔。"10 年前，宫崎骏制作了他的第一部惊世之作《幽灵公主》，尽管他承认他的作品会受到卡洛尔的影响，但他否认将自己的梦作为创作源泉。他说："我不靠梦，但是，当我陷入绝境地或者缺乏灵感的时候，我头脑中会突然闪出某种梦幻般的思路。而头脑中的小盒子一旦打开，你就很难再把它关上。"

宫崎骏是独一无二的，因为我们不知道下一个宫崎骏什么时候才会出现，也不知道他会遇见谁。世间有多少不曾遇见知音的天才，我们永远没法知道。剩下的还有什么可做？惟留等待。

☞ 参考文献：

1. 凤凰文化：《宫崎骏吉卜力工作室关闭：一个动漫时代的终结》，2014 年 8 月 11 日。
2. 杨晓林：《宫崎骏动画：美国动画之"日式变奏"》，《电影文学》2009 年第 20 期。
3. 桑卡卡夫：《十大关键词解说宫崎峻》，时光网，2015 年 1 月 26 日。

① 参见杨晓林：《宫崎骏动画：美国动画之"日式变奏"》，《电影文学》2009 年第 20 期。

秦时明月却多情

《秦时明月》改编自台湾著名作家温世仁的同名小说，是中国第一部大型3D武侠动漫，是我国第一部以武侠为主题的“全民型”动漫，也是至今获好评最多的国产动漫。这部集文化、艺术和技术于一身的动画作品被誉为中国动漫的“归来王者”，新世纪中国动漫业界的里程碑，是中国第一部反映古文化的长篇动漫连续剧，现已被译成7种语言，在24个国家发行。

《秦时明月》分为四部：第一部是2007年开播的《秦时明月之百步飞剑》，第二部、第三部分别是2010年播出的《秦时明月之夜尽天明》和《秦时明月之诸子百家》，第四部是2012年播出的《秦时明月之万里长城》。

《秦时明月》在业界获得多项大奖：2007年获政府最高奖——第20届星光奖；2008年获第四届原创动画漫画艺术大奖赛金龙奖、年度最佳系列动画奖等；2009年获首届最具产业价值的影视作品奖、新媒体动漫赛最佳动画奖。[①]

一、历史为骨　艺术为翼

《秦时明月》是已故台湾作家温世任先生的遗著，书中人物名字取自历史人物，但故事为原创。该书共计8部，分别是：《秦时明月之荆轲外传》《秦时明月之百步飞剑》《秦时明月之夜尽天明》《秦时明月之诸子百家》《秦时明月之万里长城》《秦时明月之焚书坑儒》《秦时明月之始皇之死》《秦时明月之亡秦必楚》（后七部由温世仁生前所建立的明月工作室续写）。目前大陆热播国产动画《秦时明月》部分主线剧情便是取材于《秦时明月之荆轲外传》。

故事讲述了秦始皇统一六国到西楚霸王攻陷咸阳之间，荆轲后人荆天明背负着离奇身世，仗剑走江湖的故事。书中对墨家巨子与楚王项羽等等历史人物的形象进行了借用，亦真亦假。整部动画以一种别样的方式诠释了诸子百家文化思想的精髓，对现代中国产生深远影响的墨家、儒家、道家、法家、兵家、纵横家、阴阳家、农家、名家、医家等纷纷登场。在那一个伟大辉煌的时代里，建长城、统一度量衡、征匈奴等著名的历史事件和民间传说被穿插其中。主人公同名士侠隐仗剑游走江湖，于时代变革的乱世之中经历了亲情、友情、爱情的沧桑变幻、悲喜轮回，最终成为了终结这个时代、开创新纪元的决定性力量，堪

① 参见张鲁君：《文化创意与策划》，福建人民出版社2014年版，第74页。

称是一段浪漫辉煌的中国式武侠历史传奇。

《秦时明月》的题材选择是非常成功而且具有特色的。它以武侠历史为题材，运用先端科技展现中国那段最风起云涌的时代历史，真正做到了用时尚科技传播中国的古韵之美、传播中国文化之美。先秦诸子百家的文化在世界范围内有很高的认知度，作为一种历史文化甚至是哲学的研究题材，对于年轻观众来说却是高深晦涩的。《秦时明月》借用时尚元素并以商业娱乐的方式包装呈现在观众面前，使传统文化也由此展现出新的面貌，并成功吸引了一批年轻观众。而且，武侠题材本身就是在中国文化市场中长盛不衰的一种题材，这样的新颖表现方式吸引了更多的人对历史文化的浓厚兴趣。

《秦时明月》系列以中国风格为最大特点。创作者将“历史为骨，艺术为翼，中华文明，弘扬百世”几个大字写在了动画片头，可见其追求。《秦时明月》将故事放在了秦灭六国这一历史背景中，遵照七实三虚的原则向观众展现了那一段历史，把诸子百家等历史人物变成动画人物，为青少年学习历史增添了趣味。在文中的很多片段都是直接引用古籍，通过这部作品对自身文化有更深的了解并产生自豪感也是这部动漫的初衷之一。看完这部动画之后，有很多“秦迷”开始留意甚至研习相关历史。娱乐商业的外表包装之下其内核对于传统文化传承的拳拳之心还是很有诚意的。

二、造型设计

《秦时明月》最初的期望就是运用时尚和科技、商品娱乐化包装将看起来晦涩的中国传统文化传播出去，让更多的人感受到它们的美，引起人们的兴趣。选择秦代也是由于秦代知名度较高的秦始皇、万里长城和兵马俑，以及战国时期的思想家孔子、孙子。如此庞大的帝国，势如破竹地统一了中原，却又在短短数十年间消亡，留下的精妙却令人赞叹。充分挖掘这一段历史时期的民间传说、传统文化也是该剧的初衷。

基于此，《秦时》在人物形象上做足了功夫，在人物设计方面做了很多的历史考据，以求更贴近当时的时代特点。该片还进行了大胆创新，融入了时尚的元素，根据现在青少年观众口味的多元化，吸收了日、美元素，将很多的流行元素糅合在其中。元素的多元化、时尚化可以吸引更多的年轻观众，甚至是海外观众。这样做虽然商业化的味道很浓，但因为《秦时明月》终究只是娱乐消费产品、商业片而不是历史文化题材的纪录片，所以也无可厚非。但也恰恰因为这样的重塑再表达方式，让年轻化的观众们上了一堂历史课。

在每个角色设计上，制作团队都用心去做。一个角色从头至尾的制作周期通常为三四个月，相比较国内的平均值，这是相当长的时间。一部好的动漫一是拥有好的剧本、好的剧情走向；二是拥有精美的人物设计、场景配置，视觉体验必须满足观众的审美需求。所以动漫前期中人物的设计是绝对不能马虎的，拍摄前要做大量的考究工作，花费时间甚至比创作时间更长。在这其中，与国内其他动画很大一个不同点，也可以说亮点在于，《秦时》四部曲中人物形象不是一成不变的。

在早期创作中，由于技术的限制，动画效果可以达到的程度是一定的。而随着后期的发展，技术的不断发展改进，也对人物形象进行了提升。有心的“秦迷们”将前后的人物形象进行了对比，发现人物的精度是在不断提高的，这也一个方面反映出《秦时明月》不愧为良心之作。要知道，如果后期对人物形象进行提升也就是将原来的形象模型抛弃，重新制作，相应的制作成本也是极高的，但同时，高成本也会带来更高的美的体验。

在观看的过程中，我相信很多人和我的感觉是一样的。满满的中国风扑面而来，每个人物形象都是经过考究的，贴合时代的特点。造型设计大量运用传统民族色彩与民族图案，再加上时尚多元的元素，是传统与现代的碰撞。其中中国水墨画的使用也是点睛之作。在第一次看到《秦时明月》时不免会为其精致的造型与场景惊叹。其不愧为国产动漫的一大典范，原创动漫的新高峰。

三、技术

中国动画也有鼎盛时期，《大闹天宫》《小蝌蚪找妈妈》等经典作品在众多国人心中都有很深的印象。《大闹天宫》是在“文革”之前拍摄的，“文革”期间的空白阶段给中国的动漫产业造成了致命伤，也导致了后期外国动漫产品大量倾销而我们无力还击的局面。面对后期中国动漫成长落后的情况我们也无可奈何，因为不管是产量方面还是技术革新方面都大大滞后于国外。此外，中国动画从原创转向代工，为日、美动画产片加工，便原创产品的量便更加减少了，而差距就这样日益扩大。显而易见的是，代工的产品对于中国动漫技术的增长并没有益处，反而使技术层面一直持续在一个较低的层面。

《秦时明月》结合了三维动画与二维动画的特点，让人在观看的时候既有二维动画的亲切感又有三维动画的精致效果。由于找到一条创新之路，使《秦时明月》的画面细节更加丰富，视觉效果更加华丽，在提高了动画观赏性的同时，又节约了制作成本，让《秦时明月》有更多的资金进行长篇幅的创作。[①]

《秦时明月》在面对历史题材时，在动画设计方面，无论是视觉还是叙事，还是人物的形象刻画，都重视对其时代特点的塑造。“在技术方面采用卡通渲染风格，也是中国第一部在电视动画中采用动态捕捉的。这个技术是用真人穿上特殊的衣服表演，系统会把他的动作转化到卡通人物身上。这种技术在游戏和电影上广泛使用，但在国内电视动画上是第一次。”[②]

《秦时明月》是武侠系列的动画，采用了动画捕捉技术，像真正的电影拍摄一样，拥有武术指导和替身演员的，专业的武术指导的动作设计和打斗排练及实际演出。通过这样的三维技术，让动作更逼真流畅，这也是三维技术较手绘的优势所在。《秦时明月》采用了一种全新的风格，三维技术最终也只是一种技术工具，最后呈现的艺术风格还是有很多不同的。《秦时明月》团队选择了卡通渲染技术将二维动画细腻柔和的风格与三维逼真化结合。因为三维动画立体感强、场景的纵深感与层次感强的特点，在摄影时充分发挥了摄像机的优势，可以拍摄多机位、围绕机位和运动机位的镜头；同时在拍摄长焦、特写时，在焦距画面的处理上也有优势；还有拍摄一些大场面时采取的广角，都是三维比较特有的一些技术。有些画面二维手绘也可以做到，但对于动画师的要求极高，对于人力的要求也很高，而成本也随之水涨船高。

---

① 参见张鲁君：《文化创意与策划》，福建人民出版社 2014 年版。

② 刘起：《用三维技术呈现中国传统文化之美——〈秦时明月〉总主演沈乐平专访》，《中国电视（动画）》2013 年第 5 期。

三维动画技术是全球范围内技术发展的一个趋势。现在流行的3D立体影像使三维动画可以比较直接地做成立体影像。有很多动漫作品在视觉原则上并不是真正的3D,比如经典作品《大闹天宫》为代表的中国水墨画动漫。随着技术的不断发展,裸眼3D将是未来发展的一个方向。而目前来看,3D的效果制作多以三维或实拍的方式,顶级的效果通常需要大量的人力物力进行制作。以动漫行业的风向标迪士尼为例,包括皮克斯动漫已经全部转换为三维动画,其二维动画制作部门已经关闭。

也有一些国家虽然拥有发达的三维技术,但是在动画方面的技术革新和转型过程中,产业中作为大师级的人物没有担当起领导者的角色。比如日本的动画一直做的很优秀,但在动画转型方面,未来想必会遇到很多困难。日本的三维技术大多运用到了游戏上而不是动画上,日本较为代表并且经典的动画作品,都是二维的作品。

"以中国传统文化与尖端CG技术相结合,为中国动漫的发展指出了一条明路。"

"《秦时明月》是一个武侠类型,我们采用动态捕捉技术,有武术指导和替身演员的职位。通过武术指导的动作设计和打斗排练及实际的演出,会帮我们把动作做得更加逼真、流畅,这也是三维技术的一个优势。如果是手绘的,我们只能把打斗动作拍下来,然后照着一帧一帧去画,技术上还是有一些不同。"①

四、后期衍生

同《大圣归来》一样,《秦时明月》也具有有意提高受众群体年龄区间的意识。《秦时明月》受众的年龄定位在12～25岁,这样就与国内其他动画产品有了明显区别。大量的国产动画的年龄定位是在12岁以下的,同类产品之间的竞争异常激烈,波及其衍生品市场博弈也是同样的情况。因为市场中的衍生品种类其实是很少的,细数下来也基本只有玩具、文具、出版相关情节漫画这几种途径。纵观来看,在形象授权方面做得成功的就很少了,主要还是因为市场中不会出现多个这样被授权的产品。

一部动漫如果受众年龄定位不同,后期衍生品的开发设定从一开始就不一样,观众、目标族群的设定极大程度地影响了动画的走向。《秦时明月》系列的受众族群多为核心的手机用户和网络用户,也有很大一部分是游戏玩家,而且动漫迷与游戏玩家的重合度是很高的。制作团队便将后期衍生品的开发重点设定在了网游中,而这些是设定低龄受众的动漫作品不容易做到的。网络游戏市场的商业模式比较成熟,有很多动漫与游戏APP合作的成功的案例,如《小黄人,快跑!》的全面大热。

网络游戏的上线配合大电影的播出这一成熟商业模式带来了巨大的经济效益,成为了《秦时》团队的重要收入来源之一。近年大型版权保护工作做得比较好,大型网站只会购买正版的版权。该剧网络的播放版权,由优酷和土豆用1200万的高价买下,创下了中国动漫版权销售价格的纪录,而这还没有加上电视发行所获得的版权收入。

---

① 刘起:《用三维技术呈现中国传统文化之美——〈秦时明月〉总导演沈乐平专访》,《中国电视(动画)》2013年第5期。

五、在海外

杭州动漫节将《秦时明月》推了出去，浙江、杭州在此投入极大，包括商务厅、文化厅、浙江广电在内都在帮助企业创建海外推广平台，经常组织参加国际影响力较大的动画节和产品交易会，比如东京动漫节、戛纳电影节、昂西动画节以及香港影视展。这些对于海外发行推广都拥有极大的意义。假设没有经验而让这些动漫制作团队独自闯荡，相比较而言，所花费的精力财力都将是普通国内团队难以负担的，或者说会给他们造成巨大负担。而政府的"援助"行动为其打开了市场，使其可以进入国际交流中并展示自己的优秀作品，开辟海外市场。

《秦时明月》的海外发行主要有两个途径：一个是《秦时明月》的海外发行代理结构台湾明月工作室；其二就是自己发行部分。《秦时明月》的自我坚持也是成功的重要因素。中国的影视动漫类作品在海外发行中市场及反映最好的是古装片与武侠片，正是因为这是中国独有的、最特别的也是业界内拍的最好的作品类型。在世界上，人们对于中国认知最高的便要数秦始皇、兵马俑以及诸子百家。相比较而言，国内的大众认知较多的《三国》《水浒》，反而没有得到较大关注。《秦时明月》的题材选择歪打正着。

其实很多作品想要通过西化来让西方观众更容易接受自己，其实传统的中西方文化都对对方有着强烈的吸引力，就像中国人憧憬精灵与城堡，而外国人向往妖魔鬼怪的山林一样。正是因为保留了自己的个性，独一无二的故事保留了最完整的故事情节、人物形象，才吸引了彼此的关注。除了上述方面，另一个基础性的保证就是技术。技术硬件达不到，软件再美好也只是一幅空壳的幻想。《秦时明月》在很多方面改变了国内动画制作的局限。从前期制作、造型设计、技术应用、个性创造到传统文化的再创造到都将是很长一段时间之内，众多创作者们应当效仿的典范。

☞ 参考文献：

1. 张鲁君:《文化创意与策划》，福建人民出版社 2014 年版。

2. 刘起:《用三维技术呈现中国传统文化之美——〈秦时明月〉总导演沈乐平专访》，《中国电视(动画)》2013 年第 5 期。

“手游”的异军突起

一、手游身份简介

“手游”是“手机游戏”的简称，是指运行于手机或平板电脑上的游戏软件。如今智能手机强劲占领了人们的生活，手机的功能越来越多，手机游戏早已不是我们印象中的“贪吃蛇”或“俄罗斯方块”这种画面粗糙、规则简单的游戏，而是发展到了可以与掌上游戏机媲美的程度，是具有很强的娱乐性、交互性、仿真性的一种新型形态。

从形式上看，手游可以分为单机游戏和网络游戏两种，其区别在于是否需要联网。单机游戏不需要专门的服务器便可以正常运转游戏，也就是仅需要一台设备便可以独立运行，部分游戏也可以通过多台手机互联进行多人对战。而网络游戏则是指以互联网为平台，以游戏运营商服务器为传输介质，以用户手持设备为处理终端，以游戏商开发的客户端为信息交互窗口的多人在线游戏，通过互联网连接很多用户进行在线操作，并且可以实现实时互动与交流。从内容上看，手游分为动作游戏、角色扮演、第一人称射击、冒险游戏、策略游戏和运动游戏等。

在此也界定几个概念：“端游”是指客户端网络游戏，即需要电脑安装游戏客户端软件才能运行的游戏，比如梦幻西游等；“页游”指的是用户可以通过浏览器玩的游戏，它不需要安装任何客户端，又称无端游戏；“电视游戏”指以电视荧幕为显示媒介的游戏，可以分为主机游戏、智能机顶盒游戏和智能电视游戏。

早期的手机游戏跟现在的手游有很大的区别，具体表现为：早期的手游都属于单机游戏，只能在自己的设备上操作，现在的手游都是联网游戏，同时具备了社交的功能；早期的手机游戏画面粗糙、色彩杂乱，而现在的手游画面精美、色彩丰富；早期的手游都是平面二维游戏，现在很多手游都是立体 3D 的，游戏人物更立体、画面也更逼真；早期的手机游戏都是通过键盘操作，而现在的手游除了键盘操作，还增添了触屏操作、重力感应操作等。

手游的发展一部分源自其自身的特点。手游在全球有庞大的潜在用户，手机优势的潜在市场非常大，全球在使用的移动电话已经超出 10 亿部，而且这个数字每天都在不断增加。另外，手游以其便携性和移动性征服了很多人，人们可以随时随地打开游戏，抢购装备或者喂养宠物，这使得手游成为很多人打发碎片时间的首选。

二、手游市场发展现状

(一)手游市场异常火热

随着智能手机在全球的迅速普及,使用手机上网的人数急速增长,手机游戏也随之流行起来。根据CNNIC数据[①]显示,截至2014年6月,我国网民规模达到6.32亿人,比2013年底增加了1442万人,其中手机网民规模达5.27亿,较2013年底增加2699万人。手机网民人数的增加直接促进了手游市场的繁荣。我国网络游戏用户总规模达3.68亿,其中,手机游戏使用率达47.8%,手游俨然已经成为整体游戏(手游发展趋势)用户增长的主要动力。

随着时代的发展和大众思想的进步,游戏再不是年轻人的专利。截至2015年8月,中国客户端游戏用户规模达到1.34亿人,网页游戏用户规模达到3.05亿人,手机用户达到了3.66亿人。通过向便捷化、休闲化、娱乐化和家庭化的发展趋势,手游用户群从职业、年龄上都有了更广泛的覆盖面,尤其是手游用户年龄从24岁以下至40岁以上的两端用户比例都有10%～20%,这意味着有多少初高中生甚至小学生在手机或平板电脑玩《节奏大师》《捕鱼达人》的时候,差不多就有相当数量的爷爷奶奶、姥姥姥爷在玩《斗地主》《麻将》《水果忍者》等休闲游戏。[②]

手游的中度化、社交化等特征增加了用户的付费倾向和用户黏性,发展了一批忠诚用户,保证了手游收入的增长。随着用户规模的持续扩大,手游行业的产业链逐步完备,行业规则逐步规范,整体市场份额将继续保持持续增长。目前手游数量井喷,为增加自身竞争力,手游开发商在游戏质量上都有所提升,以吸引更多的用户。当前用户增速有所放缓,一方面是因为智能手机普及率已经很高,智能手机用户的增长速度趋于缓慢,手游用户增长的人口红利将消失;另一方面是因为缺乏现象级的单机手游,导致用户边界过窄。

据有关数据显示,当前中国手游用户以男性为主,占总比重的69%;在年龄层次上以18～30岁的用户为主,占总比重的58%;在学历水平上,以高中、专科和本科的用户为主,占总比重的68%。而在手游属性方面,71.1%的用户依据游戏类型,游戏的操作性、画面、主题、剧情是影响用户选择的重要因素,分别占比36.6%、26.4%、23.2%、15.6%;17.8%的用户会考虑"游戏安装包的大小"。

根据中国报告大厅出版发行的《2014～2020年中国手机游戏市场发展趋势与行业投资研究报告》显示,当前中国手游行业的发展趋势良好。首先手游市场步入高速轨道,2015年全年收入将达到370亿元,同比增长42%。从手游行业收入规模来看,中国手游市场主要得益于拥有优质IP的精品游戏,能快速聚拢用户,盈利时间持续较久,从而能步入高速轨道。例如《秦时明月》《开心消消乐》《放开那三国》等,月流水均突破千万大关。

其次,手游行业留存率[③]平稳,其中动作类游戏留存率最高。和其他类型的游戏相

---

① CNNIC是指中国互联网络信息中心(China Internet Network Information Center),是经国家主管部门批准,于1997年6月3日组建的管理和服务机构,行使国家互联网络信息中心的职责。

② 参见陈冰:《手游汹涌》,《新民周刊》2015年第8期。

③ 在互联网行业中,用户在某段时间内开始使用应用,经过一段时间后,仍然继续使用该应用的用户,被认作留存用户。留存率=(登录用户数)×新增用户数×100%,一般统计周期为天。

比，动作类游戏由于研发周期较长，情节设置更为丰富，玩法可以和卡牌、角色扮演互相结合，既有新意又有挑战性，对玩家具有持久的吸引力，因而留存率也就更高。今年上半年，手游市场出现的精品动作类游戏不在少数，如《格斗江湖》《仙侠》《剑魂之刃》等作品都登上过 360 手机游戏排行榜 TOP10。其中 3D 国战 ARPG 手游《仙侠》在 360 手游平台上线后，通过一系列预热活动及全方位资源投放及宣传推广，实现单平台首日充值 36 万，渠道占比超过 40%。

最后，手游市场竞争激烈，Android 用户获取成本逐渐提高。2013 年下半年，Android 系统手游用户获取成本需 6 元左右，2014 年上半年上升至 8 元，上涨 33.34%，开发者要获得并留住用户将变得更加困难，成本也更高。主因在于 A 级以上游戏增长数量与整个手游市场扩张速度不符，用户增加而 A 级游戏总量并未增多，导致市场竞争的激烈。相比之下，IOS 系统手游用户获取成本则明显降低，从 25 元下降至 20 元，降幅 20%，但 IOS 系统手游用户获取成本仍然高于安卓 2.5 倍。

（二）市场主体异军突起

英国权威移动游戏产业杂志 PocketGamer. biz 近日评选出 2014 年 50 大移动游戏开发商榜单。在该榜单中，《我叫 MT》开发商卓越游戏、《捕鱼达人》系列游戏开发商触控科技、盛大和腾讯游戏四家中国公司入选，排名最高的腾讯游戏位列第 12。

由于手游存在着“投入低产出大”的可能性，所以很多开发商前赴后继地投入这片红海。据不完全统计，全国有数万家手游公司在竞争，2015 年第一季度手游数量超过 1.5 万款。三七游戏总裁徐志高指出，尽管竞争激烈，但机会还是很多的，不过资源确实在向大厂商聚拢，“当然这不意味着中小团队创新性业务就没有机会，反而应该更强调要从创新上找突破口。另外，用户争夺越来越激烈，特别是渠道对于用户的争夺。游戏新增用户的增速在急速下降，用户争夺的 PK 越来越火爆”。

2013 年以来，移动游戏市场开始形成以研发、发行、渠道三者各自分工明确的产业格局，“BAT”三家公司继续扮演着领衔整合的角色。2014 年，昆仑游戏宣布将投入 10 亿元推进手游发行，进行在全球范围内的收购、代理精品手游，加强自主研发，购买游戏版权，强化渠道合作以及品牌营销力度。易观国际的高级分析师薛永峰表示：“随着移动技术发展支持，手游成为未来发展趋势已经明朗，增幅翻番。预计今年端游市场规模将达到 600 亿，手游首次超过页游，超过 200 亿，页游略低，也在 200 亿规模以上。”

三、手游如此火热原因何在

当前手游市场发展相当火爆，深究其原因，还是离不开“利益”二字。通常一款手机游戏的开发周期在 6～9 个月不等，平均投入为 100 万～200 万人民币，如果游戏品质不错的话，仅靠出售国内的版权就可以收回成本。除此之外，巨大的市场规模也是促使企业进入手游这一行业的主要动力之一，预计 2016 年整个市场规模将会超过 427 亿元。手游火热的原因究竟有哪些？

首先是政策上的保障。2014 年 11 月国家新闻出版广电总局在新闻出版方面制定整改工作方案，发布《国家新闻出版广电总局贯彻落实国务院全面督查整改落实进展情况》一文。其中提到：“2014 年下半年以来，我局针对移动网络游戏审批中存在内容审查审批时间过长、效率不高的问题，进行了认真研究，并采取了一系列措施。目前，已调整充实移动网络游戏内容审查专家队伍，审查专家由去年的10名扩充为目前的20名。在不降低内容质量审查标准前提下，大幅压缩移动网络游戏内容审查审批时间，初审时间、复审时间分别由30、15天压缩为15、5天。在充分开展行业调研基础上，研究全面改进移动网络游戏审批工作方案，正在起草《关于规范移动网络游戏出版审批管理的通知》，拟对不涉及民族、宗教、历史、政治、疆域等内容，无故事情节或者故事情节简单的消除类、塔防类、跑酷类、棋牌类、音乐舞蹈类、体育竞技类、飞行射击类、解谜类等休闲益智国产移动网络游戏采用简易审批程序，对其他类别移动网络游戏进一步压缩内容审查时间，提高审批效率。该通知在进一步征求各方意见后，争取12月底前下发实施。”对此整改，移动游戏行业纷纷表示喜闻乐见。有业内资深人士表示，此次整改契合游戏行业变化速度快的特点，将提升整个手游行业新产品的上架效率。

其次是科技上的支撑。据国务院办公厅公布的《国务院关于加快促进信息消费扩大内需的若干意见》(以下简称《意见》)中指出：“发布实施‘宽带中国’战略，完善电信普遍服务补偿机制，推动年内发放第四代移动通信(4G)牌照；全面推进三网融合，年内向全国推广。”《意见》还指出：“全面推进三网融合。加快电信和广电业务双向进入，在试点基础上于2013年下半年逐步向全国推广。推动中国广播电视网络公司加快组建，推进电信网和广播电视网基础设施共建共享。加快推动地面数字电视覆盖网建设和高清交互式电视网络设施建设，加快广播电视模数转换进程。鼓励发展交互式网络电视(IPTV)、手机电视、有线电视网宽带服务等融合性业务，带动产业链上下游企业协同发展，完善三网融合技术创新体系。”目前，我国3G基本普及，4G在如火如荼地发展，三大电信运营商在相互竞争之下，国内移动网络从宽带到资费都在断改善，不仅大幅提高了网速，而且还扩大了网络覆盖面积、提升了服务质量。另一方面，WI-FI的迅速普及，智能手机、平板电脑等终端设备性能不断大幅提升，为手游的操作带来便利并带来全景真实感官，为手游产业带来了新机遇。

再次是移动游戏的较低创业门槛，推动了网络游戏经营主体数量的增加。2014年全国新增具有网络游戏运营资质的企业1183家。截至2014年底，具备网络游戏运营资质的企业累计达到4661家。受地方政府扶持力度、经济发展形势、游戏人才供给、游戏用户集中度、游戏市场产品结构调整等诸多因素的影响，我国2014年新增的网络游戏运营企业依然集中在广东、北京、上海三大传统网游企业集中地区，新增企业均超过100家，浙江和四川紧随其后。值得注意的是安徽省，由于合肥、芜湖等地的政策倾斜，吸引了完美世界、三七游戏等知名企业纷纷设立子公司。2014年全国新增的网络游戏企业类型中，主要是移动游戏运营企业。[①]

最后是网民休闲的需要，导致网络群体消费群体规模持续增长。手机游戏具有灵活性的特点，大众可以随时随地点开APP进行消遣时间，而不需要再像以前那样在电脑上进行操作，极大地满足了大众碎片化时间的娱乐需要。加之，现在手游逼真的体验感更是吸引了一大批用户进行体验，多种类的手游增加用户黏性、培育用户忠诚度，手游玩家依

① 数据来源于文化部《2014中国网络游戏市场年度报告》。

旧呈递增趋势增长。

四、冲出重围，占据市场

手游在近几年越来越火爆，其产业链从研发商、发行商再到渠道商，产业分工已经相对成熟。而正是由于市场的愈发火热，也导致了一个尴尬的事实——手游产品盈利率很低。触控科技首席执行官陈昊芝说："现在每周新上线的手游超过100款。未经证实的数据是，去年手游产品上线近4000个，很多今天都已经见不到了。"因为手游本身的开发门槛并不高，一个有程序员的四、五个人的小团队，只有有一点做游戏的经验，就可以开发出一款手游产品来，这就导致了市场上的手游产品呈井喷状增长的现象。那么如何在竞争如此激烈的市场里，打破市场的桎梏，拨开泡沫，走出一条成功的道路呢？

首先，手游企业要做精品。易观国际资深分析师顾浩一认为："手游要想赚钱，做出精品才是不二法门，游戏作为一个文化创意产业，根本还在于其内容。现在行业门槛慢慢变高了，再去粗制滥造肯定是不行的，必须做出精品，要有创新的地方，这样玩家才会买账。"产品为王，精品和品牌理念已经被认可，创新成为手游开发商的唯一选择。当前手游产品雷同跟风现象严重，获取用户和留住用户已变得很困难。手游开发商要加强自主研发，细分市场需求，走差异化战略，让创意和独特体现在手游产品中，吸引和留住更多的用户，延长手游产品的生命周期。

其次，手游企业要主动与其他文化业态进行融合。在文化不断融合发展的时代，文学、影视、音乐、动漫与游戏之间的壁垒正在慢慢消失，跨界合作成为业界常态。手游开发商要主动利用粉丝经济，比如《愤怒的小鸟2》本身就是较强的游戏IP，加上请来人气偶像李易峰担任代言人，并且邀请王思聪和李易峰出席发布会，直接引爆了粉丝的热情。发布会于14点开场，《愤怒的小鸟2》在IOS上的排名曲线显示在13点就已经开始急剧攀升，15点到达第五位，20点冲上第二名。这个结果可以说是《愤怒的小鸟》的IP，再加上粉丝经济的助力共同造就的。

再次，要加强与消费者的互动，广泛应用趣味互动体验，增添手游的社交性。比如《啪啪三国》将把单人PK升级到5v5群P模式，以达到千人同屏对战效果，从而实现玩家社交模式的升华。娱乐模式在重塑着人们的思维方式，每个人都可以是创作者，科技、艺术、人才自由链接，手游面对消费者的需求开发出足够丰富的内容，能对用户产生较高的黏性，从而占据较多的用户。

最后，手游开发商要注重平台投放，提升游戏的覆盖率。具体要整合社交媒体资源，形成游戏信息的瞬间爆炸，利用互联网平台传播速度快、传播平台多、覆盖群体广的特征进行"病毒式"传播，形成游戏信息的瞬间爆炸，形成热门话题，找准社交媒体意见领袖进行发声，对手游进行推广。比如，根据同名小说改编的电视剧《琅琊榜》推出同名手游，于2015年9月25日公测，主演胡歌发布微博进行推广，引发了一股讨论热潮。

五、小结

我国手游市场基本保持较好的发展势头，在利益、经营主体数量、用户规模、产品数量和产品质量等方面均有良好的市场表现。国家在政策方面也出台相关政策法规，激发手游产业的成长潜力，促使其市场规模进一步扩大。但在迅速发展的背后，手游市场也存在一定的泡沫，手游产品雷同、产品生命周期短、用户忠诚度较低等问题都亟待解决，精品为王、内容为王的趋势更加明显，创新成为手游开发商的重要选择。

☞ 参考文献：

1. 陈冰：《手游汹涌》，《新民周刊》2015 年第 8 期。

2. 文化部：《2014 年手游行业市场竞争分析》。

3. 文化部：《2014 中国网络游戏市场年度报告》。

4. 黄玉珊、代成斌：《创新研发＋版权保护：力促我国手游业走向繁荣》，《世界电信》2014 年第 11 期。

5. 亚文辉：《手游市场已成“红海”要突围需打造精品》，2014 年 8 月 18 日《中国高新技术产业导报》。

6. 马彬彬：《手游现增长拐点——小团队倒闭潮，资本整合加速》，《计算机与网络》2015 年第 15 期。

小黄人的香蕉奏鸣曲

《神偷奶爸》(又名《卑鄙的我》)第一、二部以及《小黄人大眼萌》构成了“小黄人”系列电影三部曲，但电影中你真正记住的又是谁呢？片中的小黄人又名“大眼萌”，抢镜指数可谓丧心病狂。有人会笑说，这部片子的主角难道不是小黄人吗？一般来说，电影观众都会喜欢好人、厌恶坏人，关注主角、忽视配角，但是小黄人的出现把这一定律彻底打破。5年前刚“出道”那会儿，小黄人还只是给主人格鲁打下手的“非著名群众演员”。岂料小黄人这一配角的大“逆袭”，盖过了主演们的光芒，目前还上映了个人传记电影《小黄人大眼萌》。小黄人是一个萌翻了的种族，从恐龙时代开始，历任坏蛋 boss 皆是不得善终，其实是“挂”在了小黄人的呆萌之下，“我们的目标是：寻找最坏的老大！”。三个拥有寻找新主人重大使命的小黄人的历险奇遇，将蠢萌进行到底！

从外形上看，火爆荧屏的小黄人是一个穿着蓝色背带裤的黄色小胶囊。因其线条流畅简单，造型 Q 萌，因恰好符合近年盛行的“极简主义”而大受欢迎。他们拥有单纯的目标，单纯的喜好，对香蕉的过度执着让人忍俊不禁。他们的忠诚让人们在欢笑之余总能感受一种温情与感动。不过在这里也要对小黄人的历任 boss 们说一声：“你们真的是辛苦了！”

一、简单就是成功

小黄人是《神偷奶爸》中的角色，在《神偷奶爸》系列中是格鲁和纳瓦利欧博士用两杯香蕉泥、变种 DNA 和脂肪酸组成的胶囊状生物。而在小黄人的自传片《小黄人大眼萌》中，小黄人是亿万年前单细胞进化的生物，小黄人的历史至少可追溯到恐龙时期。

这个萌萌的但可以称为小怪物的存在，拥有简单流畅的线条，它的面部甚至只有眼睛和嘴巴，塌塌的中分，厚厚的眼镜绑在在脸上，它像一幅简笔画。但简洁不代表简单，动画制作是一项非常繁琐而吃重的工作，其中分工繁琐细致程度，手绘的艰难，若非亲自参与其中，不能感知一二。

今年夏天，小黄人在大银幕逆袭成为主角。根据《今日美国》的报道，电影《小黄人》首映周末取得的票房成绩，在所有动画电影中高居第二。电影的受欢迎程度甚至让编剧都吃了一惊。“我们从来没想到，小黄人会这么受欢迎，已经成为一股自然之力。”影片的联合编剧 Cinco Paul 在接受《洛杉矶时报》采访时表示。

那么，是什么让这些热爱香蕉的小黄人们成为大明星的呢？对于很多人来说，“萌”是他们对小黄人倾注这么多喜爱的最大原因。而小黄人可以在极短的时间内席卷全球,很大程序归功于他们简单的图形属性的外表,轻易地跨越了文化和年龄族群间的障碍。“孩子们都可以把他们画出来”,《洛杉矶时报》的记者 Rebecca Keegan 写道。小黄人彻底火了,全球的社交媒体平台上,充斥着成千上万的粉丝自制的小黄人周边,从美甲到万圣节服饰,无一不有。

当然,小黄人的成功背后绝不仅仅只有卖萌。美国娱乐网站 HitFix 解释道,小黄人的沟通方式同样让他们具有感染力。他们通常讲得都是一些没有意义的词汇,偶尔可以识别出“potato”这样的字眼。但是,通过他们夸张的动作和表情,几乎每个人都可以理解他们的意思,独特的语言系统成为影片和人物形象的亮点。其实,小黄人专属语言是一种融汉语、法语、英语、日语、西班牙语和意大利语等的混杂语,甚至融合了各地的菜名。这也让世界各地的人们在观影时,不时还能听到自己的几句“家乡话”。崭新种族语言独立创造会使形象更具生命力。

在看完小黄人的自传电影之后,最强烈的感受就是:九十多分钟,我没有听懂几句话。但是他们让观众懂了、笑了也感动了。简单却更容易让人们理解,我们爱他,可能正是被他身上所具有的现实社会鲜有见到的天真吸引着也感动着。他们的一言一行、一举一动都让人么不禁高呼实在太萌,让人难以自持。

小黄人孩童般的举止以及蠢萌的行事风格,形成了他们独有的幽默品牌,从而赢得了观众的心。“笨拙、愚蠢、无可抗拒的群居倾向,小黄人代表着一种终极的懒散性格”,美国娱乐杂志 Varity 的记者 Peter Debruge 写道。

小黄人们别无他求,只是为了服务于他们最卑鄙的主人格鲁。做个比喻,人们爱狗,因为它们身上的天性,似人聪颖,但那些美好的品质,可能在现实社会里会被人认为是傻、是蠢甚至是愚忠,就是这种“傻”,是令人感动,也最容易让人热泪盈眶。除了身上天真可爱的自带光环,最特别的在于小黄人虽是反面角色却引众共鸣。“我们喜爱小黄人,也许是因为在他们身上,我们看到了自己”,《赫芬顿邮报》的网页副主编 Sara Boboltz 写道,“或者看到了自己屈从恶势力的一面”。

二、小黄人,快跑!

伴随着小黄人的大热,各大主题公园、饮食、公仔数不胜数,在手机中也发现了它的身影,手机中出现了各种奔跑状态的小黄人,听着它们搞怪的声音,不断重温电影中的经典情节,双重的感受,是游戏与电影的完美结合。

先把视线拉回到 2003 年 11 月的第 86 届奥斯卡,可以在“最佳动画长片”入围名单中观察到一个有趣的现象,在名单中大家依稀看到熟悉的几部著名动画长片,不乏来自 11 区的《起风了》,去年大热火爆全球作品《疯狂原始人》,在豆瓣上颇受好评的《怪兽大学》《极速蜗牛》,其中来自美国的动画长片更是占据了半边江山。但是仔细观察名单,就会发现一个颇有有趣的现象,其中大部分的动画长片基本都推出了同期手游作品,在这其中最火爆的莫过于的两部作品,分别是《冰雪奇缘》与《卑鄙的我 2》。

这两部制作公司在掌握原版 IP 的情况下,相对于其他电影公司的出品宣传手法,两款游戏均异曲同工地采用了移动手游市场先预热后渠道形式,在核心玩法轻度玩法的模式下，手游的口碑宣传对于电影后期宣传着实润色了不少。在电影IP移植方法呈现泛滥的情况下，层次不一的作品纷纷上架。在这种手游市场新陈代谢的情况下，小黄人萌系酷跑仅上线3个月，下载量已破亿。环球公司为电影的大投资宣传，不仅为电影也为这款手游打下了良好的基础。

《卑鄙的我：胶囊快跑》作为一款电影的衍生品，为配合电影上映时营造出更好的观影氛围，是主要为配合好莱坞3D动画的《卑鄙的我2》而应景发布的作品。游戏界的一流厂商Gameloft正是看中了此部动画的超高水准制作班底，动画不仅是在故事情节上扣人心弦，画面与音乐效果的巧妙结合，也处处在体现好莱坞制作的强大水平。动画与动画特技效果也是一流水准制作，动画一上映就赢得了全球小伙伴们的关注。

同电影情节不同的是，在电影动画中更多的是表现正义与爱的主题。虽然游戏改编自电影，但是在游戏中的萌系小黄人更多是需要不断前进，躲避障碍物，玩家还可以通过撞击在旁边捣乱的小黄人，来获得较高的分数。轻度游戏对于广大玩家来说并不陌生，号称游戏界三大杀手系列的“跑酷”“三消”“划屏”都属于轻度游戏，这三种模式一般在引进国内后，都具有群众基础良好，简单易上手的普遍性的优点，这种模式虽易于上手，却难于精通，极容易挑起玩家的征服欲。

游戏群网解释说：“在实际体验此款游戏后，在对比电影IP剧情下，手游版后的小黄人在剧情上丰富程度并不逊色于大荧幕上，在从大荧幕移植到小屏幕后的过程，作为游戏核心的剧情元素更为接地气，小黄人在游戏中也拥有不同的属性以及技能，在加上本身出品商Gameloft对于游戏成熟化的市场运作，酒香不怕巷子深，能够保持在APP前列也可谓是实至名归。”

在如此热度追捧下，作为同名电影IP手游作品上市后，仅仅在不到3个月的时间，下载量就以轻松过亿的成绩傲视群雄。那么到底是什么原因使此款游戏能够火爆延续到如此程度？这便是此款游戏的灵魂所在。游戏采用了极简主义与原始情愫的契合，在结合跑酷模式的轻度玩法下，对于游戏中的人物以及剧情设定，利用粉丝效应，对于游戏的持续热度起到了关键性作用。

动漫品牌和动漫价值的充分实现是相辅相成的过程。动漫价值是动漫角色和文化对消费者产生的吸引力，在消费者对动漫品牌形成很高的兴趣之前，这种吸引力是由动漫作品的角色形象和故事内容产生的。[①] 此款游戏中的极简主义，更多是体现前文提到的小黄人的设定。在游戏中，这种傻头傻脑，很傻很天真的出现模式，更容易吸引玩家。为重现电影中的3D场景模式，游戏中也采用相似的视觉处理，使用3D视角的游戏画面，能够更好地展现出小黄人各种形态。画面上角度上的自由切换，这些细节上的小处理，都增加了游戏的趣味性，小黄人在不同情况下的不同表现，以及所谓的卑鄙值都提升了代入感。

这其中电影与游戏的完美搭配，除了运用独到的眼光进行产品甄别，最重要的想必还是导演对于这部动漫的用心。制作精良，构思精巧才会吸引注意，也更值得这么多人的喜爱。同时，游戏与电影独特的营销宣传方式的运用，也为自己的成功做了良好的奠基。

作为一款电影IP同名作品，《卑鄙的我：胶囊快跑》无疑是成功的。相对于其他同名

---

① 参见王广振：《动漫产业概论》，福建人民出版社2013年版，第156页。

IP作品,《小黄人快跑》能够在其中脱颖而出除了电影火爆的预热,只能说小黄人请你快跑,带领地球人去另一个世界吧。

三、"病毒,病毒,病毒"

影片宣传给人们最大的感觉就是轰炸加病毒式侵入,环球公司捕捉热点进行全方位的信息轰炸。这部影片的预热工作做得极好,而它的制作也让人们的高期望没有落空,名副其实才能真正配得上这样的高人气。在影片大热的后续处理工作中,小黄人没有出现续集票房惨痛的现象。这与环球公司的缜密运营不无关系,最大程度的发挥了小黄人的热度。

在《卑鄙的我》手游同名作品火爆成功的背后,不难看出,环球和Gameloft对于此款游戏所采用的特有"文化式"宣传手法的运营。在环球公司发现小黄人火爆全球时,就迅速捕捉到市场的反应与需求,推出了一系列的宣传,趁着热度就推出了同名手游作品的上市。在此款手游作品上架之初,制作者还专门为小黄人制作了其他几部主题的卡通短片,让小黄人继续活跃在人们的视线中。玩家对于小黄人的系列作品自然不会产生排斥反应,使其变得更为具有吸引力。

在电影上映前,环球公司推出多部以小黄人为主角的番外动画免费放在网络上,供观众下载观看。在宣传《神偷奶爸2》上,环球砸下2.5亿美元与超过100家特许经销商、宣传方进行合作,同时环球影业还在欧州推出小黄人气球,动用飞艇为其在北美上映宣传造势,计划六个月时间环游美国,最终在首映时抵这好莱坞。这些有效的经营模式,让《超级奶爸》这部电影即使下线了,小黄人也依然存在于人们的视野之中。再加上"小黄人"本身的魅力,环球影业成功的打造出了一个风靡全球的动画明星。[①]

伴随番外,《番蕉之歌》也流行了起来,尽管"小黄人"的语言谁也听不懂,但观众们并不介意。在社交网络上,"小黄人"还扮演了许多为人熟知的形象,如海绵宝宝、哈利·波特、蝙蝠侠、超级玛丽……各种唤起观众的共鸣,其中有一些还是网友亲手绘制的,其"卖萌营销"的效果可见一斑。[②]

游戏的大力宣传,手游的口碑宣传对于电影后期宣传着实润色不少,而在电影大卖之后的游戏火爆,维持了小黄人热度不减,从而又进一步保证了后续产品的生命力,就是这样一个"可持续的循环系统"让小黄人可以一直活跃在人们的视线之中,一直得到人们的喜爱,只增不减。

四、小黄人大眼萌

我们可能想象不出除了这个黄色胶囊的可爱形象,还有什么能够更适合小黄人,总是那样恰如其分,也是偶然的完美才成就了这样的一群黄黄的萌物。制片人克里斯托弗·麦雷丹德瑞透露,在动画设计之初,小黄人造型和大银幕呈现的形象相去甚远。他们大多是满身斑点、形状不规则并且插有天线的肉团。他还介绍道,整个动画制作团队设计出上

---

① 参见孙静:《本土动画周边产业的可能性(一)——以"小黄人"角色为例》,《大众文艺》2014年第17期。

② 参见叶松涛:《〈卑鄙的我〉中"小黄人"衍生价值解读》,《电影评价》2013年第23、24期合刊。

千稿的小黄人造型，并找来很多各行各业的人进行调研访问，最终才甄选出我们看到的胶囊造型。

不能不说，影片里的小黄人的出现让影片在整个动画情节并没有很出彩的情况下，大大的“火”了。这些小黄人拥有自己独特的语言，短胳膊短腿，走起来也显得特别可爱。他们勤劳勇敢，爱吃香蕉和冰激淋，虽然做事容易分心，仍萌倒一片影迷。他们虽然听令于格鲁，却不是没有思想的机器人。他们办事效率极高，却也拥有把事情全部搞砸的天赋，每次多米诺骨牌一样的爆炸效应，让人总有心头一爽的快感。在每个乱七八糟毫无头绪的烦躁时刻，你是否也曾想过，就那样将事情通通“炸”到天上呢？充满天才的它们总给我们一种全新轻松感受，那是我们做不到的洒脱。

小黄人强大的 cosplay 的能力，不管是清洁工、消防员、网球手、警察，只要给他们套上特定衣服，就能实现完美的角色带入。如果家中拥有这样一位贴身管家，岂不美哉。从某种意义上说，《神偷奶爸》的成功，毋庸置疑，要归功于小黄人的表现。

鲜为人知的是，在小黄人的制作中，电影里为这些小黄人配音的正是影片的另一位导演皮艾尔·科芬。导演亲自披挂上阵，就是为了向人们展现自己心目中小黄人的声音。科芬回忆说，最开始小黄人的配音并不顺利，于是他决定自己走进录音棚进行尝试。他当时对制片人麦雷丹德瑞说：“我来试试吧，我只想告诉他们小黄人的声音应该是什么样的。”当麦雷丹德瑞听了导演的配音以后，当场拍板，由导演亲自上阵为小黄人配音。导演的用心，制作的精良和极简主义的最大发挥，大概就是小黄人系列成功的秘宝。同期手游的巨大成功也让人移不开视线。

“按照西方经济学‘效用’理伦，人们从追求物质效用、精神效用到追求“幸福”的体验、欲望与满足成为娱乐经济学的一个重要范畴。”[①]而小黄人这一丰富的动漫形象，其效力将会持续很长一段时间，它会成为市场中更具竞争的商业营销元素、伴随其逐渐走到人们心里，它将会成这个时代标志性的商业元素。[②]

☞ 参考文献：

1. 王广振：《动漫产业概论》，福建人民出版社 2013 年版。

2. 孙静：《本土动画周边产业的可能性（一）——以“小黄人”角色为例》，《大众文艺》2014 年 17 期。

3. 叶松涛：〈卑鄙的我〉中“小黄人”衍生价值解读》，《电影评介》2013 年第 23、24 期。

4. 李月起、殷俊：《动漫形象创意与商业价值衍生解析——以动画电影〈超级奶爸〉中“小黄人”形象为例》，《新闻研究导刊》2014 年第 6 期。

5. 付达院：《城市休闲经济》，浙江大学出版社 2014 年版。

① 付达院：《城市休闲经济》，浙江大学出版社 2004 年版，第 46 页。

② 参见李月起、殷俊：《动漫形象创意与商业价值衍解析——以动画电影《超级奶爸》中“小黄人”形象为例》，《新闻研究导刊》2014 年第 6 期。

热血航海路开启的地方——集英社

株式会社集英社，是日本最大的出版社之一，现任社长是堀内丸惠，总部位于东京千代田区，现有职工 783 名(男性 437 名，女性 346 名)。该社于 1925 年作为小学馆娱乐杂志部门的一部分并开始使用“集英社”商号；1926 年 8 月成立，当时是作为小学馆的一个娱乐杂志部门；1947 年改组为股份有限公司；1949 年正式成立株式会社集英社。集英社位于小学馆对面，如今可算是日本漫画界的王者。集英社与小学馆之间的恩怨情仇，怕是寥寥数语也难以说清。

集英社、讲谈社、小学馆、角川书店堪称日本出版界的东邪西毒、南帝北丐。作为日本最大的出版社之一，集英社出版多种面向青少年的漫画杂志，其中最有名的周刊《少年jump》周刊漫画，不仅在日本国内拥有众多读者，在海外也很受欢迎。被翻译成多种语言，在世界上许多国家出版发行。集英社在动漫出版方面的地位极高，但它同时兼顾其他领域的出版制作，包括女性时尚、儿童读物、画集、影集和文学全集等，同时也出版发行过众多畅销书籍。在国际传媒公司集团收购大潮中，仍保持的强劲活力。在海外备受追捧的动漫中，有很多就出自集英社旗下漫画作者之手。

一、少年，jump！

集英社的出版物取向以青少年为主。出版社出版了多种面向青少年的漫画杂志，还有从少女到中年女性读者的多种时装杂志，取得了巨大成功，而旗下周刊《少年 jump》是最为有名周刊漫画。

周刊《少年 jump》是日本发行量最高的漫画连载期刊。该期刊于 1968 年 7 月创刊，时为双周刊，1969 年转为周刊。每周一发售，即被抢购一空，读者对其的热衷程度难以想象，用废寝忘食也不足以形容。至 1993 年，该刊每期发行量已突破 300 万册。

多数观点认为，日本动漫的最大吸引力在于其体裁的多元性，因为其内容富含多种元素，而绝非幼龄化，有些动漫中甚至被赋予哲学思考。“日本动画家，但凡有所艺术追求，都擅长于在作品中传达某种个人的思考，某种对人、对社会扶着的意识。因此，日本动画普遍的在思想深度上，要远远超过迪士尼作品。”①

它的最大魅力在于对自身传统文化的再创造，善于融入吸收其他文化的独特之处并加

① 陈奇佳：《日本动漫艺术概伦》，上海交通大学出版社 2006 年版，第 32 页。

以融合,形成了属于自己的日漫风格,风靡全球。由此带动动漫配音、配乐制作和周边产品等的发展,并由此形成的强大产业链,这也或许正是日本出版社得以在国际收购浪潮中屹立不倒的重要原因之一。本尼迪克特也在《菊与刀》中感叹:“在世界历史上,很难在什么地方找到另一个自主的民族如此成功地、有计划地汲取外国文化。”①

这是充满活力的期刊,集英社《少年 jump》连环漫画主编鸟屿和彦先生介绍了《少年 jump》的出版情况。可以说这本连环漫画就代表了日本动漫的历史。1968 年创刊时,它的销量也不过 10 万余册,可到了 1989 年时竟突破了 500 万大关。这本 400 页的 16 开杂志,在 20 世纪 90 年代初期继续上升,1992 年达到 630 万册,一跃成为全世界发行量最大的漫画杂志。《少年 jump》作为周刊,发行量最多时每期达 600 万册。如今平均每期发行 320 万册,其码洋占全社码洋的 91%。《少年 jump》制定了适合自己实际情况的编辑方针,即大量起用新人,责编和作者站到一个立场上,反复推敲,共同创作受欢迎的作品。

“在理性认识上,而不是在感觉上对动漫的诸多问题展开探讨,既表明动漫已经成为意识的对象,是作为一种事物的标志,也是动漫发展的迫切需要。人类关于动漫思考所能达到的深度与广度,是衡量动漫研究体系化程度的标杆。对动漫诸多问题的阐释是动漫学研究的内容,其研究的成果将直接推动动漫实践的深入。”②期刊对于动漫产品的内容研究,对于内容的品质要求近乎苛刻的程度,而这也正是直接推动其优秀漫画得以制作成动画并深受喜爱的原动力之一。期刊始终改变自己,在不断改变中收集并努力满足着消费者的需求。在不断的完善自己、不断地改变中获得自己最独特的生命力。消费者的需求成为出版社发展的指南,也是创作者们的标准所在。在其封面上通常都会找到热门的人物形象。大多数人可以在封面上就能寻到自己所热衷的动漫人物,又怎么能舍得放手呢?

日本的动漫产业是以电视动画片为主题,包括杂志、图书、录像带、DVD 等的综合产业,并涉及玩具、电子游戏、文具、食品、服装、广告、服务等周边领域。③ 而这也是对集英社运行模式及其产业链的概括。期刊连载动漫的受欢迎程度在其制作成动画片形式的数量中所占比重就可见一斑,由此形成的产业链,其经济效益可想而知。在众多动漫爱好者的眼中,这无异于天堂。文化产业生生不息,循环往复的效益不断产生,正是它独有的魅力。

二、集英社三巨头

集英社三巨头是指在集英社旗下周刊杂志《少年 jump》中连载的三大漫画:《海贼王》(连载中)、《火影忍者》(漫画完结-TV 动画连载中)、《死神》(连载中)。这些只是其中最受欢迎动漫之一,凭借其超高人气,其麾下拥有大批骨灰级忠实粉丝,他们陪着这些动漫从零走到现在,不离不弃 。

《海贼王》,原名《ONE PIECE》,又译《航海王》,是日本漫画家尾田荣一郎的少年漫画

① [美]本尼迪克特:《菊与刀》,品万和、熊达云、王智新译,商务印书馆 2009 年版,第 41 页。

② 曹田泉:《动漫基础概论》,上海人民美术出版社 2010 年版。

③ 参见白晓煌:《日本动漫》,中国旅游出版社 2006 年版,第 155 页。

作品，从周刊《少年 jump》1997 年 34 号开始连载。误食恶魔果实，拥有橡皮身体戴草帽的路飞，成为“海贼王”是其终极梦想。他在新航道中结识了陪伴一生的朋友，与他们在航道中一起开始自己的冒险。这绝对是热血动漫类的代表性作品。在追逐梦想的航道上，友情与坚持，不屈的信念正是逐梦人的动力之源，也正是它的动人之处。

《火影忍者》原名《NARUTO》，又名《狐忍》，是日本漫画家岸本齐史的代表作。作品于 1999 年开始在周刊《少年 jump》上连载，于 2014 年 11 月 10 日发售的周刊《少年 jump》第 50 号完结。在岸本齐史笔下的忍者世界中，每一位年轻的忍者都在开拓着属于自己的忍道。对与错，原则遵守与伦理之道的碰撞，每个人都在守护属于自己的信念，用生命践行自己的承诺。作者将一直在隐蔽中从事最隐忍也是最残酷工作的忍者，描绘成了沐浴阳光之下、美好情感之中，不断探寻属于自己意义的无数勇士。

《死神》，原名《BLEACH》（文化传信译《漂灵》，连环画出版社译《境・界》），是日本漫画家久保带人作品。作品在 2001 年 36、37 合并号《少年 jump》上开始正式连载。主角黑崎一护外表颓废，但却是内心强大温暖的人。他会竭其所能保护自己的家庭远离痛苦伤害，并属于可视灵的特殊体质。原本他的生活中是吵闹的父子、懂事的妹妹、每天的七点门禁，还有违反以后的身体语言暴力家训，生活平淡但是幸福。直到有一天，女死神朽木露琪亚被他一脚踢到墙角，女死神满脸惊疑地望着他问“你能看见我”时，新篇章就此揭开，漫画所叙述的一个翻天覆地的生活序幕也被拉开。

集英社出版的动漫占据了相当大的市场份额，人气较高动的漫如《樱桃小丸子》《灌篮高手》《网球王子》《家庭教师》《银魂》《滑头鬼之孙》《恶魔奶爸》《美食的俘虏》等，都在动漫热搜榜上有名。这不禁让人们啧啧称奇，如此众多的优秀动漫竟出自一人之手，这是一个拥有我们能想到的绝大多数经典动漫的杂志。

从弱小的新生儿成长到如今最畅销的动漫期刊，甚至说是世界第一的动漫期刊，《少年 jump》只用了十几年。这绝对不仅是一组组数据的变迁，也不仅是销售量记录的不断刷新，而是创作者和经营者们共同努力而编织出的一个传奇。一本期刊伴随一个出版社的成长，它的历程，以及陪伴它并成就它的人们，或许可以称作一个奇迹。

在绯红之旗织下，热爱动漫并为此孜孜不倦奋斗的战将们叱咤日本，这就是集英社。近几年，这位辉煌的王者风采已不及当年，也是巨人之身，半截入土，这是众多漫迷不想看到的。在生产了如此之多的经典后，漫迷希望其在未来可以重焕活力，昔日王者再塑辉煌。

三、专属契约制度

周刊《少年 jump》的编辑制度是一位编辑负责一位作者，而只有作者有原作连载或者作为新人出道时才会有一位编辑负责多位作者的情况。在一位漫画创作者白手起家的过程中，若一位编辑能发掘出一位走红的作家，而这样一份同甘共苦的情谊想必是伴随一生的。就在这样一种“可歌可泣”的共同奋斗之旅中，自然有很多伯乐识马、相伴相依的佳话。

每个动漫出版社都有自己培养的嫡系专属作家来提升并稳定销量，而如何留住人才是漫画社首先要考虑的事情。在初期，人才稀少，会出现一些小有名气的作家被出版社频繁约稿，而作者也疲于交稿赶制 N 个连载。所以，这里不得不提到长野规的发明：专属契约制度。简而言之,就是保证创作者的"忠诚"性,在同一时期不得为其他同类出版社投稿,从而保证了漫画产品的独特性。这也为创作者们提供了宽松的环境,专心创作,漫画质量也有保证。

周刊《少年 jump》在国内外都拥有惊人的发售量,拥有多种译本,这与其选择这样一种人才保护制度不无关系。在创作人才极易流失的今天,集英社延续了这样一种契约方式来保证创作团队的完整性。举例来说,漫画作者与公司签订一年合约,在这期间作者不能将其作品投稿其他出版社,一年之后重新决定是否续约。以至于到 2000 年一期期刊的宣传中还会出现"只有在这里才能看到某某老师的作品哦"这样的宣传语集英社重视对于其作品独特性和产权的保护,正是因此才能够在电子智能、盗版横行的时代得以保持强大的生命力。

而这,也是在周刊漫画杂志在竞争激烈的市场环境中的生存之策。在契约签订后,漫画家的作品不得在其他期刊上连载,从而保证了一部分的固定读者。也为作者提供了良好的创作环境,新人漫画家们可以全心全意将自己的天马行空铺泄于纸上,给予我们更新奇的美好感受。这样对人才的重视,或许也应引起中国漫画界的深思。但就像婴孩与成人,我们的成长只有时间会证明。我们可以看到国产动漫的希望,我们也期盼着,拥有如此渊厚文化底蕴的我们,在动漫之国可以开出怎样的绚烂之花。

四、调查表的生杀大权

《少年 jump》每册期刊都会附有一张读者调查表,并设立小奖品,以评选出读者最喜爱的动漫,选出最喜爱的情节等小问答的形式。读者的反馈意见是编辑部的重要凭据,读者的反映决定了连载漫画的去留,同时也是启用新人新作品的依据。根据反馈,出版社可以了解到某一年龄段的阅读需求,针对读者量身打造漫画作品。

用调查表决定"生死"的方式,简单粗暴却又是最公正的。连载开始时便是以连载十回为目标,根据连载到第五回的读者调查,调查表中对于漫画的评价票数便成为了唯一标准。其采用调查表至上、读者至上的原则。漫画所得票数上升就可以继续连载,票数下降,那这十回就是这部漫画的完结。这一方法残酷却又公正,人们无话可说。

调查表的内容很简单,而吸引读者进行反馈的诱惑就是那些小礼品。在调查表中,列举了本期期刊中刊登的人物形象与故事情节,并对其进行编号,请读者们从中选出他们最喜爱的前三名的作品。还有一些简单的问答,比如对于主人公的印象,对于图片中人物对话的印象还有对图画做出自己的评价等,最令自己发笑的是期刊中的哪一页哪个片段等诸如此类反映读者对作品满意程度的题目,表中分别列出了答案,自选三个。

除了这些满意度调查,调查表还进行了年龄段的分类,由此可以看到某一年龄段最欢迎的是哪一类作品,针对读者所爱打造作品。

而这只是初期的做法,发展到最后,当连载数目不断增加,便出现了末尾淘汰制。漫画家们始终处于"物竞天择,适者生存"的紧张状态里。在契约制度中,出版社给予的是绝对宽松专心的创作环境,而在这里便是残忍的角斗场。这里只用实力说话,构思、画工和内容等,这些作为一个漫画创作者的基本功就成为以决定自己作品生存与否最重要的因素。因为只有这样才能吸引读者,留住读者。读者的需求与认可是一个漫画得以存续的绝对标尺。

周刊这样一种消费者至上的理念,决心为读者提供最优质的动漫,最符合读者喜好的动画。这样的上帝体验，想来也是期刊获得如此成功的重要原因。

五、帝国的扩张

虽然日本动漫市场规模有所下降，但是值得注意的是日本动漫作品的商品化日益增强。所谓动漫作品的商品化，主要是指充分利用“东京动漫展”“动漫神户”等每年游客云集的良好契机，以动漫作品的卡通人物为主，将其制成玩具、糕点、服饰、文具、生活用品等衍生商品进行销售的过程。2010年动漫卡通人物商品的零售市场规模为6421亿日元，比上年增长9.2%，达到了历史的最高水平。①

为扩大市场规模，集英社积极从事版权交易活动，与世界上约30个国家和地区出版社进行过版权交易，中国内地，香港、澳门和台湾与其有版权贸易往来，提高了版权作品的商品化率，进一步可促进生产链的不断延伸，降低了单一生产链状态下的风险。围绕动漫核心生产的周边产品，反而成为了强大的经济支柱。

而就近几年而言，集英社较大规模的发展计划就是推行了海外战略。在这个战略中，集英社联合其他多家出版社开设面向北美市场的动漫门户网站，同时提供在线多国语言翻译漫画。集英社向各类盗版宣战的呐喊，正视且珍视并积极维护版权利益。此策略在2010年被提出时就得到了政府的大力支持，高效率的执行动作洁净了出版社的市场氛围。可以注意到，在那之后，主流网站中的盗版一直处于一种逐步下降并于消失的状态，大部分的国内网站都开始强调自己拥有版权。这对动漫产业的发展有非常积极的意义。

举例来说，集英社与安徽少儿出版社合作出版的《爆漫王》，在中国举办的“新星杯”，是集英社唯一支持的海外漫画赛事，并且每年都会派出专业团队参与赛事的评选工作等。进军海外市场的代表事例大致还要数集英社与小学馆子公司合作，涉足欧美中东动画销售一事，集英社还携手微软大力发展数字漫画。

六、小结

以集英社为代表的日本的动漫已经进入了立体化的发展模式，漫画、动画、手机、电脑、网络和电影等等多种媒体的交互，已经完成了衍生品“开发-收益-再生产”的生产链的扩张。集英社一改从前的产品生产收益较为单调的生产模式，进行循环可持续的发展，且产生的经济效益更好，形成了产业循环链。

日本第一家动画制作公司、东映动画的总裁Okawa Hiroshi早在1956年就说：“不像缺乏国际吸引力的日本电影，我们期望通过动画的‘动’和‘画’来抓住观众的心，打进海外市场。”果然，他的愿望实现了。新加坡学者Wai-ming Ng指出：“日本动漫真正实现了全球化，它将日本的流行文化输出海外。只有它能够与具有霸权地位的美国的动漫产业相抗衡，向人们展示流行文化的全球化并不是仅仅意味着美国化。即便是在美国、欧洲这些存在着巨大文化和语言障碍的地方，年轻人也狂热于日本动漫。”目前，世界人们观看的动漫产品大约有60%是日本制作的，日本占领了欧洲80%的市场。现在的“anime”一词已经全球通用，专门用来界定日本风格的动画产品。另外，在英语里还衍生出一个新的词汇

① 参见李彬、于振中《日本：把小动漫做成大产业》，2013年7月30日《经济参考报》。

"Japanimation",也是特指日本动漫。[①]

动漫产业也已不再是单一的产业形态,它与相邻产业相融合,并具有了多样化特征,更具有了生命力与活力。注重动漫中心产品与周边产品的结合,同时注重消费者需求和市场扩大这两个作为产业来说最为重要的因素,兼采众长,实现了真正的多元化、实质性的发展再创造,从而实现了效益的成倍增长,成功将日本动漫打造成了国际品牌,文化效益与经济效益得到兼顾。

他们尊重创作者,尊重新的作品、新的创意。而在其中还有应该被我们留意的地方。他们的日本动漫协承担着沟通媒介和桥梁的作用——沟通企业与政府的关系,具有信息通道、整合资源、市场扩张等的作用。成为推动行业与政府并行发展的重要推动力,上下得以齐心,这也是其能够蓬勃发展、生命力旺盛的很重要的原因。

有很多漫友对于这位巨人上埋半截的现状表示担忧。在电子书渐渐成为业界的主流的今天,集英社仍然拘泥于传统的纸质出版物无疑是自杀行为。但是对出版社而言,数字化战略并不是一款有进攻意义的发展策略,实际上更多是一种无奈之举,一种防御手段。随着智能化时代的到来,出版者都面临着重大考验,但正是绝境艰难之处,破釜沉舟或许可见转机。在此浪潮中,都难免会出现销量下降的情况,行动较慢的保守企业也许会就此消沉下去。

近几年,出版社将"数字化战略"摆在首位,积极进行海外合作,也正是希望能融入大潮中。但纸质书品永远不会被历史所淘汰,这是人们期望的,也是从目前来看的事实。在未来的时候,不必担心会失去好的动漫作品来满足自己的眼球,这也是万幸了。

当前以网络与信息技术以及高新技术不断突破和应用为标志的第四次产业革命,推动着世界经济的发展;以国际贸易与国际金融深化为主要特征的经济全球化,推动着世界经济的服务业化。[②] 出版社的策略有的保守,有的激进。经营策略虽有细节不同,但是在在应对潮流变化时,还是基本保持一致的态度的。毕竟,谁都不希望自己成为第一个出局的玩家。

☞ 参考文献:

1. 陈奇佳:《日本动漫节术概论》,上海交通大学出版社 2006 年版。
2. [美]本尼迪克特:《菊与刀》,吕万和、熊达云、王智新译,商务印书馆 2009 年版。
3. 曹田泉:《动漫基础概论》,上海人民美术出版社 2010 年版。
4. 白晓煌:《日本动漫》,中国旅游出版社 2006 年版。
5. 李彬、于振中:《日本:把小动漫做成大产业》,2013 年 7 月 30 日《经济参考报》。
6. 姚林青:《繁荣与威胁:日本动漫产业的现状分析》,《艺术生活》2007 年第 5 期。
7. 昝胜锋、王书勤:《动漫产业:新型业态与赢利模式》,山东大学出版社 2011 年版。

① 参见姚林涛:《繁荣与威胁:日本动漫产业的现状分析》,《艺术生活》2007 年第 5 期。
② 参见昝胜锋、王书勤:《动漫产业:新型业态与赢利模式》,山东大学出版社 2011 年版,第 1 页。

民俗瑰宝

皮影戏:以现代方式拯救传统文化

在我国传统的戏剧大家族中,有一种集多项民间艺术于一身的独特戏剧形式——皮影戏。皮影戏又称“影子戏”或者“灯影戏”。顾名思义,其演出形式是用灯光照射兽皮或纸板做成的各种形象,使其影子显现于浅色帷幕上,表演者在帷幕后操纵影人,并在打击乐器和弦乐的配合下以说唱的方式讲述故事,观众在帷幕前观看。“影戏本体组织简单,故时常需要他种艺术以充实其内容。”现代著名历史学家、民俗学家顾颉刚先生如是说。皮影戏是民间艺术的一大精髓,雕刻、绘画、音乐、说唱等民间艺术在皮影戏中被演绎得淋漓尽致。题材方面,皮影戏涉及历史演义戏、民间传说戏、武侠公案戏、爱情故事戏、神话寓言戏、时装现代戏等。皮影戏并非精英文化,而是劳动人民在长期的生活实践中积淀孕育出的传统文化精华。戏剧本身蕴含了中国民间的宗教信仰、生活方式、价值观念等内容,其手工制作的精美人物造型也拥有极高的艺术和收藏价值。皮影戏在我国流传地域广阔,在长期的演变中,各地皮影的音乐唱腔风格与韵律都吸收了各自地方特色和民间艺术精华,形成了异彩纷呈的众多流派:滦州影系、秦晋影系、山东影系、杭州影系、川鄂影系、湘赣影系、潮州影系。而北京、唐山、华县、孝义、海宁、凌源这几个地方的影戏相比之下更为人们所熟知。

一、皮影的发展历史

皮影历史悠久,其历史起源说法不尽相同。北宋高承在《事物纪原》卷九“影戏”有记述:

> 故老相乘,言影戏之原,出于汉武帝李夫人之王。齐人少翁言能治其魂,上念夫人无已,乃使致之。少翁夜为方帷,张灯烛,帝坐他帐,自帷中望见之,仿佛夫人想也,概不得就视之,由是世间有影戏。①

这是说汉武帝深爱的李夫人去世,他命人做法招魂的故事。方士将李夫人的形象做成剪影放在帷幕前,武帝仿佛真的看到了李夫人。此外,《搜神记》《史记》中亦有所记述,影戏起源于汉代的依据可以以此为参考。关于皮影戏的起源,这一说流传最广。在此需要注意的是,“影戏”这一名称见诸以上宋代的引文,但在汉代并未有此称呼。

---

① 高承:《事物纪原》卷九,影印文渊阁《四库全书》第920册,(台湾)商务印书馆1982年版,第256页。

也有学者认为影戏起源于唐代。唐代统治者大力倡导佛教，因而各种宗教活动频繁进行，僧人到处讲经说法，于是便盛行一种类似说唱艺术的“俗讲”。俗讲可分经文和韵文，经文部分用以宣讲，韵文部分用演唱方式进行，这是唐代向一般群众普及佛教的文艺形式，此方式是相当吸引民众的。经过一定时间的发展，俗讲的底本渐渐发展出了一种长篇变文，故事性更强了。僧人讲时会配以图像和纸人，犹如一幅幅连环画，以使佛经故事更加生动，这种佛经画被称为“经变相”。此外，现代京剧作家、理论家齐如山亦认为影戏发源于唐代的西安。他说：“按此戏当然始于陕西，因西安建都数百年，各种技艺由陕西兴起者甚多，则影戏始于此亦在意中。且西安现时仍有此戏，汉中一带尤为风行……”①可见影戏在唐代已有一定的发展。

影戏在宋代已经成熟并盛行，颇有蔚然大观之势。有学者认为皮影起源于宋代，当时皮影已经在民间普及，之前的素纸刻影偶已经发展成为了皮雕影偶，并被着上了色彩。宋代的文献也有许多关于皮影戏的记载，如《东京梦华录》写道：“崇观以来，在京瓦肆技艺……童十五、赵七、曹义、朱婆儿、没困驼、风僧哥、俎云姐，影戏。”②可见当时出现了许多表演皮影的能手。《都城纪胜》记述为：“影戏。凡影戏乃京师人初以素纸雕镞，后用粉色装皮为之，其话本与讲史书者颇同。大抵真假相半，公忠者雕以正貌，奸邪者与之丑貌，盖亦寓褒贬于市俗之眼戏也。”③从此文献中可以看出，随着影戏市场的繁荣，影偶雕刻材料与工艺也愈趋讲究。洪迈《夷坚三志》中还记述道，有一位和尚，聪明又疯癫，有人指着一位影戏艺人问他：“此人是干什么的？”和尚挥笔写下一首诗：“三尺生绡做戏台，全凭十指逞诙谐。有时明月灯窗下，一笑还从掌握来。”可见当时在宋都，皮影是十分普及的。

元代时，皮影已经成为民间最主要的娱乐形式之一。此时的影戏已经出现乐器伴奏，称为“乐影”。并且皮影艺人经常在军队中进行表演，深得将士们的喜爱。皮影戏更是被随军将士带到了国外。波斯历史学者瑞士德·安定（约 1248～1318 年）曾描述道：“当中国成吉思汗的儿子在位的时候，曾有演员来到波斯，能在幕后表演特别的戏曲，内容多为国家的故事……”不仅是波斯，皮影还相继传入了阿拉伯、土耳其、暹罗、缅甸、马来群岛、日本以及英、法、德、意、俄等亚欧各国。

明代，尤其是明中后期，随着资本主义开始萌芽，市民阶层扩大，加之文化政策较为宽松，民众对精神生活和对艺术体验有了一定的追求。所以当时各地影戏蓬勃兴起，演出十分活跃，形成了带有当地特色的不同流派，在美术、音乐、演出技巧等方面均有不同之处。在当时，皮影戏不仅受到普通民众的喜欢，文人墨客也对其颇为喜爱。明代有名的文言小说《剪灯新话》的作者瞿佑曾作过一首咏赞皮影戏的诗歌：“南瓦新开影戏场，堂明灯烛照兴亡。看看弄到乌江渡，犹把英雄说霸王。”④明代开始，如河南大影、陕西皮影、晋中皮影、江浙皮影、闽南皮影、湖南皮影、湖北皮影、江西皮影、山东皮影、滦州皮影、辽宁皮影、涿州皮影、北京皮影等，基本形成了各地影戏之分布格局。

---

① 董芸：《皮影》，时代出版传媒股份有限公司 2013 年版，第 3～4 页。

② 孟元老：《东京梦华录》，中州古籍出版社 2010 年版，第 89 页。

③ 耐得翁：《都城纪胜》，中国商业出版社 1982 年版，第 11 页。

④ 吴薇：《民间皮影》，河北少年儿童出版社，2004 年版，第 4 页。

到清朝，皮影戏到了发展的巅峰时期，上至皇亲国戚，下至黎民百姓，都十分喜爱皮影戏。王公大臣们府中大都备有皮影戏影箱，并经常雇佣影戏艺人进行演出。在民间乡村城镇，大大小小皮影戏十分红火，无论逢年过节、祈福拜神、庆祝丰收、嫁娶添丁等，都少不了皮影戏的参与。连本戏可以通宵达旦或连演十天半月不止，一个庙会可出现几个影班搭台对擂唱影的盛况，热闹场面不言而喻。此外，影戏的流向在全国可以说是全方位的，全国除西藏、新疆少数几个省区外，各地都有留下了影戏的痕迹。但到了清代后期，皮影戏曾遭到地方官员的限制，皮影艺人也受到很大牵连，原因是官府害怕皮影的黑夜场所闹事，引起祸端。皮影艺人还曾受清末白莲教起义的牵连，被以"玄灯匪"的罪名查抄。日军入侵前后，又因社会动荡和连年战乱，民不聊生，致使盛极一时的皮影行业万户凋零，一蹶不振。

新中国成立以后，皮影行业又开始活跃起来，发展过程中取得了不错的成果，还多次出国进行演出。但因"文化大革命"的到来，皮影戏被列入了"破四旧"的打击行列，皮影这一民俗文化瑰宝在十年浩劫中黯然失色。

二、制作工艺

皮影制作是中国精湛民间技艺的典型代表，是皮影制作艺人高水准的集中展示。中国地域广阔，各地皮影都有自己的特色，但制作的大致工序大多相同，一般要先后经过选皮、制皮、画稿、过稿、镂刻、敷彩、发汗熨平、装订等八个步骤。

选皮。皮影制作一般选用牛皮为主要材料，一些地方也使用驴皮和羊皮。皮料选择是很有讲究的，就拿牛皮来说，以不满 3 岁的牛皮为好皮，并且以六七月份新宰杀的黄牛皮为最佳。如陇东皮影一般选用具有适中厚度的年轻、黑毛发的公牛皮，该种皮质地柔软又有韧性，透明性好。而南方皮影起初是用纸糊成纸壳，后来发展为牛皮雕刻。

制皮。制皮通常有两种方式：一种是"净皮"，也叫"硬刮"，即把选好的皮料浸泡于清水数日，每日换水，再用特制的刀反复刮制，刮去牛毛、肉渣、脂肪、里皮等杂物，直到把皮刮到一定薄的程度并且泛出光泽。要注意刮皮时手劲适中均匀，使皮料厚薄适中。刮好后撑于木架上阴干而成。另一种为"灰皮"，也称为"软刮"，浸泡皮时用氧化钙（石灰）、硫化钠（臭火碱）、硫酸、硫酸铵等药剂配方，分别化于水中，反复浸泡刮制。牛皮刮好后还要被分解成块，用湿布潮软，再用特制的推板稍加油汁逐次推摩，使牛皮更加平展光滑，并能解除皮质的收缩性。①

画稿与过稿。制作皮影时有专门的"样谱"，这是历代艺人们相传的设计图稿。画稿前，要根据成品皮的厚度、亮度来对其应用的影人部位进行分类，再用钢针笔把准备雕刻的图谱纹样分别拷贝、描绘在加工好的透明皮样上，据此进行下一步的雕刻。

镂刻。一个雕刻艺人通常备有十一二把各种类型的雕刻刀具，多的甚至达到 30 余把，可见艺人们对皮影雕刻的极高要求。刀具分工是很讲究的，有斜口刀、平口刀、花样模口铿刀三大类。艺人需要熟练掌握不同刀具的不同使用方法，因为刻制不同的纹样需要相应的刀具去完成。雕刻线的虚实应用，不同图案的雕刻工序，艺人的刀口转换、阴阳交

① 参见董芸：《皮影》，时代出版传媒股份有限公司 2013 年版，第 80～81 页。

错、明暗相辅等手法，都是皮影制作精益求精的体现。

敷彩。皮料雕刻完成后，经磨平打光方可上色。早期上色多用皮胶调制，敷彩多用纯色，主要有红、黄、蓝、绿、黑五种。将制好的纯色化入稍大的酒盅内，放进几块透明皮胶，将胶与纯色染料加热熔为一体成粥状，趁热敷之于影人上。一般使用平涂的方法，除此之外也使用晕染和勾线的手法。色彩种类不多，但在善于拿捏配色的艺人手里，不加调配、不分深浅的纯色也能演绎万般变化。

发汗熨平。敷色后，为了使色彩进入皮料内部，并使皮料内部的水分发挥，需要进行熨烫。用特制的土坯加高热压烙皮影是最有效果的方法，但过程较缓慢。此外，还有电熨斗脱水法、烙铁脱水法和热炕脱水法，各有其优长之处。熨烙皮影的火候要掌握好，温度过高，皮影皱缩并焦灼，之前的努力付之一炬；温度过低，色彩不能很好地进入皮料内部，水分也难蒸发尽，皮影色泽不好，也会不展挺。

装订是皮影制作的最后一道工序。为了影偶动作的灵活、平衡、无障碍，各部件（头、胸、腹、双腿、双臂、双肘、双手等）联结处固定点应当选好，这样影人才会精神抖擞，不至于身体失去平衡，或者四肢长短不协调等状况。全身部件联结好后，装置三根竹棍作操纵杆。在文场人物的胸部上前部、舞场人物的后肩上部上前部各装置一根主签，再给双手手腕处处各装置一根活动签子即可。

三、皮影造型

皮影造型风格独特，采用抽象与写实相结合的手法，人物及场面景物有平面化、艺术化、卡通化、戏曲化的综合特征，具有很高的审美价值。皮影的人物一般采用侧身五分脸或七分脸的样式来设计，人物面容与装束看起来既夸张又写实，生动形象，诙谐幽默。皮影除了人物造型，还有亭台楼阁，车辆船只，花草树木等等，对表演进行场景布局，与影人相映成趣。

影人造型一般为两部分：头茬和身段。

头茬又称“梢子”，有生、旦、净、丑、高盔、翎子、相貂、鬼怪、神头、变脸头等多个类别。影人头部造型又分为脸谱和头饰。皮影脸谱造型夸张，色彩炫目，装饰华丽。头茬是人物性格表现的重要部分，人物眉眼一般被强调和夸张，这是为了透过眉眼生动传达出人物性格特征等信息。民间艺人将影人的脸谱眉眼特征概括为：平眉眼属忠诚，圆眉眼性情凶，线眼性情柔，豹子眼性情暴。我国幅员辽阔，皮影在不同地区有各自的风格流派，所以头茬也就具有多样性特征。就拿生、旦人物来说，在唐山皮影中，一般为阳刻镂空脸型，柳叶弯眉，丹凤细眼，通天直鼻，樱桃小嘴，整个脸庞纯真嫩白，透露出一种清新俊逸、温文尔雅之气。发额交接处一般有柔和的弧线以体现其柔和。① 发型雕刻较为写实，可以看出发丝纹理。而陕西华县皮影的生角以平眉细目表现其沉着安详，旦角以弯眉线眼表现其秀丽文静，通常为抿嘴形象，一点朱唇，看起来甚为俏丽，且装饰风格较强。影偶头饰有帽饰和发饰，帽饰分为冠、帽、盔、巾，是区别不同人物身份地位或官阶高低的标志。发饰有披发、抓髻、花旦、辫子旦等等。

---

① 参见张秀梅、张鹮、王雅洲：《浅析唐山皮影人物造型艺术特征》，《芒种》第436期。

影偶的衣服和头饰一样，是按人物的行当身份来设计的，影戏的服装款式与戏曲的大致，一样有龙袍、蟒袍、官衣、靠甲帅袍、仙衣等类别。大体上来说，平民的服装纹样简单质朴，所以又称“片子”，而其他有身份的人物的身段则会雕琢较为繁复的纹样，华丽而多彩。如官员豪绅的便服氅衣，服饰镂刻有松、鹤、福寿花团等吉祥的图案；天兵天将身穿的神靠，坠有天衣飘带，各种靠饰花纹均是镂空，透过光照射很有金属质感。人物服饰除少数人物是专用的以外，大多数是可以通用的。

四、发展中的问题

皮影因其独特的艺术风格深受大众喜爱，是我国文化艺术百花园中不可缺少的一朵奇葩，是宝贵的非物质文化遗产。但人们似乎已经对皮影艺人“一口道尽千古事，双手挥舞百万兵”的本事感到不足为奇。皮影发展后劲不足，原因是什么？

首先，皮影本身。如今各流派、各地区皮影艺术都很大程度上出现了后继无人的情况。比如有过辉煌历史的腾冲固东刘家寨皮影，当年的制作和表演人员都已年逾百岁，而村里的年轻人都不愿再学皮影技艺，因为皮影的制作需要精雕细琢。一个影偶的制作需要经过选皮制皮、画稿过稿、镂雕、敷彩、发汗熨平、装订等多道工序，足以花去一个艺人数周的时间，这其中还存在一个工序的失误导致前功尽弃的风险。而这样的制作方式早已不能满足这个工业化大生产时代的快节奏。

其次，皮影的表演技巧。在皮影表演中，艺人往往要身兼数职，有些场合甚至要求艺人既要耍出影，又要唱出腔，还要敲出乐。影人的操纵需要艺人灵活机动，并伴随影人的活动有相应的小幅度动作，可能还需要根据剧情发展作出与影人相同的心理反应，例如错愕、欣喜、愤怒等等，让一个平面形象因为艺人的演绎变得栩栩如生；皮影的配乐多是来自民间小调和自创的结合，要求艺人要充分理解这种艺术形式的内涵，声调起伏、情感节奏拿捏得当；皮影唱腔也不仅限于某种戏曲，它的一大热点就是融入了各地域各自的语言特色，所以在继承上相应缩小了范围，因为非本地人有很大可能把握不准当地方言，从而丧失了很多韵味。因此，没有过硬的表演技巧以及与当地文化的高度融合，是难以完成表演任务的。再次，皮影戏的剧本内容多与历史故事、古典文学有关，很少出现跟进社会发展的创作，而时代在进步，长此以往，相当一部分观众便失去了观赏兴趣。最后，在很多地区，皮影戏班子还是处在被动的情况，这样的情况在民间皮影戏班子中间尤为常见。每逢有宴请、庙会等重大活动，有东家邀请，戏班子才会出动表演，而唱戏的剧本内容、数量等基本由东家敲定，报酬也根据此来计算。而且戏班子成员在没有表演的情况下，大多以务农为主，等到有演出时才聚在一起。没有合适的经营理念，缺乏市场运作，从而难以接收新的观念、做到与时俱进、参与市场竞争和交流。

再者，外部因素的影响也是至关重要的。影响皮影发展的外部因素主要有以下几个方面。第一，政府支持的力度不够。2005 年 3 月，国务院办公厅颁布了《关于加强我国非物质文化遗产保护工作的意见》，并且开始了首批国家非物质文化遗产名录的申报工程。虽说现已有十余个荣登首批国家级非物质文化遗产名录，但很多地区政府对皮影的保护力度是相当薄弱的。比如华县皮影一家皮影公司负责人作为华县政协委员，多次向县政府提交议案，包括在华县建设大型皮影标志物，在公交站牌处安装皮影展板，建设皮影步行街等建议，但都以该部门不负责管理为由遭到否决。此外，专项资金落实不到位，缺乏相应的资金问责，发展过程中没有政策优惠和税收支持，困难重重。[①] 第二，受到现代文明的冲击，尤其是人们生活娱乐方式的不断更新和拓展，各类电影、电视、动漫作品层出不穷，在令人眼花缭乱的同时，消减了能让我们坐下来好好欣赏一出经典影戏的耐心。此外，如上所述，影戏内容很少出现与时俱进的内容，让观众失去了新鲜感，而其独特的艺术形式也不太符合部分人的审美口味。另外一大障碍便是观众对方言的理解难题上，不明白艺人在讲述什么，也就不明白整出戏的内涵所在。第三，皮影艺人个人权益受损，生活得不到保障。在追逐利益的商业化时代，生产商为了压缩成本，使用低质量甚至劣质的材料批量化生产皮影，对造型制作艺人的名誉权产生了损害，此外，还出现生产商未经艺人授权许可擅自生产皮影的情况，这些都是对皮影艺人心血的浪费和个人权益的伤害。除此之外，皮影艺人的生活处境并不乐观，尤其在乡村，艺人如果不从事其他的行业，生活大都难以维持，而政府补贴力度又不够，因此愿意继承皮影艺术的人越来越少，很多地区的皮影艺术眼看着就要失传。

五、新的发展路径

皮影是我们国家民俗文化万花筒中必不可少的一道亮丽风景，为了不让这项古老而又精致的艺术消失在我们的视野，各地的皮影戏行业都在找寻各自发展的新出路，并且取得了相当不错的成果。总结各地皮影的发展路径，大致得到了以下几点经验。

第一，政府积极作为，加大力度支持皮影产业化运作。在文化事业方面，筹措资金，设立专门的皮影艺术博物馆，改善皮影剧团的工作和排练条件；进行人才培养，为皮影艺术挖掘年轻一代的接班人；大力支持剧团展开送戏进校园、进社区等公益性文化事业……文化产业方面也是下足了工夫，例如在陕西华县，财政每年预算十万元用于皮影的保护与产业发展。在增加财政扶持力度的同时，还积极建设皮影产业园区，综合管理。此外，加大宣传力度，成立专门的保护领导小组，强化对皮影艺人的补贴政策等措施，都能在一定程度上将皮影艺术置于有效的保护之下。

第二，与现代科技相结合。现阶段社会生产力发达，科学技术融入生活，在皮影艺术较为发达的地区，相应地建起了皮影生产基地，对其中一些工序（如皮料制作、激光雕刻）进行批量化的生产，提高生产效率，一个皮影的制作不再需要皮影艺人花上数周的时间，此外，电脑辅助设计也可以丰富皮影的造型特征。更有趣的是，基于微软体感设备 kinect，还出现了体感皮影戏，实时地将演员的动作转化为皮影的动作，显著地增加了皮影戏的体验性与互动性，这不失为一次有思想高度的尝试。

第三，结合实际，招商引资，建立皮影产业基地。这一做法充分整合利用文化和财政资源，拓宽融资渠道，建立了高效的开发和生产模式，将皮影这一传统艺术以产业化的运作来加以保护和推广。2010 年，广东省陆丰市建立了皮影动漫文化产业有限公司，以陆丰皮影戏保护、传承和研究，皮影动漫制作、皮影工艺品制作、文化产业投资等产业为主，打造陆丰的传统文化品牌，陆丰皮影戏进入了更好的发展时期。在山西孝义，通过政府筹

① 参见刘司墨、杜明鸣：《浅谈华县皮影文化发展现状》，《新西部》2014 年第 8 期。

划，与富士康集团、山水娱乐公司共同投资建设了孝义皮影木偶影视拍摄基地，主营方向为皮影木偶相关影视及拍摄器材的制作生产、皮影道具产品以及收藏展览、皮影旅游商品的开发等，经过一定的发展，取得了很好的经济效益和社会效益。

第四，延长产业链，整合各类文化资源，瞄准市场，促进皮影与其他产业的融合。如上述的陆丰皮影动漫文化产业有限公司、孝义皮影木偶影视拍摄基地，政府、皮影从业者积极推动皮影与动漫、影视、旅游等产业的交叉融合，在不同领域对皮影进行继承推广，尽最大可能让皮影更多地出现在人们的视野中。通过新的形式，吸引人们前去了解、关注皮影文化。2013年底，陆丰皮影戏在香港迪士尼驻场演出，用皮影表演迪士尼的动画形象，大获好评，也是皮影与动漫结合的一次尝试。再如甘肃庆阳的环县，皮影产品涵盖了皮影戏光碟、桌历、挂历、扑克、口杯、书签等百余个品种，并不断设计开发宾馆装饰品、个性化邮票等等新产品拓展市场。

☞ 参考文献：

1. 高承：《事物纪原》，影印文渊阁《四库全书》第920册，（台湾）商务印书馆1982年版。

2. 董芸：《皮影》，《时代出版传媒股份有限公司2013年版。

3. 孟元老：《东京梦华录》，人民出版社2010年版。

4. 耐得翁：《都城纪胜》，中国商业出版社1982年版。

5. 吴薇：《民间皮影》，河北少年儿童出版社2004年版。

6. 刘司墨、杜明鸣：《浅谈华县皮影文化发展现状》，《新西部》2014年第8期。

7. 郑劭荣：《中国影戏特征及其姊妹艺术》，大象出版社2010年版。

唐卡:“惊人卷轴须知有”

一、唐卡介绍

在广阔的青藏高原上,有一种艺术作品深受大家的喜爱。它的色彩艳丽多姿,造型丰富诡谲,构图严谨饱满,或有佛陀正襟危坐结痂念经,或有仙女挥袖起舞御风而行,其间偶有金银珠宝之点缀,绚丽旖旎,美哉快哉!

这就是唐卡,一种古老的藏族艺术形式,至今已有1300多年的历史。据传唐代的吐蕃赞普松赞干布在一次偶然的机会中收到神的启示,于是将自己的鼻子弄出了血,用鼻血绘制了藏族的守护神白拉姆的像,并且由他的妻子,著名的文成公主亲手装帧,形成了历史上的第一幅唐卡。当然,这只是一个传说,唐卡真正的起源问题已无从查考。然而可以肯定的是,唐卡是一种兼收并蓄的艺术形式,它在继承和发展藏族自身文化的同时广泛吸收了西藏以及中原地区、尼泊尔、印度等地的艺术文化。公元7~8世纪,唐代的文成公主与金城公主和尼泊尔的赤尊公主先后入藏,为西藏带来了发达的文化。佛教的传入更是极大地影响了藏族文化的发展,对唐卡的内容、主题等方面影响深远。1260年,尼泊尔艺术家阿尼哥进藏,在西藏培养了一批的艺术家,也使得那一时期的唐卡具有高鼻深目等明显的外域特征。

唐卡最早出现的史料载于12世纪左右成书的《巴协》一书中。在大致相同时期的西夏王国境内,出土了一批唐卡。这批唐卡不仅形状多样,而且制作的材料也五花八门,甚至还有来自中原的丝绢;佛造像除了印度、尼泊尔等地区的造型外,还加入了中原地区的佛像造型。其中的一幅名为《上师像》的作品,画中的上师生动形象,人物的五官被做了细致的描画,眉宇轩昂,处处显示出上师冷静不凡的气质。从西藏后弘期开始,唐卡中独立的人物画开始盛行,并且对人物作了生动细微的描写,刻画人物内心的世界。与此同时,描画世俗百态的风俗画也出现了。到了萨迦时期,西藏地区出现了历史上第一个本土画派——齐乌冈巴画派。齐乌冈巴画派在西藏绘画史上占有重要的地位,因此在这里我们做一些较为详细的描述。在《西藏美术史略》中有这样的论述:“十三世纪期间出现的藏族著名画家雅堆·久吴岗巴,生于山南雅堆地区,他通习诸文化,尤其精于工巧明,通过深入学习和研究当时在西藏各地盛行的尼泊尔画风,同时游历西藏各地考察、总结、学习吸收民间艺术，最后创立了独具特色的久吴岗巴画派。”[①]齐乌冈巴画师大量的吸收借鉴了尼泊尔的绘画艺术风格，创造出属于自己的风格：色彩丰富艳丽、构图谨慎、女性角色体型丰腴等，如作品《莲花网目观音唐卡》。在该唐卡中，观音菩萨为了普度众生，生出四面八臂，八臂持各样法器，状似跳舞，单腿支撑，体态轻盈；在用色方面，底色为深蓝色，观音通身皆白，周围有红黄相间的身光，冷色与暖色交相辉映、明色与暗色互为乾坤，对比突出；虽然画面中央为观音主尊，然而所占的画面比例并不算太大，四周绘有多尊观音，画面下部有众多的护法神，此画较为完整的反映了齐乌冈巴画派的特点。虽然该画派只在12～13世纪流行，但是其对比色的使用、艳丽的用色一直影响至今。萨迦时期另外的一大发展便是在制作工艺上除布绘唐卡外还出现了刺绣、缂丝等工艺。到15～16世纪帕木竹巴时期，西藏地区各类画派相继出现，其中最主要的是勉塘、钦则、噶赤三大画派。勉塘画派在构图上突破了齐乌冈巴画派的拘束，在色调上偏青蓝；钦则画派在构图上集成了齐乌冈巴画派，面部大都呈方形，色彩饱满；噶赤画派的构图更多的类似于中原地区，受山水画影响大，色彩偏青绿。甘丹颇章时期，三大画派继续发展，各派画师人数明显增多，受汉地工笔技法影响较大。在拉萨有“宋穷”“冲肖”两大绘画坊，此后又发展成为了名为“拉日白吉度”的具有行会性质的组织。这一时期是唐卡非常兴盛的时期，数量众多的唐卡被创作出来。

唐卡的构图以中心构图为主，画面的中心绝大数情况下都是一尊佛像或是菩萨像，四周辅以各样的人物及景色以烘托气氛、讲述主题；另一类是几何构图法，各种几何图形层叠交叉，具有一种独特的形式美；还有一类是叙事构图法，这类唐卡以一个大故事中的每一个小故事所发生的时间顺序为顺序，并将这些小故事集中于此一唐卡中，许多重大的历史事件以及人物传记都是按照这个构图法进行构图绘制的。在用色上，唐卡的各个流派的用色有各自的不同之处，但是也有共性：几乎所有唐卡都必须加以红、黄、蓝三色边饰，高纯度对比色的使用是极其常见的。

唐卡的制作过程比较复杂。首先，要选择一个良辰吉日，焚香祷告，然后边诵经边备料。画布要经过选料、绷展、涂胶和反复打磨后才能成为制作唐卡合格的画布：选料选的是稍厚一点的白棉布；绷展指的是将洗好的画布绷到绷架上进行晾干处理；涂胶是指用特殊处理过的胶水涂在画布的两面，然后再均匀地涂上白土汁以让布面平整；最后便是用魔石反复的进行粗磨和细磨的工序。另外是要制作颜料，用来制作颜料的材料来源十分广泛，有珊瑚、玛瑙、藏红花、龙胆、姜黄等珍贵动植物，也有石绿、朱砂、石黄、白土、红土等矿物类原料，将这些原料进行碾磨便形成了五颜六色的颜料。之后便是绘画的过程了，首先要打底稿，将内容素描绘于画布上，之后进行着色、勾金线，将黑线的部分再用金线勾勒一遍，画佛像的要在这时候画上眼睛，最后将画好的内容用藏文标注，装裱开光，这样一幅唐卡便形成了。

二、产业发展

唐卡作为一种十分精美的艺术品，自然在现在市场经济的情况下走上了产业化发展的道路，被纳入文化产业的范畴。在20世纪80年代，唐卡还只是在很小的范围内进行流

① 丹巴饶丹、阿旺晋美：《西藏美术史略》，西藏人民出版社2003年版，第28页。

通，因为出售唐卡的行为是不被允许的。然而，由于唐卡制作周期长但是需求量又很大，于是出现了供需不平衡的状态。为了改变这种状态，高级唐卡画师边巴做出了一个决定——根据产品中所凝结的无差别的劳动量来定价，出售自己制作的唐卡。于是在1985年，边巴画师在西藏民族友谊商店出售了第一幅唐卡。出售唐卡给边巴带来了不俗的经济收入，于是其他唐卡画师也纷纷开始出售自己所做的唐卡，唐卡店铺从无到有，从有到繁。唐卡因此成功地成为了一件商品，融入了市场。慢慢地，随着我国国民经济的发展以及国门的敞开，来西藏旅游的国内外游客的数量也越来越多，而唐卡以其浓郁的民族符号象征以及优美的艺术语言表现形式成功的吸引了来访的游客。而在2006年唐卡艺术被列为我国第一批非物质文化遗产名录这一消息更是增加了唐卡的社会知名度，使得唐卡成为代表藏族文化的标志性艺术形式之一。目前在西藏的市场上大于70%的唐卡都是被外来游客所买走的，小幅的唐卡价格在上千元至几千元不等，而大幅的唐卡则需要几万元才能得到。据不完全统计，截至2014年底，西藏自治区从事唐卡绘画、制作的画师、技师和学徒达到2000余人，唐卡销售年产值近亿元。全区有一级画师17名，二级画师20名，三级画师29名，能够独立完成作品的画师近千位。西藏自治区内共有3000多家涉及文化产业的企业，其中10%～15%的企业与唐卡相关。

而在拍卖市场，唐卡的市场价值也是一路走高。2014年11月26日，明永乐御制红阎摩敌刺绣唐卡在香港佳士得秋拍中，以3.1亿港元的高价被沪上藏家刘益谦拍得，创造了世界唐卡拍卖的新纪录。2006年，清代佚名高僧所绘的一组15幅“宗喀巴大师的一生”唐卡也曾以1650万元价格创造了内地唐卡拍卖纪录。这些高价唐卡拍卖纪录无不说明了如今唐卡市场的火热。

2012年，总投资逾300亿的“西藏文化旅游创意园区”开始建设，唐卡是该文化旅游创意园区的开发重点之一。园区将规划建设以创作和展示唐卡艺术为主的画廊阁等项目，建成后，将会有高级唐卡画师的创作基地以及展示精品唐卡的高端画廊。而另一个文化产业园区项目——“吞米岭·藏艺文博园”也已经于2014年3月在拉萨市达孜县破土动工。该园区一期的核心便是唐卡艺术中心，“该中心由唐卡博物馆、唐卡交易中心、唐卡研究中心组成，未来园区二、三期也将规划兴建唐卡艺术学校等”①。除了上述的两个文化产业园区项目外，2014年9月底，西藏举办了“首届中国西藏旅游文化国际博览会”，其中“首届中国唐卡艺术节”作为核心活动之一也成功举行。而“第二届中国唐卡艺术节”也已于2015年9月在拉萨夏扎大院举办，其中包括唐卡艺术节精品展、唐卡艺术节交易展、唐卡艺术节高端论坛等，为唐卡的产业发展、宣传与业界交流提供了一个非常好的平台。

在与唐卡相关的文化产业中，岗地经贸公司的快速发展是值得关注的。其创始人多吉顿珠是多派唐卡的创始人，也是西藏唐卡产业的领头人。他1996年在成都创办多康唐卡画院，1998年将画院迁至西藏。多吉顿珠在来到西藏后学习了噶赤派和钦则派画风，在丰富了自己在藏地生活的经历，熟悉了藏族宗教理论和传统文化后，他思索求变，将宗教意义上的佛教唐卡与大众层面上的艺术唐卡区分开来。在对他的采访中，他曾说到多派唐卡的特征：“一是佛的造像度量依照早期印度风格的基础进行再创作；二是材料采用

① 周范才：《唐卡产业化：热浪不止搅动拉萨》，《瞭望东方周刊》2014年第41期。

传统的纯矿物质颜料进行绘制；三是在染色手法上吸取了新唐卡派大师们的用色点染法，大量留出画面空间，构图简略，形成空旷、寂静、清雅、高洁的风格特色；四是描绘大自然景色，吸收了中国画工笔重彩的造型特征和渲染法；五是总体色调采用西藏传统的布局烘托主题。”[①]2000 年，他成立了岗地经贸有限公司。他创建的搬迁至西藏的拉姆拉措唐卡画院隶属于岗地公司，画院依托公司的雄厚财力，进行规模化的唐卡教学、制作与销售。多吉顿珠和其他高级唐卡画师亲自教授学员，要求他们在一年半的学习后掌握基本技法，因此培养了大量的青年画师。并且画院在进行唐卡创作时进行了详细的分工，线描、填色、勾金线、装裱、包装，每一个工序都有专门的学员进行操作，提高了唐卡创作的效率。另外，岗地公司创新了展示唐卡制作过程的旅游业务，游客可在展厅外进行浏览，画师在展厅内进行创作，同时旁边设置销售大厅，相当于“工厂直销”。这种“统一教授—培训—制作—出售”一条链的生产模式改变了以往唐卡家族及师徒之间传承的狭隘的传承模式，满足了市场对唐卡的巨大需求。岗地公司由于有画院的后备力量的支撑，成功地摸索出了一条成功的道路，已经由初创时期注册资金只有 30 万元的一家小企业发展成为总资金近 8000 万元(2012 年数据)的自治区内唐卡文化产业的龙头企业。

而论地域举例来说的话，热贡唐卡具有很强的代表性。在生产方面，热贡地区的唐卡公司面对大量的订单采取签约农户的制度，不仅汇聚了具有高超手艺的民间艺人，增加了农户的收入，而且能有效的应对大批量的订单。据统计，同仁县隆务河畔的周边村镇中，90%以上的农户都已签约公司从事唐卡制作，年人均收入在 1 万元以上。在销售方面，除了承接许多专业收藏家以及专业售卖唐卡的机构的订单外，还会有拍卖、中间商、展销等途径进行销售。其中中间商途径销售唐卡对象一般为游客等普通的消费者，他们具有的专业知识较少，辨伪能力不强，而拍卖、展销等途径所售的唐卡的对象大都为专业或者经营规模较大的客户。热贡唐卡在近 10 年中快速发展。据官方统计，青海省黄南藏族自治州目前共有 2.1 万人从事唐卡制作，每年唐卡艺术的产业收入达 4.7 亿元，唐卡艺术所带动当地就业人数达 2 万余人。这些傲人的成就在很大程度上归功于对唐卡知名度的提升。因为在发展之初，唐卡的社会认知度还比较低，然而自从 2006 年唐卡入选我国非物质文化遗产名录后，政府做了大量的工作趁势提高唐卡的知名度。如先后举办了多届“青海国际唐卡艺术与文化遗产博览会暨热贡唐卡(世界非物质文化遗产)博览会”。博览会邀请全国民俗文化知名专家、学者进行学术交流，深入研讨热贡文化艺术，从而推动热贡艺术的挖掘、整理、开发，以此来推动黄南旅游事业的发展和民族文化的传承。而热贡艺术协会也牵头举办了热贡艺术展览会、热贡艺术唐卡展览、青海唐卡艺术精品展等一系列活动，将唐卡推向了国内外，增加了市场的需求，使得围绕着唐卡的文化产业能如火如荼地开展起来。与此同时，当地政府为了解决文化企业初创时期资金短缺等问题，与中铁集团达成协议，约定集团对热贡地区的文化产业进行投资，另外当地金融机构推出特色的金融产品，对企业融资难问题有很大的改善。

唐卡产业的发展前景令人憧憬，成就令人瞩目，但是仍然存在着一些问题需要解决。一是唐卡的文化内涵被严重忽略。唐卡作为以往修行中所被膜拜的对象，具有极其深刻

---

① 蒋蓝：《多吉顿珠：唐卡“突出重围”》，2012 年 5 月 7 日《成都日报》。

的宗教内涵，然而新时代以来制作的新唐卡中，有许多已经失去了其宗教方面的意义而单纯的成为了一件审美意义上的美术工艺品，艺术价值覆盖住了文化价值。“唐卡最初就不是作为一种艺术品产生的，它代表了一种文化乃至精神信仰，收藏唐卡首先应看到其文化价值，然后才是艺术价值和升值潜力。”①中央民族大学藏学研究院教授罗桑开珠在接受采访时曾这样说过。的确，虽然与唐卡相关的文化产业在最近10来年中发展迅猛，然而文化产业立足的根基仍然是实实在在的文化，如若唐卡的文化价值被忽视，那么在其之上建立起来的产业终将只是泡沫产业而已。二是唐卡的质量难以得到保证。由于唐卡的知名度越来越高，人们的生活水平逐渐提高，对唐卡的需求量也逐渐增长，于是随之而来的便是唐卡的规模化生产。然而改变了以往画师的精雕细琢后，大量的粗制滥造品以及印刷品在市场中浑水摸鱼，严重的破坏了唐卡市场的正常准则。三是唐卡从业者的历史素养令人担忧。为了适应日益增长的需求，唐卡学校中的学徒被要求在短时间内便掌握唐卡制作的技巧，因此导致目前许多从事唐卡行业的手工艺人只有技术，而没有相应的佛学修养以及藏族历史的知识，因此绘出的唐卡只是没有灵魂的消费品而已。

针对以上问题，自治区政府也正在作出自己的努力。由西藏自治区文化厅与西藏自治区质监局标准化研究所共同参与的《西藏传统手绘唐卡地方标准》制定工作已经启动。这部标准先从手绘唐卡入手，因为手绘唐卡被外界的认可度最高，之后再考虑织物唐卡等其他项目。而这部标准所主要涉及三个方面：一是类别，二是颜料，三是装裱，通过这三个方面标准的制定来规范目前市场上鱼龙混杂的状况。另外在2012年，西藏唐卡画院成立。画院的定位是“以立志弘扬、传承和保护国家级非物质文化遗产项目藏族唐卡的展览、研讨培训、鉴定和收藏的综合性群众文化艺术团体”。画院的成立对于促进唐卡技术的进步与创新、制定行业规范具有重大的意义。

唐卡产业在最近十年取得了长足的发展，正成为西藏、青海等地区文化产业的核心，相信在可以预见的将来，唐卡产业将会有更合理、更健康的发展！

☞ 参考文献：

1. 吴建伟：《西藏唐卡产业发展现状调查》，2012年10月17日《西部时报》。

2. 丹巴饶丹、阿旺晋美：《西藏美术史略》，西藏人民出版社2003年版。

3. 蒋蓝：《多吉顿珠：唐卡“突出重围”》，2012年5月7日《成都日报》。

4. 周范才：《唐卡产业化：热浪不止搅动拉萨》，《瞭望东方周刊》2014年第41期。

5. 佟锦华、黄布凡译著：《巴协》，四川民族出版社1990年版。

6. 马雨婧、魏婷：《热贡唐卡艺术市场发展状况及对策初探》，《经济与管理战略研究》2014年第2期。

① 周范才：《唐卡产业化：热浪不止搅动拉萨》，《瞭望东方周刊》2014年第41期。

剪出来的文化活力

——中国与墨西哥剪纸的比较

一、中国剪纸概况

中国剪纸是中国汉族的传统艺术形式之一，起源于春秋战国时期。因为当时纸张并没有被发明，所以春秋战国时期的剪纸并不能算作是真正意义上的剪纸，人们只是在金箔、皮革、绢帛甚至树叶上进行镂刻雕剪，不过这时的“剪纸”为后来真正剪纸的出现奠定了技术上的基础。

广泛认为狭义上的剪纸应出现在西汉时期，然而目前发现的最早的剪纸作品是1967年在新疆吐鲁番盆地的阿斯塔纳古墓群发掘出的五幅南北朝团花剪纸(团花剪纸是剪纸的一种布局格式，呈圆形花样，四面均齐)：对马团花，对猴团花，金银花团花，菊花团花，八用形团花。

唐代剪纸有了很大的发展，剪纸的内容不仅有魏晋以来的人、花草、几何图案，还有象征爱情的凤鸟及牛羊等动物图案。图案构图完整有序，表现出较高的艺术水平。到宋代，随着造纸技术的发展，纸张普及，剪纸艺术也深入到民间。由于商品经济的发展，出现了一些专门的剪纸艺人，他们利用空闲时间进行剪纸创作，之后拿到集市出售，规模较大的会开办专营剪纸的作坊进行生产。此外，剪纸开始应用到制瓷领域。元代时，“龙船花”技术形成。该技术强调精雕细刻，在南方广泛流传。明清时期剪纸技术达到鼎盛，剪纸图案借鉴了绘画领域，将山水花鸟形象融入剪纸之中。同时，剪纸广泛传播，既作为装饰饰物进入了普通老百姓的家庭，也因满族人有剪纸的习俗而进入宫廷。

在发展的过程中，各地区的剪纸呈现出了不同的特点，风格各异。总体来说，南方剪纸细致秀丽，排列对称有序，而北方剪纸粗犷明朗，简洁大方。但是具体到各地又会有一些差异，而地域性的差异主要是表现在形象的塑造、感情的差异以及刀法上，但都富有浓厚的当地乡土气息。

剪纸之所以广泛流传生生不息，一个很重要的原因便是它具有纳福迎祥的表现功能，象征着美好的希望与理想，满足了人们精神生活的需要。如《年年有鱼》作品中，一只肥硕的鱼跃然纸上，由于“鱼”与“余”同音，因此剪纸中的鱼象征着余裕、富裕，表达了人民渴望生活富足、年年有余的美好愿景。

剪纸的制作过程并不复杂。剪纸虽然名为剪纸，但是在制作的过程中却可以使用镂刻雕剪撕染等多种方法来进行制作。制作剪纸时，首先要准备好工具，包括剪刀、刻刀、笔、纸、颜料、胶水等物品；接着要构思剪纸的图案，将图案用笔描画至纸上；随后便开始剪刻图案，依据着由上至下、先中间后四周、先小后大等原则流畅地剪刻，具体操作不在此赘述；最后是粘贴图案，用胶水将剪好的图案贴在衬纸上，装裱收藏即可。

二、墨西哥剪纸概况

墨西哥是目前除中国以外较为著名的仍然拥有剪纸传统的国家之一，其剪纸起源于前哥伦布时代。墨西哥剪纸带有很强的宗教祭祀色彩，据传最早是用来祭祀各种神灵的，印第安人将剪纸视作人类与神灵沟通联系的工具，祈求保佑，招吉纳祥。另外，它与墨西哥的本土节日——亡灵节息息相关。

亡灵节是墨西哥的特色节日，同时又是一个与外国文化相融合的产物。欧洲人到来之前，阿兹特克帝国的印第安土著人为了庆祝生命周期的完成，迎接生者与死者的相聚，于是将七八月间的某些日子定为亡灵节。而西方殖民者到来后，强迫当地印第安人改信天主教，传入诸圣节、万灵日等节日。由于这两个节日在11月的第一天和第二天，于是墨西哥传统的亡灵节便改成了在这两天举行。在亡灵节上，人们在墓地通往村庄的路上洒满白色或者黄色的花瓣以迎接死者，在家门口放置南瓜灯为亡灵引路，并在家中摆设祭坛，旁边贴着有骷髅头图案的剪纸来招待亡者。

墨西哥剪纸中最常出现的图案便是骷髅头和骷髅骨架，首先，这与祭祀神灵有着密切的联系。其次，墨西哥地区的印第安人像古埃及等其他许多地方的先民一样，崇拜太阳神，因此太阳也是墨西哥剪纸中经常会出现的图案。再次，墨西哥有一则古老的传说：阿兹特克人(墨西哥人)的部落神战神威济波罗奇特利曾对众人说，如果你们发现有一只鹰站在仙人掌上在吃一条蛇，那么那个地方便是你们应该定居的地方。后来阿兹特克人四处寻找，终于在特斯科科湖西岸看到了这个情景，于是便在那里定居下来，这个地方就是现在墨西哥的首都墨西哥城。所以，鹰、蛇、仙人掌便也时不时地出现在了墨西哥剪纸的图案上。另外，由于玉米是墨西哥人一直以来的主要的粮食作物，会经常出现在墨西哥剪纸的构图中。万寿菊在墨西哥人看来是财富的象征，也会出现在墨西哥剪纸的构图中。此外，由于受到西班牙殖民者的入侵，墨西哥剪纸上也出现了圣母玛利亚以及亚当、夏娃等形象。

在形式上，墨西哥剪纸多为框架结构，分对称与不对称两种。边饰多为对称的连续纹样，有似于欧洲宗教中美丽的蕾丝花边，看得出欧洲艺术对其的影响；而底边的垂饰又有似于中国挂门笺的流苏，具有东方的情韵；墨西哥剪纸主体纹样多用大面积块状的阴刻来表现，四周则用细密的栅栏格状来衬托，显得主次分明，重点突出。尺幅通常为横幅，在45厘米×35厘米之间。①

三、中国剪纸与墨西哥剪纸的文化差异对比

中国剪纸与墨西哥剪纸都是世界剪纸大家庭当中的成员，两者都是世界文化宝库中

① 参见何红一：《墨西哥剪纸与中国民间文化》，《民间文化论坛》2009年第2期。

的瑰宝，但是两者在图案、制作工艺、色彩使用、用途等方面也存在着比较显著的差异。

首先是图案方面。墨西哥剪纸较多的为骷髅、太阳、玉米、蛇、鹰、仙人掌等形象，而中国剪纸的常见图案多为与人们生产生活联系紧密的鸡鸭鱼牛等动物牲畜、象征多子多福的娃娃形象、叠字、有传统内涵寓意的人物等。还有一类值得注意，那便是借音阐意类的图案，例如用冠、玉带、石榴和船等形象拼凑组合形成“冠带流传”的寓意。再如用猫、蝶、牡丹等意象的叠加阐述“耄耋富贵”的含义，这种中国剪纸特有的图案表意方法是墨西哥剪纸所不具有的。

其次是制作工艺方面。墨西哥剪纸主要是靠凿这种工艺来制作，工人在很薄的彩色纸上用锤子敲打不同型号的钢凿，以形成丰富多样的图案，这种制作方法一次可以制作50张剪纸，可谓是批量生产。而中国剪纸采取的制作方法最主要的是剪，即用剪刀在纸上剪成形形色色的花样，同时也会采用贴、刻、凿、撕等多样的制作工艺来完成。墨西哥剪纸的主体图样用大面积的阴刻来制作，而中国剪纸既有阴刻剪纸也有阳刻剪纸。

再次是色彩使用方面。墨西哥剪纸基本上都为单色剪纸，这与它的制作方法有着很大的联系。毕竟墨西哥剪纸是采用凿这种方式一次凿数十张制作而成的，没有形成彩色剪纸的条件。墨西哥剪纸的单色通常为黑色、红色，其他颜色如紫色、绿色、灰色等也会出现。中国剪纸与墨西哥剪纸不同，既有数量众多的单色剪纸，也有为数不少的彩色剪纸。中国剪纸的所用色大致分为吉色、素色、借用色三大色系，三种色系以时因地、依事循礼、从欲使用。彩色剪纸中，通常色彩纯度高、对比度强，如红配黄、红配绿等。

第四是用途方面。两者具有一定的共性，都可以用于祭祀祈福消灾或者作为版模用于印染之类。但是墨西哥剪纸偏重于祭祀祈福这种宗教色彩较浓的用途之中，而中国剪纸主要的用途除了祈福祛邪外还有很强的装饰作用，贴于他物之上以供欣赏，如窗花。

总体来说，墨西哥剪纸与中国剪纸有很多的共性，然而由于受到各自国家不同的宗教信仰、神话传说、语言文字等风俗文化的影响，产生出一些明显的地域差异。可以说，剪纸艺术的发展与民俗生活密不可分，它包含了其所在民族的特性，是一个民族的文化符号。

四、中国剪纸与墨西哥剪纸的产业发展对比

目前国内对墨西哥剪纸文化产业发展的研究较少。从现有的资料来看，随着全球经济的一体化，有越来越多的国内外的游客到专门从事剪纸制作的村庄或者作坊进行参观，墨西哥传统节日亡灵节的商业气息也越来越浓，剪纸产业也借机发展壮大。在每年的二月，墨西哥的维拉克鲁斯州都会举行大型的艺术盛会，剪纸作为土著文化也都会得到较大规模的展览，同时老剪纸手艺人会向游客或者年轻人传授剪纸的手艺。

中国剪纸的产业化发展较早，发展程度也较墨西哥剪纸好。目前来看，中国剪纸的相关文化产业分为三大部分：一是剪纸制造产业，二是剪纸观光产业，三是剪纸动画产业。

第一，剪纸制造产业。剪纸制造业在我国有着很多的优势。剪纸在我国的各地都有分布，北有河北蔚县剪纸、山东剪纸、山西剪纸、陕西剪纸等流派，南有广东佛山剪纸、江苏扬州剪纸、福建剪纸等。各地剪纸历史都较为悠久，技术水平高，可谓多点开花。并且，剪纸并不需要大机器设备等太多硬件设施的支持，而其需要的仅是一定数量的人口，因此可以说我国的剪纸制造业产业基础很好——品种多、规模大、技术高，从业人员充足。

河北蔚县是剪纸文化产业发展较为发达的地区。蔚县位于河北省西北部，古称“蔚州”，是古代“燕云十六州”之一。蔚县剪纸源于明代，是全国唯一一种以阴刻为主、阳刻为辅的点彩剪纸。它的制作工艺在全国独树一帜，以宣纸为材料，用小巧的刻刀雕刻，然后点染明亮绚丽的色彩，形象饱满生动，色彩对比强烈，极具观赏性。2006 年 5 月，蔚县剪纸以剪纸项首位的身份入选第一批国家级非物质文化遗产；2009 年 10 月，蔚县剪纸又名列中国剪纸之首，入选世界《人类非物质文化遗产代表名录》。近几年，蔚县充分利用自身丰富的剪纸资源，做大做强自己的剪纸产业，不光靠手工的精雕细琢，同时也引进机器通过电脑操控进行大规模生产。蔚县还从 2010 年起举办“中国剪纸艺术节”，打造“世界剪纸看中国，中国剪纸看蔚县”的品牌形象。当地正在建设“南张庄国际剪纸艺术风情小镇暨蔚县国际剪纸创意产业园区”，以期产生集聚效应 。目前，蔚县有剪纸专业户 1100 多户，从业人员 3.6 万多人，年产剪纸 600 多万套，全县剪纸产业增加值已经达到 5.08 亿元。更为可观的是，蔚县通过剪纸产业带动了整个县的文化产业。以壶流河湿地文化生态产业园为引领，打造北部古城生态新区，将蔚县的文化产业推到一个新的高度。

再如福建柘荣剪纸。近几年来，柘荣县政府从多个方面采取措施，例如建立中小学剪纸培训基地、创立剪纸产业示范基地、筹办国际性的剪纸展览等来促进柘荣剪纸的传承与产业化发展。目前柘荣县共有剪纸艺人 300 多人，专业剪纸生产企业、剪纸艺术馆 9 家，家庭剪纸手工作坊 10 多家，年均产值 400 多万元。

上述两个事例都是我国剪纸产业中发展较好的代表。然而由于国内的其他许多地方并没有充分利用自身的丰富的剪纸资源，我国剪纸产业还存在着一些问题需要解决：一是剪纸产业中知识产权意识淡薄，对知识产权的保护力度较差，一旦有某一销路较好的剪纸题材，各生产厂家就会一拥而上，进行恶性竞争；二是品牌不统一，导致各地剪纸的知名度无法为更多人所熟知，影响力大打折扣；三是剪纸人才较为短缺，很多地方出现青黄不接的现象，设计人才的短缺导致创新缺乏，易出现千篇一律的现象；四是各地剪纸生产过为分散，没有形成产业的集群化。因此，政府的宏观调控是不可缺少的，各地政府应加强对知识产权的保护，积极帮助厂家维权，剪纸历史悠久的地区可以开设剪纸院校，培养各类剪纸人才，树立各地统一的品牌，做大做响，这样可以提高产品的知名度与影响力。与此同时，建设剪纸产业园区将目前剪纸的小规模生产转变为规模化大生产，充分发挥集群优势。

第二，剪纸观光产业。在剪纸制造业发达的地区，基本上都已经形成了制造、销售、旅游观光一体的产业链。游客现场观看剪纸艺人制作剪纸的过程，或者在展览馆里参观各个年代的精美的剪纸代表作。剪纸观光产业与剪纸的制造产业联系紧密，受影响较大，因此就不做详细的介绍了。

第三，剪纸动画产业。1958 年，经过两年的多次试验，万古蟾导演的《猪八戒吃西瓜》终于被成功地拍摄出来，这是我国的第一部彩色剪纸动画片。1959 年，万古蟾导演继续尝试与改进，拍摄出《渔童》。《渔童》相比于《猪八戒吃西瓜》有了很大的进步。万古蟾导演将《渔童》的动作设计成平面化的动作并且在场景设计中交替运用各种景别，实现了突破。进入 20 世纪 60 年代，《人参娃娃》《金色的海螺》等动画作品的产生，标志着我国剪纸动画走向成熟，各个作品相继在国际上斩获大奖。经过“文革”期间的停滞不前，改革开放后，剪纸动画产业深入挖掘传统民族文化题材，创新表现风格，使得我国的剪纸动画进入了最繁荣的阶段。《猴子捞月》《南郭先生》《鹬蚌相争》等优秀作品层出不穷，其中作品《鹬蚌相争》更是一举夺得四项国际大奖，剪纸动画的国际影响力大大增强。然而进入20世纪90年代以来，由于经济体制的改革、传统文化受到漠视、剪纸动画自身特点等因素的影响，剪纸动画的数量和质量都呈下降的趋势。但是随着21世纪的到来，计算机迅速普及，Flash动画制作显现出了相比以往巨大的优势，运用Flash动画进行剪纸动画的制作可有效的改变剪纸动画制作高成本的现状，实现大批量生产；另外，国家目前大力支持动漫产业这类高产值的文化产业，出台一系列政策支持动漫产业的发展，在各地建设大量的动漫产业园。相信因应政策以及技术的红利，剪纸动画产业能够再次迎来复兴。

五、结语

不论是中国剪纸亦或是墨西哥剪纸，剪纸都是各自民族由劳动人民创造的带有深刻文化烙印的优秀传统艺术，是重要的非物质文化遗产。在商业化、产业化的今天，让剪纸这门古老的手艺继续传承下去的最好方式便是适应这个时代，将剪纸化为一项文化产业，在市场的推动下不断创新，保持生机与活力，真正的实现对传统文化的继承与发展。

☞ 参考文献：

1. 郭安丽：《河北蔚县："小剪纸"带动文化发展"大产业"》，2013年7月15日《中国联合商报》。

2. 陈竟：《中国民俗剪纸史》，北京大学出版社2007年版。

3. 何红一：《墨西哥剪纸与中国民间文化》，《民间文化论坛》2009年第2期。

4. 朱晓红：《浅谈中国剪纸艺术的发展》，《美术观察》2009年第10期。

5. 汪鉴鉴、张畅：《民间剪纸的历史与发展》，《艺海》2010年第8期。

6. 曹国洪、隋春艳：《浅谈中国剪纸动画的发展历程及各时期的艺术特色》，《电影评介》2009年第10期。

7. 陈茂涛、任龙泉：《中国剪纸动画将再放异彩——关于中国剪纸动画未来发展的思考》，《电影评介》2007年第1期。

侗族大歌:纯朴的古梦旋律

我国是一个多民族团结统一的国家,各民族同舟共济,用辛勤的汗水共同谱写了中国灿烂的历史文化。在我国广袤的大地上,有这样一个民族,他们的鼓楼形如宝塔,巍峨壮观;诗歌韵律严谨,健康明朗;神话传说题材广泛,引人入胜;刺绣亮丽多彩、高雅凝重;舞蹈自由和谐,欢快流畅——这就是侗族。这是一个充满智慧的民族,承天地之厚德,经过历史的积淀,创造出了形态万千、灿烂纷呈的民族传统文化。在侗族的文化艺术宝库中,还有一种原生态艺术形式——侗族大歌,在2006年央视三套的"青年歌手大奖赛"上,侗族大歌大放异彩,惊艳四座。1986年,在法国巴黎"金秋艺术节"上,贵州从江县小黄村侗族大歌一经亮相便博得满堂彩,被认为是"清泉般闪光的音乐,掠过古梦边缘的旋律"。

一、基本概况

侗族大歌有狭义和广义之分:广义的侗族大歌指侗族民间多声部合唱曲的总称;而侗语中称大歌为"嘎老","嘎"意为歌,"老"有宏大和古老的意思,是侗族多声歌中的一种,这是狭义上的侗族大歌。而我们今天所讲的侗族大歌,多是广义上的。总的来说,侗族大歌是一种多声部、无指挥、无伴奏、自然合声的民间合唱形式。而大歌的"大",主要体现在歌曲结构庞大、演唱队伍阵容宏大以及演唱场合隆重三个方面。

侗族大歌起源于春秋战国时期,至今已有2500多年的历史。侗族大歌分布在整个侗族南部方言区,主要流行于侗语南部方言第二土语区的贵州黎平、从江、榕江和广西三江等四个县,中心区域在黎平县南部及与之接壤的从江县北部。贵州榕江和广西三江的部分村寨属于大歌流传的边缘地区。

历史上,侗族没有自己的民族文字,所以侗族的一些民风民俗、生活习惯、文化传统等等大多靠歌声代代相传。"汉人有字传书本,侗族无字传歌声;祖辈传唱到父辈,父辈传唱到儿孙",这是侗族人民的真实生活写照。"饭养神,歌养心",这是侗族人民一直所坚信的,歌是侗族人民的精神食粮。在侗族地区,歌师被认为是最有知识文化、最受人尊重的人。侗族人民热爱歌唱自然,歌唱爱情与友谊——封闭的自然地理环境让聚落生活一直延续,人与人之间亲近没有隔阂;优美的山水风光孕育了侗族人民心中对自然的挚爱之情以及内心感悟山水而生发出的灵性与温柔。侗族人民在和谐之间创造出了这样贴近自然和生活的原生态艺术。

二、特点

内容是侗族大歌的一大特色，向往自然、歌唱劳动、赞美爱情和友谊是大歌的主要内容。若对大歌按内容进行分类，主要有以下几类：其一，一般大歌。即狭义的大歌“嘎老”，篇幅较长，规范正统，内容多为唱古，包括神话传说、历史故事、人生哲理等较严肃的题材，演唱气氛严肃庄重，一首歌少则十余段唱词，多则上百段。其二，声音大歌。以展示曲调为主，歌词较为精炼，旋律多模拟蝉鸣鸟语，流水潺潺等自然之音，空灵婉转，强调旋律的跌宕和声音的优美。其三，叙事大歌。题材多取自民间故事和真人真事改编成的故事，故事情节和人物对话是主要内容，旋律舒缓、低沉而忧伤。其四，礼俗大歌。是在各种礼俗场合演唱的多声歌的总称，有节日祭祀时演唱的踩堂歌、在酒席上敬酒时演唱的酒礼歌以及两队隔着拦路障碍对唱的拦路歌等。除上述分类外，还有戏曲大歌、童声大歌等分类。

侗族大歌的结构严密而精美，具有完整的三段式特征：每首大歌均由三部分组成，分成歌头、歌身、歌尾。歌头是大歌开始时一个相对独立的部分，其旋律可以体现地区特点，出于旋律的强调作用，领唱部分在旋律上与其他人员演唱的部分在旋律上大多一致；歌身包含了几乎整首歌的主要内容，是整首歌的主干部分；歌尾与歌头相互对应，将歌身镶在中间。歌身由若干歌段组成，一个歌段内包含了“起顿”“更夺”“拉嗓子”。“起顿”即起音，是领唱部分，相当于一段的引子，长短、风格由演唱者自己发挥；“更夺”是指由领唱进入齐唱的部分，是所属段的中心部分，叙述性强，结构长大；“拉嗓子”即段尾，是全队同唱的结构简洁的尾腔。这个部分只有虚词，起到了承前启后的作用，既是对歌词内容的延续，又为下一段“起顿”的领唱做准备。声音大歌中，这部分被延长，其目的是为了展现演唱者嗓音的动听和旋律的优美。一首完整的大歌是一个多段联曲体，例如以下排列：

大歌 A：歌头、歌身、歌尾

歌身：歌段 A（起音、合唱、段尾）歌段 B（起音、合唱、段尾）

大歌 B：歌头、歌身、歌尾

歌身：歌段 A（起音、合唱、段尾）歌段 B（起音、合唱、段尾）歌段 C（起音、合唱、段尾）①

在演唱特点方面，首先，侗族大歌演唱技巧丰富多样。侗族大歌采用“吟”的行腔方式，这样做使得声音听起来圆润流畅。链式呼吸是演唱大歌最基本的气息方法，气息控制自我随意发挥，以确保歌声的连续飘逸，让音乐动静结合，悠扬动听。舌尖颤音多用于模拟自然声响的歌曲中，如在《蝉之歌》中，领唱者在众人持续一个音的延长衬托下通过舌尖颤动发出“浪浪浪浪”的声音，模仿夏日蝉鸣。鼻腔共鸣和鼻音技巧的运用也是至关重要的，这样做使音色时而明亮时而朦胧，但并不是贯穿于整个过程当中。真假声混合唱法，多用于女生的中音区，凸显出旋律灵动感和跳跃度；真假声分明唱法用于男女声部合唱，低声部由男声持续出现在男声低音区，高声部则由女声领唱来完成。其次，侗族大歌有明确的声部区分，声部之间是领唱和合唱的关系。主旋律在低音部分，是高音的基础，这一部分是众人合唱；高声部由领唱在低声部旋律的基础上创造性的即兴变唱。但有时高声部也可为主旋律，即当低声部唱一个漫长的持续低音时，唱高声部的歌手以自己较为鲜明

① 参见张贵华：《侗族大歌的演唱特点及其形式美特征》，《中国音乐》2004 年第 3 期。

的旋律线,形成了相对独立的变体,它虽源出低声部,但都超过了低声部的地位,而形成了主旋律。

语言是侗族大歌的又一特色。所有侗族大歌的语言基本上都是本民族、本地区的方言。侗族方言的特点是声调多,富有音乐感,悦耳动听,且朴实自然,短小顺口。语言在音乐形象思维的过程中,对音乐会产生很大的影响,侗族的方言特色正是构成侗族大歌独特性的因素之一,侗族人民在他们的方言基础上进行长期的提炼,才酝酿出如此人间天籁。

侗族大歌内容丰富,涉及侗族人民生活的方方面面,是侗族人民现实生活的缩影;曲式结构独具民族特色,使其内容得到充分表达;演唱技巧以及声部划分独树一帜,使旋律时而灵动,时而宏大,时而欢快,时而低沉;语言完完全全体现了地方特色,纯真质朴,形象贴切,运用到侗族大歌中,似乎能让听众身临其境,细品侗族人民的生活韵味。

三、产业发展

2009 年,侗族大歌被列入《联合国人类非物质遗产名录》,标志着历史悠久的侗族大歌被全世界所认可,成为全人类宝贵的精神财富。在经济持续深入发展和文化选择愈趋多样性的时代,以侗族大歌为代表的原生态文化受到社会大众的喜爱,而以侗族大歌等民族文化为依托的旅游资源的开发与经营,在拓宽人们对文化体验选择面的同时,也带动了当地经济的发展。但是与此同时,侗族大歌在发展的道路上也滋生出了许多问题,引发了关于侗歌保护与发展的诸多思考。例如:现代教育对大歌的传承教育力度不够,学生学习压力大,没有足够的时间和机会学习侗族大歌;[①]文化多元化拓宽了侗族人民日常娱乐方式的选择面,侗歌班逐渐凋零没落,取而代之的电视、电影、流行音乐让侗族村寨的古朴气息一点点减少,侗歌的传承问题堪忧;一些地区的侗歌受到流行歌舞文化的影响,改变了侗族大歌传统风格,失掉了原先的文化韵味;文化生态保护与经济利益之间的冲突,一些政府只注重短期利益的做法破坏了侗族大歌原有的文化生态,造成了外界对侗文化的认知错误以及“伪民俗”现象的出现[②]……但值得肯定的是,近年来,各侗族大歌传承地区的政府和人民以及社会各界人士意识到了侗歌在传承和发展上出现的各类问题,并在保护侗族大歌的道路上进行了多角度、多方位的努力。经过各方资源的充分整合,侗族大歌在加大力度保持其纯粹性的基础上拓展了产业化发展的深度,为侗族大歌的保护和持续发展提供了有力支持。

党和国家的支持无疑是很重要的,在侗族大歌产业化发展中起着统领全局的作用。2012 年,国务院《关于进一步促进贵州经济社会又好又快发展若干意见》指出,贵州“要大力发展发展文化和旅游产业,把文化和旅游产业发展成为支柱产业,依托贵州多民族文化资源,建设一批文化产业基地和区域特色文化产业群”。凭借侗族大歌的文化魅力,在市场竞争中是可以占据优势地位的,党和国家的这一举措,无疑是给侗族大歌的发展创造了机遇。在侗族大歌传承地,政府部门都在积极作为。一是制定出台相关的政策法规。贵州省黔东南州的黎平县,当地政府对于侗族大歌的保护和发展十分重视,政府制定了《侗

① 参见邓敏文、吴定国、吴家宁:《侗族大歌研究五十年》,贵州民族出版社 2003 年版,第 469 页。

② 参见李子军:《广西三江侗族大歌的经济开发价值探析》,《柳州师专学报》2011 年第 5 期。

族大歌保护办法》《关于在全县开展民间侗族歌师、戏师及工艺师评选和命名工作的通知》《黎平县实施旅游开发战略中对侗族文化保护的实施意见》等相关政策法规。[①] 二是政府有关部门和学者、民间艺术家一道抢救、搜集和整理侗族大歌资源，建立以大歌风俗为核心的侗族文化生态档案馆，建立侗族大歌保护试验基地等。三是开展多种形式的保护传承活动。例如2013年广西三江侗族自治县举办“侗族大歌艺术节迎新春”大型民族艺术活动，来自三江各个村寨的侗族大歌队在程阳村鼓楼前欢聚一堂，场面十分热闹；2014年贵州省举办首届侗族大歌传承保护发展“百村歌唱大赛暨中国从江第十一届原生态侗族大歌节”，贵州、广西、湖南三省区的100支侗族大歌队参加，是侗族历来规模最大的一次侗歌表演赛。四是编写侗族大歌教材，使其走进当地的中小学音乐课堂，并聘请教师进校教歌；五是搭建融资平台，激活旅游产业活力。以侗族大歌为依托的文化旅游产业是侗歌传承地区经济发展的重头戏，通过政府搭建融资平台，能够实现优质资源的统一整合，有助于形成完整的民族文化旅游产业链。由黔东南州国资委牵头组建的黔东南州苗侗文化旅游产业投资有限责任公司，是一家注册资本金1亿元的国有独资公司，通过资本运作，上市融资，形成州、县联动，县、县互助的投融资平台，为州内旅游开发建设提供源源不断的资金支持，为黔东南的旅游业注入强劲的动力。[②] 政府实施一系列传承、保护、弘扬、发展侗族大歌的措施，既起到了指路明灯的作用，又体现了强大的助推效果。

“走出去”是侗族大歌实现产业化发展迈出的重要一步。侗族大歌想要发展，就不能单纯地像以往一样只是侗乡人民自娱自乐的一种文化形式，而应当转变观念，从产业发展的角度通过有偿演出、跨地域交流等方式，让侗族大歌为更多的人所接受和喜爱。贵州省黔东南苗族侗族自治州的黎平县积极推动侗族大歌走出去。迄今为止，黎平县侗族大歌表演队已经在上海锦绣中华民族文化村、中华民族大观园、北京中华民族园、海南中华民族文化村、济南九顶塔中华民俗欢乐园、贵阳红枫湖侗寨等全国十余个景点入驻表演，侗族大歌已然成为黎平县积极打造的一个旅游文化品牌。近年来，同隶属于贵州省于黔东南苗族侗族自治州的从江县侗族大歌表演队也积极地走向国际化大舞台。2007年4月11日，时任国务院总理温家宝率中国政府代表团出访日本，从江县小黄村几名侗族歌手随团出访，参加了“2007年中日文化·体育年”开幕式“守望家园——中国非物质文化遗产专场晚会”的演出。2012年4月22日，时任国务院总理温家宝率中国政府代表团出访德国，来自从江县的吴汉芸、陆秋园、陆晋情等4名“侗族大歌”歌手参与出访并献上演出。[③] 此外，从江县侗族大歌表演队还走进了美国、法国、新加坡、荷兰以及我国台湾和香港等地进行巡演。从自娱自乐、相对封闭到有偿表演、走出国门，侗族大歌在近年的发展过程中积极开展对外交流演出和商业演出，凸显出了经济效益的同时，进一步扩大侗族大歌的社会影响力，有力推动了侗族大歌的传播。

以旅游业为强有力的载体，打造民族旅游知名品牌。侗族大歌文化旅游最大的两个

---

① 参见邓钧、邓光华：《传承生存发展——论侗族大歌文化转型及其“可持续发展”》，《贵州大学学报》2014年第6期。

② 参见熊诚：《黔东南州国资委搭建融资平台激活产业活力》，2014年10月26日《贵州日报》。

③ 参见李田清：《从江侗族大歌蜚声国际舞台》，2014年5月23日《贵州日报》。

优势在于:第一,以真挚的感情打动人。在很多旅游业过度商业化的地方,游客大多兴致勃勃而去,垂头丧气而归。究其原因,正是因为景区内商业气息太浓,难见景区的本真状态。再者,形式化却无内涵的景区建设不能满足游客的精神感情需求。如济南市区的宽厚里,项目开发运营方多次表示要让宽厚里帮济南找回失落的根,然而事实并非如此。对有着四百年历史的宽厚里老街巷,开发商进行了过度改造,大拆大建,破坏了原有的肌理格局和古建筑风貌,许多老济南市民表示根本不能从中寻出老济南的味道。从上述情况可以得出对比,侗族大歌文化旅游的优势就在于突出了一个"情"字,侗族大歌里面倾注了侗族人民对生活,对自然的无限热爱,承载了侗族人民祖祖辈辈勤劳朴实、勇敢智慧的民族历史。一首侗族大歌,人们听到的是原汁原味的和谐之声,如同一股清泉流进心中,勾起人们无限的遐思。第二,返璞归真——优美的自然风光与独特的人文景观是亮点。十几年前,人们选择旅游目的地时,大多较为偏爱繁华的大都市,比如当时深圳的"锦绣中华""世界之窗"等人造景点,受到国内许多游客的青睐。但随着国家经济的腾飞,人们的生活质量逐渐提高,与此同时,更大的压力也随之而来。快节奏的生活方式不仅使人的身体得不到解放,心灵似乎也被束缚,于是许多人便开始希望从这样的生活方式中解脱出来,渴求一种返璞归真的人生体验。这时候,就需要实施品牌战略,让人们能够记住侗族文化旅游的优势所在。"原生态"是侗族文化旅游的出发点,亦是侗族文化推动品牌战略可持续发展的重要载体。以侗族大歌为依托的文化旅游,让人们疲惫不堪的心灵得到洗涤。层峦耸翠的高山,碧水微澜的河流,古朴典雅的建筑,热情好客的村民,最重要的是纯朴和谐的侗族大歌,令人体会到这世间的平和与美丽。依托侗族文化旅游的独特优势,侗族大歌的产业化发展在很多地区都取得了可喜的成果。从江县小黄村是誉满中外的侗族大歌发源地,先后被省文化厅命名为"侗歌之乡"、被国家文化部命名为"中国民间艺术之乡"。每年八月十五的"赛歌节",当地的老、中、青、少儿歌队分别进行比赛,并邀请周边侗寨共同参与,不计其数的省外及国外游客慕名而来,为的就是一睹侗族大歌的风采。为了将侗族大歌打造成为该地旅游业的优秀文化名片,从江县自 2004 年开始,连续六年成功地举办了六届原生态侗族大歌节,促进民族文化旅游业的大发展,推介、宣传优秀民族民间文化。如今,小黄村的旅游业发展越来越好。2015 年的"十一"黄金周,截至 10 月 7 日止,游客人数已达 1 万多人次,创历史新高。

创新传承方式、与其他艺术形式相融合,也是近年来侗族大歌走的一条新道路。2015 年 1 月 8 日,由中央民族乐团、中共黔东南州委、黔东南州人民政府主办,由中共从江县委、从江县人民政府承办,中央民族乐团、黔东南州歌舞团有限公司、从江县、贵州民间侗族大歌文化传媒有限公司联合推出的侗族大歌音乐诗剧《行歌坐月》在国家大剧院进行首演。该剧根据流传在贵州省黔东南苗族侗族自治州的侗族民间文学国家级非遗《珠郎娘美》改编创作,并牵手中国民族管弦乐进行演出。这一剧目既有侗歌清泉般的天籁之音,又能令人亲历一场曲折动人的爱情故事,与此同时还能欣赏高雅的音乐艺术,这样的艺术融合令人耳目一新。《行歌坐月》及其系列文化活动,是侗族有史以来最大的剧目,也是中国首个登上国家大剧院的侗族大歌题材剧目,为世人展现出了一台高品质的侗族文化艺术盛宴。此外,在《行歌坐月》的成功背后,贵州民间侗族大歌文化传媒有限公司与改制后的黔东南州歌舞团有限公司发挥了很大作用。在侗族大歌产业化发展路子上,需要相关民间文化传播公司和旅游开发公司等产业化开发组织机构来负责产业规划、旅游文化产品营销等工作，需要侗族大歌歌舞团通过不断深化企业改革，积极发展混合所有制经济，着力打造精品节目。2014年，由黔籍青年电影人丑丑担任出品人、编剧以及导演的影片《侗族大歌》在贵州省从江县高增乡民主村正式开拍。这是一部大型侗族故事影片，更是全国首批少数民族电影工程影片之一，讲述了三位侗族歌师之间关于爱情、友情、理性、相守的凄美故事。这是一部力求打造侗族大歌文化名片的影片，侗族大歌与电影艺术的融合，对侗族人民的情感与生活进行了艺术化的加工，并将侗族大歌的精气神悄然蕴藏于其中，让观众在关注故事情节的同时，又潜移默化地接受着侗族文化对其知识层面和审美层面的正面影响，从而对侗族大歌的保护传承和推广起到很好的推动作用。

应当注意的是，民族民间文化资源不能滥用。在推动侗族大歌朝着产业化发展的同时，不能将其过度商品化、利益化，不能让其内涵流失而变成徒有其表的躯壳。例如在当前的民族文化旅游中，存在很多破坏文化内涵的现象。比如胡乱修改民族节日时间以迎合游客高峰期，或者将优秀民族文化形式当做商业竞争和招揽顾客的所谓“招牌”，这些做法都是与文化发展相违背的，在侗歌的传承发展中应当警惕。

四、结语

在信息化时代，传统文化的传承和保护已然成为普遍性的难题。侗族大歌依然面临着多方面的挑战，产业化发展是侗族大歌在传承危机下找到的一条与现实相适应的发展道路。侗族大歌的发展必须要立足于其文化内涵的传承保护，守住了根，才能使得侗歌文化枝繁叶茂。同时，新的时代需要新的文化，侗族大歌应当做出相应的改变，以文化转型来适应当今社会的发展，使传统文化真正能够融入现代生活。

☞ 参考文献：

1.张贵华：《侗族大歌的演唱特点及其形式美特征》，《中国音乐》2004年第3期。

2.邓敏文、吴定国、吴家宁：《侗族大歌研究五十年》，贵州民族出版社2003年版。

3.李子军：《广西三江侗族大歌的经济开发价值探析》，《柳州师专学报》2011年第5期。

4.邓钧、邓光华：《传承生存发展——论侗族大歌文化转型及其“可持续发展”》，《贵州大学学报》2014年第6期。

5.熊诚：《黔东南州国资委搭建融资平台激活产业活力》，2014年10月26日《贵州日报》。

6.《从江侗族大歌蜚声国际舞台》，2014年5月23日《贵州日报》。

俄罗斯套娃：小小体积大文化

"套娃"是俄罗斯的一种民间木制玩具，由多个空心娃娃大小相套而成，可分可合，是俄罗斯民间艺术的典型代表。套娃中最常见的图案是一个名叫马特寥什卡的姑娘，她身着俄罗斯民族服装，戴着花头巾，提着篮子或手捧花束，"玛特廖什卡"也成为这种娃娃的通称。俄罗斯套娃不只是简单的民间艺术品，它更是承载着本国历史文化与风俗民情的俄罗斯文化之象征。

一、套娃来历与美丽传说

在众多文献中，并没有关于俄罗斯套娃来历的相关记载，但民间却流传着几种说法。

流传度最广的一个说法是，19 世纪末，俄罗斯传入了一种日本的玩具——以日本民间信仰"七福神"之一的弗库鲁马为表层形象，里面套着其余几个神像的玩偶。受此启发，当时的俄罗斯画家马留钦设计了一套玩具，由他亲自进行彩绘，著名玩具工匠维多什金刻制，二人合作完成了第一个俄罗斯套娃。后来，经过俄罗斯人民的不断雕琢改良，才有了今天形态各异、色彩绮丽的俄罗斯套娃。

另一种说法源自坊间的一个美丽传说：很久以前，草原上生活着一对俄罗斯族的兄妹，后来兄妹俩分隔两地，哥哥思念远在异地的妹妹，就把木头雕刻成妹妹的样子带在身上，每过一年，哥哥便会雕刻一个稍大的娃娃。后来，哥哥把这些大大小小的娃娃套在了一起，这便是最初的俄罗斯套娃。

还有一种说法认为，马特寥娜是旧时俄罗斯农村普通农妇的名字，其拉丁文词根为mater，意为"一家之母"。人们看到套娃上善良淳朴、健壮丰满的村姑形象，不觉联想到勤劳能干、儿女众多的农户家庭的母亲。所以正如文章开头所提及的，"马特廖什卡"便成为了这些制作精致的木头娃娃的名字。俄罗斯库兹明基庄园文化博物馆研究员奥克萨纳·马科韦茨卡娅说："马特廖什卡的外形十分符合俄罗斯人对俄罗斯妇女的传统概念，是农民眼中的美的典范。妇女应当是粗壮的、丰满的、结实的、健康的，有众多的后代。俄罗斯妇女对腰身不太讲究。一百年前，俄罗斯妇女的衣服非常宽松，这与当时马特廖什卡这个名字一样流行。"

二、套娃的制作及种类

俄罗斯套娃的制作工艺十分考究，凝聚了套娃艺人们大量的时间和心血。

制作套娃最理想的木材是椴木。初春时节的椴树，木料坚韧又富有弹性，易于加工并有利于颜料色彩的保持。将椴树砍倒，剥去树皮，暴露于空气中通风，一般时间不少于两年。而如果要做十五件套的娃娃，就要求单个套娃的内壁非常薄，这样一来，木材至少得晾晒五六年。木材晒好后，木料被放到车床上，艺人按照不同的大小下料，再将木材刨光，雕刻出一个个套娃木坯；先撤出最小的套娃木坯，之后才是其他的木坯；接着便将木坯从娃娃肚脐位置锯开，将上下两部分娃娃的中间掏空；最后将两部分扣在一起，套娃初具雏形。这一环节要求十分精细，上下两部分扣在一起应当严丝合缝，每个木娃之间的间隙也有一定的尺寸，盖上后应当游刃有余而又不显空旷，接着便是染绘上光以及烫金等工序。制作过程中，套娃的大小不用工具测量，艺人们通过自己的感觉和经验来确定。染色时，艺人们也是充分发挥自己的技巧和想象力，因此同一套娃娃经常会有不同的表情以及细节。这两个因素使得每一个娃娃都变得与众不同，散发着独特的光芒，体现出俄罗斯人民的智慧和审美情趣。

套娃不仅仅是将车床加工好的木坯雕琢上色。在工艺上，还可以分为烫金、烤漆、彩绘以及混合工艺四种套娃。

烫金套娃，顾名思义，就是将图案用特制的烫笔烫到娃娃上。这种手工工艺让我们看到木质材料本来具有的颜色，有一种原汁原味、古色古香的感觉。

彩绘套娃，在烫金的基础上涂上一层颜料，再将表面磨光，看起来较柔和。

烤漆套娃，是指在彩绘的基础上将特殊的漆料烤在娃娃表面，这些漆质绿色环保无毒害。这种工艺制作出来的娃娃基本不会褪色，色彩艳丽且光泽度好。

混合工艺套娃，也就是将以上多道工艺同时体现在套娃身上，是艺人们高水准的集中展示。

三、人物造型特征及颜色寓意

说到俄罗斯套娃的人物造型特征，人们脑海里便自然而然浮现出一位系着头巾、身着萨凡拉、手提篮子或手捧花束的圆脸姑娘形象。在俄罗斯的著名套娃产区，诸如谢尔盖耶夫、谢米诺夫、波尔霍夫等产地出产的套娃，对这位圆脸姑娘的诠释无非是衣着款式、色彩，人物面部特征、表情，手持之物以及周遭衬托等诸多细节上的不同。比如谢尔盖耶夫的套娃制作工艺严格，服饰十分考究，色泽亮丽，通常使用三四种颜色：红或橙黄、黄、绿和蓝，然后用一点黑色线条来勾勒轮廓。图案简约质朴，色调柔和，基本沿袭了第一个套娃的特点。而谢米诺夫生产的套娃则身材较为苗条，套娃底色大部分保留了木质的天然色泽，头上头巾较小，脸上泛着红晕，甚是可爱……然而无论哪个地方出产的套娃，都在共同演奏着俄罗斯民间传统民间艺术的主旋律，让“马特寥什卡”成为了俄罗斯传统文化的重要印记。

随着时代的发展，各种新观念也应运而生。市场的多元化，亦是让套娃艺人们充分挖掘想象力，对人物造型以及装饰进行新的构思和设计。除了传统的“马特寥什卡”，出现了许多突破传统的人物造型，比如体育明星、卡通形象、历史人物等等。别出心裁的“苏联和俄罗斯领导人”系列，从内到外分别是列宁、斯大林、赫鲁晓夫、勃列日涅夫、契尔年科、戈尔巴乔夫、叶利钦、普京等。但无论题材怎么变化，美丽的“马特寥什卡”依然深深地烙印在人们的心中。

市场上琳琅满目的套娃总是会带给我们很多惊喜，但大家应该知道的是，不同颜色的套娃也是有不同的特点的。比如红色热情鲜艳，最让人印象深刻；蓝色则充满青春和春节的气息，同时又代表着知识广博、心胸开阔，最适合送给男孩子当做礼物；黄色明朗跳跃，黄褐搭配自然优雅，黄绿搭配自然清新，黄青搭配积极明朗；紫色是象征着高贵的颜色，同时又充满神秘和细致，特别是紫与白色搭配的套娃，优雅大方，是喜好浪漫人士的首选。黑色的套娃独树一帜，让人耳目一新，可以令人思维清晰……总之，不同颜色的套娃各有千秋，都承载着套娃艺人们的心血。

四、人文价值

作为俄罗斯传统民俗的一部分，俄罗斯套娃发挥了它应有的审美功能，即对社会成员心理产生悦耳悦目、悦心悦意、悦志悦神的审美作用。它集创作、雕刻、绘画于一体，体现出了浓烈的俄罗斯风情，表达出了俄罗斯人民独特的审美情趣，并为全世界人民所喜爱。如今，到访俄罗斯的游客大都会选择套娃作为观光纪念品。它们无论是赠送亲友，还是作居家摆设，都令人兴致盎然。这种木质工艺品的天然纹理和独特造型呼唤出了人们心中对回归自然的向往，对民间智慧的珍惜。

俄罗斯套娃本身已然超越了物质形态的存在，它作为一种民间艺术代代传承，既保持着社会的连续性，又对新生或外来的事物不断吸收、消化和扬弃。1900 年，刚刚面世不久的俄罗斯套娃便在巴黎国际博览会上首次亮相并获奖，从而得到了世界的认可。在后来的两三百年，俄罗斯套娃在传承原有特色的基础上，不断进行探索，从人物造型和装饰的创新，到套娃衍生品的开发与生产，无一不体现着俄罗斯人民对自身传统文化的珍视和传承。

打开一个俄罗斯套娃，我们可能会发现一瓶散发着浓郁芳香的伏特加，一首意蕴深刻的普希金抒情诗，一泓清澈神秘的贝加尔湖水……一个个套娃，传达的是俄罗斯的深厚文化内涵以及社会生活图景。有这样一种说法：打开套娃，对最小的那一个娃娃诉说心中的愿望，请它帮你早日实现，并提醒它，等到愿望成真的时候才再次打开套娃。被关在大娃娃肚子里的小娃娃想要早点出来，因此就会想办法帮你早日实现愿望。在如今的人们看来，这显然只是一个美丽的传说，但我们仍然选择去珍惜与呵护这个精致的梦想，因为这是一种文化的魅力，被赋予在了小小的套娃之中，更加闪烁着迷人的光芒。

五、发展与启示

1900 年，俄罗斯套娃参加了巴黎国际展览会展出，受到观众热烈赞扬，获得了极高的关注度。而俄罗斯大批量生产套娃始于巴黎博览会之后。套娃原产地谢尔盖耶夫镇对自己的产品不断改进和创新，将该产区变成了琳琅满目的套娃大观园。2000 年，莫斯科实用装饰艺术博物馆举办了“俄罗斯套娃一百周年展”。那里汇集了各地的套娃精品，无论是传统工艺与题材的套娃，还是与时俱进的新鲜题材的套娃，都汇聚一堂，接受大家惊奇与赞赏的目光，体现出了俄罗斯套娃题材、造型、制作等诸多方面的多样性。

如今，俄罗斯套娃已经成为俄罗斯一项重要的文化产业。尽管在近十年间俄罗斯套娃的本国需求量以及外销在数据上呈现波动情况，但这一传统的产业地位仍然不可动摇。套娃的生产不仅仅催生出一批大工厂生产业，也是俄罗斯农村的一大产业，并给当地人民带来可观的经济收益。自1990年起，除了传统的产地外，莫斯科、圣彼得堡等大城市和一些旅游胜地，也开始生产套娃。在莫斯科街头，俄罗斯套娃几乎随处可见。在地铁站的小铺子里或广场售货摊上，人们都能见到这种独特的工艺品。在红场著名的古姆国营百货商店等高档商店里，做工精良的大型套娃甚至要卖数十万卢布，约合数万元人民币。

俄罗斯套娃在发展过程中之所以经久不息，其原因多种多样。

首先，作为一种民间艺术，俄罗斯套娃凝聚着俄罗斯历代能工巧匠的智慧创作和巧妙构思，传承着俄罗斯民族独特的历史与文化，见证着俄罗斯社会的种种改革与变迁，其浓烈的俄罗斯风情是俄罗斯的民族形象和灵魂。俄罗斯套娃以俄罗斯人民独特的审美标准被创造出来，负载的审美观念又影响和感染着无数人。俄罗斯套娃无论是作为赠品送给他人，还是自己收藏，都是一种对民间艺术和文化的喜爱和珍惜。

其次，作为一种必不可少的旅游纪念品，俄罗斯套娃具有以下几个特点：有寓意——无论是俄罗斯套娃的起源传说、对套娃许下心愿，亦或是不同颜色的套娃所体现的特色和意义，都将一些独特的文化寓意赋予在了套娃身上；独特精致——套娃的造型、工艺、寓意等方面，无一不体现着俄罗斯文化的独特性，而一个套娃在被作为工艺品或者商品之前，要经过复杂精细的十多道工序，凝聚了工匠们的智慧和心血；便于携带——作为旅游纪念品，便于携带是很重要的，俄罗斯套娃大都比较小巧精致，便于收藏携带；喜闻乐见——胖乎乎的套娃，绘上美丽的马特寥什卡，抑或是其他有趣生动的图案，一层层打开，不断收获惊喜，这大概是每个游客都乐意接受的旅游体验。

最后，作为一项产业，俄罗斯套娃得到了原产地保护、品牌经营等一系列现代营销学角度的发展。套娃产业除了有政府的规划支持、相当规模的产业集聚外，还不断从外延方向进行探索发展。经过视觉形象的提炼与应用、授权与合作、核心原理的再挖掘，为套娃产业增添了新出路。在ETSY网站上搜索俄罗斯套娃，我们会惊奇地发现很多色彩纷呈的俄罗斯套娃衍生品。俄罗斯套娃以自身的美感度和适宜度，让设计师们打开想象的大门，设计出一系列诸如服饰、文具、电子产品等等。诸多国际知名设计师也在自己的设计中融入了套娃元素，俄罗斯套娃的影响力可见一斑。

总之，对民间传统艺术的传承和发展，俄罗斯套娃是一个很好的例子。

六、结语

俄罗斯套娃不仅是一件民间手工艺品，更是外人了解俄罗斯社会人文风情和文化的重要窗口。俄罗斯注重对自身传统文化的挖掘和保护，在传承的基础上进行现代化的生产、管理和营销，让小小的套娃承载着俄罗斯的历史文化走遍了全世界。

参考文献：

1. 李升权：《俄罗斯套娃》，《世界文化》2007年第4期。
2. 王柯平：《旅游美学纲要》，旅游教育出版社1977年版。
3. 石应平：《中外民俗概论》，四川大学出版社2002年版。
4. 孙晓谦：《俄罗斯的旅游纪念品带给我们的启示》，《西伯利亚研究》2006年第4期。

历史名城

敦煌:佛教艺术幻城

甘肃、青海、新疆三省(区)的交会点有一块富饶、神奇、诱人的土地。这里有座古老而神秘的城市,它历经封建社会鼎盛时期汉风唐雨的洗礼,虽几度盛衰,但也因此留存下了灿烂的文化,珍贵的古迹。它立在中国古代连接东西方文明的丝绸之路咽喉上,东峙峰岩突兀的三危山,南枕气势雄伟的祁连山,西接浩瀚无垠的罗布泊,北靠嶙峋蛇曲的北塞山,面积达3.12万平方公里,是一个天然的盆地。它靠近荒漠戈壁,沙漠奇观神秘莫测、光怪陆离,但也有绿树浓荫遮挡黑风黄沙,党河雪水滋润肥田沃土,瓜果四季飘香。它,便是敦煌。

东汉应劭注《汉书》中说:“敦,大也。煌,盛也。”唐朝李吉甫在编撰的《元和郡县图志》进一步发挥道:“敦,大也。以其广开西域,故以盛名。”敦煌,如它的名字一般,以曾经的辉煌和博大精深的文化内涵闻名于世。

我们知道,西方艺术史中最辉煌的是古希腊、罗马时代,然后是文艺复兴时期,两者之间隔了一个长长的中世纪。中世纪不但在政治上是黑暗时期,在艺术上也是无所作为的时期。敦煌艺术是从北朝到唐、公元5～10世纪初的作品,就世界艺术史来讲,恰是中世纪艺术中的独特存在。所以,敦煌艺术又是人类艺术史上中世纪的辉煌遗存。① 著名学者季羡林先生也曾经指出:“世界上历史悠久、地域广阔、自成体系、影响深远的文化体系只有四个:中国、印度、希腊、伊斯兰,再没有第五个;而这四个文化体系汇流的地方只有一个,就是中国的敦煌和新疆地区,再没有第二个。”②其盛名由此可见一斑。

敦煌的盛名,离不开中国古代大师们历经千年时光的营造,也离不开热爱艺术的大家们近百年来对它的辛勤修复和保护工作。

一、千年的艺术营造

2013年,由全球战略经济发展委员会、世界城市世界企业研究会等机构联合推选的“2012年度中国特色魅力城市200强”名单公布,敦煌榜上有名。③ 作为一个具有特色魅力的城市,敦煌艺术的文化力量是首屈一指的。敦煌艺术秉承了古代印度佛教思想的传

① 参见李伟国《敦煌话语》,上海科技教育出版社2002年版,第160～162页。

② 参见季羡林:《敦煌吐鲁番学在中国文化史上的地位和作用》,《红旗》1986年第3期。

③ 参见张晓亮、谢圣举:《中国魅力城市200强兰州敦煌天水入榜》,2013年1月4日《甘肃日报》。

统基因，在对其引进、消化和吸收过程中，进行了汉化、重组和创新的长足发展。从前秦建元二年(336年)莫高窟鸣金开窟到元代(1368年)敦煌营造息鼓的长达1000多年的时间里，敦煌艺术成为推动世界佛教艺术蓬勃向前的一个巨大引擎。①

敦煌的艺术文化主要是以石窟建筑和石窟中的彩塑壁画为载体，其艺术手法精妙绝伦，堪称中华民族的宝贵文化财富和世界文化遗产。这些壁画还和纸、麻、布帛等材料上的绘画一起被统称为敦煌遗画。其次，还有一些雕版印刷品和木雕作品等也被留存下来。这些艺术品都是经过呕心沥血地打磨、逐步积累创作而成的。在数千年的时间里，许多中国古代各行各业的艺术家都为之辛劳。这些艺术品“以丰富的内容、变化多样的构图、独特的艺术风格、生动的艺术形象、强烈的艺术感染力向世人展示自己非凡的艺术魅力”②。

(一)敦煌石窟

敦煌石窟是古代敦煌地区佛教石窟寺的总称，包括今甘肃省敦煌市的莫高窟、西千佛洞，瓜州县的榆林窟、东千佛洞、水峡口下洞子，肃北蒙古族自治县五个庙，玉门市昌马石窟等。其中，开凿最早、规模最大、彩塑和壁画最精彩者首属莫高窟。

据史料记载，莫高窟的开凿始于前秦建元二年(336年)。当年，乐尊僧人云游经过鸣沙山东麓脚下，时间正值太阳西下，夕阳斜照在鸣沙山对面的三危山上，山顶上金光万道。乐尊举目观看，觉得山头仿佛有千尊佛在金光中闪烁，他认为这就是佛光显现，一心修行的他被深深地感动。于是乐尊顶礼膜拜，决心在这里拜佛修行，便请来工匠在悬崖峭壁上开凿了第一个洞窟。这便是敦煌石窟建筑的滥觞。

自乐尊在鸣沙山上看到金光万道、千佛现身开始，佛的力量鼓舞着王侯将相、达官贵人、商贾百姓、佛门弟子、善男信女都出资凿洞建佛，历经北凉、北魏、西魏、北周、隋、唐、五代、北宋、回鹘、西夏、蒙、元千余年不断地续建和重修，敦煌石窟先后被开凿了1000多个洞窟，是世界上现存规模最大、内容最丰富的佛教艺术地。

莫高窟现存石窟500多个，按建筑功用分为中心柱窟(支提窟)、殿堂窟(中央佛坛窟)、覆斗顶型窟、大像窟、涅槃窟、禅窟、僧房窟、廪窟、影窟和瘗窟等形制，还有一些佛塔。其中，窟型最大者高40余米、宽30米见方，最小者高不盈尺，不少是现存古建筑的杰作。此外值得一提的是，在多个洞窟外存有较为完整的唐代、宋代木质结构窟檐，是不可多得的木结构古建筑实物资料，具有极高的研究价值。

4～14世纪的历史长河中，莫高窟伴随着丝绸之路的兴盛在中国古代历史上繁荣了1000多年。朝拜者络绎不绝，香火不断，经久不衰，凝聚成了中西文明交融荟萃的结晶，是佛教文化艺术的宝藏。

联合国教科文组织在主席团第十一届会议审议认定敦煌莫高窟为世界文化遗产的文件中指出：“莫高窟符合世界文化遗产的第一、二、三、四、五、六全部六类标准。”与此同时，联合国教科文组织“世界遗产委员会”还对敦煌莫高窟做出评价：“莫高窟地处丝绸之路的一个战略要点。它不仅是东西方贸易的中转站，同时也是宗教、文化和知识的交汇处。莫高窟的492个小石窟和洞穴庙宇，以雕像和壁画而闻名于世，展示了延续千年的佛教艺

① 参见陈燮君：《敦煌艺术的文化力量——纪念敦煌研究院成立七十周年》，《敦煌研究》2014年第3期。

② 参见陈燮君：《敦煌艺术的文化力量——纪念敦煌研究院成立七十周年》，《敦煌研究》2014年第3期。

术。”被批准列入世界文化遗产保护名录的同时还能拥有如此高的评价，足以说明莫高窟具有无与伦比的价值。

（二）敦煌雕塑

敦煌石窟的主体是敦煌雕塑，这是敦煌艺术的重要艺术形式。《敦煌石窟艺术概论》列专章《敦煌石窟彩翅艺术》加以论述。敦煌雕塑中除个别外，均为泥塑，而敦煌泥塑都是敷彩的，所以一般称敦煌雕塑为敦煌彩埋。[①]

莫高窟内的塑像是从十六国至清代11个朝代1000多年间逐渐塑造起来的，从高达三十几米的巨像到十几厘米的小像都有。窟内保存2000余身彩塑，其中有1400余身基本完好。彩塑的对象是佛教尊奉的诸佛和诸神，是佛门弟子、僧俗大众敬奉和礼拜的各种偶像。有佛陀、菩萨、天王、力士、供养人像等，有虚构的宗教形式，也有世俗世界的真实人物。[②]

这些彩色塑像造型精美传神，是不可多得的珍宝。例如：彩塑供养菩萨像，面容圆润清秀，双臂平举，戴璎珞、臂钏，胡跪于仰覆莲台上。可惜双臂已毁，令人叹息。彩塑天王立像，立于泥台之上，身穿铠甲，头戴兜鍪，圆目怒睁，威严之气油然而生。但是左小臂、左足缺毁。供养菩萨，束高髻，面廓丰圆，双眼下视，上身披巾袒露，戴璎珞，着羊肠裙胡跪于仰覆莲台上，虽表层敷彩脱落、发髻顶和双手缺毁，仍可见其神韵。

除泥塑之外，敦煌也有木雕等雕塑形式。唐至五代时期的木雕六臂观音像，头和身躯由整块杨柳木雕刻而成，戴胸饰，着裙和带有锯齿状边饰的腰衣。这是敦煌遗存为数不多的木雕之一。上海博物馆馆长陈燮君先生在《敦煌艺术的文化力量》一文中曾提到这尊木雕，他感慨道：“据藏经洞发现之前的两位探险家的记录可知，敦煌莫高窟内也曾有木雕佛像。后伯希和盗走了许多，这尊幸免于难。”[③]

（三）敦煌壁画

敦煌莫高窟已经历了近1700年的历史长河，现存的500多个石窟中留有彩塑、壁画的达492个，共有壁画45000多平方米。如果以2米的高度把它们拼接起来则可长达25千米，可以称得上是世界上现存规模最大的艺术画廊。上海博物馆馆长陈燮君先生有言：“敦煌莫高窟的壁画艺术是敦煌石窟艺术研究的主体。就其壁画的内容来说，都是佛教经典的图解，属于佛教文化艺术的范畴，但它也从不同的角度直接或间接地反映了古代社会的现实情况，具有鲜明的时代性与民族性。”[④]

《敦煌石窟艺术概论》中将敦煌壁画分为13类：1.经变画；2.本生故事画；3.因缘故事画；4.佛传故事画；5.佛教史迹故事画；6.尊像画；7.山水画；8.出行图；9.动物画；10.音乐舞蹈；11.飞天；12.中国古代的科技史画廊；13.生产生活画。[⑤] 这13类壁画中所呈现出的内容，除了耕获、狩猎、捕鱼、拉纤、撑船、修建、制陶、驾驭车马等古代人们生产和生活的场景外，还有表现统治阶层穷奢极欲的日常生活，如乘舆、驭马、宴饮、出行、宫廷娱乐等，

---

① 参见杨雄：《论敦煌艺术的概念与分类》，《前沿》2011年第23期。

② 参见陈燮君：《敦煌艺术的文化力量——纪念敦煌研究院成立七十周年》，《敦煌研究》2014年第3期。

③ 陈燮君：《敦煌艺术的文化力量——纪念敦煌研究院成立七十周年》，《敦煌研究》2014年第3期。

④ 陈燮君：《敦煌艺术的文化力量——纪念敦煌研究院成立七十周年》，《敦煌研究》2014年第3期。

⑤ 参见郑炳林、沙武田：《敦煌石窟艺术概论》，甘肃文化出版社2005年版，第126～149页。

以及各个国家、各个民族友好交流和商贸往来的画面，生动而形象。这些壁画为研究古代人类的劳动生产、交通运输、音乐舞蹈、衣冠装饰的历史变迁提供了丰富的影像资料。此外，壁画中还有大量千变万化、内容丰富的极富装饰性的图案花纹，反映了古代人类纺织印染工艺发展的高度水平。

敦煌壁画以其故事的生动、色彩的鲜明、线描的传神而著名。在榆林窟中唐代表窟第25窟内，《西方净土变》《弥勒净土变》两幅大型主体经变位居南北两壁，其余都是等身的大型人物画，包括菩萨、天王、力士。窟内壁画色彩鲜明简洁，艺术精湛，已无盛唐之繁缛装饰。经变内的小型故事，画面虽小，但人物形象生动传神，是线描中的杰出神品。等身菩萨像婉约多姿，天王、力士笔力遒劲，虎虎生威，这一切尽在线描变化中传神。①

在敦煌壁画所有的内容中，以“飞天”最为有名。敦煌莫高窟492个洞窟中，几乎窟窟画有飞天。只要看到优美的飞天，人们就会想到敦煌莫高窟艺术。它是敦煌莫高窟的名片，是敦煌艺术的标志。人们一般认为它源于印度的原始宗教神紧那罗，并非佛教本身的人物。它是从一个外来的文化艺术形象通过融合创新才演变为中国的敦煌飞天的。在2010年播出的纪录片《敦煌》中，有一集《舞梦敦煌》专门记录了飞天的神韵，虚构了一个讲解飞天壁画来源的感人故事。剧集中虚构了一位名叫程佛儿的舞者，她在安史之乱中告别皇宫，千里迢迢来到敦煌，偶然路过一位多情的画师，画师惊艳于这位舞者绝伦的舞姿，默默将她画到了敦煌壁画中。程佛儿是虚构的，但她认真的舞姿却是真实的。千年后的今天，当女子们跳起一舞飞天，我们还是会惊艳于飞天的神奇优美。这便是敦煌壁画深入人心的影响之所在。

（四）敦煌书法

书法艺术，是中国传统艺术中的一个重要门类。与其他艺术形式（如绘画、雕塑）相比较，书法艺术有着极为突出的特点——源远流长并与中国传统文化结合紧密，受外来艺术影响较小而更为纯粹。而敦煌书法在中国书法中又占据了不可替代的重要位置。

《敦煌学大辞典》中有《书法》一类词条40余条，而书法词条的主要研究来源是敦煌文献，敦煌汉简便是其中之一。这些文献上的书法内容，从书体上说，大致可区分为篆、隶、章草等，细说又可分为篆、隶篆、篆隶、隶、隶楷、行隶、隶草等，书体多样。从书迹上看，更有各种各样的风格。有学者这样评价敦煌文献的书迹：“或古朴凝重，或流利酣畅，或方或圆，或拙或雅，或瘦劲，或丰腴，或正，或媚，仪态万方。”②值得一提的是，敦煌汉简全部为墨迹书写，字迹大多清晰可见，形神俱存。与之相比，多为碑刻的传统汉代传世书法自然是不可同日而语。

二、百年的文化保护

敦煌的营造于元代结束。但之后，敦煌千年的文化艺术积累并没有得到很好的保存，除了风雨等的自然侵蚀，它们真正的噩梦开始于光绪二十六年（1900年）。那年的四月二十七日，一个叫王圆箓的小道士无意中发现一道用土砖封住的门，用力打开后发现了无数

① 参见李其琼：《再谈敦煌壁画临摹》，《敦煌研究》2013年第3期。

② 杨雄：《论敦煌艺术的概念与分类》，《前沿》2011年第23期。

的经卷、佛帧绣像完好的排列在白色包裹之中，他变卖、送出了一部分敦煌藏经洞宝藏，由此撕开了敦煌百年的伤痛史。此后，敦煌宝藏又遭到了英国探险家斯坦因和法国探险家伯希和的劫掠。他们掠走了宝藏的大部分，将其中的经卷文书藏于英国国家图书馆和巴黎国立图书馆，艺术品则藏于大英博物馆和吉美博物馆。此后，劫余的文献虽由清政府下令押解回京，入藏京师图书馆，但来自日本、俄国和美国的盗宝者仍纷至沓来，对敦煌宝藏造成了巨大的破坏。[①]

宝物的流失和损坏令人叹息，但同时也引起了无数学者的关注。正如陈燮君先生所说："敦煌文献和文物的流散，是中国近代文化史上的一次重大损失，但它们的发现让世界认识到敦煌这颗曾经湮没在沙土之下昔日的无价明珠，推动了世界对敦煌文化与艺术宝藏的研究和保护。"受伤的敦煌文物，召唤着天南海北的人们奔赴敦煌，为它的保护和修缮而努力。

（一）敦煌学者

20 世纪 20 年代，常书鸿和一些学者来到艺术之都巴黎。他无意间在地摊看到一本《敦煌石窟图录》，被其中的雕塑壁画所震撼，随后便历经艰辛回到敦煌，开始对敦煌文化艺术的研究工作。

从前有一句话叫"敦煌研究所是从壁画临摹起家的"[②]。的确如此，敦煌文物的保护和研究工作是从画家们的临摹中开始的，也是借由他们的努力唤起大家的保护行动。1938 年，画家李丁陇奔赴敦煌，只身一人在幽暗的洞窟内临摹敦煌壁画，耗费数月之久，条件十分艰苦。之后他回内地开画展，呼吁政府和人民保护莫高窟。张大千曾两赴敦煌，在敦煌停留了长达两年的时间，对文物古迹进行了调查，为莫高窟和榆林窟编号，并临摹了莫高窟各时期壁画的代表作。此外，王子云等学者画家也曾经到敦煌考察石窟艺术，临摹壁画，以其研究成果在内地展开开画展等形式的宣传活动，使当时社会上要求保护莫高窟艺术的呼声四起，提高了敦煌在学术界的知名度。

（二）敦煌研究院

1943 年，常书鸿先生承担起筹建敦煌艺术研究所的重任。1944 年，经过艰苦的筹备工作之后，国立敦煌艺术研究所成立。从此改变了敦煌莫高窟长期无人管理、自由出入和任由个人临摹甚至破坏的无序状态，有序的壁画临摹和保护工作从此开始。

而后的几十年间，研究所历经国立敦煌艺术研究所、敦煌文物研究所、敦煌研究院三次命名。这也反映了人们认识到不同历史时期对敦煌壁画临摹工作的要求是不断变化的。但是，研究者们对敦煌文化艺术保护的决心是一直未曾改变的。

时至今日，保护、研究和弘扬敦煌石窟依旧是敦煌研究院的神圣职责。然而，时代在发展，网络技术赋予敦煌研究院新的重大使命——以数字敦煌为平台实现三者的有机结合。敦煌研究院应时代要求设立的文物保护技术服务中心，为敦煌艺术的数字传播提供技术支持。也因此成为了国家古代壁画保护工程技术研究中心的依托单位以及文物局的重点科研基地之一。接受国家文物局的委托，管理保护古代壁画，肩负着神圣而重要的

① 参见陈燮君：《敦煌艺术的文化力量——纪念敦煌研究院成立七十周年》，《敦煌研究》2014 年第 3 期。

② 陈燮君：《敦煌艺术的文化力量——纪念敦煌研究院成立七十周年》，《敦煌研究》2014 年第 3 期。

使命。

（三）世博演绎

2010年，中国上海世博会以“城市，让生活更美好”为主题，邀世界各国聚集上海浦江畔，共同举办了一届成功、精彩、难忘的世博会。其中，中国城市足迹馆的建设得到了以樊锦诗为院长的敦煌研究院的鼎力支持。上海博物馆馆长陈燮君先生在文章中回忆道：“一走进城市足迹馆序厅，首先映入世人眼帘的文物便是‘理想幻觉’展项中的‘东方理想幻城——莫高窟’的洞窟壁画场景、经卷和彩塑，充分演绎了敦煌壁画中大唐城市的盛世恢弘与开放胸怀。”①

城市足迹馆的精彩亮相使全世界得以共同领略世界城市文明的美学内涵，感受世界文化遗产的视觉震撼。敦煌作为神圣的佛学净土，守候着东方的理想，谱写了城市的华章。根据敦煌研究院提供素材，展馆利用数字影像技术复原了榆林窟第25窟和莫高窟第220窟的洞窟样式及其壁画，敦煌神圣的美由此展现在世界人民眼前。

敦煌是“世界上最大的古代艺术长廊”，人们很难找到还有第二个地方能像他这般凝聚着连绵的历史和不断中断的文明。总之，用任何溢美之词形容敦煌都不为过。就是这样一个地方，见证并记载了文明的成果。它是宗教的，艺术的，商业的。它不是官方的，而是民间的。它不在宫廷都市，而在乡野沙漠。敦煌，便是奇迹。

☞ 参考文献：

1. 陈燮君：《敦煌艺术的文化力量——纪念敦煌研究院成立七十周年》，《敦煌研究》2014年第3期。

2. 樊诗锦：《守护敦煌艺术宝藏，传承人类文化遗产——敦煌研究院七十年》，《敦煌研究》2014年第3期。

3. 杨雄：《论敦煌艺术的概念与分类》，《前沿》2011年第23期。

4. 郑炳林、沙武田：《敦煌石窟艺术概论》，甘肃文化出版社2005年版。

5. 李其琼：《再谈敦煌壁画临摹》，《敦煌研究》2013年第3期。

6. 季羡林：《敦煌学大辞典》，上海辞书出版社1998年版。

① 陈燮君：《敦煌艺术的文化力量——纪念敦煌研究院成立七十周年》，《敦煌研究》2014年第3期。

平遥:晋野古城　老街依旧

北方古城多起于苍茫大地,温和而干燥的气候、缺水多风沙的环境造就了它们古朴、醇厚的整体形象。平遥古城,地处晋中盆地中南部,与云南丽江、安徽歙县、四川阆中并称为中国现存最为完好的“四大古城”,至今已有2700多年的历史。它完好地保留了古代的城墙、庙宇、店铺和街道,保持着传统的布局与历史风貌,是中国古代城市的原型。砖石城池,雄浑质朴,给人以深沉厚实之感。负载着浓厚历史气息的城墙、极具传统特色的院落以及令人垂涎欲滴的美食都向人们展示着平遥古城延续至今的千年韵味。

一、古城文化:“儒”“商”“民”三位一体

平遥古城历史悠久。据中国古老的《尚书·禹贡》记载,最早时天下分九州,平遥数冀州,被称为“陶”。传说在西周时期,周宣王派大将尹吉甫北伐猃狁时,曾驻兵于此,修筑了西、北两面城墙。当时夯土城垣,还建有点将台,由此打造了平遥古城的雏形。秦始皇统一中国后,始设“陶”为平陶县。西汉时,代王刘桓置中都县。到北魏时期,为避太武帝拓跋焘的名讳,又改平陶为“平遥”,并一直沿用至今。明朝初年,为防御外族南扰,开始修建城墙,洪武三年(1370年)在在旧墙城垣的基础上重筑扩修,并全面包砖。此后,明朝各代都对古城进行过修葺,不仅更新了城楼,而且增设了敌台。清康熙四十三年(1703年)因皇帝西巡路经平遥,又增筑了四座大城楼,使得城池更加壮观。时至今日,平遥古城历尽沧桑。几经变迁,城墙总周长已达6163米,墙高约12米,成为国内现存最完整的一座明清时期中国古代县城的原型。

平遥古城是在中国礼制思想的影响下,按《考工记》的城市模式规划而成的古城镇,亦是明清时著名的商业城镇,是我国“规则”形态古城镇的典型代表。古城中现存有自元代、明代、清代、民国以来的民居共3797处,尤以清代为主。城内街道、古建衙门、市楼、商店、民居等还保留原有的明代形制,是全国重点文物保护单位,具有明清建筑艺术历史博物馆的美称。[1] 众多文物古迹及古建筑,其数量和品位均属国内罕见。整个平遥古城的建筑设置,集商、民、儒三位于一体,包含了几千年来晋商的人文情怀,也是以儒家伦理价值观为主体的传统文化孕育和发展的结果,对研究中国古代城市建筑和传统文化的发展具有极为重要的历史、艺术、科学价值。

---

① 参见姚梦园、许佳、陈艳:《浅谈平遥古城建筑的文化内涵》,《美术大观》2014年第1期。

（一）天人合一的儒家文化

中国古代营造城市，有严格的等级标准和布局格式，平遥古城就是严格按照“礼制”要求建造起来的。整个古城的建筑体制还体现了以儒家文化为主导的礼制程式，完全符合儒家思想的文化特色。古时建筑十分讲究“君君，臣臣，父父，子子”的礼制等级次序，也反映出“国有君，家有主”这种“三纲五常”的儒家礼制。儒家长幼有序、尊卑有别的中国传统礼制观念的思想完美体现在平遥古城建筑的设计布局文化理念上。[①]

第一，从城池的规模来看，平遥古城城方三里。按照我国古代城市规模的“礼序”标准，最高等级的城市应为天子居住的国都，城方九里；其次为诸侯管辖下的州郡府城，大点的为城方 7 里，稍次的为城方 5 里；县城则一般为城方 3 里。这个等级标准不可逾越。平遥是县城等级，因此城墙的每一边长都接近三里，严格地符合“礼序”标准。

第二，从城市布局来看，其布局完美体现了《周礼》“辨方正位”的思想，由此而体现出古代居民“天人合一”的精神追求。这种关系主要体现在：五方四象（“五方”即东、南、西、北、中，“四象”即左青龙、右白虎、前朱雀、后玄武）、突出中心、强化中轴、面南为尊等一系列汉族文化传统的“礼序”与习俗的布局程式。具体表现为：首先，平遥古城内街道纵横交错，街道形成“土”字形的格局，方位上严格遵从八卦，在格局上以南大街为主轴线，布局严谨，上下有序、左右对称；其次，有言曰：“古之王者，择国之中而立宫”，而四方之内便为“中”。因此，平遥古城将象征政权的县衙安置在全城的中心是完全符合礼制要求的。

第三，从建筑样式来看，古城内的民宅建筑完全符合儒家推崇的伦理道德礼制。平遥古城内的建筑大多以砖墙瓦顶的木结构四合院为主。四合院大多由几个套院组成，其院落布局轴线明确，组合得体，形成二进或三进的“日”“目”字形基本形式。四合院门大多四壁高耸、封闭严密。厚重的大门，充分表现了古代北方民居建筑坚固安全的特点，是儒家封闭观念的产物。建院时突出正房，正房房数多以奇数为主，禁用九开间，因按儒教礼制九为数之极，只可用于皇宫。正房的中堂有房门，其余的与内门想通，即体现出“一家之主”的地位。[②] 所谓“国有君，家有主”，“三纲五常”的儒家礼制由此反映出来。

第四，古城内道观、寺庙、文庙等的布局，也体现着同样的文化渊源。道教是中国土生土长的宗教，有“道出东方”之说；而佛教起源于西方的古印度，有着“佛自西来”的说法。因此，古城有着“左道右佛”的空间关系。具体来看，南大街（城市主轴）的东侧有清虚观、真武楼、火神庙、雷神殿等道教建筑；南大街的西侧有集福寺、白衣庵等佛教建筑。这种布局，既符合儒家的礼制要求，又融入了道教和佛教的文化内涵。平遥古城内的文庙则位于县城内东南隅，同云路门、文昌阁与魁星楼共同组成文风建筑群体。有人评价说：“文庙不仅历史悠久，规制齐全，而且文化内涵十分丰厚，充分地显示着汉民族历史中崇儒重道的思想文化特征，体现人们对于儒家文化的追求。文庙内的殿宇宏敞，布局壮观，其具体的建筑布局中有道观和寺院，代表了儒、道、佛‘三教合一’的思想；同时把庙和县衙署有机地统一在一起，体现了‘神人共治’的思想。”[③]

---

① 参见姚梦园、许佳、陈艳：《浅谈平遥古城建筑的文化内涵》，《美术大观》2014 年第 1 期。

② 参见姚梦园、许佳、陈艳：《浅谈平遥古城建筑的文化内涵》，《美术大观》2014 年第 1 期。

③ 姚梦园、许佳、陈艳：《浅谈平遥古城建筑的文化内涵》，《美术大观》2014 年第 1 期。

除此之外，平遥古城至今历经了600余年的沧桑风雨。在长约6公里的城墙上，有3000个垛口、72座敌楼，它们象征着孔子的三千子弟及七十二贤人。这些垛口与敌楼的修建凝聚了古人的智慧，从数量上最直接地表达出了对儒家思想的推崇。

（二）兼容并蓄的晋商文化

平遥是晋商的发源地。晋商坚持不懈的努力造就了平遥辉煌的金融历史，创造了中国金融商业史上的奇迹。晋商深受儒家思想的熏陶，他们通过学习儒家文化在经商上有着很进步的经商理念，被称为“儒商”。儒商精神的根本在“诚信”二字，在经商上普遍追求中庸、仁爱。他们的思想、理想、情感和气质，使得晋商的文化不断发展成熟，并在不断的审美实践和艺术熏陶中逐渐地显现其独特的人文气质。①

晋商大多喜欢把挣来的资金投入到文化与建筑等各方面，这使得晋商文化在这许多地方上得到继承与发扬。他们不仅注重修身养性，对居住的环境有审美情趣的需求，也有文化内涵上的需求。有人曾评价说：“晋商在建筑上不仅注重房屋的舒适性和实用性，也像文人般看中居住环境的高雅品位，他们几乎把全部的心血都在了房屋建造上，创造了令世人称道的杰作。平遥古城的建筑呈现出实用功能与建筑美学相统一的特点，贾儒结合这种精神享受和物质享受并重的建筑理念在山西的建筑上体现得淋漓尽致。”②

平遥古城的街巷有“四大街、八小街、七十二条灿蜓街”的说法，强调了古城内的路网密布、交通发达。作为交通主干下分的枝干，古城内大小古巷成为居民公共生活和居住生活的良好媒介。古巷联系了繁华的市井街道和民宅院落，使得人们的生活有条不紊。明清一条街为平遥古城的南北主轴线，为古城文化遗产的精华之一，也是古城最繁华的商业街区，同时也呈现出古文化的魅力。随着平遥古城的名声大振，明清一条街被人们誉为“东方的华尔街”。700多米长的古街上，荟集了大小古店铺多达百个。两旁的建筑包罗万象，有票号、钱庄、当铺、肉铺、杂货铺、绸缎庄等，几乎包容了当时商业的所有类型。这条小小的商业古街，造就了一大批商业英才。当年，晋商风流人物弄潮商海，纵横驰骋，刻画了中国金融的黄金时代。身处明清一条街，让人有时光倒流之感。街面不宽，尺度舒适，两边井然有序地排列着各式各样的小店，向人们诠释着当年繁华的市井生活。③

有经商理念的支持，平遥古城内许多票号如雨后春笋不断产生。票号建筑内多有大门，晋商认为门脸就是外在形象。山西平遥尤为出名的是“日升昌”票号，整个大院墙高宅深，布局紧凑，设计精巧。④ 在日升昌票号的影响下，山西票号迅速发展，极大地促进了当时的商业贸易。平遥票号云集，“相继有蔚泰厚、蔚丰厚、蔚盛长、天成享、新泰厚等21家票号崛起，独领金融风骚，成为清时全国金融中心”。

作为中国第一家现代银行的雏形“日升昌”票号的诞生地，平遥古城建筑不但蕴含丰富的人文思想，而且也饱含了晋商们的价值取向、情感寄托和审美理想。它在我国多种类型的传统民居中独树一帜，在晋商文化“商儒互补”的深层心理结构的影响下特色鲜明，形

---

① 姚梦园、许佳、陈艳.《浅谈平遥古城建筑的文化内涵》，《美术大观》2014年第1期。

② 姚梦园、许佳、陈艳：《浅谈平遥古城建筑的文化内涵》，《美术大观》2014年第1期。

③ 参见潘柳、王卓：《历史文化名城特色浅析——以平遥古城为例》，《建筑工程技术与设计》2014年第21期。

④ 参见姚梦园、许佳、陈艳：《浅谈平遥古城建筑的文化内涵》，《美术大观》2014年第1期。

成了建筑与装饰在风格上雅俗共赏和谐统一的人居环境。[①] 那些精致无比、保存完好的宅院，从艺术哲学上将人、建筑、文化三者协调统一，满足了人们对于建筑艺术的追求，同时也完美地阐释了古城建筑的文化内涵以及传承千年的晋商文化，解读了晋商辉煌的历史。

（三）别具一格的民俗文化

“兴盛的商业推动了民俗文化的发展。古县城的繁荣形成了特殊的生活环境，创造了平遥百年不变的独特民风、民俗。”[②]平遥的民间风俗很多，黄土高坡上温和而干燥的气候、缺水多风沙的环境造就了它们古朴、醇厚的整体形象。其风俗特色在祝满月、婚礼、旺十三、过寿等特殊时间或在春节、元宵节、端午节、中秋节、腊八节等重大节日中体现的尤为明显。与其他地区相似的是，平遥古城逢年过节，民间为了喜庆都要举办文艺活动。平遥的特殊之处在于——平遥为晋商发源地之一，这就导致了平遥会有更多的大户人家。他们为了“摆排场”、显自己的富贵之气，多会在举办文艺活动时掏腰包请戏班子搭台作场唱大戏，给平遥的民间艺术文化活动创造了更大的发展空间。

平遥的民间艺术在商业经济、地理环境等诸多特定因素的影响下兼容并蓄，得到了长足的发展，并形成了固定的模式。平遥县土特名产品种繁多：在吃食方面，有平遥牛肉、碗秃、平遥长山药、果子沟槟干、南依涧乡苹果、孟山醋柳（沙棘）汁、汾河区高粱，都各具风味，名不虚传；手工艺方面，有平遥推光漆器、民间剪纸、布艺；还有旱船、秧歌、背棍、杂耍等诸多表演形式，共同形成了平遥民间风俗文化的多样性。

在平遥所有的手工艺技术中，当属推光漆器最为出名。平遥推光漆器是中国四大名漆器之一，以手掌推光和描金彩绘技艺著称。它始于唐开元年间，盛于明清，距今已有1200年的历史。推光漆器以手掌推出光泽而得名，做法工序复杂，分木胎、灰胎、漆工、画工和镶嵌等五道工序。其外观古朴典雅，经久耐用，具有很高的实用价值和观赏价值。

除此以外，平遥古城建筑民俗表演也以其独特的演出方式传播着平遥的民俗文化。该民俗表演以古城静态画卷为背景，通过静动结合，用典型的清代平遥文化元素加上幽默生动的历史典故，通过生动的表演，让中外游客在此感受、体验历史时空的平遥盛景和民俗风情。平遥古城建筑民俗表演展示了一幅活态的世界文化遗产画卷，使游客更能直观生动地感受和体验文化遗产的魅力。[③]

二、文化资源开发

平遥古城能完整保存到今天，差不多是一个奇迹。有人猜测造就这个奇迹的原因可以归结为三点：一是经历的战火少；二是地下水资源缺乏，因而没有受到现代化工业建设的挤兑；三是地方财政困难，没钱进行旧城改造，后来又被列入国家历史文化名城和《世界文化遗产目录》，使得平遥古城幸运地保存了下来。保存完整的城市在一定程度上意味着精神文化的完好延续，为后人的研究保护工作提供了很大的便利。平遥县堪称文物宝库，

① 参见姚梦园、许佳、陈艳：《浅谈平遥古城建筑的文化内涵》，《美术大观》2014 年第 1 期。
② 参见姚梦园、许佳、陈艳：《浅谈平遥古城建筑的文化内涵》，《美术大观》2014 年第 1 期。
③ 参见姚梦园、许佳、陈艳：《浅谈平遥古城建筑的文化内涵》，《美术大观》2014 年第 1 期。

名胜古迹星罗棋布，举目皆是。已发现的地上地下遗址、遗迹、古建筑达300余处，国家、省、县三级重点文物保护单位共有99处，其中国家级3处，省级6处，县级90处，组成了一个以古城池为主体的古文物群。综合来说，平遥古城有以下突出的历史文化价值：(1)中国保存最为完整的古县城；(2)明清时期最繁荣的商业金融中心；(3)众多高品位历史文物的荟萃之地；(4)最大的汉民族古民居建筑群。①

凭借其强大的文化遗存优势，平遥古城于1997年12月3日被联合国教科文组织列为世界文化遗产。联合国教科文组织世界遗产委员会对它做出这样的评价："平遥古城是中国汉民族城市在明、清时期的杰出范例，平遥古城保存了其所有特征，而且在中国历史的发展中，为人们展示了一幅非同寻常的文化、社会、经济及宗教发展的完整画卷。"此外，平遥古城还是中国历史文化名城之一，享有华夏第一古城、世界文化艺术之苑、国际精品文化旅游县等诸多美誉。

中国的世界文化遗产以其独特的自然和文化景观吸引力，成为当地优秀旅游资源。②按《平遥古城申报世界文化遗产文本》所陈述："平遥是中国汉民族古代县城整体建筑的实物标本；是中国汉民族历史文化的多元载体；是中国民族银行业的发祥地和金融中心；是中国汉民族传统居住形式的杰出范例。"③很显然，平遥古城申遗的成功得益于其古城特征的鲜明，其特征的重点在文化，这是平遥古城发展文化旅游应该抓住的核心。近年来平遥举办的国际摄影大展，便充分利用了古城独特的人文和地理资源优势，以文化为互相交流的媒介，给古城注入了新鲜的元素，使古城更有魅力。④

平遥古城突出的历史文化价值和完整的历史风貌，特别是"世界文化遗产"这一名牌效应，吸引了越来越多的国内外游客观光、考察，使平遥古城由一个鲜为人知的小城变为一个极具吸引力的旅游目的地，旅游业从无到有迅速发展。据统计，平遥古城的旅游接待人数在1996年不足10万人次，到2002年增加到154万人次。旅游业正在成为平遥古城最重要的经济产业。在这一过程中，古城遗产与旅游业相互依存，初步形成了一定的良性互动关系。一方面，旅游业的迅速兴起，得益于古城文化遗产的保护和申遗的成功；另一方面，旅游业的发展，又进一步加强和推动了古城遗产的保护和社会的全面发展，并且在古城发展中占有越来越重要的地位。因此，"以旅游促保护"应该成为平遥古城保护和发展的主要思路。⑤

但是，在平遥古城的文化遗产资源为其旅游业大力造势的同时，不可避免的会出现开发和保护的矛盾，是很难协调的，也容易出现问题。其误区主要表现在：第一，古屋民居缺乏有效保护。据统计，平遥古城内现有古民居3797处，其中有重大价值的400余处，但得

---

① 参见陈峰云、范玉仙、朱文晶、李长安：《世界文化遗产旅游开发与保护研究——以平遥古城为例》，《华中师范大学学报(自然科学版)》2007年第1期。

② 参见阮仪三、肖建莉：《寻求遗产保护与旅游发展的双赢之路》，《城市规划》2003年第6期。

③ 阴汀：《古城文化PK旅游文化——从平遥古城引出的文化思考》，《全国第十二次建筑与文化学术讨论会论文集》2010年9月28日。

④ 参见姚梦园、许佳、陈艳：《浅谈平遥古城建筑的文化内涵》，《美术大观》2014年第1期。

⑤ 参见陈峰云、范玉仙、朱文晶、李长安：《世界文化遗产旅游开发与保护研究——以平遥古城为例》，《华中师范大学学报(自然科学版)》2007年第1期。

到修缮开发的仅有70处。① 古城内的明清民居作为古城遗产的重要组成部分，具有很高的历史文化价值，理应得到更多的保护，但情况却是如此的不尽如人意。由此一来，凭借古城遗产发展的旅游开发也必然难以进行。第二，游客接待周期性超载。由于节假日的影响，古城的游客流量严重不平衡——平日游客人数偏少，在旅游旺季（特别是两个黄金周期间）进入古城的游客却大大超过了最佳游客容量，对古城遗产的保护造成了极大的压力。第三，商业化倾向严重。古城旅游业的兴起使其优秀的历史文化得到传播和认可，本应该借势复兴的传统文化却遭到严重侵蚀。越来越多的本地居民和外来商客做起旅游经营，出售着大同小异、毫无特色的旅游纪念品，使本土文化遭到忽视，丧失了热情。此外，旅游管理混乱、古城搬迁进入误区等诸多问题都在打破平遥文化保护和旅游开发之间的平衡有序发展。

文化遗产是跨越了时空，向现代人展现地方历史文化的承载物，遗产地的一切资源形成了旅游者前往参观的核心吸引物。② 作为世界文化遗产地的旅游开发始终应坚持"保护第一"的原则，并建立科学合理的保护和管理。在正确认识遗产资源的特殊性和中国国情的前提下，以旅游开发为手段，彻底改善环境质量和服务质量，提高当地人民的物质和文化生活水平，只有这样，才能使保护工作从消极保护转化到积极保护的轨道上来。③

城市的品质有赖于历史文化的滋养，历史文化又需要历史遗址、历史街区以及民风民俗等特色要素来共同承载。保留城市历史的原真性和地域性、增强其可读性，以此我们能够更加清晰地审视当今城市城市化未来发展的方向。④ 晋野古城，老街依旧。平遥这座历史悠久的文化古城，将在对文化遗产保护和旅游开发的不断探索中继续前行。

☞ 参考文献：

1. 陈峰云、范玉仙、朱文晶、李长安：《世界文化遗产旅游开发与保护研究——以平遥古城为例》，《华中师范大学学报（自然科学版）》2007年第1期。

2. 刘改芳、张东燕：《文化遗产类旅游景区解说系统评价——以平遥古城为例》，《山西大学学报（哲学社会科学版）》2008年第5期。

3. 潘柳、王卓：《历史文化名城特色浅析——以平遥古城为例》，《建筑工程技术与设计》2014年第21期。

4. 阴汀：《古城文化PK旅游文化——从平遥古城引出的文化思考》，《全国第十二次建筑与文化学术讨论会论文集》，2010年9月28日。

5. 阮仪三、肖建莉：《寻求遗产保护与旅游发展的双赢之路》，《城市规划》2003年第6期。

① 参见陈峰云、范玉仙、朱文晶、李长安：《世界文化遗产旅游开发与保护研究——以平遥古城为例》，《华中师范大学学报（自然科学版）》2007年第1期。

② 参见刘改芳、张东燕：《文化遗产类旅游景区解说系统评价——以平遥古城为例》，《山西大学学报（哲学社会科学版）》2008年第5期。

③ 参见陈峰云、范玉仙、朱文晶、李长安：《世界文化遗产旅游开发与保护研究——以平遥古城为例》，《华中师范大学学报（自然科学版）》2007年3月第1期。

④ 参见潘柳、王卓：《历史文化名城特色浅析——以平遥古城为例》，《建筑工程技术与设计》2014年第21期。

6.姚梦园、许佳、陈艳:《浅谈平遥古城建筑的文化内涵》,《美术大观》2014年第1期。

7.冉平:《平遥古城的日升昌票号》,《兰台世界》2009年第15期。

8.刘改芳、张东燕:《文化遗产类旅游景区解说系统评价——以平遥古城为例》,《山西大学学报(哲学社会科学版)》2008年第5期。

9.欧阳虹彬、张卫:《比较阅读:洪江古镇与平遥古城》,《重庆大学学报》2008年第1期。

曲阜:来自遥远岁月的人文化石

我们早已习惯了用“孔子故里,东方圣城”来定位曲阜,这很符合现代社会快节奏的审美特点——直白宏大、易于解读。但是,曲阜绝不是如此的直白简洁,它在数千年的悠悠岁月中留下了丰厚的文化遗产,巍峨的庙堂、寂静的古巷,无一不在诉说着曲阜的辉煌。

一、名城印象:鲁城中有阜,委曲七八里

曲阜位于今山东省中南部广阔的冲积平原上,土地肥腴,资源丰富,气候适宜发展农业和桑麻种植。① 它北依泰山,南瞻凫峄,东连泗水,西抵兖州,南北最大纵距35.8公里,东西最大横距25公里,总面积895.93平方公里,位居北京与上海连线的中心,北距省会济南135公里。

“曲阜”之名,始见于《礼记·明堂位》:“成王以周公为有勋劳于天下,是以封周公于曲阜,地方七百里,革车千乘,命鲁公世世祀周公以天子之礼乐。”②东汉应劭《风俗通义》曰:“今曲阜在鲁城中,委曲长七八里。”③但是,这仅是以地貌特征统称该片区域,真正以“曲阜”命名城市,是从隋朝开始的。

自上古至周,曲阜多为帝王之都和侯国都城。中国远古时代最有影响的三皇五帝就有四人在曲阜留下了活动的踪迹,其中三人在此营建了都城。其中,传为五帝之一的远古部落首领少昊便曾都于曲阜。同时,曲阜也是中国古代伟大的思想家、教育家、儒家学派创始人孔子的诞生地。孔子和儒家思想使曲阜斐声中外,成为曲阜最重要的名帖。

3500年前,人类进入文明史以后,曲阜在商代为奄国,并一度为商王朝的首都。两汉时曲阜分别为鲁王、东海王国都。古鲁国至公元前249年为楚所灭,历经870余年兴衰的鲁国史,既有作为东方政治文化中心而威慑四方的鼎盛世代,也有江河日下、风雨飘摇、大厦将倾的历史衰变。④

曲阜历经西周至明清3000余年的发展,不但拥有丰富的文化内涵,也形成了独特的城市形态。就在这千年的历史积淀之后,曲阜顶起了如今的盛名。1961年,鲁故城遗址

---

① 参见谷键辉:《曲阜古城营建形态演变研究》,山东大学博士学位论文,2013年。

② 孙希旦:《礼记集解》,中华书局1989年版,第842页。

③ 应劭:《风俗通义》,中华书局1981年版,第472页。

④ 参见韦群:《曲阜,行走在远古吟唱的岁月里》,《现代语文(教学研究)》2012年第21期。

被国务院公布为第一批重点文物保护单位；1982 年曲阜荣膺中国政府首批公布的 24 座历史文化名城之一；1994 年 12 月，经国际古迹遗址理事会（ICOMOS）的大力推荐，在联合国教科文组织世界遗产委员会第 18 次会议上，曲阜的“孔府、孔庙、孔林”三处历史遗产被作为一个整体收录入联合国教科文组织世界文化遗产名录，曲阜由此而声名远播。[①]

在此之后，曲阜凭借其深厚的历史文化致力于打造文化城市。1997 年，国家旅游局又把曲阜确定为中国 35 个王牌旅游城市之一；1998 年 12 月，被命名为“第一批中国优秀旅游城市”；2004 年，被评为中国文物工作先进市；2007 年，孔庙、孔府、孔林被评为国家 5A 级旅游景区。曲阜是真正有美好风光、深厚历史、文化盛名的历史名城。

二、文化品牌：“至圣先师”＋“人文始祖”

我们知道，不同地域的城市往往成为当地地域文化的载体，呈现出各不相同的鲜明特点。但有些城市体现出的却不仅是地域价值，而是在世界范围内产生的强大文化影响，曲阜即为一例。[②]

数千年的历史发展中，曲阜这片土地上留下了多个遗迹遗址。在物质增长方式趋同、城市化浪潮迅速推进的今天为寻求城市的新发展，历史文化遗产自然成为城市发展的资本和动力，体现出较强的经济社会价值。正如吴良镛先生所言：“每个城市如果真正地深入地研究自己的历史文化，总结其历史经验，捕捉当前发展的有利条件，创造性地制定发展策略，不失时机地集中地调动多方面的积极因素（包括文化优势），等等，城市发展必将大有作为。”[③]

曲阜作为国家级历史文化名城，在其漫长的形成和发展过程中孕育出独特的文化，有的得以较为完善的留存。曲阜的文化遗存主要有两个核心：一是“中华文明的滥觞—黄帝—人文初祖”；二是“儒家思想的发源—孔子—至圣先师”。概括来说，就是打出两类文明（始祖文明、儒家思想）、两个人物（黄帝、孔子）、两种形象（人文始祖、文化巨擘）的文化品牌。一方面，孔子和儒家思想蜚声中外，能够作为曲阜的形象代表是无疑的，也成为人们认识上的定势；另一方面，始祖文化一直隐性地存在着，鲜为人知，但也丰富着曲阜的文化内涵。[④]

（一）文化巨擘，儒家思想的发源

公元前 551 年，孔子诞生于鲁昌平乡陬邑（今曲阜市南辛镇）。当时正是“礼乐崩坏，群雄争霸”的历史大变局时期，处于古鲁国由鼎盛走向衰落的历史转折点上。

春秋末期，孔子首创私人讲学之风，“以诗书礼乐教，弟子盖三千焉，身通六艺者七十

---

① 参见谷键辉：《世界文化遗产、历史文化名城与城市空间发展以曲阜为例》，《建筑与文化 2008 国际学术讨论会论文集》，2008 年。

② 参见谷键辉：《世界文化遗产、历史文化名城与城市空间发展以曲阜为例》，《建筑与文化 2008 国际学术讨论会论文集》，2008 年。

③ 吴良镛：《百家讲坛之历史与文化：中国建筑文化的研究与创造》，2003 年 1 月 13 日《百家讲坛系列讲座》。

④ 参见朴松爱、樊友猛：《文化空间理论与大遗址旅游资源保护开发——以曲阜片区大遗址为例》，《旅游学刊》2012 年第 4 期。

有二人"[①]，遍及秦、齐、宋、卫、楚、陈、吴等国，曲阜由此成为当时的教育中心。他还周游列国，宣扬克己复礼的政治主张；修《春秋》，创建儒家学派，维护礼乐制度。孔子一生主要活动在鲁国，从而使鲁国成为儒学中心，对周围地区也产生深远影响。

由于孔子的儒家学说维护礼乐制度，为恢复和巩固统治秩序服务。因而在数千年的封建社会中，历代帝王出于维护封建大一统的需要，尊崇孔子，崇尚儒学，对孔子屡加谥封褒扬，或亲至孔子庙堂祭祀，或遣官致祭，极隆崇之至。对他的弟子及其后裔更是恩渥备加，代增隆重。中国历史上朝代更迭不已，而孔子及其思想的地位却越来越高。最直接的表现便是祭孔大典于悠悠两千年间代代相传，不仅从未间断而且日益隆重。祭孔大典也由此成为中国唯一完好保存下来的古代大型祭祀雅乐，堪称世界祭祀史上的奇迹。

孔子所创立的儒家文化也成为中国传统文化的主流，深深根植于中国文化的传统中，又对中国文化产生了强大的影响，是中国两千年来一脉相承的正统文化。每一个中国人乃至华人华裔都深受儒家文化传统的影响。[②] 而曲阜作为儒家学派创人孔子的故乡、儒家思想的发源地，拥有着孔子文化这一得天独厚的资源。

因此，曲阜致力于利用孔子文化打造文化旅游。无论是旅游者欣赏"杏坛圣梦"表演的消费活动，还是旅游目的地举办"孔子修学旅游节"的经营活动都具有明显的文化指向性。可以说，曲阜市文化旅游的发展促进了孔子文化的推广，孔子文化的推广也推动了曲阜市文化旅游的发展。[③] 近年来，声势浩大的祭孔活动遍布世界各地，专门祭祀孔子的孔庙至今尚存 1300 多座，而且保存完好，祭祀活动不断，这就是孔子文化推广的结果。

不得不说，曲阜文化已经通过孔子文化彰显出巨大的影响力。2010 年，在由《搜狐旅游》《行游天下》旅游杂志社主办的"美景中国・中国最美的旅游胜地排行榜"中，曲阜"三孔"景区被评为"中国十大遗迹遗址博物馆"。其评语为："一本《论语》成了中华文化的脉络，一座孔庙成了中国文化的地标。走进曲阜，寻中国儒学之源，探华夏文明之精。"[④]这段话体现了人们对孔子故里的敬仰，也表明了曲阜孔子文化旅游建设的成功。

（二）人文始祖，中华文明的滥觞

曲阜一带作为史前东夷文化的中心区，其文化历史之悠久、内涵之深厚、影响之深远，不仅在中国而且在世界文明发展史上也是少有的。从古文献学、考古学的角度看，作为中华文化发展的重要源头之一，伏羲、炎帝、黄帝、蚩尤、少昊、尧、舜、禹等都在曲阜一带留下足迹。

据古史记载，炎帝神农氏自都陈徙曲阜，黄帝自穷桑徙曲阜，黄帝之子少昊都曲阜，舜作什器于寿丘。寿丘被认为在鲁东门之北，也就是曲阜城东四公里的地方，相传是黄帝出生地。虽然这些记载都无从考证，但是陆续发现的人类文化遗址足以说明，早在四五千年前，人类便已经在此生息劳作，并创造了发达的物质文化。所以说，曲阜是中华文化重要的发祥地之一，是中华民族自古以来的人文圣地。曲阜古城的发展见证了文明进程的发

---

① 司马迁：《史记》，中华书局 1959 年版，第 1938 页。

② 参见谷键辉：《世界文化遗产、历史文化名城与城市空间发展以曲阜为例》，《建筑与文化 2008 国际学术讨论会论文集》，中国建筑学会，2008 年。

③ 参见司莉娜、马爱萍：《曲阜文化旅游及孔子文化的推广研究》，《旅游论坛》2008 年第 2 期。

④ 侯祥燕：《曲阜三孔荣获中国最令人惊叹的十大遗迹遗址博物馆》，济宁新闻网，2011 年 5 月 26 日。

展。作为中华文明的滥觞之地，曲阜的文化遗存显得十分珍贵，也成为了曲阜的文化品牌中浓墨重彩的一笔。

三、文化遗产

悠久的历史，灿烂的文化，为曲阜留下了辉煌的文化遗产，使之成为当今人类共同的财富。就物质遗产来说，曲阜境内现存 800 余处各类文化遗存。其中，金元明清古建筑 1300 多间，西汉以来历代碑刻 5000 余块，古树名木 17000 余株，库藏文物 11 万余件，孔府明清文书档案 26 万余件。[①] 辖区范围内仅各级重点文物保护单位就达 110 多处，其中孔庙、孔府、孔林、鲁国故城遗址、颜庙、九龙山汉墓群等 6 处为全国重点文物保护单位。文物密度之高居全国之最，加之遍布城内的传统建筑、古老街区，构成了得天独厚的城市文化资源。[②]

（一）孔府、孔庙、孔林

在曲阜浩瀚的文物古迹中，最为人们所熟知的当数孔府、孔庙、孔林。孔府是孔子以及孔氏家族生活的地方，孔林是埋葬孔子的家族墓地，而孔庙则是祭祀孔子的礼制庙宇。[③] 这组建筑群并称“三孔”，与孔子文化联系最为密切，是后世人们追思孔子、祭祀孔子的场所，也是承载孔子思想、延展儒家文化的载体。孔庙、孔府、孔林是一个很好的自然博物馆，也是孔氏家族的一部编年史，以丰厚的文化积淀和丰富文物珍藏而著称。

1. 孔府

孔府位于曲阜城中心孔庙的东侧，占地面积约 1.6 万平方米，有楼房厅堂共 463 间，九进院落，三路布局。孔府与孔庙相比，风格较朴素，屋顶用青瓦，梁柱用黑漆，彩绘也不是最高规制。[④]

孔庙黄瓦叠檐，雄伟壮观，庄严雄浑，其建筑形式具有中华民族传统的建筑风格，体现了中国传统文化与建筑艺术的有机结合，展示了恢宏壮丽的气势。孔庙的建筑装饰制式以大成殿最为典型。大成殿四周回廊有 28 根八棱水磨雕龙石柱，尤其是大成殿前檐廊下的 10 根深浮雕的盘龙石柱，工艺精湛，为世所罕见。这十根石柱上的装饰运用的是典型的传统吉祥纹样里的二龙戏珠纹和云纹，整体画面运用深浅浮雕的形式，从整体到局部细节，无不体现出历代帝王对孔子的尊崇和孔庙极高的历史地位。[⑤]

曲阜旧城正南，正对孔庙的是仰圣门。古时七尺或八尺叫作“一仞”，后人觉得“夫子之墙数仞”仍不足以表达出对孔子的敬仰，于是明代胡缵宗题写了“万仞宫墙”镶在仰圣门上。清乾隆皇帝为表示对孔子的尊崇，又换上了自己亲笔书写的“万仞宫墙”四个大字。[⑥]

---

① 参见韦群：《曲阜，行走在远古吟唱的岁月里》，《现代语文（教学研究）》2012 年第 1 期。

② 参见谷键辉：《世界文化遗产、历史文化名城与城市空间发展以曲阜为例》，《建筑与文化 2008 国际学术讨论会论文集》，中国建筑学会出版社，2008 年。

③ 参见王娟：《走进山东曲阜——孔子的故乡》，《华章》2011 年第 33 期。

④ 参见王娟：《走进山东曲阜——孔子的故乡》，《华章》2011 年第 33 期。

⑤ 参见王文灏：《曲阜孔庙建筑装饰制式的民间审美体现》，《民俗研究》2012 年第 6 期。

⑥ 参见侯邵军：《行走地球村——山东孔庙掠影》，《新闻前哨》2012 年第 9 期。

2.孔庙

曲阜孔庙,也称"至圣庙",是历代帝王祭祀孔子的庙宇,位于古鲁城的西南部。孔庙始建于孔子去世后的第二年,即公元前478年。鲁哀公将孔子生前"庙屋三间"辟立为庙,陈列孔子生前使用过的衣、冠、琴、车、书,春秋两季依时祭祀,开启了祭孔的历史大幕。现在的孔庙基本格局是明弘治十六年(1503年)形成的,到了清代又经过多次重修,才形成了今天的规模。孔庙占地面积230多亩,主要建筑包括5殿、1阁、2坛、2庑、2堂和17座碑亭,共466间,各种门坊57座,古树1700余株,碑碣2200余块,南北长达1300多米。①孔庙是以皇宫的规格建造的,是我国"三大古建筑群"之一,在世界建筑史上占有重要地位。

孔府收藏大批历史文物,最著名的是"商周十器",亦称"十供"。"十供"纹饰精美,造型典雅,原为宫廷所藏青铜礼器,清乾隆三十六年赏赐于孔府。孔府还收藏金石玛瑙、竹木陶瓷、玉雕珊瑚、衣冠剑履以及历代名人字画,其中元代七梁冠为国内仅有。另外,孔府档案是世界上持续年代最久、涵盖范围最广、保存最完整的私家档案。

3.孔林

孔林本称"至圣林",位于曲阜城北1.5公里处,占地3000多亩,林墙周长5591米,坟冢10万余座。墓葬数量之多、规模之大、保存之完好,在世界上绝无仅有,是世界上延时最久的家族墓地。

孔林是孔子及其家族的墓地。孔子死后,其弟子们把他葬于鲁城北泗水之上。他的后代从冢而葬,时日积累,形成了今天的孔林。弟子们带来各自家乡的树种栽植在孔子墓周围,子贡所植楷树在明代枯死,仅存树桩,后人立碑建亭以示纪念。孔林内树种很多,柏、桧、柞、榆、槐、楷、朴、枫、杨、柳、檀雒离、女贞、五味、樱花等各类大树现已有10万多株。

(二)祭孔大典

祭孔,是华夏民族为了尊崇与怀念至圣先师孔子,而主要在孔庙举行的隆重祀典。

祭孔活动最早始于公元前478年,即孔子卒后的第二年,由鲁哀公拉开祭孔历史大幕。而将祭孔大典升格为"国之大典"的是汉高祖刘邦,他于公元前195年首次以最高的祭天大礼"太牢"祀孔子,首开帝王亲临阙里祭孔先河。随着中国历代封建帝王对孔子的褒赠加封,祭孔大典也日益隆重。历史上曾先后有11位皇帝18次亲临曲阜祭孔。② 两千多年来祭孔从未间断,成为世界祭祀史、人类文化节史上的一个奇迹。③

曲阜文化已经通过祭孔活动彰显出巨大的影响力。专祀孔子的孔庙分布世界各地,最多时达3000多座,至今尚存1300多座,且保存完好,每年孔子诞辰日之际,都有祭祀活动,祭拜者络绎不绝。④

2006年5月20日,山东省曲阜市申报的祭孔大典经国务院批准列入第一批国家级

---

① 参见韦群:《曲阜,行走在远古吟唱的岁月里》,《现代语文(教学研究)》2012年第1期。

② 参见韦群:《曲阜,行走在远古吟唱的岁月里》,《现代语文(教学研究)》2012年第21期。

③ 参见刘翠霞、李倩:《圣地沐春行摄癸巳年春季祭孔大典》,《旅游世界》2013年第5期。

④ 参见司莉娜、马爱萍:《曲阜文化旅游及孔子文化的推广研究》,《旅游论坛》2008年第2期。

非物质文化遗产名录。祭孔大典用音乐、舞蹈等集中表现了儒家思想文化，形象地阐释了孔子学说中“礼”的含义，表达了“仁者爱人”“以礼立人”的思想，对于弘扬优秀传统文化、营造和乐氛围、构建和谐社会、凝聚民族精神具有不可替代的社会作用。

新的历史时期的祭孔大典，不仅将成为中华民族优秀群体集体缅怀先圣、继承优良传统、弘扬中华美德、提高民族素质、加强民族凝聚、增强民族自信、振奋民族精神、激励后昆奋进、促进世界和谐、推动人类文明的有效途径和方式，同时也将在中国文化史、世界祭祀史、人类文明史上留下浓墨重彩的一笔。

今天的曲阜，在守望着自己古老精神家园的同时，也致力于文化的保护和利用，使得184处各级文物得到了很好的保护，留给世人一个婉约迷人、摄人心魄的城市印象，是当之无愧的历史文化名城。

鲁城中有阜，委曲七八里。走过幽幽古巷，轻抚斑驳院墙，来自遥远岁月的人文化石在齐鲁大地上熠熠生光。曲阜古老而丰厚的文化遗存，无疑是历史名城中浓烈的一笔。

☞ 参考文献：

1. 韦群：《曲阜，行走在远古吟唱的岁月里》，《现代语文(教学研究)》2012年第1期。

2. 朴松爱、樊友猛：《文化空间理论与大遗址旅游资源保护开发——以曲阜片区大遗址为例》，《旅游学刊》2012年第4期。

3. 司莉娜、马爱萍：《曲阜文化旅游及孔子文化的推广研究》，《旅游论坛》2008年第2期。

4. 谷健辉：《世界文化遗产、历史文化名城与城市空间发展——以曲阜为例》，《建筑与文化2008国际学术讨论会论文集》，中国建筑学会出版社2008年版。

5. 刘翠霞、李倩：《圣地沐春行摄癸巳年春季祭孔大典》，《旅游世界》2013年第5期。

6. 王文灏：《曲阜孔庙建筑装饰制式的民间审美体现》，《民俗研究》2012年第6期。

7. 侯邵军：《行走地球村——山东孔庙掠影》，《新闻前哨》2012年第9期。

8. 王娟：《走进山东曲阜——孔子的故乡》，《华章》2011年第33期。

9. 吴良镛：《百家讲坛之历史与文化：中国建筑文化的研究与创造》，2003年1月13日《百家讲坛系列讲稿》。

法国凡尔赛宫:理性奢华的皇家宫苑

凡尔赛宫位于法国巴黎西南郊外伊夫林省省会凡尔赛镇,是巴黎著名的宫殿之一,也是"世界五大宫殿"之一,世界五大宫殿分别是北京故宫、法国凡尔赛宫、英国白金汉宫、美国白宫和俄罗斯克里姆林宫。凡尔赛宫最初是路易十三修建的用于狩猎的行辕;1661 年国王路易十四下令动工始建,由著名建筑师勒沃、哈尔都安和勒诺特尔精心设计而成;1689 年竣工后多有扩建。广义上的凡尔赛宫包括凡尔赛宫殿及其园林,它是法国早期古典主义建筑的代表作,建筑以造型严谨、普遍应用古典柱式以及内部装饰多彩奢华为特点。1833 年成为历史博物馆,1979 年被列为《世界文化遗产名录》。

一、人文魅力

按法国人的说法,没有参观过凡尔赛宫,就不算真正到过法国,可见它在人们心中地位之高。作为世界文化遗产之一的凡尔赛宫是欧洲最大的皇家宫苑,是法国 17 世纪专制王朝的象征,也是法国古典主义建筑最杰出的代表作。宫殿建筑气势宏大,结构对称,内部陈设及装潢富有艺术魅力。它不仅是一座艺术瑰宝殿堂,也见证了法国历史政治的巨大演变。在 1682～1789 年这一时期,凡尔赛宫是绝对的君主统治中心和集权标志,也是很多重大历史事件的见证者。比如,1783 年 1 月 28 日,英国与美国在此签订了《美国独立条约》;1815 年,法兰西共和国在此宣告成立。

(一)奢华宫殿和古典园林

凡尔赛宫及其园林的总面积为 1.11 平方千米,其中建筑面积只占 0.11 平方千米,有各种建筑物 700 多座,其余为园林面积,因而被称为"跑马场的花园"。宫殿建筑在东西轴线上,呈南北对称之势。连花园也呈几何图形状。在长达 3000 米的中轴线上分布着雕像、喷泉、花坛、草坪、柱廊等。宫殿主体达 707 米。有 700 多个房间,以王宫为中心,左右两侧为皇亲国戚的寝室。王宫的平面图呈"凸"字形,中央部分是国王的庭院,外围则是主宫。"凸"字底部向外伸展的两翼是南界宫与北翼宫,里面有建于 1710 年的皇家教堂和皇家歌剧院。宫外观雄伟壮丽,室内地面、墙壁都用大理石镶嵌,到处都有琳琅满目的各种装饰和雕刻、挂毯及巨幅油画。二楼的"镜厅"呈长方形,是凡尔赛宫不同于其他皇宫的地方,长 73 米,宽 100 米,高 12.3 米。长廊一侧是 17 面落地镜,镜子由 483 块镜片分别镶嵌在 17 扇落地窗和四周的墙壁上,将外面的蓝天、绿树都映照出来,别有一番景色。站在厅堂中央,人们可在各角度的巨镜中,看到自己一连串由大而小的影子,尽显当年皇室贵族尽情欢乐、豪华奢靡之风。拱顶天花板上是勒勃兰的巨幅油画,描绘了中世纪人们的生活场面。这些颂扬国王的艺术增添了皇位上的光环,是路易十四刻意要追求的。厅内两旁排有罗马皇帝的雕像和古天神的塑像,并有3排挂烛台、32座多支烛台和8座可插150支蜡烛的高烛台,经镜面反射可形成3000支烛台,映照得整个大厅金碧辉煌。凡尔赛宫自建造开始,曾有过很多模仿凡尔赛宫的努力,但到目前为止,太阳国王的宫殿还是他人无法模仿的。另外,凡尔赛还收藏着我国精美的瓷器等珍品。

凡尔赛宫的园林在宫殿西侧,面积有100万平方米,呈几何图形。这座园林分为三部分,以水池为中心,南北两端皆为花坛,人工大运河、瑞士湖贯穿其间。另有大小特里亚农宫及雕像、喷泉、柱廊等建筑和人工景色点缀。喷泉里有1400多个喷水头,它们用掉的水比整个巴黎还要多,而那时巴黎人经常因为缺水而得病。国王的3万名士兵建造了一个由14个巨型水轮、200多个水泵组成的大机器,可以从塞纳河向喷水池里输水,不过这台机器经常会出现故障。为了满足城堡的设计长度,人们还堆积了一座人工山丘,同时还移植了整片的森林。当时,园丁们每年要栽种15万株开花植物,温室中养着1080株珍稀树木,有橘树、石榴树、爱神木和夹竹桃等。放眼望去,跑马道、喷泉、水池、河流,与假山、花坛、草坪、亭台楼阁一起,使凡尔赛宫的园林成为欧洲古典主义风格的园林艺术的代表作。

(二)建筑历史

凡尔赛宫所在地区原来是一片森林和沼泽荒地。1624年,法国国王路易十三以1万里弗尔的价格买下了117法亩荒地,在这里修建了一座二层的红砖楼房,用作狩猎行宫。最初的凡尔赛宫是一个用砖、石头和板岩组成的贵族小城堡,一个有大理石庭院的二层建筑。一层为家具储藏室和兵器库,二楼有国王办公室、寝室、接见室、藏衣室、随从人员卧室等房间。当时的行宫只有26个房间,在圣西蒙公爵印象中,这是个十分狭窄的破房子。其后作为法兰西宫廷107年,如今拥有2300个房间,67个楼梯和5210件家具。

相对于路易十三只是将凡尔赛作为一个狩猎行宫,路易十四对于凡尔赛有更为精心的计划。他对现有的宫殿均感不满,包括卢浮宫和杜伊勒利宫,再加上投石党的暴乱使路易十四下定决心,将王室宫廷迁离混乱的巴黎。因此于1660年决定将凡尔赛辟为庞大雄伟的宫殿,雄心勃勃的他要将凡尔赛建成规模可容纳整个法国的朝廷。在1661年,刚刚开始执政不久的"太阳王"路易十四要求沃子爵的设计师和建筑师,将凡尔赛宫改建成一个能够体现出他无上权力和荣耀的皇家宫殿。

工程开始于1661年,最初的建筑师是路易斯·勒伏和弗朗斯·瓦多尔贝,后由朱尔斯·哈多依·马沙特接替,安德烈·勒诺特尔负责园林。勒沃从事凡尔赛的建造达30年之久,他对城堡外观几乎作了二次重建。其白色的石制外表将原来的城堡完全围住,如同一个藏在花园中的小首饰盒。之后在原来城堡的基础上做了扩展,行宫的北边和南边添建了新宫殿,西边加了一个回廊,而原行宫的东面则作为入口。新城堡取用了当时的时髦式样:巴洛克式罗马别墅,当然新城堡已经完全看不见当初路易十三建造的小城堡的影子了。圣西蒙对新旧城堡严格对比后说,这是"美丽与丑陋相融,庞大和狭隘结合"。

由勒诺特负责设计的花园及喷泉使得全欧洲都知道了凡尔赛宫。由于他宏大的花园设计大大地超过了原先的庄园,这才决定把它建成一个极其豪华的宫殿。饰以无数的喷泉、雕塑和假山洞的凡尔赛宫的花园,在太阳国王在位的头几年成为吸引巴黎贵族阶层的地方。凡尔赛宫的花园能收藏大量的雕塑作品，镜厅前面的水坛有两个湖，每个湖内有四个雕塑代表法国的河流：雷诺定代表卢瓦尔河和卢瓦尔特河，图别代表索思河和罗纳河，拉翁格勒代表马恩河和塞纳河，考赛伏克斯代表加龙河和多尔多涅河。还有一些生动的动物群体和无数古典神话中的形象，包括酒神巴克斯、太阳神阿波罗、众神信使墨丘利和森林诸神领袖塞利纳斯。另外还有一些看起来忠实于古代原作的艺术复制品，例如考塞伏克斯所做的维纳斯和福格尼的磨刀匠。而国王的第一个画匠勒布朗为所有的套房内部以及花坛上、过道边和树丛中的喷泉雕像作画以增强效果。

1677 年，路易十四正式宣布将整个政府以及大臣都搬迁到凡尔赛宫的决定。当时的凡尔赛宫是一个大工地，尽管有上万人在那里施工，但其进展不可能实现在 1682 年实施搬迁的目标。路易十四对此很不满意。于是，建筑师孟莎从勒沃手中接管了凡尔赛宫工程。在他的带领下，整个凡尔赛扩大了五倍：南北两翼、特里亚农宫以及大量的附属建筑；镜厅代替了二楼西边的回廊；宫殿内部不厌其烦的装修；树丛不断的翻新；引水工程也越来越庞大。期间战争减慢了工程进度，包括小教堂在内的整个宫殿和花园的建设直到 1710 年才得以竣工。但是最终这五十多年的努力和变迁完成了凡尔赛，也完成了国王的心愿。在这里，权力、财富，即使是大自然也臣服在他脚下。

（三）昔日生活

在凡尔赛，路易十四是绝对的主人，正如他是整个法兰西的主人一样。贵族们集中住在宫里，国王通过统治他们来统治国家。赐予他们土地，封予他们头衔，然而这些贵族们失去了昔日的实权，他们在这个奢侈堕落的社会中争强好胜，玩物丧志。而路易十四就这样把所有的权力都掌握到自己的手中。并且，路易十四希望他的权力能无处不在，于是宫殿到处可以看见王室符号和标记：大套房中以寓意的方式体现，在镜厅则以现实手法表达。为了让众人知晓他的王权来自上帝和法国，皇家礼拜堂中，圣灵被安置在皇家专席上方；在国王的卧室，法国守卫沉睡中的国王。

路易十四在镜厅、阿波罗厅或者他的房间进行外交接见活动，在内阁会议厅亲自主持国务会议、政务会议和财政会议，并拥有最终决定权。位于凡尔赛两侧的众位部长大臣必须兢兢业业地为国王工作，作为皇帝的亲信，他们的候见室常常被挤得水泄不通。作为交换，他们可以在宫里尽情享乐。皇帝也时常在冬日举办一些表演，天气好时也组织出去郊游。一周三次，国王在他的套间接见他的侍臣：在富饶厅里办冷餐，在维纳斯厅办甜餐，玛斯厅用来开舞会，墨丘利厅和阿波罗厅是游戏室和音乐室。路易十四经常在宫中举行场面浩大壮观的典礼、晚会、舞会、狩猎和其他娱乐活动。要知道，路易十四之所以获得了“太阳王”这个美称，也是因为他在 15 岁那年，出色地在舞剧中扮演了“太阳王”这个角色，展现了他的舞蹈才能。受邀者携邀请函于 6 点到达，音乐会作为开场白，接下来是跳舞和各种游艺，直到皇帝用餐时间。这惯例一直延用到路易十六时期。

凡尔赛使得法国所有的贵族大臣得以围绕在皇帝周围，这是空前绝后的。一天之内，有 3000～10000 人在宫内来来往往，形成了一个非常混杂、阶级等级森严的小社会。在这里的人有的因为出身高贵，有的是出于社会需要，还有的是为了满足贵族们的好奇心，另外还有仅仅在这里工作挣钱。于是，那些严格的宫廷礼仪就在这种情况下诞生了。谁可以接近国王和贵族，在什么时候什么地点，谁在接见时可以坐下，谁先谁后，在今天看来都是无聊之极的宫廷礼仪，可在当时，只有这样明显严格的阶级划分下才能显出国王的最高权力，才能维持这样一个小社会的秩序。种种礼仪也渗透到国王生活的方方面面，甚至是很隐私的私事：起床、睡下、吃饭、散步，甚至上厕所、生孩子，都被视为国家行为被观察注视着。

当年，路易十四一天的生活是这样的：早上8点半，寝宫总管轻声唤醒国王。帷幕拉开，起床仪式开始，医生、亲信和宠臣依次进入国王的房间。医生检查御体后，国王在众目睽睽下起床、梳头和剃须。接下来轮到御前侍卫和寝宫官员入场，开始日出参拜仪式。接着国王穿衣服吃早饭，这个时段只有王室最重要的人物才能被允许入内，估计有上百号人，且全为男性。下午1点钟，国王独自在他的房间内用午膳，餐桌安置在窗户前。在公众前吃饭从中世纪起就是王权的标志，而路易十四将这一项发挥到极致。国王在早上作出指示，宣布他的行程。如果是散步，将在花园中进行，或者步行，或者同夫人们乘坐马车。如果国王想打猎，就去森林里跑马射击。凡尔赛宫还有一个与众不同之处，那就是它的内部花园是完全开放的。不一定是住在宫里的人，任何人都可以看到国王从他的房间出来去小教堂。只要在大门口租顶帽子或配剑，任何人都可以在国王不在的时候进入他的房间，不过修道士是被禁止的。

二、凡尔赛的管理与保护

法国的旅游业在当今世界堪称一流。在法国，旅游业在法国经济生活中占据重要地位。因此凡尔赛的管理与保护极受重视。虽然战争的破坏和历史的变迁使得凡尔赛受到了不可恢复的创伤，但是经过经过法国政府多年的努力，加上民众的支持，凡尔赛在时间的长河中熠熠生辉。

（一）创伤的过往

1789年10月6日，路易十六被民众挟至巴黎城内，凡尔赛宫作为王宫的历史至此终结。在随后到来的法国大革命的恐怖时期中，凡尔赛宫被民众多次洗掠，宫中陈设的家具、壁画、挂毯、吊灯和陈设物品被洗劫一空，宫殿门窗也被砸毁拆除。经历了法国大革命洗礼后的凡尔赛宫被荒废了几十年，宫中的珍品也差不多被洗劫一空。1793年，幸存的艺术品和家具都运往了卢浮宫。此后凡尔赛宫沦为废墟达40年之久，直至1833年，奥尔良王朝的路易·菲利普国王才下令修复凡尔赛宫，将其改为历史博物馆。经过长期的修缮整理，政府不遗余力地寻找在大革命中遗失的家具及珍品。如今，凡尔赛又恢复了往日的索华景观，每天迎接来自四面八方的游客，好在曾容纳过上万人的凡尔赛对此早习以为常了。

（二）管理与保护

凡尔赛的修复离不开法国政府的管理与保护。

其一，严格依法办事，把旅游资源保护纳入法制的轨道。为保护旅游资源，法国政府对其产权及其保护利用均有着严格的法律和政策，法国所有的历史文化遗迹都受到较好保护并按“修旧如旧”的原则加以修复，其中当然包括凡尔赛。

其二，政府重视资金投入和政策支持。法国旅游资源开发和利用的资金主要来源于国家建设资金。法国政府非常重视旅游资源的开发和保护，把旅游资源保护和开发列为政府的重要职能，从资金、政策、税收等方面给予大力支持。例如，法国每年安排在旅游资源保护和开发的开支为约200多亿法郎。其中，为文化遗产拨款20亿法郎，为博物馆拨款18亿法郎，其余作为开发费用。在这些资金的支持下，凡尔赛才得以修复和找回遗失的珍品。目前，一项耗资1.71亿欧元(约合14亿元人民币)的大型修缮工程正在这里进行，仅电路整修一项费用就高达1000万欧元(约合8300万元人民币)，这项工程预计在2017年完工。

然而，凡尔赛宫即使拥有宝贵的历史和文化价值，仍要面对资金短缺的窘况。法国拥有很多文化遗产，其保护需要大量资金。法国国家历史纪念性建筑中心主任菲利普·巴拉瓦尔说："每年我们都清楚不可能完成所有的项目，因此我们会根据紧迫程度，设定一些需要优先解决的项目。但是，事实上，有些工作刻不容缓。"①

法国政府对凡尔赛宫的经费投资已经从2013年的4740万欧元削减到2015年的4050万欧元。一些房间还因经费不足，修缮工作逾期。在这样的情况下，凡尔赛采取了自己的措施。由于政府大幅削减资助，凡尔赛宫决定把三座17世纪大宅改建为酒店，以招待游客，拓展财源。凡尔赛宫计划把三幢大宅改装成酒店，暂命名为"橘园酒店"，位置距离主宫殿仅91米，部分房间可以尽览法国国王路易十四的橘园，该处种有3000棵橘树。涉及的三个建筑分别是大检公馆、小检公馆和百马切公馆，这三个建筑建于17世纪80年代，坐落在凡尔赛公园大门外，可看到部分凡尔赛宫最知名的建筑。"全世界不会有其他酒店像这里一样。"凡尔赛宫的一名发言人表示，"这是法国历史的象征，也是法国文化的标志。运营后，将是完全真实的皇家体验。"这是300年来游客首次可以进入橘园这个王室庭院散步漫游。

(三)文化冲突与融合

近几年来，凡尔赛宫的大厅和花园里都要举办大型当代艺术家作品展，2008年，美国艺术家昆斯和日本艺术家村上隆的作品都在凡尔赛宫的大厅里展出过。凡尔赛宫无疑是古典建筑的杰作，然而在当今时代，古典并非主流。也许是出于打破古典风、给这座宫殿带来一点当代感的目的，凡尔赛宫举办当代艺术作品展。

如果你最近到过凡尔赛宫参观，可以看到一个大大的漏斗雕塑正对着皇宫，这正是英籍印裔雕塑家卡普尔的作品。卡普尔把这件作品正式命名为《肮脏的角落》，这是他展览作品中的其中一件。目前，他在一次采访中描述自己的作品是"皇后的生殖器"，更是引起了法国社会的讨论。

"当代艺术作品和凡尔赛宫的古典风之间产生的反差产生的视觉和精神体验见仁见智，但不得不承认这样的碰撞的确会让给凡尔赛宫带来一些时代感。艺术的古典和现代碰撞引发的火花虽然会造成一些灼痛，但这也许正是凡尔赛宫的管理者寻求古典建筑在当代社会中生存之道。"②

① 转引自王欣：《凡尔赛宫里的当代艺术》，《艺术与投资》2011年第10期。

② 王欣：《凡尔赛宫里的当代艺术》，《艺术与投资》2011年第10期。

☞ 参考文献:

1. 张美英:《法国凡尔赛宫等历史文化遗产保护"很差钱"》,新华网,2012 年 9 月 17 日。

2. 李博雅:《凡尔赛宫映射法国历史》,《黑龙江史志》2013 年第 11 期。

3. 灵跃:《皇家宫苑——凡尔赛宫》,《科学大观园》2009 年第 12 期。

4. 程晓琼、钟昌龙:《法国凡尔赛宫苑的造园艺术成就》,《绿色科技》2015 年第 6 期。

5. 王欣:《凡尔赛宫里的当代艺术》,《艺术与投资》2011 年第 10 期 。

恍若仙境的印度泰姬陵

泰姬陵全称为“泰姬·玛哈尔陵”，是一座白色大理石建成的巨大陵墓清真寺，莫卧儿皇帝沙贾汗为纪念他心爱的妃子于1631～1648年在阿格拉建成，位于今印度距新德里200多公里外的北方邦阿格拉城内。如今，这座洁白如玉、高大精巧的泰姬陵坐落在美丽的亚穆纳河右侧，由殿堂、钟楼、尖塔、水池等构成。泰姬陵全部用纯白色大理石建造，用玻璃、玛瑙镶嵌，绚丽夺目，有极高的艺术价值，是伊斯兰教建筑中的代表作，被誉为“完美建筑”，又有“印度明珠”的美誉。1983年，根据文化遗产评选标准，被列入《世界遗产目录》。2007年7月7日，它成为“世界新七大奇迹”之一。

一、人文魅力

作为莫卧儿王朝最伟大的陵墓，泰姬陵既是印度建筑中最著名的，也是印度文化融合不同传统影响的体现，展现了世界高超的建筑设计水平，体现了最佳的建筑艺术和风格，而且具有独特的人文魅力。泰姬陵是沙贾汗煞费苦心不惜一切为泰姬建造的，因爱情而生。泰姬陵不仅是建筑史上的奇迹，更超越了简单的建筑学意义，是一段刻骨铭心的爱情的见证。泰戈尔说泰姬陵是“永恒面颊上的一滴眼泪”。光阴轮回，这段爱情穿越时空，依旧感动着世人。

(一)爱的永恒誓言

阿姬曼·芭奴是具有波斯血统的绝色女子，性情温柔，美丽聪慧，擅诗琴书画，她在21岁时嫁给了印度莫卧儿王朝的皇帝沙贾汗，先后为他生养了14个子女，并且与战乱中的皇帝同悲同喜，还帮助他夺回王位。入宫19年后，她被沙贾汗封为“泰姬·玛哈尔”，意为“宫廷的皇冠”，可谓是三千宠爱在一身。不幸的是，泰姬在生下第14个孩子后难产而死，时年39岁。临终前，泰姬向皇帝请求实现三个愿望：一要皇帝善待子女；二要他不得续娶；三愿皇帝为她建造一座能和她的容貌匹配的最美丽的陵墓。皇帝悲痛无比，一一承诺。据说泰姬的死让沙贾汗极度伤心，竟然一夜白头。

于是，一个悲痛的丈夫，动用了王室的特权，开始完成心爱妻子的愿望。1632年，泰姬陵在沙贾汗选中的印度北部亚穆纳河转弯处的大花园内开始动工兴建。此处位于亚穆纳河下游，十分空旷，沙贾汗可以从河上游的阿格拉城堡上远远地望见此地。建筑学和珠宝最受沙贾汗喜爱。因此，他选用大理石建造泰姬陵，并以十分精巧的手艺在大理石上镶嵌无数宝石作装饰。

他除了每年征发2万多名印度民工外，还召来本国以及波斯、土耳其、巴格达的建筑师、镶嵌师、书法师、雕刻师、泥瓦工共计2万多人参与了泰姬陵的建设，历时22年。整座建筑用了印度西北的纯白大理石、斯里兰卡的蓝宝石、伊拉克的月长石、阿拉伯的珊瑚、波斯的紫水晶、俄国的孔雀石、中国西藏的翡翠……他倾举国之力，耗无数钱财，用22年的时间为爱妻写下了这段瑰丽的绝响，创造了世界奇观。正如美国著名作家马克·吐温所说，爱情的力量在这里震撼了所有的人。

痴情的皇帝还打算在泰姬陵的河对岸为自己建造一座一模一样的陵墓，只是用通体透黑的大理石对应通体透白的爱妃陵，寓示两人的爱清纯洁得没有丁点儿杂质。河面上还要用黑白两色的大理石建一座桥，连接两人纯黑纯白的陵墓。然而皇帝的美梦未能成真，泰姬陵刚完工不久，他的三个儿子就迫不及待地夺取王位，最终其子奥朗则布弑兄杀弟篡位成功，将年迈的他囚禁在离泰姬陵不远的阿格拉堡的八角宫内。此后整整8年的时间，沙贾汗每天只能透过小窗，凄然地遥望着远处河里浮动的泰姬陵倒影。后来他视力恶化，仅借着一颗宝石的折射，来观看泰姬陵，直至最终忧郁而死。虽然历史上宫廷里为争夺王位父子相残兄弟相戮的事例比比皆是，但是大概皇子们也有感于父亲对母亲的痴情，虽然没有理睬他建筑“爱情桥”的遗愿，但总算把他的遗体送到了泰姬身旁。现在陵内存放着的两具嵌满宝石花卉的白色大理石石棺，小小的那具就是皇帝沙贾汗的棺椁。

泰姬陵的建造，耗尽了国库储备，导致了莫卧儿王朝的衰落。有人说沙贾汗是一个好大喜功的暴君，有人说沙贾汗是一个励精图治的帝王。尽管如此，我们更愿意相信，沙贾汗对泰姬的爱不仅给这个世界带了光华夺目、壮丽无比的泰姬陵，而且这份爱能够挣脱时空的桎梏，带给我们对于爱情的美好向往。

（二）完美建筑

泰姬陵建在高7米、长95米的正方形大理石基上，东西长576米，南北宽293米（又一说是长580米，宽305米）。四周是红砂石墙，整座陵园占地17万平方米。泰姬陵是世界意义上的完美建筑，主要体现在以下三个方面：

第一，建筑群总体布局完美。从大门到陵墓之间，有一条用红砂石铺成的直长甬道，两旁是人行道，中间有一个十字形水池，中心为喷泉。池内流水清莹激淞，四周奇花绿草，竹木浓荫。甬道尽头就是全部用白色大理石砌成的陵墓。陵墓墙壁上刻有精致图案，图案中的花瓣枝叶用不同颜色的宝石砌成，精美华丽。陵墓方形的主体和浑圆的弯顶在形体上对立统一，十分和谐。

陵墓是唯一的构图中心，它居于中轴线末端，在其前面有方形的草地。因此，一进第二道门，有足够的观赏距离，仰角大约是1∶45。寝宫居中，四角各有一座41米高的尖塔，为防止它们倾倒后压坏陵体，塔身均稍外倾。寝宫总高74米，顶部是一个浑圆的大弯窿，曲线优美，下部为八角形的陵壁。四扇高大的拱门门框上用黑色大理石镶嵌了半部古兰经文，寝宫内有一扇精美的门扉窗棂，据说是由中国能工巧匠雕刻的。寝宫共分五间宫室，宫墙上珠宝镶成的各种花卉，构思巧妙，美轮美奂。中央宫室里有一道雕花的大理石围栏，阳光照射在围栏上时会投下变化纷呈的影子，围栏里面安放着蒙泰姬和沙贾汗的大理石石棺。登上墓顶凹廊平台，可以俯瞰亚格拉全城。陵墓东西两侧屹立着两座形式完全相同的清真寺翼殿，都用红砂石筑成，以白色大理石碎块点缀装饰。

第二，建筑群有着肃穆而明朗的气息。“泰姬陵的构图稳重而又舒展：台基宽阔，和主体约略成一个方准形，但四座塔又始终轮廓空灵。它的体形洗练：各部分的几何形状明确，互相关系清楚，虚实变化肯定，没有过于琐碎的东西，没有含糊不清的东西，诚朴坦率。它的比例和谐：主要部分之间有大体相近的几何关系，例如，塔高（连台基）近于两塔间距离的一半，主体的立面中央部分的高近于立面总宽度的一半，立面两侧部分的高近于立面不计抹角部分的宽度的一半，其余的大小、高低、粗细也各得其宜。它的主次分明：弯顶统率全局，尺度最大；正中凹廊是立面的中心，尺度其次；两侧和抹角斜面上凹廊反衬中央凹廊，尺度第三；四角的共事尺度最小，它们反过来衬托出中央的阔大宏伟。此外，大小凹廊造成的层次进退、光影变化、虚实对照，大小弯顶和高塔造成的活泼的天际轮廓，弯顶和发券和柔和的曲线，等等，使陵墓于肃穆的纪念性之外，又具有开朗亲切的性格。”①另外，建筑群的色彩沉静明丽，湛蓝的天空、青青的草色搭配着晶莹洁白、玲珑剔透的陵墓和高塔，在阳光的照耀下，如冰似雪，十分明朗。月光之下的泰姬陵更给人一种恍若仙境的感觉。

第三，建筑熟练运用构图的对立统一规律。“陵墓方形的主体和浑圆的穹顶在形体上对比很强，但它们却是统一的：它们都有一致的几何精确性，主体正面发券的轮廓同穹顶的相呼应，立面中央部分的宽度和穹顶的直径相当。同时，主体和穹顶之间的过渡联系很有匠心：主体抹角，向圆接近；在穹顶的四角布置了小穹顶，它们形成了方形的布局；小穹顶是圆的，而它们下面的亭子却是八角形的，同主体呼应。四个小穹顶同在穹顶在相似之外好包含着对比：一是体积和尺度的对比，反衬出大穹顶的宏伟；二是虚实的对比，反衬出大穹顶的庄重。细高的塔同陵墓本身形成最强的对比，它们把陵墓映照得分外宏大。同时，它们之间也是统一的：它们都有相同的穹顶，它们都是简练单纯的，包含着圆和直的形式因互；而且它们在构图上联系密切，一起被高高的台基稳稳托着，两座塔形成的矩形同陵墓主体正立面的矩形的比例是相似的，等等。除了对比着各部分有适当的联系、呼应、相似和彼此渗透之外，它们之间十分明确的主从关系保证了陵墓的统一完整。”②

（三）伊斯兰建筑的典范

泰姬陵可以称得上是伊斯兰建筑的典范，印度古建筑的奇迹。泰姬陵处处都体现了伊斯兰建筑独特的风格。其一，按照伊斯兰教的经典《古兰经》的规定，禁止用人或动物形象作为装饰主题，所以泰姬陵装饰用的花纹都是花草植物或几何图形；其次，《古兰经》还规定建筑物的正面入口都朝着圣地麦加，所以世界各地的伊斯兰建筑几乎都不是正南北的，包括泰姬陵；第三，伊斯兰建筑的另一大特色是各种拱券结构的使用，在四合院中央或建筑物内还常有清洁明净的水池，这些在泰姬陵中都有充分的体现，尤其陵墓前面的十字形水池，更是清澈明净、晶莹剔透。

二、泰姬陵的管理和保护

300 多年过去了，时至今日，泰姬陵的辉煌和美丽依然未减。然而 300 多年的岁月使泰姬陵遭到了不少的创伤，现在，印度政府非常重视对它的管理和保护。

① 赵坤利、迷楼：《从爱情神话里走出的建筑》，《西部广播电视》2008 年第 10 期。

② 赵坤利、迷楼：《从爱情神话里走出的建筑》，《西部广播电视》2008 年第 10 期。

（一）创伤

泰姬陵坐落在一个风景区内，庄严雄伟的门道象征着天堂的入口，上方有拱形圆顶的亭阁。原先这儿曾有一扇纯银的门，上面镶嵌着几百个银钉，里面有金制栏杆和一大块用珍珠穿成的布盖在皇后的衣冠冢上（它的位置在实际埋葬地之上）。窃贼们偷去了这些珍贵的东西，许多人曾企图挖取镶嵌在大理石栏上的宝石。泰姬陵不仅仅是失窃如此简单，在19世纪30年代，孟加拉的总督威廉·本丁克爵士曾谋划拆除当时疏于管理、杂草丛生的泰姬陵，把大理石运往伦敦出售。只是因为从德里红堡上拆下的大理石找不到买主，这个计划才作罢。1900年，当了印度总督的柯曾重新修复了泰姬陵。

现如今，由于当地旅游部门因长期不注意环境保护和陵墓的维护保养，泰姬陵的许多部位遭到了不可修复的破坏。大理石台阶已磨损出现裂痕，精美的雕刻和宝石镶嵌也遭损坏。另外，由于周围无数的小铸造厂、砖瓦窑、玻璃厂排放出大量含硫和其他有害物质的气体，导致酸雨过多，原本洁白的泰姬陵出现片片黄斑。除工业污染外，沙漠干风也不断侵蚀着这座规模巨大的大理石古建筑；雨季时，大雨倾盆，更使泰姬陵的景况雪上加霜。再加上把大理石板固定在墙上的金属零件不断氧化、锈蚀，鸽子和蜜蜂在泰姬陵上筑巢，都加剧了泰姬陵的厄运。

2010年，印度政府的调查报告就表明，泰姬陵存在整体下陷的风险。由于周遭的观光建筑业者滥抽地下水，使得流经泰姬陵的亚穆纳河水位不断下降，加上木质基础结构开始老化，起支撑作用的木桩也日趋腐烂，这使泰姬陵地基开始不稳并愈发脆弱。而白蚁对木质结构的侵蚀则是雪上加霜，加大了泰姬陵的倒塌隐患。

而造成泰姬陵保护工作疏漏的主要原因包括：在宏观体制层面上："第一，缺乏统一和权威的管理部门，多头管理，权责不明；第二，缺乏相应法律约束；第三，尚未建立起世界遗产监控体系和评价机制。在遗产开发利用上：第一，缺乏多学科共同参与的科学规划，急功近利；第二，遗产旅游不同程度的错位和超载开发；第三，注重经济产出大的遗产区块和单体，缺乏整体、系统保护开发意识。"①

（二）印度的保护措施和国际上的帮助

印度非常重视文化遗产的保护。1861年成立的印度考古研究所，是印度旅游和文化部的下属机构。目前，该研究所已有主管部门、项目部门、挖掘部门、科学部门和碑文部门等5个分支机构，并设立化学处理处，任命专门的化学家负责博物馆展品和其它文物的化学处理和保存工作。此外，印度考古研究所还下设考古学院，提供研究生教育课程，使得遗产资源的保护工作代代延续下去。

但是一开始印度对于泰姬陵所采取的各种保护措施收效甚微。1998～2000年，政府曾出资9000万英镑实施泰姬陵保护项目。规定泰姬陵周围500米以内禁止机动车通行，并竖立起LED液晶显示屏实时发布空气质量报告；2008年，为清洁泰姬陵由于城市污染变黄的表面，印度相关专家使用产自印度北部富含石灰的"木尔坦泥"，为泰姬陵做"面膜"，同时印度政府又出资3000万英镑治理流经泰姬陵的亚穆纳河河水污染。印度最高法院关于迁移阿格拉火力发电站的命令已经执行，大约200家小型铸造厂也已经关闭。

① 蒋婷婷：《泰姬陵与万里长城——中印世界遗产保护管窥》，《南亚研究季刊》2006年第1期。

不幸的是工业是阿格拉地区的经济支柱，因此老的铸造厂刚刚关闭，新的就开工了。可惜的是，这些措施没能消除泰姬陵所存在的隐患。

幸运的是负责古建筑保护工作的印度考古调查局与联合国教科文组织、罗恩·普朗斯·罗雷基金会等国际组织即将联手发起一项规模巨大的工程，抢救这个世界级文化瑰宝。由于泰姬陵已经是急待抢救，因此这些机构和组织的合作备受欢迎。1998年，罗恩·普朗斯·罗雷基金会与联合国教科文组织决定采取进一步修复、保泰姬陵的措施，具体地说是推行一项具有"创造性"的行动计划。法国罗恩·普朗斯·罗雷研究院首席代表卡缔·富吉特对《世界通讯》记者说，早在1995年，即罗恩·普朗斯·罗雷基金会成立当年，这两个组织就签定了一项携手保护世界自然与文化遗产的协议。协议规定，双方共同出资启动旨在提高群众觉悟、自觉保护自然与文化遗产的项目。泰姬陵修复工程将使这座陵墓建筑物的大理石停止变黄、变脆，砂岩墙体不再继续崩塌。此外，为了采用更有效的加固技术，组织还将发起一个重要的科研项目，4位印度科学家将分别在罗恩·普朗斯·罗雷研究院、斯特拉斯堡法国国家科研中心和法国文化部文物保护中心实验室接受专业培训。联合国教科文组织认为，3年时间毕竟太短，即使如此，这个项目也取得了令人振奋的成功。联合国教科文组织文化遗产保护专家克里斯邀安·曼哈特负责实施泰姬陵修复工程。他说："亚洲开发银行即将启动一个改造印度北方经邦阿格拉·马图拉地区工业基础的项目，这个项目非常重要，对于泰姬陵的修复和永久保护，将是一个巨大的推动。"联合国教科文组织"出人"，把自己的专家动员起来，参与泰姬陵修复工程。罗恩·普朗斯·罗雷基金会"出钱"，迄今已经向这个工程投人23.7万美元。

另一方面，基金会这样做对基金会本身也有很大的好处。首先，出钱赞助这个工程有助于扩大基金会与社会的联系，更有助于树立基金会的形象。在基金会内部会形成如尊重他人、保护文化遗产等等高尚的价值观，这类价值观有利于加强基金会内部的凝聚力。其次泰姬陵项目受到了世界的瞩目，基金会也得到了世界人民的赞誉。

☞ 参考文献：

1. 赵坤利、迷楼：《从爱情神话里走出的建筑》，《西部广播电视》2008年第10期。

2. 蒋婷婷：《泰姬陵与万里长城——中印世界遗产保护管窥》，《南亚研究季刊》2006年第1期。

3. 克里斯迪娜·罗姆：《泰姬陵修复工程启动》，《科技潮》2000年第5期。

4. 张发懋：《永恒面颊上的一滴眼泪——印度古建筑泰姬陵赏析》，《中华建设》2013年第3期。

5. 卫纯娟：《泰姬陵——印度建筑的奇迹》，《英语知识》1999年第7期。

文化遗产

一人多角的韩国板索里

“板索里”又称“版索里”，是一位唱者伴着鼓手的鼓伴奏，通过“歌”“说”“动作”传达戏剧性长篇故事的韩国民间说唱艺术，融合了文学、音乐、戏剧三种元素，它的道白、唱词都是散文和韵文相结合的叙事诗。“板索里”是韩国语直译音，“板”是指众人聚集或举办特别活动的场所，“索里”指统称歌谣的浑古的表达方式，因此“板索里”意为在众人面前说唱的表演艺术，因其饱含着大韩民族文化的精髓，所以被认为是韩国最具代表性的一种传统艺术。1964 年 12 月 24 日，板索里在韩国被指定为国家“重要无形文化财产第 5 号”。2003 年 11 月 7 日，板索里被联合国教科文组织认定为世界无形文化遗产并被列入《人类口传及无形文化遗产杰作》之中，其独创性进一步得到了世界的认可。现在，在韩国首尔的国立剧场和贞洞剧场等地，人们全年都能欣赏到板索里的表演，这也与韩国重视文化遗产的传承保护有关，使得板索里说唱艺术能够鲜活地呈现在人们眼前。

一、板索里的人文魅力

韩国板索里说唱艺术产生于 17 世纪末 18 世纪初。关于板索里的产生，学者们的观点并不统一，而其中最有说服力的说法认为板索里的音乐部分来源于巫歌，而文学部分则来源于民间传说故事。

板索里没有乐谱，依靠口头传唱。而在其三百多年的发展历程中，经过历代艺人们的共同努力、不断加工和西洋戏剧的影响，板索里发生了一些变化，其唱词和道白杂糅了生动的百姓用语和丰富的文学语言。因此，板索里在时间的沉淀中历久弥新，集大众文化和精英文化于一身，表现出其独特的人文魅力，不仅让显赫的王亲国戚、达官贵人们驻足，也可以使卑微的引车卖浆者陶醉。

(一)独一无二的表演艺术

板索里的表演者只有两人，一名唱者，一名鼓手。19 世纪诗人尹达善在他的《广寒楼乐谱》中写道：“唱优之戏，一人立，一人坐，而立者唱，坐者以鼓节之。”描写的就是板索里的表演形式。唱者根据世代相传的说唱本，和着鼓的节奏，以唱词、道白和动作进行表演，有时还要模仿鸟叫等自然界的声音。唱词和道白有韵文表达、有音律的对话式的散文表达等多种方式，正是这种方式使人在欣赏表演时感觉像是在听日常对话一般亲切舒服。唱者的假装哭泣、做舞蹈动作等类似演戏的动作被称为“肢体动作”，即唱者根据声音的曲调或辞说的内容移动手、脚、整个身体来表现声音或故事感情的身体动作，唱者右手持扇有时也会使用棍棒、书信、书等多种多样的道具。

板索里如此独特的表演，其根源所在就是一人多角。唱者一人担当多个角色，表演动作可以在日常的生活中找到影子。但是这种肢体动作本身必须体现简练的美感，因此在表演中将肢体动作进行艺术加工使其具有艺术感。

另外，板索里表演中，鼓手也非常重要，鼓手要一手拍鼓，一手以槌击鼓，和着唱词的内容和曲子的节奏。鼓声时重时轻，有急有缓，同时要配合唱者不时发出助兴词，调动观众的情绪。对于鼓者所起的重要作用，自古就有"一鼓手，二名唱"的说法，或者把歌者比作鲜花，鼓者比作蝴蝶，形象地说明了两者相得益彰的关系。

欣赏板索里的表演与欣赏西方的音乐会时要屏气凝神、单纯静听不同，观众可以通过唱者的肢体动作、鼓手助兴词参与其中，而唱者和鼓手因为观众的不同反应随时调整表演的方法。这种自由奔放、即兴创作、重视听众反应的演唱方法融入在唱者和鼓手的表演中，因此板索里表演每次都可以创作出全新的内容。而流传至今的板索里是无数情境下不断累积的结晶，使听众在作品和现实中忽进忽出，反复地紧张和放松，这样的效果可以说具有非常独特的心理和美学意义。

（二）普世价值观念和诙谐讽刺手法的统一

板索里不是针对某一特定的人物，而是以唱者为中心，通过民众不断的口头相传确立下来的。因此板索里的真正作者是生活在那个时代普通民众，而板索里就是那个时代的普通民众通过一种诙谐手法来讽刺社会的支配阶层——两班贵族，进而表达出因社会身份的不同带来的矛盾的一种方式。而且板索里受实学思想的影响，在两班阶层内部也留下了自我反省的现实批判和诙谐讽刺的痕迹。

祖先通过诙谐的情绪克服现实的困难和生活的艰苦，经历过各种残酷现实，听众在笑声中确定作品中的现实与自己的距离，得到一种精神上的满足。因为这种诙谐讽刺的手法，板索里的任何一个场景都充满笑声，即使在沈青投海祭神和春香狱中受难这样的矛盾和悲哀下，也能通过制造笑声，消除这种矛盾或悲哀。可谓用笑声克服悲哀，同时也传达了一种至情至善至美的普世价值观念，是普通民众对真善美和美好生活的追求。

板索里作品的主题都并不高深，忠奸善恶一目了然，故事的最后善良总会毫无悬念地战胜邪恶，正义得到褒奖，爱情故事得以千古流传。可是正是这种朴实给板索里增添了更为普遍和永恒的艺术魅力，例如板索里经典《春香歌》和《兴夫歌》。

《春香歌》是18世纪初中叶根据民间故事创作的，在流传的过程中有《春香传》《春香打令》《烈女春香守节歌》等多个异本。赵在三在他的《松南杂识》中介绍："南原府使子李道令丐童妓春阳，后为李道令守节，新使卓宗立杀之，好事者哀之，演其义为打咏，以雪春阳之冤，彰春阳之节云。"《春香歌》讲述的是南原副使之子李梦龙与退妓之女成春香相爱及冲破重重阻碍终成眷属的故事。春光明媚的时节，春香来到广寒楼下荡秋千，邂逅游览此地的李梦龙，李公子对她一见倾心，热烈地向春香求婚。春香同意与他订下百年之约，瞒过李梦龙的父母结成夫妻。正在他们恩爱度日之际，李梦龙的父亲突然升迁赴京，迫于门第关系，梦龙无法带走春香，两人只得洒泪而别。新任的府使卞学道是个酒色之徒，强迫春香当他的侍妾，春香誓死不从，被严刑拷打后打入死牢。李梦龙在京城中了状元，被钦点为御史，他化装为乞丐察访民情，在卞学道的生日宴会上惩办了他，并救出春香与之幸福团圆。以当时等级制度森严的时代背景来看,这样一对社会地位悬殊的青年男女的结合不啻为天方夜谭。春香能成为李梦龙的正室夫人,与之百年好合只不过是说唱艺人及当时一般民众打破阶级壁垒的希望与梦想。可是这种求真求善求美的普世观念给人们带来无尽的爱情想象,给情路坎坷的青年男女带去遥远的精神支持,让《春香歌》深受大众的喜爱,让春香作为市民阶层梦想的实现者,在韩国人民心目中占有不可替代的神圣地位。

《兴夫歌》是根据流传民间的《旁㐌和他的弟弟》创作而成的板索里作品,反映了善恶对决的永恒主题。弟弟兴夫与哥哥玩夫是亲兄弟,但哥哥为了独占家产将兴夫夫妇撵出了家门。一天,兴夫家屋檐下的小燕子掉下来摔断了腿,善良的兴夫为它治好了伤,燕子衔来了报恩的葫芦种子,兴夫种下后收获了无数的金银宝物。玩夫听说后,故意将自家屋檐下的小燕子掰断了腿,又假装给它治好,燕子衔来报仇的葫芦种子,玩夫种下后,葫芦里跑出来无数的两班、老僧,将他的家产洗劫一空。善良的兴夫不计前嫌,对哥哥玩夫真诚相待,并帮他改邪归正,一起过上了幸福的生活。

《春香歌》和《兴夫歌》是板索里说唱文学的主要代表作品。这两部作品中的价值观,概括起来可以归结为真善美的普世观念。经过文学的极致追求,春香和兴夫成了韩国文学中至情、至善、至美的典范。在今天大量流行的韩剧中,除了历史情境或日常生活场景有所变化,我们可以发现主人公的模式并没有发生太大的改变。类似春香的灰姑娘故事比比皆是,只不过梦龙变成了富二代,剧中还总有一个处处作梗却自作自受的"玩夫"。但是故事的最后,"玩夫"总会幡然醒悟,男女主人公终成眷属,"玩夫"和"兴夫"握手言欢。虽然经过了现代化的演绎和改造,韩剧的题材多样,风格各异,但爱情至上和惩恶扬善的内在主旨却始终不变。而韩剧在整个亚洲的倾销,也说明了亚洲观众在观念上对这一普世观念的认同。

(三)浓郁迷人的中国色彩

板索里在产生之初,表演场地为田间、村口、集市,观众是普通庶民,唱词多为日常百姓用语,没有过多的修饰,曲调也较为单一。而随着板索里日益受到大众的喜爱,渐渐吸引了两班贵族的注意,其中柳振汉以七言汉诗记录《歌词春香歌二百句》。18世纪中叶,文人们科举及第后都要游街和大宴宾朋,开始习惯于请板索里艺人们来演唱助兴。有记录表明哲宗、大院君、高宗等都曾将艺人们招至宫中表演,并谢以厚礼甚至赐予一官半职。从这一时期开始,两班贵族成为了板索里表演的座上客、鉴赏者和批评家,而说唱艺人们为了迎合他们的口味,也开始对唱词精雕细琢,引用大量的汉文典故,有些两班贵族甚至直接参与了唱词的修改。不仅唱词,板索里的音乐中也融入了"汉诗唱"和"时调"等当时士大夫们喜爱的雅乐,板索里整体感觉上更为高雅,但有些唱段中汉文典故的大量应用,也给普通民众的欣赏带来了一定的困难。

下面是《春香歌》中的道白和唱词:

[道白]

湖南左道南原府,自古名曰带方郡。东临智异山,西接赤城江,南北多江,北通云岩,处处胜地,山川灵秀,男女美貌者众,万古忠臣关羽庙在此,自然忠烈辈出。肃宗大王即位之初,此地有位使道之子李公子,年方十六,眉目清秀、举止贤良,真乃世间奇男子。一日，天气晴好，李公子唤来家奴："房子啊！""哎！""我来此已数月，还未得观美景，此处有何胜地啊？"房子答道："读书的公子，为何要观胜地？""这你就不懂了，古来文章豪杰，无不遍览名胜地。天下第一江山，游过才有好诗句，你听我道来。"

［唱词］

箕山颍水别乾坤，巢父、许由游历过；采石江明月夜，李谪仙游历过；赤壁江秋夜月，苏东坡游历过；柴桑里五柳村，陶渊明游历过；商山，弈棋的四皓先生游历过。东园桃李片时春，我也是豪侠之士，为何不能走走看看？别废话，快说吧！

李白、苏轼、陶渊明、关羽等等这些中国文化中的文人武将，成了板索里艺人们信手拈来、歌之咏之的对象，并且在许多重要的起转关头。艺人们也不急于介绍故事的进展，而是卖关子似的极尽文辞地铺排，对某一人物或景物展开大段的赞赋。而且为了表达对中国文化的敬仰，这些赞赋大多是与中国的人物和景物相关的。这种异国文化色彩给板索里带来了更加迷人的色彩，在韩国民众和两班贵族中越发盛行，在现代也更加历久弥新。

二、板索里的传承与保护

在板索里三百多年的传承中，虽然不断被发展和完善，但也有衰弱和萧条的时候。但是在韩国政府的重视下，板索里正走向一条辉煌的康庄大道。

(一)发展与萧条

板索里最初盛行于朝鲜半岛南部忠清道、全罗道一带，是由当时被称为"广大"的贱民阶层的民间艺人发展起来的。从产生开始，板索里在民间有许多不同的叫法，如"打令""本事歌""板游戏""广大调""唱乐""板唱""唱词""唱调""剧歌""唱剧"等。最初在广场、田野、集市或花园里，板索里是作为仪式或庆典的附带音乐被演绎，前期庶民是主要的欣赏者，后期以地主士大夫为主要欣赏者，呈现出不同的样式。最终，板索里成为各个阶层共同欣赏的音乐。较为著名的有《春香歌》《沈青歌》《兴甫歌》《水宫歌》《赤壁歌》《雄雉打令》等12部板索里，统称"板索里十二部(其中前五部传承至今，后七部已失传)"。

随着板索里唱法的普及和流行，到朝鲜英祖和正祖时期出现了河汉潭、崔先达、禹春大等名唱，他们使板索里进一步焕发了生机。纯祖时期及以后，出现了以权三得为代表的高寿宽、宋兴禄、廉季达等一批被称为"板索里八名唱"的著名唱者。这些名唱对于确立板索里的曲调和节拍，充实其音乐性，促进板索里艺术的繁荣发展作出了重大贡献。

朝鲜后期桐里、申在孝对当时的板索里体制进行了整理，将"板索里十二部"删减成了《春香歌》《沈青歌》《兴甫歌》《卞钢铁打令》《水宫歌》《赤壁歌》等六部，并将台词改得更符合实际语境，此后的表演者们都是按照申在孝的剧本演唱的。此外，李善有又把"板索里六部"中的《卞钢铁打令》删除，形成了"五歌"，即传承至今的"板索里五部"。

板索里原本盛行于中部以南地区，表演者也多为全罗道巫人出身，在申在孝将其发扬光大以后经历了近一个世纪的发展演变。自光武年间圆觉社之后，板索里的表演形式受西洋戏剧的影响发生了一些变化。然而，19世纪末，脱胎于板索里的唱剧兴盛发展起来，许多板索里歌手转而投入到唱剧的演出中。这一时期，很少进行板索里整部大书的演唱，歌手们仅仅表演观众们喜爱的选段，板索里的发展进入萧条期。

（二）越发兴盛的板索里

意识到了板索里的萧条，政府、民众开始重视板索里的保护。现在，板索里在韩国越发兴盛，原因不外乎以下几点：

第一，板索里的兴盛离不开韩国政府提供的财政支持以及地方政府和大众媒体的高度重视。20 世纪 50 年代后期到 60 年代，韩国经济开始起飞，同时，文化界也出现了重视西方文化、忽视传统文化的现象。但一些有识之士指出，文化上的全盘西化将使民族文化逐渐枯萎失传，使民族精神受到抑制。于是从 20 世纪 60 年代开始，对民俗文化的搜集研究受到了重视，民族文化的宝贵遗产被作为"无形文化财产"保护起来。在 1960 年，韩国国立国乐院打起了"复兴板索里"的大旗，开始在剧场舞台上进行整出板索里大书的表演。

另外，韩国政府从 20 世纪 60 年代起制定实施了传统文化的保护法。1962 年，韩国颁布了第一部文化遗产保护法，从此韩国的非物质文化有了一套完整的传承体系。而且韩国政府从 1964 年起保护传统技艺大师，包括板索里在内，很多民族音乐的传人都被定为国宝，由政府给予生活费用与展览表演的补助，还指定优秀学生，给予奖学金，拜师学习传承。在韩国，人们还认识到想要保存和发展韩国传统音乐和表演艺术，就要使其保持与观众的紧密的接触，因此作为"国剧"艺术的板索里有很多固定的表演场所以及保存其历史资料的机构。这些机构的设立在传承和保护板索里方面起到了重要的作用。比较有代表性的是：国立民俗国乐院、国乐博物馆、国立国乐院、贞洞剧场、韩国之家等。

第二，板索里的兴盛离不开民间文化活动的推广。

全州是板索里的故乡，这里定期举行"大私习大会"以供全国的板索里艺术家们展示技艺并选拔优秀的表演人才。全州"大私习大会"有着悠久的历史，韩国板索里清唱大师权三得、辛在孝、宋万甲等人都是通过"大私习大会"的选拔而成名的。日韩战争时期"大私习大会"曾被迫中断。1975 年，全州市将其复原为全国性的民间文化盛会，从而也恢复了全州作为板索里故乡的面貌。全州"大私习大会"由清唱-名唱部门、农乐、清唱-般部门、伽哪琴并唱、民歌、舞蹈、器乐、弓道等 10 种项目组成，满 20 岁以上的韩国男女都能参加。但是要参加清唱—名唱部门的比赛是有两个条件的，一是要年满 25 周岁，二是其清唱水平要达到一定的境界。这样就使这一活动兼顾了大众参与和人才选拔的需求。

2003 年 9 月 28 日至 10 月 3 日，亚洲太平洋地区民族音乐学会第八届年会在全州举行，年会上板索里艺术家进行了板索里《恨》的表演，震撼了在场的每位观众。此外，南原市的广寒楼是朝鲜时代(1392～1910 年)修建的代表性庭院，也是韩国著名清唱剧《春香传》的背景地。每年 5 月 5 日前后都会在这里举行传统民俗节日春香节，届时也会有很多板索里的表演。

第三，韩国对学生系统的传统文化教育非常重视。韩国年轻人大都不排斥传统艺术，并且积极参与到对其它传承与保护中来。这主要得益于国家通过学校对学生实行的较为系统的传统文化教育。通常学校里设有专门的社团，帮助同学们更多地了解传统音乐。在全州市每年举办的板索里歌谣节的活动中，举办者总是有意识地让儿童少年参加各种演出，使青少年一代从小就沉浸在传统文化的氛围之中。为了让年轻人更亲近传统文化，韩国政府在初、高中学生中设立了一门传统文化课，不仅有专门的教材，而且规定学生们一年必须听一次韩国国乐院——这个韩国最高艺术水准的国乐团的音乐会。几年下来，学生们对传统音乐产生了一定的亲近感，在成人之后，他们就会自己买票去听。在韩国，“国剧”领域也有自己的明星，这些明星不仅生活优厚，而且也像其他明星一样受到追捧，这也是韩国“国剧”能够得到良好传承与保护的一个重要因素。

作为韩民族文化中的瑰宝，韩国板索里经过三百多年的历史沉淀，在现代化的城市中历久弥新，走向兴盛。韩国对于板索里的文化遗产保护的成功经验非常值得我们学习。

☞ 参考文献：

1. 于慧中：《透过盘索里看韩国文化》，《中国集体经济》2013 年第 28 期。

2. 赵杨：《韩国板索里说唱文学的多元因素》，《辽东学院学报（社会科学版）》2013 年第 1 期。

3. 李红梅：《从韩国盘索里的传承现状谈京剧的保护与发展》，《人民音乐》2007 年第 8 期。

4. 管乐：《谈“盘索里”艺术在〈春香传〉中的运用》，《电影文学》2010 年第 11 期。

梨园神:虚拟与现实结合的传说

梨园,泛指音乐、舞蹈、戏曲、杂技、说唱等。唐明皇作为“梨园之神”,或曰“戏剧之神”早就是众所周知的。后晋刘昫《旧唐书》中说:“开元十七年(729 年)八月癸亥,玄宗以择诞日,宴百僚于花萼楼下。百僚表请以每年八月五日为千秋节,王公已下献镜及承路囊,天下请咸令宴乐,仍著于令,从之。《千秋乐》盖起于此。”唐明皇的圣诞日,定为千秋节,生前宫廷同庆,归天后梨园共祭。旧日,每年的八月初五也是梨园之神的祭祀日,是为梨园神节。

古代把戏剧演员叫作“伶人”,他们所供奉的行业神叫“老郎神”。过去在戏班子的后台,常会见到戏班所供的一个神龛,龛中有一尊神像,高不过一尺左右,是个小白脸,英俊少年模样,身穿黄袍。这位就是戏曲行所祀之老郎神,也是就梨园神。旧日,不论是官府还是民间,各行各业,人间诸事,敬奉有各种各样的神。在这数以万千的神之中,有一个生前位至终极、贵盖天下、最大的神,这就是中国戏剧的开山鼻祖“梨园之神”唐玄宗李隆基。唐玄宗被尊为梨园之神,既非姜太公封就,也非哪位帝王赐谥,而是唐明皇因其在中国音乐、舞蹈、戏曲发展史上的卓越贡献。

一、治国理政的李隆基

唐太宗李隆基(685～762 年),又称唐明皇,从公元 712 年登基到 762 年驾崩,在位 44 年。李隆基当政期间,继承了唐太宗李世民奠定的基础、武则天时代巩固和发展的成果,推行了一系列改革新政。开元至天宝年间,政治、经济、文化都得到新的发展,超过了他的曾祖唐太宗和他的祖母武则天,开创了长达 40 余年的中国历史上强盛繁荣的“开元盛世”。

李隆基自幼聪颖,少有大志。传说在他 7 岁那年,一次例行至朝堂举行祭祀仪式,金吾将军武懿宗倚仗则天武皇对其随从大声呵斥,向李姓子孙示威。李隆基意识到这是对自己的轻视,立刻声色俱厉地斥之:“吾家朝堂,焉何由你在此逞威。”武则天闻知此事,非但不怪罪于他,反而“特加宠异之”。李隆基于公元 712 年即位,次年就改年号为“开元”,向世人宣示他励精图治、再创唐朝伟业的雄心壮志。首先从整肃吏治、清除腐败人员,推行任人唯贤、广开言路、奖擢诤臣的政策,开创了大唐的政治清明之风。同时,唐玄宗注重发展经济,积极支持官吏惩治不法豪强,在全国范围内开展了“检田括户”运动,把检出的土地全部按均田制分给无田农民耕种,还在全国兴修水利工程,“文治”英明盖世。为了提高军队战斗力,他改革兵制,扩大屯田,增强军力,固疆拓土,维护了国家的统一,推动了唐朝对外经济文化的进一步交流,"武功"显赫卓著。大唐政治清明,综合国力强盛,人民安居乐业,文化事业空前繁荣。

二、富有艺术天赋的李隆基

唐明皇不仅是一位治国理政的圣明君主,也是一位音乐、舞蹈、戏曲天才。

中国音乐、舞蹈、戏曲起源于原始社会人们在劳动过程中辅助用力、协调动作、提高效率、减轻疲劳的一些呼号和动作。随着社会生活的不断发展,这种粗犷的呼号和动作演变为有音律、有节奏会意象形的音乐、舞蹈、戏曲。到了隋代,这种音乐舞蹈已臻成熟,并出现了戏剧的萌芽。清姚燮《今乐考证》中说:"戏之始,涵虚子云:戏曲之隋始盛,在隋谓之'康衢戏',唐谓之'梨园乐',宋谓之'华林戏',元谓之'升平乐'。"从姚燮的这番考证结论中,可以看出中国戏曲在隋代已处于萌芽状态了。唐朝以后,特别是开元年间,中国戏曲由于受到唐明皇的宠幸,发生了革命性变化,把诸多的艺术形式糅合到戏曲中来,丰富和拓展了戏曲表演艺术的形式和内容,奠定了中国戏剧的初级形态。唐明皇自幼酷爱艺术,对音乐、舞蹈等十分精通,器重和善待各种艺人。

不论是巡游还是到一地任职,唐明皇偏爱结交音乐、舞蹈和戏曲人才。如遇技艺高超者,勇于俯身为学;对于善学求艺者,不吝授之以技;还经常参加到各种表演和演奏当中。据传,唐明皇在潞州任别驾时,经常肇迹民间,广征博采,搜集各种音乐、舞蹈素材,延揽各种表演吹奏艺人。把民间音乐、舞蹈程式化,创辟了上党梆子这一剧种,并留下了"上党歌舞先梨园"的经久绝响。

《旧唐书》载:"景龙二年(708 年)四月,兼潞州别驾。""废太子瑛,玄宗第二子也,本名嗣谦。瑛母赵丽妃,本伎人,有才貌,善歌舞,玄宗在潞州得幸。"上梆子,也叫上党宫调、上党皮黄,在初创时是无以为名的。李隆基入主皇宫后,因这个剧种系由李隆基创辟,故而名为上党宫调。上党梆子剧种还有一个子剧种上党皮黄,是由上党梆子剧种中的西皮、二黄板式为行腔主体,是专演宫廷戏的,叫成上党梆子是以后的事。上党梆子流传千年,至今还保留着古时粗犷、豪迈的韵味,上党皮黄则保留着宫廷音乐的细腻、委婉,历史的烙印极为深厚。唐明皇君临天下之后,对唐代的音乐制度多次进行了重大改革,调整了原九部乐、十部乐为坐、立部伎,招募专门从事音乐、舞蹈、谱曲、作词的人才在宫廷创办了"梨园",其实也就是艺术学院。《旧唐书》载:"唐明皇开元二年(715 年)甲寅,置左右教坊,以教俗乐。又选乐工、宫女数百人自教之,谓之皇帝梨园弟子……玄宗又于听政之暇,教太常乐工弟子三百人为丝竹之戏。玄宗既知音律,又酷爱法曲,选坐部伎子三百教育梨园,声有误者,帝必觉而正之。"唐明皇作为皇帝,首创中国艺术殿堂,并集指挥、作曲、导演、演奏于一身,在中国历史上是绝无仅有的。唐明皇创办梨园之后,对唐之前已成规制的"法曲"、舞蹈进行了改革创新,并躬身示范创作了《霓裳羽衣》《凌波曲》《紫云回》等。后晋刘昫《后唐书》载:"玄宗又制新曲四十余,又新制乐谱……太常又有别教院,教供奉新曲。"可见唐明皇具有极强的创新意识。

三、勇于创新的李隆基

唐明皇在改革创新音乐、舞蹈、戏曲时,非常器重赏识文人的作用,曾指令翰林学士或有名的大文人参与编撰节目。贺知章、李白等大文豪都曾为梨园作过词、谱过曲、编过戏。晚唐人韦叡《松窗录》中记载了唐明皇一次带领众妃子赏花时要求配以新乐辞的事:“帝曰:‘赏名花,对妃子,焉用旧乐辞为!’遂命李白作《清平调》辞三章,令梨园弟子略扶丝竹以促歌,帝自调玉笛以倚曲。”《旧唐书》又载:“玄宗尝自度曲,欲造乐府新辞,亟召白,白已醉,卧于酒肆,召入,以水洒面,即令秉笔。顷之,成十数章。”李白作的三章《清平乐》被完整地保存流传下来,成了不朽的华章。而“顷之,成十数章”真假如何,我们不得而知,但唐明皇的创新之举却永远载入了史册。唐明皇经过对音乐、舞蹈的改革创新,改变了之前按部就班的固定表演形式,开创了依据音乐、舞蹈所表现的内容依次轮番出场,并夹杂了一些外国和外域的表演形式,加进了杂技、杂耍等内容,丰富了音乐、舞蹈、戏曲表演,开了音乐、舞蹈、戏曲表演讲求场记的先河。

《旧唐书》记载了唐明皇一次在勤政楼“宴设酺会”观看表演的全过程:“太常大鼓,藻绘如锦,乐工齐击,声震楼下。鼓笛鸡娄,充庭考击。太常乐立部伎、坐部伎依点鼓舞,间以胡夷之技。日旰,即内闲厩引蹀马三十匹,为《倾杯乐曲》,奋首鼓尾,纵横应节。又施三层板床,乘马而上,抃转如飞。又令宫女数百人自帷出击雷鼓,为《破阵乐》《太平乐》《上元乐》。虽太常积习,皆不如其妙也。若《圣寿乐》,则回身换衣,作字如画。又五坊使引大象入内,或拜或舞,动容鼓振,中于音律。”这种表演形式为后世的人物出场、场景切换、舞台调度起了先导作用。在《旧唐书》中还记载了唐明皇在每年的正月十五赏灯观月观看表演的情景:“每初年望夜,又御勤政楼,观灯作乐,贵臣戚里,借看楼观望。夜阑,太常乐府具散乐毕,即遣宫女于楼前缚架出眺,歌舞以娱之。若绳系竿木,诡异巧妙,固无其比。”歌舞间夹杂杂技,作为中国杂技的发端,也为戏剧表演形式的丰富和多样化起了奠基作用。在唐朝最早出现的戏剧是参军戏,这种戏已经具备了两种角色,一曰参军,一曰仓鹘。《骄儿》诗中“忽复学参军,按声唤仓鹘”就是指唐时的戏剧行当。唐段安节《乐府杂录》中载:“开元中,张野狐善齐参军,即后世副净也。”又“范传康、上官唐卿、吕敬迟三人异假妇人,即装旦矣”。“今优伶辈,生旦净末丑亦如之。”这两个角色的出现是我国戏剧行当的开端。

其实,在唐明皇时,中国戏剧角色就已经很齐备。谢阿蛮《论戏始末》载:“至唐明皇,选良家子弟于梨园中演习戏文,分为:生、旦、净、末、丑、外、小生、小旦,此八为正;而后增:副净、作旦、贴旦、老旦,共 12 人为全角,余者供奉侍从者,现身说法,表扬忠、孝、节、义、才子、佳人、离合、悲欢、扬善、惩恶此亦大美事也。至宋、元则尤盛矣。”到了近现代,中国戏剧概莫能超越唐明皇时所创辟的行当角色。

唐明皇不仅精通各种音乐、舞蹈,演奏各种乐器,而且还能出演各种角色,并且表演得出神入化、惟妙惟肖。清黄幡绰等著《梨园原》记:“老郎神,即唐明皇。逢梨园演戏,明皇亦扮演登场,掩其本来面目,仅串演之下,不便称君臣,而关于体统,故尊为老郎之称。今遗有唐帽,谓之老郎盔,即此义也。”唐明皇与梨园串演角色,服从角色需要,不计君臣之礼,这是十分难能可贵的。作为一代君王,在中国戏剧的形成和发展的进程中起到了无人可及的决定性作用。“开元盛世”奠定了中国戏剧的雏形,是中国戏剧形成和发展的里程碑。

四、颇具传奇色彩的一生

唐明皇生前贵为皇帝且创辟梨园，为中国的音乐、舞蹈、戏曲、杂技、以至于驯兽等演艺事业的独特贡献，后世“梨园”把他尊为“梨园之神”是循乎其常的。既然被尊为神，就要有神庙。旧日敬奉唐明皇的庙宇很多，现今依然保存完好并且香火不断的是坐落于山西省平顺县东河村的九天圣母庙的梨园神殿，这个殿里敬奉的就是老郎神唐明皇。九天圣母庙内有一通元中统二年（1621 年）碑，据碑文记载，该庙建于隋唐，北宋建中靖国元年（1101 年）重建，但“梨园神殿”建于何时没有记载。不过，九天圣母庙里存有一通北宋建中靖国元年《潞州潞城县三池东里东圣母仙乡之碑》碑，碑铭中记载：“宋元符三年（1100 年）重修九天圣母庙时建起舞楼。”舞楼至今保存完好。由此看来，梨园神殿当建于宋之前，同时也印证了“上党歌舞先梨园”这种说法并非空穴来风，或与唐明皇在潞州任别驾时创辟上党戏曲有着直接联系。唐明皇驾崩后，人们在他的戏剧发源地率先建起庙宇祭祀也在情理之中，上党地区或是最早把唐明皇奉梨园之神的地区。

五、梨园众神

实际上，在梨园神的庞大队伍中，只有少数具备了一技之长的“专业人才”才是真正的戏曲始祖神即祖师爷。其他诸如楚庄王、李世民、朱元璋等历朝历代被神格化了的“当权派”“实力派”人物，以及清源妙道真君、翼宿星君等道教诸神，只能是梨园保护神。梨园神研究中的始祖神与保护神不分，客观上是由于戏曲艺人们历来信奉多神或泛神崇拜的缘故。这是剧种繁多，且产生的朝代不同、分布的地域不同、成戏的原因不同等历史原因造成的。

唐朝出现的乐舂戏与清朝产生的黄梅戏相差 1000 余年，创造者不可能是相同的。阳春白雪般的京剧与下里巴人式的海域喇叭戏，决不会是同一个祖师爷。高亢激昂、慷慨悲壮的河北梆子与细腻柔婉、以抒情见长的越剧，不可能也不应该是同一个始祖神。就这样京一个、楚一个、昆一个、沪一个、苏一个、豫一个的戏曲创始人便愈来愈多。再加上唐朝艺人先后请出唐太宗、唐明皇来做保护神，明朝艺人抬出朱元璋来做保护神，清朝艺人又将乾隆道光请出来吓唬他人以利生存，何况艺人中的佛、道、儒教信徒们又请出了观世音、处机、孔夫子等三教神仙呢。面对这种纷繁复杂的状况，我们的研究发生一点失误也在所难免。但是造成失误的首要原因则是曲解了“老郎”一词的特定含义。绝大部分戏曲艺人和专家学者认为“老郎”是人名，并以为他姓田名老郎或称之为田君老郎。另一部分意见认为“老郎”是某个人的代称。如“老郎是唐朝宰相魏征的儿子魏梦”（见《襄樊市戏曲资料汇编》）。“因为演戏，不便君臣相称，艺人便称唐明皇为老郎。”（见《唐明皇游月宫》）还有个别地区的艺人们认为“老郎是一真正的狼”等。

每年农历五月初三，梨园行衣箱、盔箱等剧通科艺人和梳头桌的容装科艺人要举行一次祭祀祖师的“犒箱会”。通常在五月初一，即由梨园行会的总箱头通知京城所有的剧通科艺人和容装科艺人。五月初三在某处循例举行犒箱会，特别是自己有戏箱的箱头更要把手下所有人员通知到。举行犒箱会多是在前门外的一些冷饭庄，祭祀过后每个箱头和手下的工作人员（当时称“伙计”）谈“工事”，所谓谈工事就是双方商定日后的工作安排、每天的工资以及带教的徒弟转成正式伙计等事宜。

是日，在堂上正面摆设神座香案，供上祖师爷唐明皇和本行祖师指天划地聋哑童子、观音大士的牌位，称为“祖师驾”。桌案上还有香炉、蜡台、鲜花、水果、糕点等。蜡钎下压着黄钱、元宝、千张等各种钱粮，香案前放一个钱粮盆。上午11点，由总箱头在祖师驾前上香，并率领大家三叩首后，便把所有有戏箱的箱头和资格较老的箱倌们召集在一席上，共同商议下半年的业务和任用的伙计及工资等事。其他则是六人一桌入席。席间，由各位箱头和伙计商谈工事，主要是工资问题，如伙计们觉得工资不合适可改和其他箱头谈判。双方一旦谈妥，便举杯欢饮，划拳行令，高兴地大吃大喝。饭后，由总箱头率领再向祖师爷上香叩拜，并焚化一份敬神钱粮，以示礼成。

犒箱会并不是北京梨园行全体剧通科和容装科人的集体活动，而是由那些自己有戏箱的箱头出面各自组织举办。此会外行人不能参加，祭祀活动主要是在神灵监督下签订劳动合同。这种犒箱会一直延续到20世纪40年代末期。在北京梨园行中，武戏演员也有本行的祖师，他们供奉“五昌兵马大元帅”。“五昌”是战国时期的白起、王翦、廉颇、李牧、孙武的总称。专门翻筋斗的武戏演员供奉的“白猿筋斗祖师”亦在祭祀之列，所以在写牌位时就写“五猖兵马大元帅之神位”。昌字加反犬旁，意味着有白猿筋斗祖师一同受祭。五月十三是祭祀五猖神的日子，事先由戏班的武行头通知所有唱武戏的演员参加。清代以来，祭祀五猖神在前门外珠市口东南方向的精忠庙喜神殿前院中举行。民国后期，在陶然亭的松柏庵院举行过数次。

☞ 参考文献：

1. 宋惠群、张松斌：《唐明皇何以被尊称为梨园之神》，《艺文天地》2012年第1期。
2. 司马光：《资治通鉴》，中华书局2009年版。
3. 周濯街：《梨园始祖神与保护神》，《寻根》1996年第5期。
4.《中国戏曲曲艺词典》，上海辞书出版社1985年版。

昆曲:中国戏曲的活化石

昆曲,又名“昆腔”“昆山腔”,是起源于中国古代并流传至今的传统戏剧之一,是传统文化的瑰宝。它发源于元朝末年的昆山地区并发展于江苏、上海、浙江、北京、湖南、江西等地,还糅合了唱念做打、舞蹈及武术等丰富多彩的艺术表演形式,以表演细腻、工丽典雅、腔调婉转、浓郁醇厚著称。昆曲距今已有600多年的历史,不仅是中国传统戏曲的集大成者,更汇集了中国古代文学、音乐、歌舞以及其他表演艺术的精华,被誉为“百戏之祖”。在2001年被联合国教科文组织列入“人类口述性遗产”和“非物质文化遗产”名录。

一、昆曲的三起三落

新中国成立之后的60年,昆曲经历了三起两落。正当昆曲穷途末路之时,大陆全境解放,新生的“国风苏昆剧团”于1952年去嘉兴、杭州等地演出,观众反映很好。浙江省文化局将“国风”更名为“浙江国风昆苏剧团”。1954年,“浙昆”排演了《长生殿》。1955年,“浙昆”演出了根据《双熊梦》改编的《十五贯》。1956年2月,中共中央宣传部部长陆定一在上海观看了《十五贯》,满口称好,说《十五贯》要去北京演出,随后剧团改为国营的“浙江省昆苏剧团”。《十五贯》在北京演出后引起轰动,毛泽东主席作了两点指示:《十五贯》是个好戏要奖励;要向全国推广。周恩来总理发表了长篇讲话,称赞《十五贯》有着丰富的人民性,有相当高的思想性和艺术性。我们有的官僚主义者比戏中的巡抚还严重,这巡抚是我们的镜子,况钟实事求是,重视调查研究,这是符合唯物主义思想的。《人民日报》发表了影响深远的社论《从“一出戏救活了一个剧种”谈起》。从此,分散各地的昆曲艺人,由浙江、上海、江苏、北京、湖南等省、市政府集中起来成立了昆剧团,全国以京剧为首的几十个剧种移植演出了《十五贯》。一时间,谁人不看《十五贯》,纵是高干也枉然。这是新中国成立后昆曲的一“起”。

史上这一“起”,是和反官僚主义、提倡调查、实事求是的清明政治连结在一起的。当政治朝着左倾的方向转化时,昆曲也就必然下落。20世纪60年代,由于文艺整风运动的开展,帝王将相、才子佳人戏不准演了,而昆曲不少戏的主要人物就是帝王将相、才子佳人,于是昆曲无戏可演。“文化大革命”一来,昆曲更被视为封建主义文化的代表,尽在扫荡之列。于是,各昆曲剧团被解散(只有湖南省昆剧团幸存下来),昆曲艺人被下放,艺人被迫改行,昆曲这一剧种实际上不存在了。这是昆曲一“落”。

粉碎“四人帮”后,北方昆曲剧院、江苏省昆剧院、苏州昆剧院、上海昆剧团、浙江昆剧团、永嘉昆剧团先后建立或恢复，再加上湖南省昆剧团，全国共有7个昆剧院团。1981年，“昆剧传习所”成立60周年纪念活动在苏州举行；1985年，文化部下发文艺字[85]第1604号《关于保护和振兴昆剧的通知》；1986年1月，文化部决定成立振兴昆剧指导委员会；1987年，文化部批发了《关于对昆剧艺术采取特殊保护政策的通知》；1988年，首届“中秋虎丘曲会”在虎丘千人石上举行。至1990年为止，各昆曲院、团先后演出了昆曲本《逼上梁山》、《宝莲灯》(湖南省昆剧团)、《荆钗记》(永嘉昆剧团)、《血溅美人图》、《牡丹亭》(北方昆曲剧院)、《风筝记》(上海昆剧团)、《狮吼记》(浙江昆剧团)、《玉簪记》、《白罗衫》(江苏省昆剧院)等数以百计的昆曲剧目。这是昆曲二“起”。

1981～1999年的19年间，随着市场经济大潮的冲击以及观众文艺欣赏的多元化，加之昆曲老观众因老龄化而日渐减少、青年观众的群落则尚未形成，于是，昆曲又出现下降趋势。这一期间，演出剧目和演出场次减少，昆曲演员改行、跳槽的不在少数，昆曲急剧低迷萎缩，甚至出现了台上演员比台下观众多的反常现象。这是昆曲的二“落”。

然而，从2000年起，昆曲出现转机，首届“昆曲节”在苏州举办。2001年，昆曲被联合国教科文组织列为世界“非物质文化遗产代表作”首批名录，而且是全票通过。文艺界欢呼，全国人民雀跃，文化部做出了《中国昆曲节永远落户苏州》的决定。2003年，全国政协副主席王选等人，提交了《关于加大昆曲抢救和保护力度的几点建议》。很快，时任中共中央总书记、国家主席胡锦涛，时任国务院总理温家宝，时任中共中央政治局常委李长春等对《建议》以及十届二次政协会议上有关昆曲的书面发言，作了重要批示。

从2004年起连续三年，国家每年拨出3000万元，作为抢救和保护昆曲的专项基金。2004年，苏州昆剧院的《牡丹亭》青春版横空出世，从苏州、上海、南京演到北京，从香港、台湾演到美国，观众70%以上是青年，而且是大学生。2000～2009年的10年间，优秀昆曲剧目如雨后春笋般涌现，如《张协状元》《杀狗记》(永嘉昆剧团)《贵妃东渡》《宦门子弟错立身》(北方昆曲剧院)《南柯记》(印象版)《邯郸梦》《牡丹亭》《荆钗记》(偶像版)。上海昆剧团全力打造了《临川四梦》(“四梦”采用四种形式)、《公孙子都》(浙江昆剧团)、《14：28》(表现昆曲人对四川地震遇难者的情怀，江苏昆剧院)等，难以一一列举，昆曲自新中国成立后出现了第三次高潮。这是昆曲的三“起”。

二、昆曲的艺术特点

写意与虚拟，是昆剧为代表的中国戏曲的舞台艺术特点。虚拟是昆剧表演的写意手法，程式是昆剧舞台艺术的细胞，是规范化的戏曲表演法式。从明清时期的昆曲演出开始，唱、念、做、打，处处离不开程式。昆曲的表演艺术——程式技巧，是将生活内容夸张、美化与规范化，具有歌舞性、节奏感。昆曲的程式表演内容极其丰富，有手、眼、身、步、法的种种表演手法，有水袖功、扇子功、翎子功、毯子功、把子功，有指式、掌式、拳式、脚式、鞭式等。昆剧的舞台美术，诸如化妆、穿戴、脸谱，也都已化为了艺术的程式。这些戏曲艺术程式，以昆剧的服饰为例，其可舞性支撑昆剧的载歌载舞，从而形成了水袖功、髯口功、翎子功等表演程式。这是中国戏曲的独有特点。现在全国各个剧种的角色服装与头饰已大体统一，从南到北的各路戏曲服饰已呈清一色。

清代早期，昆曲角色行当(“家门”)确定，“江湖十二色”的服饰也同步形成。在乾隆以后京剧崛起过程中，因“花雅之争”而形成昆乱同台演出甚至昆曲优伶也演京剧的局面，京剧全面吸收昆曲的服饰装扮，使原先昆曲以之取胜的服饰装扮进一步普及。昆曲本身这样的妙想天开的角色服饰样式设计，也不是一蹴而就的，它的逐渐演化过程耐人寻味。例如水袖在杂剧的壁画与陶俑中，原是戏装里面的衬衣，被称为水衣，为防汗水浸渍，白色内衣袖管稍稍露在套服外面。明代的传奇木刻版画里剧中人的水袖没有特别加长，到清代为有利于歌舞而逐渐加长，到了晚清与民国，水袖长于明代的行头。民国时期，京剧名旦程砚秋的水袖功出神入化。其他如髯口、翎子也越加越长、越丰满，纱帽上的领翅竟能抖动起来。它们都脱离了单纯模仿生活的初级阶段，升华为具有美学意蕴的艺术形式——昆曲舞台艺术程式。再如一桌两椅是中国戏曲舞台装置的最大特色。这个中国戏曲的“空的空间”是如何形成的？我们看到明代版画插图，早期家班在红氍毹上演唱，不设一桌两椅。一桌两椅在昆曲舞台上如何发挥戏曲功能？有哪些作用？是如何与演员的表演相结合的？那些杰出的表演艺术家在环绕舞台上的一桌两椅进行表演时，有哪些出色的创造？这都涉及到昆曲的发展史。昆曲舞台艺术演变史也就是中国戏曲艺术的交流、发展史。自乾隆五十五年(1790)徽班进京，高雅的昆腔承受花部乱弹各种地方戏曲的冲击。在将近百年的“花雅之争”中，昆腔失去其独尊的优势地位。同光年间，京剧崛起，但“花雅之争”的结果是新起的京剧等花部逐渐戏曲吸收、融合了昆曲的卓越艺术，从剧目、剧本文学、表演、演唱、服饰、脸谱、道具、乐队伴奏等等，昆曲为各个后起剧种提供了全面的艺术滋养和仿效的典范。

在今天，京剧、越剧、黄梅戏、豫剧、川剧、粤剧、梆子、闽剧、婺剧、苏剧、扬剧等各剧种，尽管各具特色，但是它们总体上都呈现出中国戏曲的艺术与美学规范，因为它们在各自的形成发展过程中都直接或间接地吸收了源自昆曲的艺术滋养。昆曲成为“百戏之母”，它的独特渊厚的美学传统与独具神韵的东方风格，数百年来历经沧桑而始终具有魅力。昆曲艺术与中国其他戏曲艺术的不同之处是，在昆曲的发展过程中，有许多文人参与和指导了昆曲艺术的创造。他们或是有地位身份、又具文化品位的家班主人，或是酷爱昆曲、有相当艺术修养的文人雅士。他们或创作传奇，或填词订谱，或场上导演，引导昆曲向高雅品位不断提升。他们还撰写了相当多的曲论、剧论，研讨昆曲度曲和创作，如吕天成的《曲品》、王骥德的《曲律》、沈德符的《顾曲杂言》、徐复祚的《三家村老委谈》、沈宠绥的《度曲须知》和《弦索辨讹》、凌濛初的《谭曲杂札》、祁彪佳的《远山堂曲品》与《远山堂剧品》、潘之恒《曲话》等，都已成为昆曲艺术的理论遗产。尽管已有叶长海、齐森华、陈多、谭帆等人的学术专著，但还需要更为深入的综合研究，探讨与建构中国昆曲学的理论体系。

三、昆曲的流派

昆曲有没有流派？如京剧、越剧、评剧、粤剧、苏州评弹艺术那样流派纷呈？有人问我：昆曲为何没有流派？我答曰：其实不然。历史上，昆曲肯定有艺术流派。昆曲的发展、繁盛，昆曲艺术的提高、锤炼、完美精致，在明清时期主要依托的是各著名家班班主、教习的指导与锤炼，以及职业昆班在演出市场上的竞争。例如，昆曲史上著名的家班有申时行家班、范长白家班、邹迪光家班、顾大典家班、屠隆家班、潘允端家班、钱岱家班、吴越石家班、张岱家班、冒辟疆家班、侯方域家班、阮大铖家班、曹寅家班、尤侗家班等。这些家班或主人，如冒辟疆、邹迪光、屠隆、张岱、侯方域、阮大铖、曹寅、尤侗等，都有很深的文化修养与艺术见解，根据自己的美学见解精心指导家乐昆伶。或如致仕的大学士申时行，可以另请高明教习——那些教习往往都是老曲师、舞台经验丰富的老名伶。于是，这些家班的演出能呈现出那位具有独特艺术与美学见解的主人所追求的艺术风格。久而久之，这个家班的演出就形成了自己独特的风格，如所谓的“范祝发，申鲛绡”，如所见的潘之恒、陈继儒对冒辟疆家班的赞赏。如果这个家班的演出艺术获得一定范围的赞赏，又有人学习、仿效，产生影响，那就有了流派。

阮大铖事败后，他的家乐的主要伶人被冒辟疆或其他家班聘用。显然，后聘的主人欣赏阮大铖指导的戏班所具有的戏剧表演水平与艺术风格，于是阮大铖家班的演出风格就在其他家班的表演中被延续下来，因而产生了流派性的影响。有的家班存在时间较长，如山阴张岱家的家班就历经三代主人、六届演员，在张府主人的指导下，艺术风格有相对的持久稳定性，于是有了流派。

昆曲演出水准的提高与艺术风格的发展，还在于职业昆班在演出市场竞争中的锤炼和提高。李渔领导的家庭式职业昆班周游大江南北的演出，就是以其独创的风格、精致考究的表演艺术、新颖的演出形式为许多文人雅士、达官贵人所欣赏，而获致较好的演出效应。当年李渔昆班的演出显然已经具有了独创的艺术与美学风格。因为李渔本人对戏剧艺术的整个体系——从剧本到导演、演员、曲唱、音乐、化妆、服饰、道具、演出效果等——都有精深独到的见解。而且李渔注重舞台性，注重舞台演出效果，具有创新意识。他的舞台演出常常出新，以新意吸引观赏者，演出就是他创新的戏剧美学理论的舞台（红氍毹上）实践化。昆曲史上曾有许多著名的职业昆班，如瑞霞班、郝可成班、陈养行班、虞山班、吴徽州班、沈周班、兴化部、华林部、兴化小班、沉香班、金府班等。晚清姑苏四大名班“鸿福、大章、大雅、全福四老班”，应该都有其不同凡响的演出风格。姑苏全福班是其中存活时间最长久因而对现代昆曲影响最直接的职业昆班，它的顽强的艺术生命力应该和它的演出水准、艺术风格有密切关系。

四、昆曲的艺术风格

今天我们从南昆（苏昆、江苏省昆、浙昆和上昆）所看到的昆曲传字辈的细致雕刻、优雅传神、注重内心的表演风格，就是对当年姑苏全福班艺术风格的传承。昆曲从姑苏出发，从明万历到清康乾时期，已分布大江南北，从北京、山西到福建、江西、湖南、四川，都有昆曲班社的演出。中国南北幅员广大，各地语言、文化、风俗独特，差异很大，分布南北各地的昆曲班社的演出绝不可能完全相同，也更不可能照搬或维持姑苏原籍或紫禁城内南府升平署的演出风格。戏剧演出的特点是必须尊重当地观众欣赏戏剧的习惯，按照观众的接受可能性来组织演出。到清代，昆剧遍布南北。当时在浙江温州、金华、宁波和湖南桂阳、嘉禾、郴县一带，也都有此起彼伏的职业昆班，流动演出于农村集镇之间。如温州的福班、品玉班等，金华的蒋金玉班、黄金玉班等，宁波的老宝凤班、新庆丰班等，湖南湘昆的福昆文秀班、正昆文绣班、古昆文绣班等。于是，至少在晚清，出现了北昆、扬昆、晋昆、川昆、湘昆、赣昆、滇昆、永嘉昆、宁波昆、金华昆等流派，苏州本地的昆曲后被称为南昆。这些遍布南北各地的昆曲，都是依据同一曲谱，用中州韵演唱同样的曲牌。其稍有不同的是，念音融合了当地方言音，当然还结合了地域文化的审美特点。如晚清京城周边分布不少阵容可观的昆弋班，如丰润县的同合昆弋班等。为了适应北方观众的审美趣味，北方昆班都是昆弋合班或京昆合演，所以此后有“昆乱不挡”之说。最著名者有高阳县的荣庆社。

荣庆社于 1917 年冬进京，1918 年首演于天乐茶园，大获成功，还得到蔡元培、吴梅等人的赏识与支持，在北京常演不衰。该社拥有韩世昌、白云生、马祥麟、侯永奎、侯玉山、侯益隆、王益友、陶显庭、郝振基等主要演员，成为日后北昆的主体。这些结合了当地方言音与地域文化审美特色的昆曲——北昆、扬昆、晋昆、川昆、湘昆、赣昆、滇昆、永嘉昆、宁波昆、金华昆，就是昆曲的各个艺术流派。在唱念音、表演风格、剧目选择、角色处理、雅俗平衡等方面有自己的处理。研究昆曲的流派，就要从研究清代昆曲在各地的生存发展入手，研究苏昆（或称南昆，以全福班为首的晚清姑苏四大名班为其端源）、北昆、扬昆、晋昆、川昆、湘昆、赣昆、滇昆、永嘉昆、宁波昆、金华昆的艺术风格流派。从 1956 年《十五贯》上演以来，新中国的昆剧团体至今计有六个剧团、一个所。它们就是现今尚存的昆曲艺术流派：南昆（又称苏昆，包括苏州昆剧院、南京的江苏省昆剧院）、上昆、北昆、浙昆、湘昆、永嘉昆。研究这六团一所的演出剧目、表演风格，研究已故的与现正活跃于舞台的著名昆曲艺术家的表演艺术，研究俞振飞、梅兰芳的昆曲表演艺术，研究周传瑛、王传淞、朱传芸、郑传鉴、倪传钺等传字辈演员的表演艺术，研究张继青、蔡正仁、岳美缇、华文漪、张静娴、梁谷音、计镇华、汪世瑜、王奉梅、石小梅、王芳等的表演艺术，研究韩世昌、白云生、马祥麟、侯永奎、侯玉山、蔡瑶铣等北昆名家的表演风格，也应是中国昆剧学研究的题中之义。

五、结语

随着“地球村”时代的来临，中国戏曲跨文化传播的形式与广度都发生了重要变化，面临的挑战也更加严峻。令人惊喜的是，在快餐文化占领市场、传统戏曲处于颓势的今天，力图再现原汁原味昆曲的青春版《牡丹亭》在两岸四地和异国舞台上演之后，却能受到海内外观众的激赏并引发了一阵文化热潮，这是近年来任何一台戏曲演出都不曾得到的“礼遇”。充分认识青春版《牡丹亭》跨文化传播的意义、总结青春版《牡丹亭》跨文化传播的经验，将有助于我们在文化冲突和融合并存的全球化语境中，进一步探索中国传统戏曲如何走进当代、如何走出国门的道路。

如今，中国传统戏曲的现状堪忧，夕阳艺术、博物馆艺术等各种说法也从未止息过。青春版在海外上演取得的成功，为我们探索传统戏曲的回春之路提供了经验，为传统戏曲跨文化传播提供了经典个案。借鉴青春版《牡丹亭》跨文化传播的经验，将有助于我们找到全球化语境下消除文化隔膜、实现文化融合的方法，有助于我们探索将传统戏曲打造成为全世界人民精神财富的道路。青春版在传统戏曲走出去的道路上取得了一定成绩。但不可否认，与西方歌剧、舞剧等走进中国的程度比，我们走出去的还不够，我们为传统戏曲做的还不够。中国古典戏曲在当代如何传承？更多经典的中国传统戏曲如何跨越文化障碍走向国际舞台？为了解决这些问题，我们要走的路还很长。继青春版在海外成功上演之后，昆曲《长生殿》全本也在国际舞台上演并获得好评。但愿那月落重生灯再红，式微的中国传统戏曲能在中国本土和世界舞台上实现新生、重归青春。

☞ 参考文献：

1. 陈辽：《昆曲的源头、历史和可持续发展》，《徐州师范大学学报(哲学社会科学版)》2010年第2期。

2. 李晓：《昆曲的艺术成就和文化价值》，《上海戏剧学院学报》2005年第1期。

3. 朱栋霖：《关于中国昆曲学的思考》，《文艺研究》2009年第6期。

4. 胡丽娜：《昆曲青春版牡丹亭跨文化传播的意义》，《武汉大学学报》2009年第1期。

浓浓粽香里的端午节

端午节是中国传统节日中民俗内涵最丰富的节日之一。端午节俗传统由全生避害、人神祭祀、饮食节物、竞技娱乐与家庭人伦五大要素组成，这五大要素适应了传统社会民众共同的时间生活需要，它们的相互关联与互补也保证了端午节在中国传统节日体系中的稳定地位。近代以来，由于西方技术与文化的进入，端午节俗传统要素逐渐失落，端午节社会地位显著下降。在强调文化多样性、推动传统节日复兴的今天，端午节对当代中国人来说十分重要。我们应该从传承与建构民族文化的角度出发，来重新认识端午节俗文化，重新强调端午节在身体保健与社会伦理方面的特殊意义。我们需要重视当下民众的精神与社会生活需要，让端午节继续发挥为广大民众服务的社会文化功能。

端午节为每年农历五月初五，又称“端阳节”“午日节”“五月节”“龙舟节”“浴兰节”等，是流行于中国以及汉字文化圈诸国的传统文化节日。端午节起源于中国，最初为祛病防疫的节日，吴越之地春秋之前有在农历五月初五以龙舟竞渡形式举行部落图腾祭祀的习俗。后因诗人屈原抱石自投汨罗江身死，又成为华人纪念屈原的传统节日。部分地区也有纪念伍子胥、曹娥等的说法。

端午节自古便有食粽、饮雄黄酒的传统。自2008年起，端午节被列为国家法定节假日。2006年5月，国务院将其列入首批国家级非物质文化遗产名录。2009年9月，联合国教科文组织正式审议并批准中国端午节列入世界非物质文化遗产，端午节成为中国首个入选世界非遗的节日。

一、端午节俗传统的五大要素及其文化内涵

端午节是中国传统节日中民俗内涵最丰富的节日之一，这从节日名称中就可看出。端午节除了民间通常说的“端阳节”外，又名“天中节”“天医节”“卫生节”“女儿节”“龙舟节”“粽子节”“诗人节”等，这也体现了节日习俗重点的古今变化。作为具有千年历史的端午节，其影响范围广阔，虽然各地自然风土与人文环境有所差异，具体节日习俗上各有侧重，甚至不同，但从总体上看共性大于差异，并且从根本的季节感受与身体保健期待看是完全一致的。端午节是中国人的共同节日。

在千年的传承发展中，中国形成了具有全国共享意义的端午节节俗传统，那就是避瘟保健与追念先贤。这两大传统既是端午节的精神核心，也是端午节历久弥新的内在动力。端午节在南北各地虽然有丰富多彩的节俗内容，但在对具体节俗内容进行分析之后，我们

可以将传统端午节俗提炼出五大节日要素，这五大节日要素是：全生避害（避瘟保健）、人神祭祀、饮食、娱乐、家庭人伦。这五大要素能够覆盖全国各地的端午节俗。下面我们具体来分析这五大要素：

（一）全生避害

湿热的仲夏时节，由于蚊蝇的肆虐，疾病瘟疫容易流行，人们从生理与心理上都强烈地感受到外在的威胁。人们将端午所在的五月初五看作是毒气流行的恶月恶日，采取各种措施，“以禳毒气”，全生避害。传统社会卫护生命的措施从形态上看，有动、静两种。动态的是人们在节日期间采取的种种主动驱疫、采药、清洁活动，静态的是斋戒、闭门静坐等。从端午依傍的夏至节令习俗看，早期的月令时代，人们认为自然节令日是阴阳变动的关键日，也是人们精神紧张的时日，因此小心避忌、谨慎过关是当时人的节日心态。人们以静态保护为主。《礼记·月令》：“是月也，日长至，阴阳争，死生分。君子斋戒，处必掩身。”当时有禁火、禁止陶炼、闭门掩身等习俗。汉魏时期，人们将夏季卫生习俗移到了端午，以水上竞技、山头采药等户外活动激扬生命、保障身体健康。端午节卫生的具体措施有悬艾避瘟，即用艾做成人形，悬于门户之上，“以禳毒气”。清代江南民间称这种艾人为“健人”，其保健意义不言自明。还有佩彩丝避瘟的做法。人们以五色丝系臂，以避兵灾，不得瘟病。后世民间多用五色线，系在小儿手腕上，男左女右，称为“端午索”或“长寿线”。另外饮菖蒲雄黄酒也是端午避邪解毒的主要保健习俗之一。端午还是“采杂药”的日子。人们认为午日午时，太阳最烈，这时百草都是药，因此端午是采药的良日。端午采药的传统在民间历代相传，近代湖北英山有“日午，采百草以为药物”的说法。采药习俗甚至影响到域外，在越南，端午重要内容之一就是采药。采药从正午开始，“这时采草药，药效最高”。草药采够100种，晒干治病，特别治外感、阴虚之病。朝鲜在端午时采益母草、豨莶草“晒为药用”。日本将端午采药称为“药狩”。还有人在端午这天到处寻找蟾蜍，以提取蟾酥作为治天花毒疮的用药。北京旧时还流传着一句俗语“癞蛤蟆，躲不过五月五”。

（二）人神祭祀

端午是夏季大节，人们为了顺利度过这段时间，除了采取现实的与想象的避忌措施外，还要乞求神灵的佑护。端午节是祭祀先人的时节，除了台湾等地方沿袭古老的夏至祭拜祖先的习俗外，多数地区人们祭祀的是具有高尚人格或对地方有特殊贡献的先贤。如楚地的屈原，吴越地区的伍子胥、勾践与曹娥，广西苍梧的陈临，道教创始人张道陵等。其中，屈原在后世影响最大。长江中游端午节俗中最引人瞩目的“龙舟竞渡”，传说就是为了追悼屈原。如清代同治《巴县志》所说：“至设角黍，闹龙舟，吊屈平，楚俗也。”一些地方还有瘟神祭祀与送瘟神的活动，这是端午神灵祭祀的早期形态孑遗。

（三）饮食节物

节日饮食与节气时令相应，节日食品不仅是节日享受的佳品，更重要的，它是民众通过味觉对岁时的感知与精神表达的象征物。“五月家家过端阳，盐蛋粽子与雄黄”。端午节的粽子就是这样一种意蕴特别丰厚的文化创造物，它不仅造型独特，而且其包裹的方式与包裹的内容都有特别的意涵。粽子本来是适应夏至时令的象征物，汉魏前称“夏至粽”，后移到端午，称“端午粽”。粽子用菰叶包裹，菰叶阳性，粽子馅原为龟肉或鸭肉，馅为阴性，取阳包阴之象。“盖取阴阳尚相包裹未分散之象也”。剥食粽子，象征着释放阴阳之气，以“辅替时节”。从岁时自然伦理上看，在阳气盛极、阴气萌生的时节，“顺气”是善性的行为，食用粽子不仅品尝了美味，同时也有扶持时气的积极功效。汉魏以后，随着社会的发展，粽子又不仅是自然时令的象征物，还被附上了追思屈原的传说，成为了祭祀屈原的纪念物。屈原故乡的秭归人在端午粽子中特别包上一枚红枣，象征屈原的赤胆忠心。从起源上，粽子是祭祀神灵的时令祭品。从粽的制作与食用看，粽子是南方民族的传统食品，也是南方传统的祭品，以“粢”祭神的习俗，在江南稻作区源远流长，而粽即粢类食品，荆楚地区很早就有了裹饭祭水神的风习。据记载，周昭王溺于汉水后，人们在水边立祠祭祀，暮春上巳之日，“禊集祠间，或以时鲜甘味，采兰杜包裹，以沉水中，或结五色纱囊盛食”①。南朝时期，屈原传说与五月初五节俗挂上钩以后，饭祭水神、祈求平安的仪式也成为悼屈的内容之一。梁朝的吴均在《续齐谐记》中明确说到，五月初五楚人以竹筒贮米，投水以祭屈原，后因避蛟龙窃食，在竹筒上塞楝叶，并缠彩丝，后世改为菰叶包裹。

（四）竞技娱乐

节日娱乐是传统节日构成的要素之一，但不同性质的节日会有不同的娱乐内容与娱乐程度。端午节日原本是仲夏月令中的避忌节日，按照月令时对夏至节气的理解，人们只能静止勿动，以待阴阳二气自然变化。但汉魏时期围绕着夏至形成的端午节，并没有简单地继承先秦月令传统，而是吸收了南方民族竞赛传统，加重人文活动的色彩，重视调动人事活动，顺应时气变化的方向，以扶阴抑阳。具体民俗措施是龙舟竞渡与斗百草、斗蛋游戏等。竞赛游戏是端午节日娱乐的主要内容。这些竞技游戏在兴起之初，侧重于巫术与信仰意义，如龙舟竞渡，起源于南方水乡古老的时令信仰。竞渡以划船者之间的技术与体能的较量为内容，双方的竞争，在古代象征着阴阳二气的争锋。龙舟竞渡的原始意义在于顺时令，助阴气，实现阴阳的和谐。

六朝时期添加了悼念屈原的仪式解说，两湖地区龙舟竞渡因此有了驱邪逐疫与人神崇拜的信仰内涵。虽然如此，我们看到地方百姓利用端午节进行娱乐竞技的浓厚兴趣。所以我们在各地端午竞渡节俗中看到了地方社会民众的娱乐与狂欢。沅水流域端午竞渡传统甚至在古代达到“风俗如狂”的状态。唐朝诗人刘禹锡《竞渡曲》中说：“沅江五月平堤流，邑人相将浮彩舟。”明人李东阳《竞渡谣》中对竞渡的情形亦有描述：“湖南人家重端午，大船小船竞官渡。彩旗花鼓坐两头，齐唱船歌过江去。丛牙乱桨疾若飞，跳波溅浪湿人衣。须臾欢声动地起，人人争道得标归。”

明人杨嗣昌《武陵竞渡略》中详细描述了当年武陵地区端午竞渡的场景。当竞渡时，有各种习惯的技巧、玩法：或者前驱中流，阵容齐整，或者偃旗息鼓悄然整先，或忽进忽停，以疲劳对手，或一纵一横，挤兑它船；或甲船与乙船竞赛，丙船上前干扰，待甲乙准备与丙竞赛，丙船却抽身而退，让甲乙争锋，称为“送船”；或甲强乙弱，让乙先行，从后追赶，称为“赶船”；或自量力不如人，遇敌先逃，称为“怯船”。本无斗心，悠游竟日，称为“演船”；久习船事，足智多奸者，称为“老水”。后生新锐虽然竞渡不胜，说新木船无老水，输了也不惭愧。这样的竞渡形式，实则是端午节日社区居民娱乐游戏的活剧。湖北竞渡亦十分壮观，袁宏道《午日沙市观竞渡》诗中描写了荆州沙市竞渡的盛况：“金鳞折日天摇波，壮士麾旌

① 王嘉：《拾遗记》，上海古籍出版社 2012 年版，第 231 页。

鸣大鼍。黄头胡面锦抹额，疾风怒雨鬼神过。渴蛟饮河貌触石，健马走阪丸注坡。倾城出观巷陌隘，红霞如锦汗成河。”据明人张瀚说，竞渡南京为盛，福建次之。竞渡的舟船一般可容10人，大者大约20人，鼓棹争先，顷刻数里，往来如飞。明后期杭州在西湖也开始仿效端午竞渡，但因为湖水平稳的关系，竞渡变成游湖的游戏。清代各地端午娱乐依然以龙船竞赛为主，当然不仅是力量的比拼，而且是智慧与技巧的较量。

江南苏州、扬州、杭州等地作为吴越故地，沿袭了端午竞渡的传统，不过又有新的变化，主要表现为游乐，重点在于展示舟船的华丽、水面的嬉闹等。百姓买卖杂货食品，“所在成市”，十天才结束，俗称为“划龙船市”。晚上万船灯火，尤为奇观，俗称“灯划龙船”。扬州五月有龙船市，龙船市自五月初一起至十八日止，在四月晦日试演，谓之“下水”；止十八日牵船上岸，称为“送圣”。船长十余米，前为龙首，中为龙腹，后为龙尾，各占一色，船上小儿表演同苏州一样，有人往水中掷乳鸭、土瓶、猪胞等，人们在龙船内执戈竞斗，称为“抢标”，舟中常有人飞身入水抢之。端午后，龙船由外河进入内河，称为“客船”。送圣后，奉太子(屈原为楚之同姓，民间传说为太子)于画舫中礼拜，祈祷收灾降福，“举国若狂”。端午节赛龙舟传统至今在南方水乡地区传承，并且主要表现为水上竞技运动。在北方，有水环境可资利用的地方，端午也有龙舟会。如北京通州地区端午节“演龙舟于运河之中以为戏”。在历史社会发展过程中，竞技性的龙船活动在南方地区成为端午节俗的主要标志，因此，端午节也就被称为“龙船节”。

龙船的展示成为地方社会节日娱乐的特定方式与公共活动的中心内容。端午的节日娱乐在南朝时就有“五月五日，四民并蹋百草，又有斗百草之戏”之说。斗草有两种斗法：一种是文斗，斗草名，互相以草名对答，如对对联，比如《红楼梦》第六十二回所记“观音柳”对“罗汉松”、“君子竹”对“美人蕉”等，对不上为输；另一种是武斗，比试草的韧性，以强健为胜。白居易《观儿戏》:“弄尘或斗草，尽日乐嬉嬉。”民国四年《顺义县志》记载：端午“男子于郊原采百草，相斗赌饮”。踏百草习俗，在后代演化为端午郊外出游。明代北京人“无竞渡俗，亦竞游耍”，除了游天坛避毒外，南耍金鱼池，西耍高梁桥，东耍松林，北耍满井。清代天津武清也有“耍端午”之说。在北方地区还有端午射柳的游戏，另外南北一些地方都有端午打石头仗的习俗。

(五) 家庭人伦

聚合家庭情感，强化家庭血缘伦理意识是中国传统节日的要素之一，端午节自不例外。当然因为端午节日属性的差异，体现家庭人伦的方式在端午有自己的特色。端午节除了祭祀祖先等传统节日习见内容外，还特别重视未成年的女性。明代北京端午期间，家家妍饰小闺女，簪以石榴花，称为“女儿节”。直到近代，在江苏、湖北、陕西一些地方，新嫁女在端午节也要回娘家省亲，且带着幼儿回娘家，称为“躲端午”。对年轻女性的关怀是端午节日人伦的重要表现。日本鹿儿岛在五月五日也有类似的节俗，母亲这天背着不到一岁的小女孩在外跳称为“幼女祭”的圆圈舞。朝鲜称五月五日为“女儿节”，出嫁的女儿都回娘家，男女儿童用菖蒲汤洗脸，脸上涂胭脂，削菖蒲根作簪，“遍插头髻以避瘟”，称作“端午粧”。由此可知端午作为女性节日，特别是小儿的避忌日是整个东亚地区的通俗。

总之，端午节日五大要素相互补充、相互关联，共同构成了端午节俗传统，从而维持了端午节日形态的稳定，保证了端午在传统节日体系中的重要位置。

二、文化遗产的保护与传承

国务院于2005年12月22日向全国发出了《国务院关于加强文化遗产保护的通知》(国发[2005]42号)。《通知》提出了较为可行的保护措施:“(一)开展非物质文化遗产普查工作。各地区要进一步做好非物质文化遗产的普查、认定和登记工作,全面了解和掌握非物质文化遗产资源的种类、数量、分布状况、生存环境、保护现状及存在的问题,及时向社会公布普查结果。年内全国基本完成普查工作。(二)制定非物质文化遗产保护规划。在科学论证的基础上,抓紧制定国家和地区非物质文化遗产保护规划,明确保护范围,提出长远目标和近期工作任务。(三)抢救珍贵非物质文化遗产。采取有效措施,抓紧征集具有历史、文化和科学价值的非物质文化遗产实物和资料,完善征集和保管制度。有条件的地方可以建立非物质文化遗产资料库、博物馆或展示中心。(四)建立非物质文化遗产名录体系 。进一步完善评审标准,严格评审工作,逐步建立国家和省、市、县的非物质文化遗产名录体系。对列入非物质文化遗产名录的项目,要制定科学的保护计划,明确有关保护的责任主体,进行有效保护。对列入非物质文化遗产名录的代表性传人,要有计划地提供资助,鼓励和支持其开展传习活动,确保优秀非物质文化遗产的传承。(五)加强少数民族文化遗产和文化生态区的保护 。重点扶持少数民族地区的非物质文化遗产保护工作。对文化遗产丰富且传统文化生态保持较完整的区域,要有计划地进行动态的整体性保护。对确属濒危的少数民族文化遗产和文化生态区,要尽快列入保护名录,落实保护措施,抓紧进行抢救和保护。”同时,“教育部门要将优秀文化遗产内容和文化遗产保护知识纳入教学计划,编入教材,组织参观学习活动,激发青少年热爱祖国优秀传统文化的热情。各类新闻媒体要通过开设专题、专栏等方式,介绍文化遗产和保护知识,大力宣传保护文化遗产的先进典型,及时曝光破坏文化遗产的违法行为及事件,发挥舆论监督作用,在全社会形成保护文化遗产的良好氛围”。这些措施都将有效地保护文化遗产。此外,还要坚持持久的文化保护观念,在保护中推进文化再生或创造性发展。文化保护是一个长期的过程,与文化形成的规律相一致,因此,我们必须坚持持久保护观念;而且,保护是一种传承文化的有效手段,在此前提下,也有必要推进文化再生或创造性发展。就端午文化而言,可以强调端午节旅游价值的开发,实现民族性与时代性相结合。端午节文化的保护开发有以下措施:一是挖掘多种物质文化载体的文化意义;二是丰富行为文化的娱乐方式,现在的划龙舟大多只是比赛性质,可以恢复争夺鸭标等,增加趣味性;此外,还要深入体现精神文化的内涵,把文化精神转化为节俗形式;四是融入凸显个体价值的活动,使旅游者在追求自身个体价值中得到满足;五是敦促政府把端午节设定为法定节日。更为重要的是,我们必须把端午节俗充分融入到当代人的生活观念与生活方式之中,使之成为当代生活的一种重要节日。

三、历久弥新:发展端午节文化

怎样才能让端午节这个古老的节日历久弥新?道理似乎是比较简单的,那就是一方面继承,一方面创新。弘扬传统文化,增强爱国情感,提高科学意识和生态文明意识,促进人与自然和谐相处,是我们必须要继承的端午节的文化内涵。然而这个简单的道理在现实中要得以实现却并不容易。在目前的形式下，传统节日普遍地被认为形式陈旧，内容单一，缺乏娱乐性。古老而美丽的端午节的回归与兴盛必须走创新与发展的道路。活动要丰富多彩，生动有趣，要突出端午节这个古老节日的现实意义，深入挖掘其文化内涵，在创新与发展中，让更多的人乐于参加这种文化活动。国家应该加强对端午节文化的宣扬力度，普及其传统文化知识，但是由于种种原因，端午节的文化内涵正处于被遗忘的边缘。

四、端午节的传统习俗

端午节为何要插艾条、挂菖蒲？艾草、菖蒲、蒜头束在一起悬挂在门上有何寓意？何为"艾虎"和"蒲剑"？为何要用五彩丝线系臂？为何要吃"重五卵"？什么叫吃"五黄"、熏"五毒"？什么叫"五毒饼"？粽子有什么象征意义？端午节与屈原是什么关系？提到端午节，诸如此类的问题很多。但端午节精深的文化内涵正在被我们遗忘，被青年学生忽略，这是非常令人痛心的事情。在加强端午节的宣扬力度方面，首先，提倡报刊、电视等新闻媒体大力普及端午节知识。其次，我们还应特别提倡学校、社区、社团等有条件的组织集体过端午节，改善大家对端午来历习俗的陌生感。如大家可以用端午节的节日饰品装饰房间，并且利用网络视频等新方式介绍端午节的来源、习俗，在浓浓的节日氛围中重温千年的记忆。在集体过端午的时候还可以创新某些活动形式。比如，包粽子分组比赛、射箭投壶赢粽子比赛、咸蛋彩绘比赛、绘画剪纸、爱国历史剧的排演、端午节讲故事(旧端午故事、新端午故事)等，或者追忆诗、词、歌赋、民谣、戏剧及小说中有多少是与端午节有关的作品。

此外，端午节还应成为人们辨识百草、熟悉物候的节日。古人在端午这一天斗百草、踏百草，采杂药、采菖蒲、青蒿，从大自然中汲取有利于健康的香草中药，或悬挂或煎汤沐浴，或喷洒庭院。这些民俗活动，正是为了让生命之花开得更加健康、灿烂，这也是端午节的最根本使命。然而，现在我们对这些植物十分陌生。古语有"菖蒲驱恶迎吉庆""门插艾，香满堂"，因为菖蒲与艾草是端午节最重要的植物，可是，试问现在我们有几人能识得菖蒲、艾蒿？所以，我们应当推陈出新，把端午节作为我们民间识百草的植物节。家长可以带领孩子，老师可以带领学生，在这一天去郊外辨识百草，采摘百草，增长见识，亲近大自然，与大自然和谐相处，民谣有"五月五，是端午，背个竹篓入山谷；溪边百草香，最香是菖蒲"。《论语・阳货》篇记载孔子教导弟子要学习《诗》，其中的一条理由就是《诗》可以"多识于鸟兽草木之名"。多识草木，识得香草恶草，就能理解古人的譬喻寓意，在亲近自然中去体会先人的生活环境。才能发思古之幽情，对传统文化有一种特别的体悟。

端午节因为屈原的缘故，又名诗人节，可是很多人对这一名称很陌生。我们应该通过诗歌朗诵的方式让诗人节名副其实。在诗歌朗诵中，悼念屈原、歌颂爱国情怀，表达自己的祈愿和祝福。诗朗诵形式不拘，地点随意，可以在教室、公园、图书馆、戏剧院等。在端午节举办诗朗诵的成功例子很多，如 2008 年端午节，浙江嘉兴举行了一场古典诗词吟诵会，山东烟台有一场"纪念屈原、走进端午"公益演出等。

五、现代社会中全新的习俗

此外，中央电视台播出的"我们的节日——中华经典诵读晚会・ 端午篇"，更是精选了多种经典诗歌作品，节目一经播出，就收到了很好的效果。端午节是一个宣扬爱国主义情怀的节日，也是一个防疫抗病的卫生保健的节日，所以应该在端午节强调卫生健康知识，把端午节作为我们注意环保、强健个人体魄的节日。古人在这一天捉蛤蟆采药，用蒲、艾等香草煎汤洗澡，用“天中五瑞”即五种植物——菖蒲、艾草、石榴花、蒜头和山丹——来驱除各种瘟疫毒害，这是端午节古老的习俗。在这个意义上，端午节是中国古代的卫生节。当现在我们受到瘟疫的侵袭时，我们又想起了古人的智慧，想起了古老的端午习俗。现在广东、湖南、广西等地，还保留着用花草煮成药汤洗浴的习俗，据说可以治皮肤病、去邪气。白族在端午节也有用百草煎水给孩子洗澡的习俗，中药药浴具有芳香除湿、预防皮肤病等诸多好处，商家可以提供端午洗浴的草药，在全国推广。端午节是追求健康的节日，推广中华中医药知识，让大家对中医保健、药浴、药膳17有更清楚的认识，让端午节成为药香扑鼻、祥云缭绕的佳节。在蚊虫孳生的五月，古人用雄黄粉、雄黄酒等洒扫庭院，是为了避邪驱虫。我们可以沿用这种智慧的做法，并加以改进，为的是收到消毒、卫生的功效，可以用消毒水对公共场所进行消毒。2003年的“非典”、2008年的手足口病、2009年的H1N1流感，让我们认识到我们的卫生防疫的意识是多么的薄弱。不要等疫病流行之后，再进行防疫，应该利用端午节激发大家对卫生防疫的重视，增强公共卫生和个人保健观念。现在我们不是为公共卫生而忧心吗？端午节是很好的清洁卫生的节日，在这一天，做好个人卫生，做好家庭居所、公共场所的大扫除活动。让我们的居所，让我们的城市“洁、雅、美”。此外，端午节的习俗中有很多是与水有关的活动，如划龙舟竞赛、抓鸭子等，这其中有古人阴阳和合的思想。我们提倡体育运动，可以倡导在这一天举行多样的水上运动，或游泳或划船，让我们在运动中体会端午节的文化精髓。我们要过好端午节，传承端午节，重温我们的历史记忆。让我们在熟悉、认同、热爱端午节文化的基础上，对民俗活动做一些创新和发展。让古老的端午节历久弥新，让孩子们明白端午节不仅是“吃粽子”的节日，还有更多的文化内涵。

☞ 参考文献：

1. 萧放：《端午节俗的传统要素与当代意义》，《民俗研究》2009年第4期。
2. 孙正国：《端午节的文化精神与文化保护》，《长江大学学报》2007年第4期。
3. 王青：《端午节风俗的流变及其文化思考》，《武陵学刊》2010年第3期。
4. 黄涛、杨雯雯：《端午节的历史传承和当代复兴》，《温州大学学报》2011年第7期。

体育娱乐

视频网站转型，自制节目寻求新发展

近年来，我国视频网站对优质视频版权的争夺逐渐进入白热化阶段，直接导致采购成本飙高、内容同质化严重等后果。为了寻求差异化发展，提高品牌力度，视频网站纷纷依靠自制节目增强自己的竞争力。从 2011 年开始，爱奇艺、优酷、土豆、乐视等视频网站纷纷试水，自制节目已经成为视频网站竞争的一大策略。据估计，2015 年网络自制节目为视频网站带来的广告收入将突破 1.8 亿元。

一、视频网站为什么要自制节目

首先，网络视频行业竞争加剧。网络视频自 2004 年开始在中国兴起，到 2010 年已经基本形成了视频网站的竞争版图。随着互联网的迅猛发展，中国网民的数量迅速增加，智能手机、平板电脑等已成为网络视频的第一终端，处在竞争漩涡中心的视频网站纷纷寻求突围的方法，自制节目这一模式顺势而生。

其次，版权成本的压力。面对庞大的视频用户市场，内容资源是视频网站竞相争夺的对象。由于国家越来越重视对网络版权的保护，节目版权的争夺成为视频网站竞争的主要方向。随着"水涨船高"，购买版权的成本也随着竞争的加剧不断创造新高。为了吸引并留住用户，各大视频网站打起"独播"大旗，在购买各类影视节目"独家版权"时不惜斥巨资，愈发高昂的版权成本让视频网站逐渐有些力不从心。影视剧方面，乐视网以 2000 万元的价格收入《甄嬛传》，搜狐视频则为《新还珠格格》开出了 3000 万元的高价。在综艺节目方面，价格则更高。腾讯视频在 2014 年战略推介会上宣布，腾讯以 2.5 亿元的版权费获得《中国好声音》的独家网络版权，费用较之前上涨了两倍之多。高昂的版权费用加大了视频网站的运营成本，在选择节目买断时因为选择不当导致亏损的情况也不再少数。所以，在版权成本的压力下，低成本的自制节目成为视频网站自我发展与突破的新途径。

再次，视频内容同质化现象严重。随着网络视频市场的逐步规范，视频网站从电视台、影视公司购买热播资源，向用户提供高清视频。但由于热播资源的缺失，导致了"狼多肉少"的现状。比如我国每年生产大约 500 部电视剧，真正能够在电视台播出的只有 300 多部，而能够在上星卫视播出的不到 200 部，热播剧的数量则更少。在这种情况下，视频网站的播出内容多数都重复。对于用户来说，选择哪家网站观看视频都无所谓，所以视频网站为了提高用户忠诚度，寻求差异化发展，开始了自制出品战略。

最后，"限娱令"的出台为自制节目提供有利条件。广电总局于 2011 年出台《广电总局将加强电视上星综合节目管理》，于2013年出台《关于做好2014年电视上星综合频道节目编排和备案工作的通知》，要求各地方卫视从2011年7月起，在17:00至22:00黄金时段，娱乐节目每周播出不得超过三次。由于近几年电视收视群体老龄化的原因，许多电视台都将节目制作的重心放在了综艺节目的制作上，以期拉拢年轻的收视人群。而“限娱令”的发布在某种意义上为视频网站提供了机遇。互联网的不断深入发展使很多用户从受时间限制的电视媒体转移到不受时间、空间限制的网络媒体，视频网站自制节目开始火热起来。

二、视频网站自制节目优势多多

近年来，视频网站都在加大自制节目的开发力度。由于优质节目的稀缺，各家视频网站独享某部电视剧、电影或综艺节目的传播权相当困难，行业“同质化”的情况并没有得到大的改善。为扭转这一局面，乐视网、腾讯视频、搜狐视频等主流视频网站在召开的2015年视频媒体资源推介会上纷纷表示，将加大对自制节目的投入，更加积极地投入到影视剧、综艺节目中的生产当中来。

视频网站自制节目的优势首先体现在互动上。传统电视节目的传播方式是单向的，观众只是被动的接受，电视从业人员无法收到来观众的有效反馈。而视频网站自制节目一旦上线，观众在收看时可以实时发送评论、留言，并且还可以发送弹幕，一方面可以对节目做出及时有效的反馈，另一方面也方便了观众与观众之间的互动。比如2014年腾讯视频推出原创音乐真人秀节目《Hi歌》，以其最后一期“年度盛典”为例，共计有58万人观看了直播视频。《Hi歌》采用网络投票的方式产生年度Hi歌，一个ID在直播页面最多可投票20次。两小时直播中，网民投票数量突破500万。最终，华晨宇的《春》斩获113万票，登顶年度Hi歌。除投票外，网友还可购买虚拟礼物——红玫瑰和金玫瑰，赠送自己喜欢的明星。腾讯视频工作人员介绍，玫瑰通过虚实结合技术生成在舞台四周，红玫瑰绽放10秒，金玫瑰带有用户ID且可永久保存于视频中。二者定价分别为2元和10元，可通过Q币购买也可在线支付。粉丝展现出了巨大热情，购花最多的ID共计送出了1000朵玫瑰。在现场舞台之外，腾讯视频另外开辟了3D弹幕直播间——网友评论可通过环形屏幕360度展现。明星在此等待演出，而担任主持人角色的大张伟则会依据网友要求引导明星互动。对未能亲临现场的线上观众来说，弹幕互动一定程度上增强了观看演出的氛围感。腾讯视频自制的《Hi歌》尝试用互联网和产品思维做综艺节目，是视频综艺节目的一次成功试水，在某种意义上开启了社交综艺的新时代。

其次则体现在受众的接受度上。传统电视节目、影视剧由于受到审播的限制，在节目尺度、语言内容方面都稍显传统，并不符合当下年轻受众的“口味”。虽然现在“制播分离”的模式已经得到推广，但是电视制作出来的节目内容都要求和电视传播的特性相匹配，在把握流行元素方面稍弱。而视频网站在这方面的要求比较宽泛，也更符合网络用户习惯。比如在搜狐视频播出的《屌丝男士》以“受众为王”为创作理念，以受众身边发生的小事为创作素材，准确把握时代文化和青年文化的脉搏。剧名中的“屌丝”选自网络热词，起初具有嘲讽意味，但渐渐演变成为娱乐、自嘲的含义，容易激起大众的共鸣，也易于传播。另外，不同于传统电视剧的冗长与剧情繁杂，《屌丝男士》的剧集很短。网络上大部分人不会经常在网络上观看电视剧,如果影视剧时间过于冗长,会让人失去耐心,而网络自制剧往往时间短、剧情简单,符合网友轻松一下的需求。

再次体现在版权上。视频网站自制节目拥有独立且永久的版权。以往视频网站购买的影视剧、电视节目的网络版权是有时间限制的,分永久版权和暂时版权。如搜狐网站CEO张朝阳透露,搜狐视频购买的节目版权一般是3～5年的期限。这样就意味着,在版权期过后,搜狐视频就没有对某节目或影视剧的播放权,如果还想再对某视频行使播放权,可能需要花同等价格甚至更高的价格进行再一次购买。而视频网站自制节目不会出现这种现象。自制节目是由视频网站自身投资或者与其他投资合作进行创作的,网站拥有节目永久的版权。除此之外,自制节目也为视频网站控制了投入成本,一般视频网站自制节目的成本只需要几百万元,这跟购买其他节目的版权费比起来简直是“小巫见大巫”。而视频网站在对于自制节目的播出时间和方式上也有较大的灵活度,如果一部剧的播出效果没有达到预期,网站可以及时更改播出策略或者将其撤下。这为视频网站的发展带来了良好的前景。

最后表现在内容上。网络媒体具有信息覆盖面广的天然优势,利用这个优势,视频网站在自制节目时可以体现内容多样化的优势。视频网站拥有大量的视频资源,其中包括网友上传的各类原创视频、大量高清正版电视节目、影视剧等等,内容涵盖生活的方方面面。视频网站出品的自制节目就可以利用这些丰富的可用视频作为节目资源、素材,根据节目选定的某一主题或某种需要来合理优化整理。节目制作人从不同的角度出发,将同样的素材制作成不同类型、不同形式的节目。这样就使网站资源得到充分利用,大大充实了自制节目的内容。在节目素材的制作上,节省大量的人力物力,同时还可以将视频网站上一些热门资源、素材制作成自制节目做成相关报道,给出节目中提到视频的链接,使观众点击即可观看节目中推荐的视频,从而形成两个节目之间的关联。① 这样的内容形式可以引起更多人的关注与讨论,也使节目形式更加丰富与灵活。比如爱奇艺出品的娱乐盘点类节目《娱乐猛回头》《环球影讯》等都在受众中引起了较大的反响,且已成为爱奇艺的招牌节目。

三、自制节目的求胜宝典

(一)好的节目如何成型

2014年,各大视频网站为着力打造品牌特色,加快了资源整合的步伐。比如搜狐视频主打美剧、腾讯视频购买了大量国外动漫节目版权、乐视网主推国产电视剧等。在行业格局初步稳定的时候,自制节目成为视频网站差异化竞争的一大武器,视频网站都加大了对自制节目的投入,那么一个受人追捧的节目究竟需要那些元素呢?

第一,视频网站要端正自身态度,不能因为自制节目的播出平台是自己网站而放松了对节目质量的要求。一方面,在内容上要严格把关。网站不能为了追逐利益而有意迎合低俗趣味、制造吸引眼球的噱头,坚决杜绝暴力、色情等低俗元素。点击率并不是衡量节目好坏的唯一标准,视频网站在获取商业利润时不能放弃自己作为文化企业的社会责任。

① 参见何雨朔:《我国视频网站自制节目现状及其发展策略研究》,曲阜师范大学硕士学位论文,2013年。

另一方面，在节目形式上要正规化。以综艺节目为例，从拍摄、剪辑到嘉宾的选取方面都应学习、借鉴电视台专业节目组，使节目更加流畅、精炼，内容更加丰富。

第二，要重视用户的参与和互动。在节目制作的环节充分调动用户的主动参与是节目取胜的一大要素。以爱奇艺出品的国内首档说话达人秀《奇葩说》为例，这是一个辩论节目，旨在发掘观点独特、口才出众的“最会说话的人”。一方面，《奇葩说》每期的辩题先由制作团队内部筛选，后经网上投票，取舆论度关注最高的话题进行讨论。另一方面，节目创新性地引入了“弹幕”这一形式，用户在收看时可以实时发送自己对节目的看法甚至吐槽，增加了讨论度。节目播出后，其多数话题都会在微博上引起热议。

第三，要紧扣当下热点元素。传媒是以受众为本位的，而视频网站自制节目的受众就是以年轻人为主的广大网民。所以，网络自制节目就要结合当下社会的热点与焦点，契合受众的心理，打造全民话题、适当增加娱乐元素是保证节目成功的关键。从综艺节目的角度来看，《奇葩说》立足于时代热点话题，用辩论的方式揭露社会现实以及人性弱点，以包容的态度聆听年轻人的热血发声。这档网络节目所呈现出来的自由、开放、多元的价值观，在让观众消遣的同时，还能够使其从中得到许多生活的勇气和经验以及对自我的反思。而从影视剧的方面来看，由同名小说改编的网络季播剧《盗墓笔记》于 2015 年 6 月 15 日在爱奇艺独家播出。两集“先导集”创下了开播后一小时内破 4000 万的点击率，并在随后的 48 小时内达到了 1.43 亿的总播放量。其关注度如此高是因为《盗墓笔记》原著受到众多网友的热捧，而将文字变成画面呈现出来则是契合了许多读者的期望。且不说《盗墓笔记》电视剧的制作如何，它立足于受众的需求出发，在无形中已经引爆了收视率。

第四，在栏目形态上要不断创新，不扎堆于同一种节目形式，推陈出新，探索新的栏目形态。以爱奇艺为例，2011 年开播的《电视剧有戏》是全网最先采用演播室播报的电视剧测评节目；同年 3 月 14 日进入网民视野的还有互联网首档娱乐评论脱口秀《娱乐猛回头》。2012 年春，《街拍瞬间》是全国首档时尚街拍类系列节目；同年推出的《吃货掌门人》为中国首档美食互动真人秀。2014 年 5 月 2 日开播的《星座棋谈》则是全国首档星座视频节目等等。① 创新的节目形态让视频网站拥有独特的资源，从而打造自身的竞争优势，在差异化竞争中争取更多的用户，抢占大的市场份额。

（二）视频网站自制节目的发展策略

随着自制节目成为视频网站的兵家必争之地，视频网站的节目制作逐渐成熟，吸引越来越多的用户。由于自制节目内容丰富、形式多样，不少视频网站已经开始向电视台销售节目版权。而视频网站自制节目尚处于试水阶段，自身发展并不非常完备，其需要优化自身的发展策略，以寻求稳步提升的发展。

首先，打造属于视频网站自身的品牌定位。把品牌身份宣传给观众，与其他品牌竞争者之间形成差异，在观众心中打下自己的品牌“烙印”。如爱奇艺网站将自制节目的内容主要趋向于综艺娱乐类。2014 年，爱奇艺先后与央视等电视台联合推出《大魔术师》《汉字英雄》《妈妈听我说》等多档热门综艺节目，在内容、流量、口碑、营收等多方面树立了新标杆。在用户心中，“综艺”已经成为爱奇艺的重要标签。

① 参见芦珊珊：《视频网站自制栏目特点分析——以爱奇艺为例》，《出版广角》2014 年第 12 期。

其次，建立商业化的运作模式。一方面要创新广告植入方式。由于视频网站对于自制节目具有内容把控能力，应该减少将广告生硬植入在片头或片尾的方式，为广告主提供更具针对性的精准营销方案。如爱奇艺推出的《美食美课》，是由联合利华家乐品牌赞助播出的，节目每期时长两分钟左右，在教用户如何制作可口佳肴的过程中，使得家乐调料产品的使用与节目生动融合，是爱奇艺为广告商制定精准传播的良好样本。另一方面要延长产业链，提高网络自制节目的衍生价值。以搜狐视频推出的《大鹏嘚吧嘚》为例，其相继衍生出了《大鹏剧场秀》以及《屌丝男士》两个品牌，作为《大鹏嘚吧嘚》的衍生品牌，《大鹏剧场秀》开创了将网络脱口秀搬至闲暇的全新模式，实现了网络视频自制节目“线上＋线下”的双重互动。线下区别于线上信息单向传播的互动传播方式，通过更多的交流与互动拉近了与观众的距离。[①] 打通产业链上下游，是视频网站实现效益最大化的必经之路。

再次，发展多样化的盈利模式，不单一依靠广告收入。完善付费点播的模式，改变观众免费观看的观念。比如在2015年夏天热播的《盗墓笔记》，先给观众免费看了前几集，如想要观看完整版则必须充值爱奇艺的VIP会员。受众对于付费节目有前期的了解，才能让观众在消费的时候有心理保障。除此之外，还可以发展“台网互动”的版权输出模式，即视频网站自制内容输送到电视平台播放。比如土豆网自制剧《欢迎爱光临》版权已经销往亚洲多个国家的电视台，最高单集卖价超过3万美元。

最后，注重节目内容的表达方式和节目的品质与内涵。多数视频网站自制节目都经历过以“低俗”“媚俗”来吸引人眼球的阶段。随着时代的发展与受众心理需求的变化，自制节目应该向内容独特化、制作精良化发展。以爱奇艺自制的《奇葩说》为例，整个节目采用辩论的形式，根据节目组指定的辩题来进行辩论。其辩题大多契合社会热点，制作人兼主持人马东谈及对于节目的愿景时表示：“希望通过这档节目传达年轻人的语言方式、内心世界和价值主张，并通过娱乐的形式来传递价值、沉淀文化。”这档节目使观众在选手的唇枪舌剑中引发思考。在今天各种观点并存甚至于泛滥的社会环境当中，这已经是非常大的社会意义了。也正因如此，《奇葩说》第一季总播放量已破2.5亿，占领新浪微博综艺季话题冠军，在豆瓣综艺评分中以9.0的高分居网络综艺节目第一。

四、小结

随着互联网的飞速发展，视频网站竞争日趋激烈，视频网站自制节目已经进入了飞速发展的时期。如果想在白热化的竞争中脱颖而出，就必须有自身独特的价值。各视频网站应以自制节目作为差异化竞争的重要武器，提供更多元化的内容、更个性化的制作，打造专属于自身的精品节目，跟用户进行有效互动，增强用户黏性，为视频网站增强品牌价值。

☞ 参考文献：

1. 何雨朔：《我国视频网站自制节目现状及其发展策略研究》，曲阜师范大学硕士学位论文，2013年。

① 参见张颖颖：《我国视频网站自制节目发展研究》，新疆大学硕士学位论文，2014年。

2. 芦珊珊:《视频网站自制栏目特点分析——以爱奇艺为例》,《出版广角》2014 年第 12 期。

3. 张颖颖:《我国视频网站自制节目发展研究》,新疆大学硕士学位论文,2014 年。

4. 姜旭:《自制节目:视频网站差异化竞争的法宝》,2014 年 12 月 26 日《中国知识产权报》。

5. 王黎鹏、薛凯元:《我国视频网站自制节目现状的调查分析》,《西部广播电视》2015 年第 2 期。

6. 方正:《我国视频网站自制节目的发展现状及前景研究》,重庆工商大学硕士学位论文,2014 年。

7. 钟丽:《网络自制电视节目的传播研究》,湖南大学硕士学位论文,2013 年。

8. 骆顺婷、廖向阳:《视频网站自制综艺节目的成功之道》,《西部广播电视》2015 年第 6 期。

9. 侯彤童:《视频网站自制节目的突破及发展趋势研究——以〈奇葩说〉为例》,《科技传播》2015 年第 6 期。

10. 蒋烁:《视频网站自制节目的生存之道——以爱奇艺为例》,《品牌》2015 年第 6 期。

11. 李翔:《视频网站自制节目的内容特色与生存之道》,《当代传播》2015 年第 1 期。

12. 于乐常:《视频网站自制节目的发展模式——以〈奇葩说〉为例》,《中外企业家》2015 年第 8 期。

13. 杜春晖:《国内视频网站自制剧发展状况及对策研究》,北京印刷学院硕士学位论文,2014 年。

真人秀:综艺节目的收视爆点

一、何谓真人秀

真人秀是在电视平台播出的、以记录参演者意外事件和实际状况为主要形式的一种节目形式,其采用配音解说和参演者自白的双重叙事手法来表现节目主题和控制节目节奏。这种类型的电视节目更注重参演者的真实反映,不同于戏剧的规定剧本和角色扮演,而是以非剧本规定的现场参加打造出节目悬念,在一定程度上满足了观众的需要。

按照真人秀节目中对人与秀相结合的不同要求,真人秀基本可以划分为三类:第一类为才艺秀。此类节目以人为主,根据选手所秀的才艺进行筛选,比如《中国好声音》《中国好歌曲》。这类节目重在感情,有故事的选手就能更好的秀。第二类为竞技秀。以秀为主,比如《奔跑吧兄弟》《极限挑战》。此类节目以场景变换和出人意料的情节取胜。第三类为生活秀。人与秀相互结合,比如《爸爸去哪儿》。此类节目重在温情,利用生活的小细节打动人。

二、国内真人秀发展历程

在世界电视格局的影响和观众需求的双重影响下,真人秀也渐渐在中国兴起,并在近几年达到高潮。2000 年,广东卫视首先试水,率先推出名为《生存大挑战》的一档节目。要求参与节目的三位"挑战者"在 6 个月的时间里只带一些简单的生活用品,完成跨越 8 省共 38000 公里边境地带的旅程,共历时 195 天。这是我国第一档真人秀节目,其对于后来真人秀节目具有里程碑式的意义。它不仅为以后的节目提供了范本,更提供了宝贵的拍摄和制作经验。

2002 年,湖南卫视推出第一档室内真人秀节目《完美假期》。此节目在模仿西方室内真人秀的基础上进行本土化创新,在淘汰环节做一些设置,使参与者有较强的冲突,在观众当中引发了较大的争议。此后,不少电视频道相继推出同题材的电视真人秀,比如央视推出的《开心辞典》《幸运 52》《欢乐英雄》,浙江卫视的《夺宝奇兵》,上海电视台与江苏卫视联合制作的《水胜者》等节目。此时真人秀的发展尚不成熟,并且由于制作水准、播出平台等因素的限制,并没有引起多大的反响。

2003 年,湖南卫视推出的《超级男声》,标志着中国选秀节目的正式形成;2004 年,湖南卫视推出《超级女声》,获得大众的热烈反响;2005 年,湖南卫视推出的《超级女声》创造收视神话，自此，掀起了中国选秀节目的热潮。各家卫视纷纷效仿，推出了《我型我秀》《加油好男儿》《梦想中国》《绝对唱响》等一系列选秀节目。

在选秀节目席卷电视平台之际，以生活服务为卖点的真人秀节目悄然兴起。如央视推出的《交换空间》，是对美国家居类真人秀节目的模仿与改良。这是一种室外真人秀，采用外景录制，用镜头记录下两个家庭在各自设计师带领下对对方家庭的改造，这中间穿插装修知识、家装流行热点、专家点评等。

在选秀、生活服务类节目火爆的同时，征婚交友类的节目也加入了这股浪潮当中。湖南卫视的《玫瑰之约》是国内婚恋类节目的源头，之后国内各大电视台先后推出了近 30 档婚恋节目，如辽宁卫视的《一见倾心》、山东齐鲁电视台的《今日有约》等。2010 年江苏卫视推出《非诚勿扰》，尽管伴随着高收视率和高关注度，在社会上引起了一些争议，但其在相亲类节目中已经成为翘楚。相亲节目以《非诚勿扰》为标志的此次转型非常成功。此外，职场类节目也得到了较快的发展。比如江苏卫视和中国教育频道联合打造的《职来职往》，该节目于 2010 年播出起迄今已经六年的时间，依旧生生不息。该节目帮助求职者正确的对待自己与职场，为多样的职场精英提供了诸多就业机会。

2007 年，国家广电总局出台了关于选秀节目的第一条禁令，导致了电视选秀节目收视份额的下滑。2010 年，湖南卫视《快乐男声》的收视率相较 2007 年下降了近 30%。而就当大众以为“选秀已死”的时候，东方卫视于 2011 年推出《中国达人秀》，力挽狂澜，其收视率节节攀升。2012 年，浙江卫视借鉴荷兰模式推出《中国好声音》，从节目开播伊始就有不错的收视起点，比赛进行中基本处于收视持续增长的状态，创造了另一个收视奇迹。

在《中国好声音》收视狂潮的带动下，歌唱类选秀节目再一次集中爆发，各大卫视纷纷推出新的歌唱类选秀节目，包括湖南卫视的《中国最强音》、北京卫视的《最美和声》、东方卫视的《中国梦之声》、辽宁卫视的《激情唱响》、江西卫视的《中国红歌会》等诸多节目。随着节目的增多，同质化严重的弊端日趋凸显，于是选秀类节目开向明星化发展，影视明星和专业歌手开始参与到竞技类、歌唱类等真人秀节目当中。

2013 年，湖南卫视推出《我是歌手》节目，与以往的选秀节目不同的是，参演选手都是已经成名的专业歌手，在编排歌曲以及演唱方面都有超高的水准，为大众带来一场视听盛宴。这样较新颖的模式带来了广泛的反响，受到了好评。在尝到明星参与真人秀的甜头后，湖南卫视乘胜出击，同年 10 月推出了亲子类户外真人秀节目《爸爸去哪儿》。在此节目中，五位明星爸爸跟子女进行 72 小时的乡村体验。全天候的跟踪拍摄，全方位的展示亲子关系，吸引了观众的注意力。《爸爸去哪儿》第一季达到了 3.88%的收视率水平，同时段份额为 18.2%。

2014 年引爆荧屏的《奔跑吧兄弟》则又引发了另一波收视狂潮。此节目于浙江卫视播出，节目中有固定的七位兄弟团成员，一般每期都会有不同的嘉宾加盟。节目自播出后收视就持续走高，显示出良好的成长性。同年，央视推出原创音乐真人秀节目《中国好歌曲》，由四位专业歌手做导师盲听盲选原创歌曲作品。与其他真人秀节目不同的是，《中国好歌曲》是由国内团队自主开发，没有购买任何国外模式所推出的节目，也获得了不错的收视率。同年 4 月 25 日，湖南卫视《花儿与少年》开播，这是一档明星自助远行真人秀节目。节目中 7 位不同年代的偶像组成“欧洲自助远行团”，进行一段历时 15 天的异域背包之旅。节目一经播出，也受到了广泛的关注。

在这些高收视率节目的影响下，各种以明星为中心的真人秀节目开始呈井喷状发展，尤其以明星户外真人秀为盛。比如东方卫视的《背着青春去旅行——花样爷爷》《极限挑战》，江苏卫视的《花样年华》，浙江卫视的《人生第一次》《爸爸回来了》《一路上有你》，东南卫视的《真爱在囧途》，四川卫视的《2 天 1 夜》等节目。而选秀类音乐节目依旧火热，除了湖南卫视的《我是歌手》、浙江卫视的《中国好声音》、央视的《中国好歌曲》之外，江苏卫视推出了《蒙面歌王》，于 2015 年 7 月开播。其参加的所有明星歌手均以面具遮面，观众根据歌手的歌声为考量依据，进行排名、晋级，晋级后的歌手再进行排名决出歌王。这种新颖的单纯依靠声音来辨别演唱水平高低的方式也极大地引起了观众的好奇心，收到了不错了收视率。

三、真人秀火热的背后

（一）真人秀火爆的原因

“电视真人秀具体包括三个方面，即特定虚拟空间中的真实故事，全方位、真实的近距离拍摄和以人物为核心的戏剧化后期剪辑。节目中规则等于内容，自愿者加环境等于情节，编辑方式等于效果。”曾成功策划和导演过《走入香格里拉》等电视节目的陈强这样认为。他认为真人秀必定有着自身的基本形态特征，才能抓住观众的注意力，造成收视火爆、引爆荧屏的现象。

首先，真人秀最吸引观众的特征之一是“真”，这也是其最基本的特征。在大部分户外真人秀当中，主持人角色被隐去。比如在《爸爸去哪儿》当中，主持人李锐的身份变成了村长，这样观众看到的内容就更贴近生活，是参演者原始生活状态的呈现。那么，在这种生活状态下，卸下光环的明星在私下是什么样的，他们的个人生活、家庭生活就激发了观众的极大兴趣。以户外真人秀为例，其以“自助旅行”“极限挑战”等形式，全方位地展示了明星在私下与陌生人、朋友、家人的相处之道。比如在《花儿与少年》当中，7 位嘉宾年龄差距、性格差异都很大，他们本身就能吸引不同的受众群体，而在旅游过程中所展现出的生活细节、性格摩擦都成为观众关注的看点。

其次，真人秀以情动人，抓住观众的情感诉求。在我国，亲情一直是中国观众情感重要的组成部分，将亲情与娱乐节目组合在一起，输出文化价值，容易引起大众的心理认同。在我国家庭教育当中，父亲往往会缺少跟孩子的沟通，在孩子成长期，父亲的角色定位几乎都是非常严肃的。而在《爸爸去哪儿》节目当中，孩子将和父亲单独相处，在没有母亲充当沟通纽带的时候，爸爸要承担所有照顾孩子的任务。明星爸爸在节目中暴露出的不足，会引起各个年龄层对于家庭关系的反思。节目成功传递了“亲情”这一文化价值，满足了观众内心情感共鸣的需求。

再次，从观众的心理上来说，是其窥探猎奇的心理驱使。随着社会的不断发展，人们的精神压力在不断加大，人们往往会选择在虚幻的影像世界里释放自我压力。窥视欲作为人类的本能需求之一，是好奇心的另一种表达方式，而真人秀刚好能满足大众的好奇心。真人秀节目通过跟踪拍摄的方式，呈现纪实的节目表现形式，虽然在环节的设定上被质疑存在人为操作，但节目效果展现明星的生活状态已能满足大众的窥探欲。

然后，则是经济利益的诱惑使得各大卫视竞相推出真人秀节目。随着真人秀节目影响力的不断增强，高额的冠名费已然成为电视产业的一块“大蛋糕”。近些年，一档优秀的电视真人秀节目冠名费高达几亿，甚至相当于地方电视台一年的广告收入。巨大的经济利益导致了中国真人秀节目的井喷。比如 2014 年 11 月湖南卫视举办了 2015 年黄金资源广告招标会，招标总额超过 30 亿元，其中《偶像来了》获得 4 亿冠名费、《我是歌手》获得 3 亿冠名费。随着真人秀的火爆发展，优质栏目所占的市场份额也将越来越大，广告主为占据受众市场，必定会增加广告费用的投入。面对高额的经济利益，电视媒体人也会推出更多的真人秀节目，以获得丰厚的经济利益。对经济利益的追逐是真人秀火爆发展的重要原因。

最后，在进入真人秀时代后，观众由单纯的观看节目到参与其中，大大激发了观众的观看热情和参与热情。电视媒体的传播格局也在不断发生改变，观众不再是单纯的接受者，更能参与到节目当中，参与方式也在不断深入。以当年火爆的《超级女声》为例，将评选胜者的权利交给大众，通过观众的投票来决定选手的淘汰与否，这在一定意义上肯定了观众的存在价值，表明了观众在现代传播的主动地位，同时也激起了观众的参与热情，进而引发了收视狂潮。

（二）热现象下的“冷思考”

我国电视真人秀节目相对于其他国家而言起步较晚，目前比较火爆的节目基本都是购买国外的节目制作理念和制作模式，引进后再进行本土化的改造。如湖南卫视的《我是歌手》改编自韩国的同名节目，浙江卫视的《中国好声音》版权属于荷兰，《奔跑吧兄弟》则源自于韩国的《Running Man》，原创内容的缺失始终是国内真人秀节目的短板。

真人秀作为节目类型之一在我国得到普遍认识不过几年的事情。2010 年后，节目模式的重要性在几档优秀节目的示范作用下逐渐得到重视，但这种重视更多体现在对模式版权的付费购买上，模式所具有的指导与制作标准规定等作用则大多被忽视了。节目模式沦为一纸版权授权书，以此方法制作出来的节目也徒有其名。① 很多电视台愿意花钱买模式，而不重视制作的现状是真人秀节目的一大弊端。

其次，真人秀节目的盲目跟风，使得竞争落入恶性循环。一旦某种形式的节目受到欢迎，那么其他电视台就会纷纷效仿，推出同类型的节目。中国电视频道众多，电视节目同质化会影响观众的观看欲望，给观众带来“审美疲劳”。比如在湖南卫视成功推出《爸爸去哪儿》之后，据不完全统计，2014 年电视荧屏同时出现了 10 多档亲子类电视真人秀。一旦节目上的创新获得观众认可，就会被快速复制模仿，电视创新的成果被同质化和低质量所葬送。

再次，目前国内的节目制作方过分依赖外来模式及外来团队，国内自主研发节目的能力还有所欠缺。中国电视的娱乐属性凸显较晚，国内对于娱乐节目的制作缺乏经验。面对真人秀井喷的现状，电视媒体为了在竞争中成功突围，纷纷选择最简单快捷的方式——引进版权。但 2013 年广电总局颁布《关于做好 2014 年电视上星综合频道节目编排和备案工作的通知》，其中规定“每季黄金档只能有一档歌唱选秀；每家卫视每年新引进的国外

① 参见李星儒：《真人秀节目：狂欢下的冷思考》，《中国广播电视学刊》2015 年第 1 期。

版权模式节目不得超过一档”。这份被称为“加强版限娱令”的规定使得各大卫视不得不另辟蹊径，由此产生了联合制作这一制作模式，即在海外已成型的节目基础上，与海外制片方合作打造在国内播放的真人秀节目。这种制作方式并不是解决国内真人秀同质化的“良药”，反而会是国内制作团队在寻求突破和创新时的思维枷锁。

最后，国内真人秀节目普遍缺乏人文主义关怀。中共十七大报告中首次提出“加强和改进思想政治工作，注重人文关怀和心理疏导”。电视媒体作为传播价值观的重要阵地，应该恪守自身本职，体现出对人的关怀以及关注人的内心感受，而不是一味地为追求收视率制造出一系列无底线的噱头来吸引眼球。在一些节目中，参演者往往会为了胜利不择手段地出卖朋友、搞离间计，挑战文化道德的底线，在教育意义方面有很大的缺失以及偏离了价值导向的轨道。在真人秀节目当中，捉弄明星、暴露明星隐私成为“家常便饭”，以调动观众的胃口。当前社会中人们的心理相对脆弱，消费时代的人们追寻物质化、低俗化、娱乐化、冷漠化、事不关己高高挂起的无责任感、浮躁浮夸虚假化，面对这些“畸形和病态的社会心理”，电视媒体不应再“顺水推舟”“随声附和”，但我国的媒体恰恰走了这一条路。①

四、寻求突破之路

不同于新闻和电视剧，综艺类节目是电视人终结 PK 的阵地，体现着电视台的综合实力。而真人秀节目当前正火热发展，把握真人秀节目的发展趋势，提高真人秀节目的生产水平，在“内容为王”的时代，不断提升节目品质，才能在激烈的竞争中站稳脚跟。

第一，在各种真人秀节目扎推涌现的现状下，主体的创新已成为节目能否成功的关键。可以说，如果没有创新，就很难打造出成功的真人秀节目。媒体是社会文化的反映，我国文化底蕴丰厚，电视人应该开拓思路，立足于中华文明，用敏锐的眼光去尝试更多的节目题材，在节目类型上力求突破。

第二，明星真人秀节目在目前受到热捧，充分发挥明星和节目的融合效应才能引起轰动。明星类真人秀的核心基础是明星，首先要充分利用明星效应来让观众了解和关注节目，再次用明星的才华和能力来吸引更多的观众。比如在《我是歌手》中，很多参赛歌手先前并不知名，但在节目播出后用自己的歌唱实力征服了观众。第二季的邓紫棋、第三季的黄丽玲都是很好的证明。正是利用歌手的实力以歌传情，震撼观众，《我是歌手》才获得了市场的巨大肯定。

第三，真人秀节目要加强真实元素和剧化元素的使用，使节目推动力由情景设置向剧情设置演化，把握好“真”与“秀”之间的平衡点。不可以制造故事冲突、刻意安排参演者产生矛盾，而是通过艺术的表达方式，将具有美感的画面、充满悬念的情节、参演者的个性来抓住观众的注意力。

第四，电视人应充分利用新媒体，延长真人秀节目的产业链。随着互联网的快速发展，观众从单纯的观演者变成节目的参与者，这极大的调动了观众的热情。真人秀节目应当紧抓这一趋势，继续加强与新媒体的合作，创新与观众的互动方式，形成更为紧密的连

① 参见邓建勋：《对当下我国电视真人秀节目热播的冷思考》，《东南传播》2015 年第 8 期。

接，培养一批忠诚的观众。

第五，真人秀节目应该呼唤正能量，创造符合社会主义核心价值观的真人秀模式。中国社科院世界传媒研究中心秘书长冷凇博士在2015年8月25日国家新闻出版广电总局宣传司召开的真人秀培训班上这样讲道："在我看来，符合社会主义核心价值观的真人秀具备以下特征：一是多以帮忙、帮扶、解决、抚慰、关怀为出发点。这类节目也能做得精彩。二是负能量铺垫，正能量结局。一个节目也不可能完全没有负能量，但你是以什么角度去切入负能量的，是关怀的角度，还是以把伤疤揭开撒盐的角度？我们当然支持第一种。三是让明星'有目的'地出发。总局批评的一些真人秀，估计是目的性不强，或者说明星的游戏范围相对封闭。我提出从'星素结合'逐渐转为素人真人秀的建议。四是让'星''素'发生符合逻辑的关系。五是从素人的视角，与明星产生情感共鸣。最简单的是让明星帮素人做一件事，这样的节目在国外已经形成一个系列了。六是明星以关怀素人为终极目的，或陪伴素人完成任务。"冷凇博士总结出六个符合社会主义核心价值观的真人秀模式特征，为电视人在制作节目时提供了参考。

我国真人秀节目发展来势汹汹，其已经发展成为最受观众关注和喜爱的节目类型，但在同质化严重的现状中突围是真人秀节目必须要面对的难题。如何在节目体验方面带给参演者和观众耳目一新的感觉、在更具戏剧化的情景中激发参演者的情感、在节目当中传递出导向正确的价值观，这都是节目需要仔细思考的问题。创新俨然成为真人秀节目突出重围的利剑，同时也要注重传播积极向上的品质与风格，这样才能延续真人秀的辉煌。

☞ 参考文献：

1. 李星儒：《真人秀节目：狂欢下的冷思考》，《中国广播电视学刊》2015年第1期。

2. 邓建勋：《对当下我国电视真人秀节目热播的冷思考》，《东南传播》2015年第8期。

3. 张悦：《电视真人秀的发展态势及对策研究》，《传媒研究》2014年第11期。

4. 杨杨：《国内明星电视真人秀节目的发展现状和创新要点探析》，《新闻知识》2014年第12期。

5. 冯思思：《明星真人秀节目的扎堆与突围》，《新闻世界》2015年第1期。

6. 刘美驿、李翔：《中国电视明星真人秀：内容演变及创新研究》，《今传媒》2014年第8期。

7. 施聪：《中国电视真人秀的成长轨迹和内在规律——从引进到创新的机制和前景》，《文化艺术研究》2015年1月。

“从炕头到全球”：泰山体育产业集团

大气磅礴的泰山岿然屹立在齐鲁大地，“五岳独尊”的厚重气势令无数虔诚者折服，而以“泰山”命名的泰山体育产业集团——一个世界级的体育品牌好似齐鲁大地上一颗璀璨的明珠，秉承着“泰山精神”，打响了民族品牌。“体育产业已经成为国民经济发展的重要支柱性产业，在发达国家占 GDP 的 3%左右，在我国仅占 0.2%左右，但其发展速度却高达 20%～30%。”[①]2008 年北京奥运会后，全民健身运动普遍开展起来，又进一步拓宽了我国体育产业的发展空间。体育产业的蓬勃发展，为体育用品产业的发展开辟了道路，泰山体育产业集团就是乘着东风一步步发展壮大，在 30 多年的发展中取得了一系列辉煌的成就。

一、发展历史初探

泰山体育产业集团成立于 1978 年 6 月，地处山东省乐陵市，位于鲁、冀两省交界，是德滨高速以及正在建设的新京沪（济乐）高速公路交汇点。历经 30 多年的风雨兼程，泰山体育实现了“从炕头到全球”“从手工缝制运动垫到高科技研发产品”的历史性跨越，已成为集研发、生产、销售、服务于一体的世界上最大的综合性体育器材基地之一。主导产品包括体育器材、人造草坪、运动休闲用垫、各种辅助训练器材和科学健身运动终端等，是国际知名、中国体育产业的第一品牌，是山东省百强企业、山东省诚信守法企业。“现有泰山器材、泰山草坪、泰山在线、泰山工程、泰山海通、泰山瑞豹、泰山金润、飞乐克斯、飞鹿等十几个子公司，同时在北京、济南、深圳设有分公司，在美国设立了北美研发中心和分公司。泰山体育品牌价值达 133 亿元。”[②]

目前，泰山体育产业集团是国际体操联合会合作伙伴、中国田协场地委员会会员、中国体育用品联合会会员，先后通过了 ISO9001 质量管理体系认证、ISO14001 环境管理体系认证和 GB/T28001 职业健康管理体系认证。泰山体育实验室通过了国家认可委员会的合格认定。作为国内首家通过国际足联和国际曲联双认证的泰山人造草坪，被列入国家火炬计划项目。泰山机场草坪还通过了美国联邦航空管理局（FAA）实验检测。泰山瑞豹自行车被评为国际领先，被列入国家火炬计划项目。泰山草坪公司、泰山在线公司、

① 参见胡亚东：《体育产业对我国国民经济的影响探析闭》，《现代经济信息》2011 年第 6 期。

② 泰山体育产业集团官网。

泰山金润公司和泰山瑞豹公司，均被评为山东省高新技术企业。

二、集团成就

在30多年的发展历程中，泰山集团作为高端体育器材生产供应商，为全国20多个省、自治区、直辖市的专业运动队和大中专院校提供优质产品及完善的售后服务，"泰山牌"器材和人造草坪出口至美国、欧盟、俄罗斯、东南亚、非洲等国家和地区，是中国唯一通过国际足联认证的企业。

泰山集团的优质产品与售后服务获得了国内外专业人士的普遍认可。在与荷兰JF公司密切合作后，成为2004年雅典奥运会的供货商。随后有18项"泰山牌"器材通过了国际田联和体联的认证，拿到了通往2008年北京奥运会的"绿卡"。

2007年5月16日，泰山集团经过与众多国际品牌的同场竞争后，成为2008年北京奥运会体育器材供货商，一举拿下包括体操、柔道、跆拳道、摔跤、拳击和田径器材和散打、武术6大项170多种运动器材的奥运订单。几百种几万件产品一次性进入了奥运会，不仅数量巨大，打破了发达国家垄断奥运器材供应100多年的历史，成为奥运史上最大的器材供应商，而且还以一流的产品、一流的技术、一流的服务，保障了北京奥运会的圆满成功，提供了零误差、零失误、零投诉的高品质服务。中央电视台、人民日报、新华社、光明日报、香港阳光卫视等70多家中外媒体纷纷报道并给予高度评价。

继北京奥运会以来，泰山体育又高质量成完成了第十一届和十二届全运会、广州亚运会、深圳大运会、第七届全国城运会、天津东亚运动会等大型体育赛事的服务工作。

2014年，泰山体育同时为在北京举办的国际田径挑战赛、南京青奥会、俄罗斯车里雅宾斯克世界柔道锦标赛、韩国仁川亚运会、广西南宁世界体操锦标赛提供器材供应服务。泰山体育成为首家能在一年内为五次国际大赛提供独家器材服务的供应商。2016年巴西奥运会，泰山体育将成为比北京奥运会服务项目更多的最大器材供应商。

三、科技创新驱动发展

在多年的探索和自主研发过程中，泰山体育完成了从中国制造到中国创造的历史性跨越，拥有了多个国内第一的自主研发产品。国内第一块纳米人造草坪、第一块摔跤垫、柔道垫、第一块XPE多功能运动垫、第一辆碳纤维运动自行车等，都来自泰山体育产业集团。随后，泰山集团又推出了全球第一个高科技在线运动平台——爱动，给每一个爱好体育运动的人一个在家即可轻松锻炼的机会。

泰山体育产业集团是国际体操联合会合作伙伴、中国田协场地委员会会员、中国体育用品联合会会员，凭借着自己体育产品的高精尖的制作水平成为了国内多项体育用品标准的制定者，完成了从自我发展到标准制定的飞跃。

"泰山体育是中国体育用品联合会副主席单位，全国体育用品标准化技术委员会委员兼副秘书长单位，主持、参与制定的国家标准30余项。现申报国家专利400多项，其中发明专利85项，实用新型专利167项；申报国外专利20多项，授权5项；通过科技鉴定成果10余项（其中国际领先4项）；同时，有90多项产品分别通过了国际体联、柔联、跆联、摔联、田联、拳联等各专项协会的认证，100多项产品通过了国体认证。知识产权受到100

多个国家的保护。几年来,泰山集团先后与国内名牌大学及科研院所建立了“山大泰山体育研发中心”“华理泰山体育新材料研发中心”“中科泰山联合研发中心”。为实现高科技驱动创新发展,泰山体育投巨资兴建了国内首屈一指的、专业化的、以“体育”为主题的泰山高科技体育产业园。该产业园能够为1万多人提供就业机会,是集研发、生产、培训、物流、实验检测、运动体验于一体的国内少有的体育产业示范基地和全国最大的高科技体育产业园。泰山体育的技术研发,已走在国内体育产业的前列,处在世界体育产业的顶端。

四、发展战略

(一)品牌营销

“品牌具有市场识别功能、降低搜索成本和风险功能,还有规范企业和员工行为功能。品牌是一种综合素质的竞争,可以形成强大的竞争优势和难以模仿的竞争力。且品牌具有资产价值,可以用来投资、有偿转让或抵押贷款、债务担保。”[①]由于上述功能的存在,品牌可以影响消费者的消费导向,决定着产品的市场份额。泰山体育产业集团依托民族体育产业优势,打造国际性“泰山”品牌,已成为中国驰名商标。借助品牌优势,泰山体育成为连续五届全运会、历届农运会、城运会、全国大学生运动会指定器材供应商,北京、釜山、多哈亚运会、东亚运动会、第一届亚洲杯体操和艺术体操锦标赛、第21届世界大学运动会、北京世界跆拳道锦标赛等国际大型运动会的专项比赛器材供应商。“泰山牌”产品出口至美国、欧盟、俄罗斯、日本、中东、东南亚、非洲等160多个国家和地区。2010年,泰山成为中国轻工业(体育用品)行业十强企业第一名,入选中国最有价值品牌500强,品牌价值已达到118亿元。

卞志良充满信心地说:“以‘泰山’命名企业,寓意秉承‘泰山精神’,打造百年品牌,让泰山集团根基像泰山一样稳固。”“我们要让全世界的体育健儿享受‘泰山’的专业化服务,为世界体育做贡献,为中华民族争光。同时,借力北京奥运会,全力进军国际市场。”

(二)高精尖产品定位

泰山体育产业集团现已发展成为集研发、生产、销售、服务于一体的综合性体育产业集团,主要产品涉及体操、田径、武术、球类、重竞技、儿童器材、健身路径、体育工程等9个大类,其核心业务是生产高端竞技运动器材。例如,爱动全民在线运动项目,是全球首款高科技在线运动平台,是企业主打的一款高技术含量的高端产品,为全民提供“不需场馆的运动”。碳素纤维自行车的研发生产为泰山体育打开突破口,大力推动了碳素纤维、碳纤维丝在体育器材领域的应用。泰山体育依托科技创新,引进世界最先进的体育用垫自动化生产线,建设全球一流的多功能运动垫生产基地,研发出高科技多功能XPE运动垫。此款多功能运动垫具有环保、轻巧、便携、无毒无味的特点,可以广泛应用于各项专业比赛、军队、警察、高校训练用垫,可谓是带来了运动垫产品的环保革命。另外泰山集团在人造草坪的研发方面也煞费苦心,不仅将研发重点放在高尔夫草坪、阻燃草坪、PP耐磨草坪等高级运动系列草坪方面,还大力开发高仿真休闲草坪。这些草坪高端性体现在草丝原材料,属于高端场馆装备产品,可以将真正的环保、绿色、健康推向大众,面向全世界。

① 张国建、姜广澳:《品牌的价值与功能研究》,《现代经济信息》2011年第18期。

(三)市场定位

1. 国内市场

(1)高端比赛市场

目前,泰山体育产业集团产品已经成功进入2008年北京奥运会、2012年伦敦奥运会、美国NBA赛场等高端赛事市场。根据归核化战略,企业应瞄准省级以上赛事市场,继续强化泰山产品的高端品牌形象,让高端赛场成为企业的主要销售市场和最有效的营销宣传平台。

(2)高端训练市场

随着体育竞赛业市场化进程的加快,中国职业体育俱乐部快速成长,从而带来了广阔的高端训练市场。并且为在正式比赛中取得好成绩,必须在训练中使用与比赛中同样的运动器材,以增强适应性。企业可利于已有的销售渠道优势,在牢牢控制高端竞技市场的同时,延伸控制高端训练市场。

(3)高端健身市场

利用高端竞技市场和训练市场树立的品牌形象,适当向高端健身市场延伸。但主要限于已有竞技类产品线与高端健身器材通用部分,暂不过多开发健身专用产品,防止与归核化战略相悖。

2. 国际市场

根据已知最新统计数据,全球体育用品行业销售额为2670亿美元,其中体育器材约占35%。美国、英国、法国、德国、日本、意大利、瑞士、西班牙和澳大利亚9国占了整个体育用品市场76%的份额,美国现在是最大的市场。新兴市场中,南美以阿根廷和巴西为主;欧洲以波兰、捷克、匈牙利、罗马尼亚、保加利亚为主;中东以以色列、伊朗、阿联酋为主;非洲主要是南非;亚洲则是韩国、中国、印尼、印度和泰国。[①] 泰山体育在打开国内市场的同时,还将“泰山牌”器材和人造草坪出口至美国、欧盟、俄罗斯、东南亚、非洲等国家和地区,不仅把握住美国这一最大国外体育用品市场,还将“产品的手”扩展到除美国外的8大体育用品市场,包括英国、法国、德国、日本、意大利、瑞士、西班牙和澳大利亚。另外新兴体育用品市场国如阿根廷、巴西等国的购买力也不容小觑。

(四)高科技产品开发——爱动

爱动(I-dong)在线运动平台由深圳泰山在线科技有限公司研发生产,而深圳泰山在线科技有限公司由泰山体育产业集团有限公司、中科院深圳先进技术研究院和深圳爱动投资有限公司联合投资。I-dong是公司娱乐运动品牌,www. idong. com为公司核心业务运营平台,是全球首家体育在线运动平台。它是完全具有自主知识产权的产品。透过“主动式人体识别技术”和丰富多彩的娱乐运动项目、创新的互联网业务运营模式,将运动和娱乐融为一体,在传统的体育锻炼活动中加入网络创新技术,让人们在娱乐中健身,在运动中娱乐,引导人们进入全新的网络健身娱乐生活。

爱动的研发为世界爱好体育运动的人士提供了一种全新的运动方式。通过体感技术真实模拟运动情景,将健身房搬到家里,让用户可以不受时间、空间、场地的限制,足不出

① 参见[美]罗伯特·德·科克:《全球体育用品市场发展分析》,《环球体育用品市场》2008年第2期。

户即可畅快享受运动的乐趣。相比办健身卡去健身房运动，爱动可以一次投资，长期使用，在一定程度上可以节省健身馆的运动费用。另外，爱动可以提供健康的生活方式。通过体感技术和互联网，爱动可以满足家庭多个成员的运动需求，让用户在运动中增加交流，不仅可以娱乐、运动，还可以增加家庭乐趣。甄子丹作为爱动的品牌代言人，在接受采访时表示，他选择代言爱动的原因之一就是可以随时随地与小朋友一起运动一起玩，这种健康的亲子互动娱乐对于增强感情、提高默契很重要。“有了爱动，即使我在片场，也可以联网和家里的小孩一起运动，对增进感情和培养孩子的身心健康都很有帮助。”

众所周知，我国人口多，人均可用运动场地相比美国、欧洲等国来说是相当匮乏。一些大型的体育场馆由于这样或那样的原因常年闭门谢客，或者限制开放时间，或者不能面向公众免费开放。然而并不是所有的老百姓都有足够的时间、金钱可以到馆利用。而爱动的出现，便有效地解决了老百姓身边运动场所和设施不能满足需求的问题。爱动不仅成本低，而且可以不受时间、空间的限制，只要有网络，便可以随时运动。甄子丹这样说：“爱动创造了一种全新的运动方式，是一项把科技和体育完美结合的革命性成果。”

（五）人才战略

人才是第一生产力，人才是企业的核心竞争力。我国高端体育器材十分缺乏核心技术，长期以来被西方发达国家垄断。泰山集团成立伊始，就把自主创新放在首位，依靠自主创新增强品牌核心竞争力。一方面要加大研发力度，另一方面就是不断的引进人才。通过与中科院合作，泰山集团始终走在体育研发的最前端。同时与山东大学、华东理工大学合作，建立了两大国际研发中心，进行体育器材和体育新材料的研发。目前，集团拥有国务院特殊津贴获得者2名，博士、硕士20多名，工程师150多名。去年国际草坪行业资深专家罗伯特·保罗·安德森也加入了我们泰山体育产业集团。泰山集团面向世界招引各类英才。[①] 泰山体育产业集团的用人策略强调“以人为本、科学发展、立足诚信、开拓全球”。在吸引人才上，卞志良董事长经常说的一句话是“进了泰山门，就是泰山人”。对于人才求贤若渴，任人为贤，努力打造泰山人才效应。[②]

卞志勇在回答记者的问题时说到，泰山以创造知名民族体育品牌的诚意去感染人；创造良好的吸引人才的发展舞台；和国内及国际体育专业机构建立长期合作机制，进行良好沟通；以“脚踏实地、把握机遇、锐意进取、创造奇迹”的精神去鼓舞人。

泰山集团在招聘人才时虽严格但不苛刻，不会带着有色眼镜看人，不辨别出身，提供给应聘者足够的平台。另外，还提供良好的入职培训，旨在使员工了解企业的发展历史、企业文化和相关岗位的所需知识、技能和应承担的职责。每一位来到泰山集团的人都需要安排到一线生产流水车间进行至少为期十天的真刀实枪操作，目的是使其熟悉每一个产品的生产加工流程。不仅如此，泰山集团还参与帮助员工的职业生涯发展，根据员工的特点和综合素质帮助员工进行职业生涯规划，为员工提供更合适的的发展平台。

---

① 参见裴倩敏：《我参与我奉献我快乐——访奥运供应商泰山体育产业集团董事长助理兼人力资源部长卞志勇》，《面对面》2008年第11期。

② 参见裴倩敏：《我参与我奉献我快乐——访奥运供应商泰山体育产业集团董事长助理兼人力资源部长卞志勇》，《面对面》2008年第11期。

五、结语

在奋斗的30多年里，泰山集团的发展速度惊人，市场范围从区域拓展到全球，产品范围涵盖9大类。凭借着技术创新和科技创新，以“泰山精神”为企业文化打造民族产业品牌，高精尖体育用品及训练器材服务于高端体育赛事，打破了国外体育器材垄断国际赛事的局面。但是在发展中也存在一些问题，“自泰山2010年推出‘爱动’以来，其市场拓展并未让其一夜爆红。而作为爱动体感产品的竞争对手，微软2010年底发布的新品Xbox360 kinect版，出货量已迅速超过1000万台。泰山产业之于微软，从品牌、资金、实力、渠道、营销经验等方面考量也许都有差距，但更重要的是，泰山产业如何通过市场定位、商业模型、产品完善、内容丰富等一系列动作迅速缩短与竞争对手的距离，尽快赢得中国市场优势”①。体育产业发展的春天已经来临，被誉为“朝阳产业”的体育产业是目前我国最具生命力与活力的产业，相信泰山集团的势头会愈来愈旺盛，未来会更加辉煌。

☞ 参考文献：

1. 裴倩敏：《我参与我奉献我快乐—访奥运供应商泰山体育产业集团董事长助理兼人力资源部长卞志勇》，《面对面》2008年第11期。

2. 李媛：《泰山集团——实现全民健身梦想》，2011年1月17日《中国经营报》。

3. [美]罗伯特·德·科克：《全球体育用品市场发展分析》，《环球体育用品市场》2008年第2期。

4. 张国建、姜广澳：《品牌的价值与功能研究现代经济信息》，《现代经济信息》2011年第18期。

5. 胡亚东：《体育产业对我国国民经济的影响探析闭》，《现代经济信息》2011年第6期。

6. 杜华江：《泰山——打响民族品牌》，2008年8月7日《德州日报》。

7. 志勇：《创百年品牌铸巍峨泰山》，2006年3月28日《中国现代企业报》。

8. 孙圆：《跨越世界级横杆》，2008年8月22日《中国质量报》。

9. 陈文波：《山东泰山——转战伦敦奥运》，2008年10月13日《市场报》。

10. 李玉胜、贾鹏：《泰山集团：打造世界体育产业航母》，2006年9月23日《德州日报》。

① 李媛：《泰山集团——实现全民健身梦想》，2011年1月17日《中国经营报》。

英国体育之都的华丽逆转

谢菲尔德(Sheffield)坐落于南约克郡,位于英国的中心,是英国的第四大城市。谢菲尔德虽然在行政单位上属于英格兰北部,但其地理位置实际上位于整个英国的中心地带,距离伦敦170英里,车程约2小时40分钟。谢菲尔德原来是一个以钢铁制造业而闻名于世的工业城市,如今是英国除了伦敦之外经济增长最快的城市。这与它成功把握1991年世界大学生运动会的举办契机,从而向体育城市多元化的发展不无关系。

一、谢菲尔德市发展体育城市的背景

谢菲尔德曾经是英国最老牌的工业城市,也是曾经被誉为“最肮脏丑陋”的钢铁城市。18世纪早期,谢菲尔德市就开始生产钢铁,由于技术进步及该市拥有丰富的矿产资源,钢铁及机械重工业逐渐成为该市的支柱产业。钢铁给谢菲尔德带来了财富,也带来了环境污染,再加上1970年后,欧美发达国家面临日益严重的石油危机、经济危机以及新兴工业国家崛起的全球竞争,西方传统工业城市普遍面临挑战。

1981年以后,谢菲尔德市开始陷入严重衰退的局面。钢铁、机械与餐具制造等行业的衰落造成大批工人失业,失业率持续上升。缺乏新的投资,原先提供主要就业的传统工业区——下东河谷(Lower Don Valley)成为大片的废弃闲置的工业荒地,整个城市信心低迷。①

因此,随着钢铁产业的提升和转型,城市也开始考虑转型,但举步维艰。1987年,谢菲尔德成功得到了1991年世界大学生运动会的举办权。谢菲尔德开始在工厂废墟上建起了一个个高档次的场馆,新的产业开始让城市复苏。赛会过后,谢菲尔德市留下了高水准的体育休闲综合设施,推动了整个城市的产业形态升级和转型。

谢菲尔德拥有悠久的体育历史,是英国的第一个体育城市。1857年成立了世界上第一个官方足球俱乐部——谢菲尔德联队。1996年,英国政府授予谢菲尔德为“国家体育产业城”的称号。目前,谢菲尔德已经拥有了完整的体育产业链,全市有2.5%的市民直接在体育产业就业。体育让谢菲尔德获得了很好的经济效益、社会效益和环境效益。

---

① Gordon Dabinett Peter Ramsden, “An Urban Policy for People : Lessons from Sheffield,” in Rob Imrie and Huw Thomas(eds.), *British Urban Policy and the Urban Development Corporations*, London: Paul Chapman Publishing Ltd, 1993, pp. 123-125.

1977 年，斯诺克世锦赛正式落户于谢菲尔德，由此成为谢菲尔德的一张独具魅力的城市名片。此外，国际保龄球公开赛也在这里的 Pond Forge 举办。今天的谢菲尔德聚集了大量的赛事资源，除了一年一度的斯诺克世锦赛外，国际田联大奖赛、黑球世锦赛和世界橄榄球联赛等全国顶级赛事都进驻谢菲尔德。

二、谢菲尔德国际场馆管理集团

（一）谢菲尔德国际场馆管理集团概况

谢菲尔德国际场馆管理集团（Sheffield International Venue，以下简称 SIV，也有人将其翻译为谢菲尔德国际设施管理集团）是欧洲最大的英国管理体育休闲场馆设施的专业公司。该集团成立于 1988 年，是为管理 1991 年世界大学生运动会遗留下来的场馆而成立的，完全隶属于独立的基金组织——谢菲尔德城市基金会（Sheffield City Trust）。SIV 管理着谢菲尔德市 14 所大型体育、休闲及娱乐设施。SIV 将自己的使命定义为打造卓越品质的体育、休闲、娱乐项目。在 20 多年的发展历程中，SIV 不断深入挖掘谢菲尔德所有居民的运动健康需求，加速发展该市体育场馆及相关服务，尽其所能提供高品质服务产品，实现谢菲尔德体育场馆利用最大化，带来最大的经济效益。如今，在一个只有 50 万人口的欧洲中等城市，SIV 的运营管理设施资产达到 2.5 亿英镑，拥有超过 700 名员工以及每年接待超过 400 万的消费者。2005 年，SIV 被授予“QUEST 奖”，这是全英休闲管理的最高奖项。

SIV 专家表示，目前 SIV 管理的体育场馆均由政府投资，而且 SIV 每年都要和政府谈判经费补助的金额；SIV 负责场馆经营，使场馆基本达到保值增值的目的，并完成所经营场馆维修保养和扩建的目标；在场馆经营税收方面享受优惠政策；SIV 行政总裁的薪酬由谢菲尔德城市基金会确定。谢菲尔德城市基金由 12 位理事管理，其中 6 位由代表选民的下议院议员选举产生，另外 6 位由谢菲尔德工会选举产生。基金会由两方共同负责：SIV 和谢菲尔德市政府。基金会的大部分活动和体育场馆的管理业务都通过管理合同委托给 SIV。SIV 还负责管理所有基金会的子公司。谢菲尔德市政府、基金会与 SIV 之间还有着财政和管理协议。①

（二）谢菲尔德国际场馆管理集团的运营优势

首先，SIV 有 20 年的运营历史，拥有大量专业人才。公司的管理团队为谢菲尔德市的运动休闲设施提供长久的管家式服务。专业的场馆管理团队针对该市体育市场资源及目前场馆经营的长处、劣势做出最适合的解决方案，并由其执行，使其专业性得到升华。

其次，SIV 将整座城市的体育休闲娱乐资源加以合理、优化整合，形成竞争优势才能决定市场，从而为客户提供最为全方位、高效的服务。

最后，双赢的运营模式。SIV 的项目托管模式可以为投资者提供优质的服务，分担风险，从而使投资者实现利益的最大化，进而在盈利困难的体育休闲设施市场中成就辉煌，实现双赢。

（三）谢菲尔德国际场馆管理集团发展模式——集团化托管

托管就是投资方（谢菲尔德政府）以资金入股，不参与设施的经营和管理，在一定期限

① 参见张曙光：《英国谢菲尔德市体育场馆管理体制及运营情况》，《环球体育市场》2009 年第 1 期。

内，将企业的法人财产委托给具有较强经营实力和管理能力并相应承担有限责任的法人或能人有偿经营管理，实现资产保值增值的资产经营方式。

集团化托管是对同类项目进行集中托管，其在设置目的目标、项目选择、人员聘用、财务管理、运营机制等方面都专业与现行设施独立运营、独立托管。最大的优势就是利用规模化的专业优势对企业利益主体进行改造，从而将资源有效配置，达到效益最大化。

目前，SIV管理的体育场馆均由英国政府投资，属于英国国家体育组织所有，其产品属性具有明显公共性。SIV负责场馆经营，每年可获得政府相应经费补助金额（由英国国家体育组织、约克郡体育组织、谢菲尔德城市基金会三方共同筹集），SIV行政总裁的薪酬由谢菲尔德城市基金会确定，在场馆经营税收方面享受优惠政策。但SIV应基本达到场馆增值保值的目的，完成所经营场馆维修保养和扩建的目标。[①]

在集中托管期间，由各场馆派出代表担任各场馆副总经理及财务总监，以代表委托方监督资产的保值增值。同时SIV全权委托经营管理服务的输出，派驻体育场馆的管理团队是由一名具有与要受托管理的体育场馆类型、规模相似场馆项目执业经验的专业人员，担任场馆的总经理或驻馆总经理，并根据项目的情况与需求委派相关的具有同等档次场馆部门经理资历的人员，分别担任该场馆的部门经理，负责相关部门的经营、管理、培训和督导。[②]

SIV的运营模式的最实质内容，其实就是通过集团化托管打破当地场馆分散经营的局面，将整座城市的体育休闲娱乐资源加以整合、优化并形成竞争优势，打造完整的谢菲尔德体育设施营运链条。

三、谢菲尔德市体育场馆运营情况

谢菲尔德市的体育场馆分为两大类：一类是综合性训练馆，一类是比赛场馆。这些场馆均属于英国国家体育组织所有，但日常运作委托给谢菲尔德国际场馆管理集团运营。该市的体育场馆具有以下主要功能：一是租借给国家的专业运动员训练使用；二是向社会公众开放，为市民的使用提供服务；三是租借给国家级运动协会办公。该市场馆在建造时注重专业项目，并服务周全兼顾综合性，适合会议、宴会等活动的召开，以及市民健身项目的开展等，并且配备一流的设备，如游泳馆的池底整体依靠水压可由水面零米降至地下两米。

谢菲尔德市体育场馆建造时就注重多功能综合性，日常由谢菲尔德国际场馆管理集团运营，每年举办2000多场赛事。集团客户超过400万，所辖的谢菲尔德体育馆每年承办超过100场音乐会，所管理的4个会馆每周举办超过300个健身课程，目前有8个英国国家体育协会设在谢菲尔德。比赛馆每周均有活动或者赛事举办，例如会议、婚庆、宴会、培训等；体育馆每年举行冰球赛30场，其他赛事20场，演唱会每年100多场；冰球馆的训

---

① 参见郑美艳：《我国公共体育场馆集团化托管运营模式研究——基于英国谢菲尔德国阮设施篇理集团运圈案创》，《体育世界·学术》2011年第11期。

② 参见郑美艳：《我国公共体育场馆集团化托管运营模式研究——基于英国谢菲尔德国阮设施篇理集团运圈案创》，《体育世界·学术》2011年第11期。

练馆每周有1000人前来训练，其中女性占70%，培训班分9个组别，全年不少于20万人次训练和培训，每天开放17小时以上。

谢菲尔德市体育场馆的建造经费来源于政府拨款，维修经费由英国国家体育组织、约克郡体育组织、谢菲尔德城市基金会三方共同筹集，各占1/3。日常收入包括场馆自设商店销售收入、表演、比赛收入和市场开发收入（出售商铺、租借场地、会议会展、宴会等）。其中文艺演出（主要是演唱会）收入比重最大，其次是体育比赛。[①]

四、可借鉴经验

（一）城市发展方面

第一，利用体育赛事塑造城市形象。

为了改变城市由于传统制造业持续下滑造成的经济困境，1986年，谢菲尔德市成立了谢菲尔德经济再生委员会（Sheffield Economic Regeneration Committee，SERC），定期组织各级政府官员、工商业代表及教育界和社区组织交换意见，规划和协调重振该市经济的主要战略和项目（Sheffield 2000 Phase One，2）。1987年以后，谢菲尔德市启动的主要项目均着眼于经济转型：从制造业转向休闲、娱乐、零售及其他服务业。[②] 1987年，谢菲尔德市成功获得了1991年世界大学生运动会的主办权，该市提出了以该运动会的建设与举办引领城市整体再生与发展的战略。包括大型场馆建设也成为了城市用以促进形象提升的一部分。

自大运会后，谢菲尔德市连续多年成功申办和举办了一系列重大国际赛事，这一系列的体育赛事和赛事之后留下的优质的体育场馆设施对城市形象的改善提升起到了巨大促进作用，改善了原来钢铁工业城市的负面影响。这是因为大型赛事可以在短时间内聚集全国各地乃至全世界的目光，为城市营销带来较好的受众群体。另外，大型赛事的举办往往需要大兴土木，修建高水平体育基础设施和场地，这无疑可以为城市的基础设施建设作出贡献，从整体上改善城市的环境。

第二，注重品牌赛事的连续驻扎。

世界台球最高级别比赛——斯诺克世锦赛在谢菲尔德市举办了30多年，由此，该市获得了“台球之乡”的美称。正如美国学者查利普所说，当一个品牌赛事通过与主办城市的长期关联，它将极大地丰富城市品牌内容，成为城市品牌形象的有机组成部分。品牌赛事的长期驻扎可以为城市带来巨大的经济价值。在赛事举办期间，除大型会展、节庆与大型体育赛事的参加人员、随队工作人员、记者外，还可以吸引大量的游客。也可以使品牌赛事与举办城市捆绑起来共促共销，让赛事为城市打开大门吸引各方人士，带来无限的商机和价值，实现双赢。

所以谢菲尔德市在面对来自众多新兴市场的竞争时毫不懈怠，全力以赴拿下了2009年到2014年的斯诺克世锦赛举办权。

---

① 参见张曙光：《英国谢菲尔德市体育场馆管理体制及运营情况》，《环球体育市场》2009年第1期。

② Dulac C. Henry，“IP Sport and Social Regulation in the City：the Case of Grenoble and Sheffield，”*Loisir et Societe*，2001，241 ：66.

第三，政府在赛事规划和举办中扮演着重要的角色。

政府和市场的关系一直是各国政治、经济学家争论不休的热点问题之一。在举办大型赛事这一方面，由于需要对城市基础设施和其他公共产品、服务进行集中快速优质的建设，所以就决定了政府的主导作用。并且，大型体育赛事往往涉及政治、经济、交通、旅游等多方面，运作中必然会出现较为复杂多变的问题，因此除了政府部门有足够的能力进行运作之外，其他没有哪个部门可以达到要求。政府的强力财政拨款和分担风险的能力也是其他组织无可比拟的。

谢菲尔德市在市议会的领导下成立了专门的赛事部门，并与旅游、城市营销部门开展通力合作，使赛事的引进与开发取得良好效果。从 20 世纪 90 年代后期开始，英国的国家政策开始发生变化，包括引入彩票资金资助单项协会、申办大型体育赛事、强调通过举办重要体育赛事提升国家形象等。

（二）体育场馆管理运营方面

第一，体育场馆的集团化托管模式。

体育场馆的发展模式从初级到高级可分为四个阶段，即：初始阶段、初步发展阶段、深度发展阶段、成熟阶段。这四个阶段分别对应政府直接管理、独立市场运作、独立托管、集团化托管。到目前为止，我国的大部分体育场馆的管理模式依然处于初始阶段，即政府直接管理。但由于政府直接管理存在很多弊端，造成我国很多大型体育场馆在建设期间过于重视比赛的适用性，忽略了赛后的长期可利用性的问题。在赛后由于多数城市举办赛事的机会较少，使场馆闲置起来，又由于前期设置的问题，存在着利用率低的问题，所以得不到开发与利用，长期闭门谢客，很多利用者都不得其门而入。再加上维修费用高和管理人才非专业化问题，我国体育场馆面临着巨大的舆论压力。

谢菲尔德市大型体育场馆运营管理的成功经验表明，采用集团化托管模式是大型体育场馆的主要出路。在体育场馆建造之前就做好了完整的规划，从建设到经营管理一系列的内容都由集团方承担，加上资金稳定、管理团队专业化、经营管理能力较强、风险承担能力强等优势，可以实现体育场馆效益最大化。

第二，利用多元化

谢菲尔德市体育场馆的赛后运营包括多方面，例如租借给专业运动员训练、向社区开放为市民服务、租借给国家级运动协会办公之外还租借给文艺部门或私人企业进行文艺演出、出售商铺获取收入、租借场地进行会议会展宴会等，这些日常的开发利用都给谢菲尔德市的体育场馆带来了不少的收入。其中文艺演出的收入比重最大，其次是体育比赛。

第三，从建设到赛后利用的连续性一体化系统

上文说到，谢菲尔德国际场馆管理集团对谢菲尔德市的体育场馆实行集团化托管模式，这就意味着 SIV 要对接管的体育场馆从设计建造开始就着手管理，做好整体规划，直至体育场馆赛后的经济开发、维护维修、运营管理、风险控制都要进行整体的部署，运用专业的团队和先进的管理经验，再加上资金稳固，经验丰富，可以充分开发体育场馆的内在价值，寻求效益最大化的双赢优势。

五、集团化托管模式在我国的应用

目前看来，集团化托管模式是大型体育场馆的主要出路，但是这种模式是否真正适合中国国情还有待检验。我国目前主要有两种方式：第一，国内私营企业买断场馆的若干年限经营权，然后该企业寻找合作伙伴共同组成合资运营公司，对所得利润按照约定进行分成。上海世博中心就是采用这种方式，首先由东方明珠（集团）股份有限公司出资5亿元人民币从政府手中买断了世博文化中心40年的经营权，然后东方明珠与美国文化娱乐企业AEG和美国职业篮球联盟NBA三方共建了场馆经营管理公司，对上海世博中心进行运营管理。第二，由各级政府出面与国外优秀场馆运营公司签约全权委托场馆的运营管理。这种形式与美国场馆建设运营的思路一致，从场馆开始建设就与国际接轨，为场馆建成后的经营管理打下良好的基础。①

此上两种形式都适用于经济条件较优越、场馆资源优良的体育场馆，但是对于中西部发展极不平衡的中国来说，并不是全面适用的。黄志力认为可以建立局部的体育场馆集团，把局部的大型体育场馆集中在一起进行推销，寻找优秀场馆运营公司对其进行运营管理。包括两种组合方式：一是组合某个城市的大型体育场馆。这样可以避免自成一体、相互竞争的情况，可以使各个场馆合作共赢，共同和谐发展。二是组合某个区域内的大型体育场馆，即“名馆＋弱馆”的运作方式。这种方式是以名馆带动弱馆，让弱馆依附名馆，统一招商，多馆冠名。

六、结语

体育场馆作为国家公共资源，理应在赛后得到充分的开发和利用，理应向社会开发，为公众服务。但是目前，我国的多数体育场馆赛后利用率低，管理复杂，维修费用高，不仅难以做到服务社会，而且承担着沉痛的经济负担。因此我国的体育场馆如何能做到像英国谢菲尔德市体育场馆那样摆脱困境，争取到更多的社会经济利益，是目前广泛关注的问题。

体育场馆的兴建是一把“双刃剑”。一方面，体育场馆的兴建可以满足体育文化事业发展的需要，带动经济发展，提升城市形象。另一方面，大型体育场馆资金投入大，建造周期长，资金回收慢，如果管理不善、利用不当就会造成资源的极大浪费。因此大型体育场馆在赛后的运营与管理问题亟待解决。但是对这个问题的研究需要考虑多个方面的内容，不可一蹴而就，也不可照搬照抄别国模式，需要根据我国的国情和东西部经济发展不平衡的现状做出符合我国体育场馆发展的切实规划，寻求一条我国大型体育场馆的特有经营之路，开发其所内在的社会和经济效益，为我国的全民健身战略做出应有的贡献。

☞ 参考文献：

1. 黄志力、罗自勇：《集团化托管模式在我国大型体育场馆经营管理中应用的研究》，

① 参见黄志力、罗自勇：《集团化托管模式在我国大型体育场馆经营管理中应用的研究》，《科技信息》2012年第6期。

《科技信息》2012 年第 6 期。

2. 张曙光:《英国谢菲尔德市体育场馆管理体制及运营情况》,《环球体育市场》2009 年第 1 期。

3. 郑美艳:《我国公共体育场馆集团化托管运营模式研究——基于英国谢菲尔德国阮设施篇理集团运圈案创》,《体育世界·学术》2011 年 11 月。

4. 马洪明、马国红:《体育场馆社会效益与经济效益关系的研究》,《北京体育大学学报》2009 第 8 期。

5. 王沈莹:《托管的理论与实务》,经济科学出版社 2000 年版。

6. 王宏俊:《我国体育场馆建设现状与对策研究 》,《沈阳体育学院学报》2010 年第 12 期。

7. 张俐俐、张文敏:《论大型体育赛事中的政府主导作用——以广州 2010 年亚运会为例》,《体育文化导刊》2006 年第 6 期。

《奔跑吧兄弟》:奔跑的新高度

一、节目简介

《奔跑吧兄弟》是由浙江卫视节目中心精英团队从韩国引入并合力打造的一档大型户外真人秀综艺节目,自开播以来收视率稳高不降,各界口碑一直居高不下。以中国 50 多个城市的收视率为基准,2014 年 11 月 14 日播放的《奔跑吧兄弟》以 2.210%(CSM)创下了从初放送开始的连续五周的第一位收视纪录,同时百度指数突破 140 万,堪称本季综艺"霸主"。另外,微博上的有关《奔跑吧兄弟》的互动话题访问和参与量也一直稳居前列。虽然成绩是喜人的,但将国外综艺实现本土化的早期却获得了来自多方的质疑,因为国外综艺尤其是韩版综艺在部分国人的心中占有很重要的地位,有些网友在节目引入初期纷纷"求放过"。随着节目的播出,质疑声越来越小,人们由原来的抵触变成接受,又转变为喜欢,然后是期待。

(一)基本情况

《奔跑吧兄弟》由浙江卫视与韩国 SBS 团队联合拍摄制作。节目前期由韩国团队主导,中方配合,之后交由浙江卫视节目中心俞杭英团队全盘负责。每期节目选取一个主题,然后基于此主题组织一些难度层次不同的加盟游戏或者任务,由 7 位常驻嘉宾以及每期不同的嘉宾共同或分组完成任务争夺名次,最后决出获胜者,输的一方获得惩罚,赢者则获得奖励。第一季的 7 位常驻嘉宾是邓超、王祖蓝、王宝强、李晨、陈赫、郑恺及杨颖,摄影指导是鞠昀先生,每集都会有不同的当下知名嘉宾加盟。第二季拍摄时,因档期原因,王宝强无奈放弃录制,由包贝尔接替。据《跑男》官方公布,第三季将由鹿晗接替包贝尔,加入《跑男》团队。

1. 节目内容

第一,每期节目的录制都有不同的录制地点和主题,并由七位常驻嘉宾和不同的加盟嘉宾共同完成。节目在选择录制地点时会精心挑选比较有文化价值或者较高知名度的地方,使节目可以更多地融入当地的文化元素。例如 2014 年 11 月 28 日"敦煌大劫案"这一期中,"跑男团"变身商贩走西域,来到了漫天飞沙、悠远苍凉的敦煌古城。为了完成任务,跑男们一路过关斩将,与江洋大盗玩起谍战。在此期节目中跑男们真正体验了一把古代商贩去外地通商时需要经历的程序,在游戏中使观众恶补了不少历史知识。这不仅大大展现了当地的民俗风情,而且还向观众传播了正能量,以"娱乐""阳光"的方式传播着健康的理念。

第二，节目内容极其本土化。“节目通过讲述故事和设置悬念，改变了娱乐节目只为博观众一笑的目的，将观众引入并参与到故事情节中来，吊足观众胃口。本地文化融入节目中更贴近受众群体的生活，从而获得更多潜在观众的观看。”①

2. 优势

第一，国外节目的本土化改造。中国版的《奔跑吧兄弟》引自韩国综艺节目《Running Man》。在国内，《Running Man》有着不错的收视率和口碑，虽然《跑男》初期的摄制团队部分来自于《Running Man》的摄制团队，属于舶来品，但是为了打造有中国特色的《跑男》，浙江卫视也是做了很多的功课。不论是地点选择、游戏安排、道具制作还是情节设定上，都可以看到很多本土化烙印。节目中还采取了大量的经典情节，例如白蛇传、大上海穿越、西域通商等大家耳熟能详的故事，可以获得受众的自动化融入，让观众感觉到亲切感。

第二，互动性提高了公众的参与度。例如 2014 年 12 月 19 日的“三校争霸赛”这一期，节目组来到武汉的高校内开始了节目的录制。其中有一个环节是嘉宾与高校学生共跑 800 百米。此形式使嘉宾和观众联手完成任务，可以大大加强节目组与观众的黏性，让观众有参与感，使其产生共鸣。

第三，原创性。据了解，《奔跑吧兄弟》的原初指数在 60%以上，甚至超过 70%，不论是在节目游戏环境还是人物设定方面，都体现了原创性。在这一方面，相比较于其他国外引入的综艺节目，《跑男》就有着极大的优势。节目负责编剧的总导演岑俊义说：“情节、游戏等做了深度改造，就连人物设置也并没有完全按照他们的构架，虽然很多网友还是拿来和原版去对应，例如邓超对应刘在石，李晨对应金钟国，但我们从一开始就不想这么做，每个人的人物性格是不一样的，只是李晨在游戏的对抗中是最强的，才会产生这种对应。”原创性是一档节目的灵魂，虽然《跑男》属于舶来品，但是却冲破了韩国原版节目的固定模式。在播出之前，网络上的韩国跑男粉发起了一项抵制中国跑男的活动，但随着节目的播出，这些人不但未进行进一步的刁难，反而对中国跑男愈加看好。

第四，新颖的节目模式。“首先，引人入胜的剧情设定。回顾多期节目剧情，不难发现每期节目都有着量身打造的剧情设置。与很多真人秀不同，《奔跑吧兄弟》用拍摄电视剧和电影的方式拍摄综艺节目。‘白蛇传说’以西湖为背景，以妇孺皆知的《新白娘子传奇》为故事模板展开；以穿越主题的‘前世情侣’贯穿了多部经典影视剧剧情，趣味十足。”②其次，精准的人物设定。节目组根据嘉宾的性格、形象设定不同的人物特征，在游戏环节以“五五分”的模式，既展现设定人物的剧中形象，又展现出嘉宾的真性情。例如邓超就被设置为队长，是统领全局的人物；李晨的身材比较魁梧，因此被设定为能量者，在节目中往往是力量担当；陈赫身体较弱，在游戏中为受欺负的弱者，但往往以智慧者自居；杨颖和小猎豹郑恺被大家称为“周五情侣”，塑造了一对完美的荧幕情侣形象，增强了节目的看点和宣传点。

---

① 贺莉：《浅议户外真人秀节目〈奔跑吧兄弟〉营销策略》，《商贸纵横》2015 年第 5 期。

② 尹妍：《“现象级”综艺节目〈奔跑吧兄弟〉的成功之道》，《西部广播电视》2015 年第 5 期。

第五，最拼的成员。节目播出之前，各界最大的质疑除了是否照搬照套韩国《跑男》模式之外，还有对于中国跑男嘉宾是否也能像韩国跑男成员那样为了节目效果不顾明星形象而去拼尽全力的质疑和期待。节目播出后，这些质疑便烟消云散，因为跑男团成员的投入程度确实超乎众人的想象。有位成员在录制第一期时腰伤复发，但并未因此退出录制，而是忍痛坚持了下来。杨颖作为跑男团的唯一一位常驻女嘉宾，在节目中充分表现出了自己“女汉子”的气质，随同其他男性成员承担着相同的任务强度，也并没有因为自己是女生便要求节目组给予自己特殊照顾。嘉宾团队成员的完美配合是节目最大的看点之一，吸引着众多年轻观众的眼球。

第六，精诚合作的制作团队。浙江卫视拍摄团队的精诚合作也成就了此档节目。在拍摄之前其主创人员还亲赴韩国与《Running Man》的团队进行研讨学习。要把一个超过200多人的超大型户外拍摄团队控制得严丝合缝、如同一个人一样，这是非常难以把握的，非常考验团队指挥者的组织能力和控制力。在前两次与韩方合作拍摄的过程中，确实获得了很多来自韩方的全新理念，双方也在共同的研讨过程中碰撞出创意的火花。指压板游戏虽然来自于韩方，但是在广场上大跳《小苹果》的想法则是来自于中方。为此，摄制团队凌晨5点就全城搜寻了300位跳广场舞的女士。俞杭英说：“我们和韩国团队当然也有观念上的冲突，比如韩国人不明白为什么在正片节目前要先播2分钟的精彩预告，包括节目的线索推进它也是让观众自己慢慢悟出来，这是一个很大的分歧。我跟韩方总导演说中国观众是得先锣鼓敲起来把人吸引过来，告诉他们这件事情有多牛、多好玩，他才有兴趣往下看……每当发生认识上的矛盾冲突，就坐下来分析透彻，这种思想的统一非常重要。”一档成功的综艺节目离不开幕后人员的辛勤付出，他们没有明星们的闪耀，但他们却是节目成功的灵魂。

（二）节目评价

《奔跑吧兄弟》自开播以来获得一路好评，不仅来自观众、媒体，还包括很多学者，他们纷纷以自己独到的见解分析和点评着舶来式综艺节目的大热趋势。《中国新闻出版报》记者杨雯写道：虽然《奔跑吧兄弟》在节目的大部分时间里都在创造快乐，但是在娱乐的外表下也隐藏着一颗颇具人性的精神内核，在充满欢乐的气氛中所展现出的励志精神更值得回味。媒体评论人刘牧认为，节目游戏新颖健康，群众参与活跃，注重融入人文公益，在欢笑中传递团结拼搏的正能量和乐观积极的生活态度，受到了很多观众的喜爱。陈飞在文中写道：“明星们积极参与游戏，参与者之间相互竞争合作，表现了人性温情美好、积极向上的一面，实现了在欢笑中传递正能量，引导人们感悟生活的真谛。”另外有网友说观看《奔跑吧兄弟》成为了每周五的必点项目。在节目中，观众不仅可以看到平常光彩熠熠的明星卸下光环，不惜牺牲形象为观众制造欢乐，而且会随着节目的推进不断走入节目设置的情景中去，欣赏到很多民族特色和自然风光。

另外，数据可以说明观众对节目的喜爱。以中国50多个城市的收视率为基准，2014年11月14日的《奔跑吧兄弟》以2.210%(CSM)创下了从初放送开始的连续五周的一位收视纪录，同时百度指数突破140万，堪称本季综艺“霸主”。首期节目时，《奔跑吧兄弟》微博话题阅读量为3.3亿。七期之后，该数字已蹿升至54.9亿，粉丝逾23.2亿。

据不完全统计，2014年四季度国内共有20多档不同类型的综艺节目抢占荧屏，其中表现亮眼的莫过于浙江卫视的《奔跑吧兄弟》、湖南卫视的《一年级》、江苏卫视的《明星到我家》以及深圳卫视的《极速前进》等明星真人秀节目。但《奔跑吧兄弟》出现后，不仅使湖南卫视王牌节目《天天向上》《快乐大本营》都黯然失色，而且同一时期上档的《一年级》《明星到我家》《极速前进》也在第一期后被甩在身后。[①]

二、营销策略

在如今各地方卫视争相引进户外真人秀节目以及各综艺节目火力全开的大环境下，《跑男》团队是如何顶着强大的压力获得如潮的好评以及领跑"周五综艺档"的呢？这值得我们挖掘其成功背后的深层原因，寻求可供参考的样本价值。

（一）宣传前期化

浙江卫视《奔跑吧兄弟》正式接档《中国好声音》在周五晚黄金档播出，开始于2014年10月10日，但是对其的宣传远早于此日期。"此前，除了传统的电视预告外，节目组还通过节目嘉宾的微博来进行时下热门的'微博营销'。由于节目在8月28日即开始录制，邓超、杨颖等当红明星在节目录制过程中，在微博上通过发表图片、更新微博和拍摄小视频等方式来发表自己在录制中各种花絮，对节目进行侧面宣传，吸引了大批忠实粉丝，翘首期盼节目的播出，使节目未播先火。"[②]

（二）借用新兴媒体引起关注

在每期节目录制过程中，跑男成员会利用微博这一便捷的工具发布节目预告，包括发布原创微博和转载《奔跑吧兄弟》官方微博的博文，以图文并茂甚至附带预告片的形式在节目播出之前就向观众传达有效信息。7名成员还会将录制过程中拍摄的照片或者互动视频发布在微博上，借助各位明星强大的微博粉丝量，获得不少的关注度。另外，微博的微访谈功能也拉近了明星和观众的距离，既满足了公众了解节目录制过程中奇闻趣事的好奇心，也博得了粉丝对节目的期待值。节目播出时，节目组会利用官方微博微信发布热门话题，让观众大放话语权，积极讨论本期节目看点。自从《奔跑吧兄弟》微博话题建立以来，一直处于热搜的前列。节目播出后，浙江卫视还会紧接着播出纪录片《跑男来了》，通过纪录片的形式向大家展示荧幕后的《奔跑吧兄弟》。还设置了网友提问时间，选出微博话题上具有代表性的问题，向《跑男》成员发起疑问，成员们风趣幽默但又诚恳的回答也满足了提问者的好奇心，赢得了好评。

（三）明星效应

《奔跑吧兄弟》的明星阵容开创了中国综艺节目的先锋。节目播出前，除了郑恺名气稍逊于其他几位之外，邓超、李晨、杨颖、陈赫、王宝强、王祖蓝都在自己的领域占有一席之地。邓超因主演《少年天子》而成名，随后的几部影视剧作使他迅速获得了赞誉，《中国合伙人》中出色的表现使"男神"的称号越来越实至名归，而他自编自导自演的喜剧电影《分手大师》以6.6亿票房成为暑期档国产片冠军，如此实力派偶像担当跑男团的团长必定无可厚非。李晨成名较早，早前就凭借很多作品成为当红小生，后因接拍《北京爱情故事》

---

① 参见陈飞：《真情实感、传递快乐——〈奔跑吧兄弟〉走红原因解析》，《智汇桥》2015年第1期。

② 胡文龙：《〈奔跑吧兄弟〉的成功之道》，《西部广播电视台》2014年第12期。

《北京青年》电视剧名气飙升。因李晨酷爱健身，身材非常健美，所以在节目中担当了能量者这一角色，他的加盟也为《奔跑吧兄弟》提升了更多的期待值。杨颖的加盟也是节目的看点之一。杨颖素来有“女神”之称，杂志封面上那个安静、器宇不凡的美女往往令人折服。在跑男里的她完全释放自己，“女神”越来越接地气，节目中不做作，不怕苦，活泼有活力的范儿让观众重新认识这个画上的“仙女”。陈赫、王祖蓝、王宝强、郑恺等人也有着超高的人气和巨大的粉丝量，为节目打开了受众市场。如此豪华阵容虽然费用不菲，但达到了超强的节目效果。

（四）推出“公益跑鞋计划”和“阳光跑道公益健行计划”

“第一季节目结合‘奔跑’主题，延展出‘爱心奔跑’内容要素，推出‘公益跑鞋计划’，旨在关注缺乏运动设施的贫困地区儿童，通过爱心义卖的方式为他们筹集购买运动设施所需的善款，为公益助力。参与节目的明星捐出了自己珍爱的物品进行拍卖，为贵州、云南、四川、湖北等地山区贫困小学的孩子们购买体育设施和运动鞋，带给了孩子们励志‘奔跑’、积极向上的帮助和鼓励。”①

在第二季节目中，除了继续“跑鞋计划”，节目组还参与扶贫基金会，并利用微博平台打造“奔跑 2015”阳光跑道公益健行计划。目的是为了将线上节目与线下全民奔跑活动结合起来，倡导积极运动，健康生活，绿色出行。“截至目前，这一活动已经给 23 所希望工程学校捐集、送去了 1 万余双跑鞋，捐建了 23 个快乐体育乐园，让数万名孩子感受到‘奔跑’的快乐和温暖，较好地发挥了热播节目的公益效益。”②

（五）开发手游

节目播出后，反响强烈。借助这一东风，浙江卫视与 360 手机游戏开发了一款以《奔跑吧兄弟》为主题的网络手游。2015 年 6 月 5 日，360 手机游戏独代跑男 IP 系列手游第二款正式上线。游戏中的场景大部分来自于节目中的场景，包括西湖、首尔等，节目中最有看点的撕名牌环节也被完美应用。除了基本的游戏设置之外，手游还包括明星角色培养、明星装备培养、时尚宠物培养等丰富的游戏玩法，不仅代入性极强，也增加了游戏的趣味性。

（六）推出《奔跑吧兄弟》大电影

“2015 年 1 月 30 日，根据 2014 年热门综艺节目《奔跑吧兄弟》改编的同名电影在国内公映后，首日票房 7900 万（含首映场），次日 8000 多万，第三天 6000 多万，首周末 3 天累计 2.3 亿，4 天累计达到 2.6 亿，成为 2015 年卖座速度最快的华语片。最终影片总票房为 4.389 亿元。”③事实上，是《爸爸去哪儿》大电影兴起了综艺节目跨屏营销的新潮流。在《爸爸去哪儿》大电影斩获成功后，《奔跑吧兄弟》大电影在贺岁档走进了大影院。当然质疑之声不在少数，毕竟以综艺节目为基础而拍摄的电影成本较低，制作并不是那么精良，但《奔跑吧兄弟》大电影却以数据事实收获成功。因为原本的综艺节目有着强大的受众群体，在第一季结束之后仍然意犹未尽，而大电影又给了沉浸在跑男中的粉丝一次过瘾

① 刘牧：《〈奔跑吧兄弟〉：用公益传递正能量》，2015 年 6 月 29 日《光明日报》。

② 刘牧：《奔跑吧兄弟：用公益传递正能量》，2015 年 6 月 29 日《光明日报》。

③ 腾讯娱乐：《揭秘〈奔跑吧兄弟〉大卖幕后，综艺电影是圈钱吗》。

的机会。另外影院舒适的环境、娱乐的氛围、刺激的游戏环节和无法预知的电影结局都吸引着不同年龄层前来一探究竟。

（七）衍生产品丰富

《奔跑吧兄弟》的名声大噪不仅火了节目，也炒火了加盟明星和赞助商。第一季的冠名商大众凌渡汽车巧用“奔跑吧凌渡，奔跑吧兄弟”的广告语，提升了不少的曝光率。另外，赞助商海澜之家的曝光度也直线上升。海澜之家赞助了两季的嘉宾服装，虽然因为第一季一撕就破而备受争议，但第二季改进了质量，让公众看到了诚意。邓超是苏宁易购的品牌代言人，因邓超加盟跑男，苏宁易购也被带入了跑男的屏幕，在很多环节中的道具上都会看到“苏宁易购”的字样。虽然苏宁的植入很直白，但这是最简单快速的引入观众脑海的方式。

录制跑男之后，加盟明星们的代言接到手软，有的明星还因机缘巧合创办了自己的品牌。例如郑恺的自创品牌 DUEPLA 来自于他在节目中的一个小插曲，第一件单品就是一条蘑菇云 P 裤，后来他还投资了潮牌 Dahood，在北京开业典礼上邀请邓超前来助阵。

三、提升空间

《奔跑吧兄弟》虽然在收视率和好评度都有着不错的成绩，但是在一些方面还是存在改进的空间。首先，因为播出时间有限，节目时长有具体的限制，所以在剪辑方面就会有着不小的压力，既要表现出节目的整体流程，又要把有趣和吸引人的地方表现出来，而且还经常运用一些插叙、倒叙的表现手段，环节比较跳跃，会让观众有些眼花缭乱。

其次，节目中的很多游戏环节仍然不能脱离韩国《Running Man》的影子，原创性还较低，并没有能给人眼前一亮的超凡视觉体验，照搬照抄是节目的软肋。虽然节目组已经在极力的改进，但需要努力的空间还有很多。

最后，《奔跑吧兄弟》属于一档体育娱乐类户外真人秀，但纵观全体，娱乐性较多，明星的耍宝逗乐成分占据不少比重，并没有与倡导全民健身、绿色生活的宗旨完美契合。

精诚团结的制作班底，全情投入的加盟明星，刺激风趣的环节设计以及多种营销手段的配合，使得《奔跑吧兄弟》在众多真人秀和综艺节目独树一帜，成为其他综艺节目纷纷效仿的对象。但是，“《奔跑吧兄弟》的成功更印证了引进版权后本土化策略的重要性，‘拿来主义’是不行的”[①]。我们需要在借鉴国外先进经验的同时，自主开发有中国特色的高质量产品，只有这样，才会给国内影视业抹下浓墨重彩的一笔，推动文化产业的快速发展。

☞ 参考文献：

1. 贺莉：《浅议户外真人秀节目〈奔跑吧兄弟〉营销策略》，《商贸纵横》2015 年 5 月。

2. 尹妍：《“现象级”综艺节目〈奔跑吧兄弟〉的成功之道》，《西部广播电视》2015 年第 5 期。

3. 陈飞：《真情实感、传递快乐——〈奔跑吧兄弟〉走红原因解析》，《智汇桥》2015 年第

① 石维丹：《探索〈奔跑吧兄弟〉成功的几个》，《今传媒》2015 年第 2 期。

1 期。

4. 胡文龙:《〈奔跑吧兄弟〉的成功之道》,《西部广播电视台》2014 年第 12 期。

5. 刘牧:《〈奔跑吧兄弟〉:用公益传递正能量》,《光明日报》2015 年第 6 期。

6. 石维丹:《探索〈奔跑吧兄弟〉成功的几个?》,《今传媒》2015 年第 2 期。

7. 杨雯:《奔跑吧兄弟——比快乐更比励志》,《中国新闻出版报》2014 年第 11 期。

8. 张旭泉、于晓芸:《〈奔跑吧兄弟〉的传播特性与营销之道》,《声屏世界》2015 年第 3 期。

9. 樊海峰、郭忠云:《〈奔跑吧兄弟〉的节目特色及发展建议》,《传媒》2015 年第 10 期。

虎扑体育:从白手起家到势如猛虎

一、虎扑体育公司概况、发展历程

(一)公司概况

虎扑体育是目前中国最大的体育门户网站,拥有数千万的活跃用户,日均访问数近亿,已成为中国体育人群的第一选择。虎扑体育产生于2004年的美国芝加哥,由CEO程杭博士一手创办,初期由程杭与一些体育爱好者在闲暇时间进行管理。虎扑的前身为“虎扑篮球论坛”(HoopChina),“借助NBA在中国的火爆,一步步发展壮大,不断吸引着众多篮球迷群体的关注,成为他们心目中的线上家园。2007年,程杭和其他合伙人在上海创立上海雷傲普文化有限公司,开始正式在中国大陆运营虎扑网,但由于在中国大陆的网络域名hupu.com在2000年已经被人注册,虎扑网不得不分成下属四个独立的子网站:虎扑篮球(hoopchina.com)、GoalHi足球(goalhi.com)、HelloF1赛车(HelloF1.com)、亮乐体育(LiangLe.com)。2012年4月9日,虎扑终于成功完成域名hupu.com的过户工作,从而摆脱了原来的尴尬身份”[①]。

虎扑体育采用新闻报道与论坛服务相结合的方式,致力于在互联网、移动客户端和线下平台运营和推广体育赛事,以“传播体育精神,激励人们竞争向上,为中国体育产业蓬勃发展贡献应尽之力”为使命,以“全心全意服务中国体育迷提供全视角体育网络平台,全力打造你的体育全世界”为愿景,为企业和组织提供最优质最全面的体育营销一站式服务,为国际、国内的体育爱好者提供最专业、最全面、最广阔的互动交流平台,从而助动中国体育产业与国际接轨,推动中国体育产业的发展。

(二)发展历程

自2004年成立以来,虎扑势如破竹,从一个小小的体育论坛一路发展为目前中国最大的体育门户网站。根据2013年公布的数据,虎扑的注册用户已经超过1600万,“日均PV(页面浏览量)达到1亿,UV(独立访客量)超过400万”[②]。

借助每天过亿的浏览量,虎扑进行了一系列的商业化探索。2007年7月,虎扑开始发展体育品类的垂直电商,推出了类似于早年的Ebay的交易区,允许用户发布商品信

---

① 付晓静、杨格:《体育专业网站的成功之道——以虎扑网为例》,《媒体观察》2013年第9期。

② 杨钊:《颠覆者虎扑》,《商业价值》2013年第1期。

息,进行交易。

2009 年 3 月,虎扑推出了自己主导的独立电商平台——卡路里商城,基本上算与乐淘同期诞生。虽然虎扑在用户资源上具有明显的先天优势,然而上线仅 2 年,卡路里商城就悄然关闭。究其原因,首先是因为卡路里商城服务没有形成真正的竞争力,一直不能提供稳定的服务,这主要缘于足球装备 C 端卖家提供的产品不稳定。杨冰认为虎扑已经把 C2C 两端的信任关系处理到了最好,但对 C 端卖家的货源控制无能为力。同时,外界竞争对手如好乐买等鞋类电商已经开始烧钱,卡路里被迫参战了一段时间,“拿期货、降价、增加客服、用更贵更好的物流公司”,导致这边的现金缺口也越来越大。“每月多至数十万的现金流出,在财报上更是触目惊心。”程杭在一份虎扑内部文件中总结道。

其次,虎扑论坛所具备的独特的用户资源,也成为了阻碍卡路里商城发展的一大因素。虎扑论坛的交易区每天都异常火爆,交易信息层出不穷,但是交易区的交易大都通过淘宝等电商平台。此外,活跃于交易区的一些较为知名的卖家已经在淘宝等网站做的风声水起,并时常会为光临的顾客提供一些包邮赠送等优惠活动,因此商品价格会相对低于卡路里商城的售卖价格,部分顾客就这样被分流出去。有网友评价说,虎扑成也交易区,败也交易区。

随后,2011 年 11 月,虎扑主推了 GEQ 这一自有服饰品牌。GEQ 主打专业的运动装备,主推卖点与迪卡侬类似,就是高性价化。虎扑虽然会通过在论坛打广告的方式来导流量,但是在宣传上却在淡化 GEQ 与虎扑的关系。[①] 2012 年 6 月,虎扑吸取教训,推出了全新的电商平台——虎扑识货。继电商平台后,虎扑又开始寻求一条大跨度的变现道路,即推出了首款自主开发的游戏《虎扑世界》。

随着外部条件的瞬息万变,信息技术的飞速增长,NBA 已经不再是独属于大洋彼岸的赛事,国内越来越多的篮球爱好者逐步占据了 NBA 较大的市场份额,中国成为继美国之后的第二大 NBA 市场。另外,新浪不但在新浪微博建立了 LOVE-NBA 的社区版块,而且还拿下 NBA 的线上赛事转播权。虎扑在国内的篮球主流媒体地位受到了威胁,这就是 2012 年虎扑频繁大跨步的原因,目的是为了向主流资源靠拢,守住主导席位。

虎扑自知与新浪、搜狐等传统门户的差距,不敢与之正面抗衡,便从侧面出发,开始承担运营大型体育赛事的官网。从 2012 年开始,虎扑成为了 NBL(CBA 的次级联赛)的官网运营商,随后又赞助 WCBA 联赛,成为其职业联赛合作伙伴,为其提供官网服务。

在互联网领域,虎扑在 2012 年 11 月推出了一款可以随时查看 NBA 赛事直播进程的移动客户端 APP——虎扑看球伴侣。而在线下,虎扑在鸟巢举办了国际体育营销峰会,程杭在会上宣布,2013 年将投资 1 亿元人民币用于地方性体育赛事的开展。2013 年至今,虎扑的一系列大型活动和举措,奠定了其在国内体育门户网站的地位。

虎扑一路走来,从白手起家到拥有现在的灼灼战绩,已经使其具备了大型赛事的运筹和营销能力,至今已在全国 166 个城市组织了 125300 场各类比赛,有力地推动了全民健身事业发展。

---

① 参见杨钊:《颠覆者虎扑》,《商业价值》2013 年第 1 期。

二、优势

作为一家已经在体育门户网站中取得一席之地的体育专业网站，虎扑所取得的成就是可圈可点的。那么，虎扑具有哪些异于其他网站的独到的优势，使它可以获得今天的优势呢？

第一，打造专业体育赛事信息平台。虎扑网本着互动、原创、专业的媒体特点为广大的用户提供体育方面的实时信息，并提供网页游戏、体育经济、线上线下多角度宽领域的全体育一站式服务。虎扑体育位居体育类网站流量第一位，涵盖几乎所有的体育类项目以及运动文化。因此，运动爱好者首选虎扑网了解体育类咨询，并深受各大知名版主的影响，成为媒介中的权威。另外，虎扑结合大量线下活动推广，与各大体育联盟组织保持良好合作关系。虎扑记者团现场直击全球体育赛事，提供高品质的赛事内容，经常被其他媒体进行转载，多项赛事领域均在业内居领先地位。

第二，对体育赛事资讯的专业发布。虎扑体育汇聚了全国31个省、市、自治区以及直辖市的地方体育资讯。虎扑体育不但面向国内，还面向国际，世界各大体育赛事尽收眼底。另外虎扑新声的开创，颠覆了新闻报道的传统模式，开创了社会化媒体时代的体育新媒体。

第三，与专业体育赛事媒体联手。2008年以来，上海文广旗下五星体育、劲爆体育等频道与虎扑合作开展篮球嘉年华、嘉宾主持等活动。2009年至今，《NBA赛场》直播期间30余次援引虎扑的报道。虎扑中国街球联赛受到《篮球公园》的特约报道。2010年以来，数字电视 BesTV 与虎扑结为战略合作伙伴，在篮球、足球等众多领域展开全方位的合作。

第四，发布原创性体育资讯。虎扑是中国最大的足球网站，专业报道世界杯、欧洲杯、英超、西甲、意甲、中超等足球赛事，是 Nike、Adidas、Umbro 等品牌一致认可的平台。在奥运会、世界杯、欧洲杯等大型体育盛会期间，虎扑开设专题频道，满足广大体育迷的需求，同时派出专职记者团获取一手咨询。虎扑还是中国最大、最有影响力的篮球网站，专业报道 NBA、CBA、NCAA、FIBA 等各大体育赛事，调查显示这些赛事在中国有超过4亿篮球迷，亦是最受青少年欢迎的运动项目。另外虎扑还在跑步、网球、赛车等方面有着独特的体育资讯，吸引着众多体育爱好者的眼球。

第五，推出特色原创内容版块。虎扑画廊——虎扑漫画结合赛场热点事件和人物，进行故事描绘，结合品牌活动，产出主题人气漫画。

三、成功的营销模式

虎扑体育采用O2O(Online To Offline)线上线下相结合的营销模式，“O2O即将互联网线下营销的机会与互联网结合在了一起，让互联网线上线下营销相结合。O2O的优势在于把网上和网下的优势完美结合，虎扑体育能成功的营销模式，其原因在于其线上和线下资源的多年积累”①。

(一)O2O线上营销

1.赛事信息的高质量、严把关地发布、传播

对于国内众多体育迷来说，体育门户网站、体育新闻媒体是获取有效体育信息的重要

① 许建华:《虎扑体育营销策略分析——基于营销模式的应用》,《武魂》2013年第12期。

途径，因此，体育信息的真实可靠性直接影响受众对体育网站、媒体的看法和关注。而基于此，虎扑做到了对体育信息内容的严格筛选——对于有广告元素的信息基本直接剔除，或用"某品牌"代替；对于无价值或虚假的体育信息直接弃用，并做到对信息进行整合。这会使浏览者在有限的时间内获取高纯度、高精度的体育资讯，提升了企业的认知度和美誉度①。

另外，"虎扑体育网为了保证赛事消息的质量，会做到现场直击全球各类体育赛事，专业编辑、记者团队独特视角深度解读赛事。虎扑还翻译大量国外著名专栏作家文章和评论，'翻译团'由众多酷爱体育的英语爱好者组成，翻译的文章除了标注出处同时会附上原文链接。虎扑这样做可以使熟悉本土球评人观点和风格的中国球迷看到国外媒体的报道和分析，在拓宽视野、打开思路的同时也提高了对篮球的理解"②。

2.新媒体运营

虎扑公司与企业或机构搭建并维护线上互动平台，帮助其拓展业务范围，管理用户关系。服务包括：官网搭建、APP应用软件开发、第三方平台账号运营、线上球迷社区维护、SEO优化。2012年5月，虎扑与中国篮协签订协议，为NBL联赛提供官方网站搭建运营服务；2012年10月，虎扑与中国篮协签约，为WCBA联赛提供官方网站搭建运营服务。2013年3月，签约中国足协与中超联赛股份公司，为中甲联赛提供官方网站搭建运营服务。2013年，第二届虎扑体育营销峰会上，利物浦足球俱乐部首席媒体官Matthew Baxter作为代表与虎扑体育正式签约。虎扑体育成为利物浦俱乐部在中国的体育营销官方合作伙伴，利物浦俱乐部中文官网正式落户虎扑体育，双方将以数字媒体为切入口在多个领域展开合作。

3.利用论坛为基础运营平台黏住用户

"虎扑打破了以往网络体育新闻1对N的传播方式，用论坛的方式进行新闻信息的传播，实现N对N的传播、甚至N对N+N的传播。"以论坛为媒介传递新闻信息，虎扑打破了传统网络体育新闻1对N的传播方式，实现了N对N传播的跨越式发展。这种方式可以加强用户之间的沟通，既可以通过发帖来阐述自己的想法，又可以通过回帖来与别人进行交流，从而提升企业的知名度。而且虎扑的论坛版块针对性极强，分为篮球板块、足球版块、F1赛车板块等，以此可以发布和交流最精确版块内容，使用户获得最直接想要的体育资讯。"目前虎扑已建立不同球队交流区。这既有利于增加内容深度，也可降低不同球队支持者互相攻击的可能性，进一步提高了用户体验"③。另外，虎扑论坛设置热榜，每天不断更新信息，这些信息来自于大多数人的推送和讨论，这样可以使新用户尽快融入，老用户最快掌握最新体育资讯。

4.开发移动客户端

虎扑有强大的技术研发团队和运营维护团队，致力于开发移动设备应用软件，"集比赛数据中心、比赛信息推送、互动交流、竞猜投票于一体，第一时间掌握观赛信息，即时释

① 许建华：《虎扑体育营销策略分析——基于营销模式的应用》，《武魂》2013年第12期。

② 付晓静、杨格：《体育专业网站的成功之道——以虎扑网为例》，《媒体观察》2013年第9期。

③ 邹蔚：《虎扑体育——草根体育有未来》，《创业家》2014年第9期。

放观赛情绪”①。

5.打造独立运营电商、游戏软件、彩票等其他平台

虎扑识货电商平台、《虎扑世界》游戏 APP 的诞生，都向世人展示了虎扑公司团队强大的创造性和挑战能力，不仅满足了广大用户的多元需求，而且获得了较多的好评度和认可度。

虎扑识货致力于打造高性价比运动装备导购平台，包括正品运动鞋、海淘、海内外商城等优惠信息及导购。虽然导购这个名字和瀑布流看起来会类似于蘑菇街、美丽说，但却与之有着巨大不同之处。另外，在货源鉴定方面，也有着不错的可信度。因为虎扑有一个交易区，管理相当严格，有着不错的口碑，并吸引凝聚了一部分诚意卖家，以相互信任为前提，发布售卖商品。这种方式提升了原先的购物体验，获得了线上顾客的信任。据知情人士透露，其交易额每天可达到 10 万元以上。

《虎扑世界》APP 的诞生标志着虎扑公司新的发展历程，杨冰解释说：“做游戏主要是因为市面上没有好的游戏。”但隔行如隔山，任何事都不会有想象中那么简单。但庞大的用户群还是捧足了场，每次 NBA 之后，游戏的访问量都会陡增，更有客户戏说要投资改善虎扑世界的服务器。程杭透露，2012 年虎扑全年的营收预计能够突破 1 亿大关，盈利规模大约在 2000 万以上。

(二)O2O 线下营销

不同的用户有不同的需求，用户在线上有获取体育资讯，表达内心意见、想法等需求，而在线下，用户有观看体育赛事、参与体育运动、购买体育装备等需求。所以，不论线上还是线下，对于虎扑体育来说，都相当重要。在线下，虎扑体育的营销方式大致为：

1.赛事营销与管理

为企业与机构提供赛事策划、组织承办、资源开发、商业推广等服务。为各类赛事提供品牌规划、市场拓展、媒体管理、票务销售、人员管理等服务。

2012 年 4～7 月，虎扑携手西安杨森举办达克宁街球联赛，分别在北京、上海、广州、宁波、济南、武汉、成都、西安 7 大城市的中心商业区上演巅峰对决，总计覆盖 146 万受众。2011～2012 年，虎扑连续两年举办全国街球之旅，打造全国最大规模民间篮球联赛。赛事覆盖全国 20 个省份，上万名球员参加。2011 年 10 月 28 日，虎扑联合 Air Jordan 举行扣篮大赛，CCTV5 篮球公园栏目制作专题报道。2012 年 9 月，虎扑体育策划“华丽之旅・2012 世界篮球明星赛”，与篮球巨星阿伦・艾弗森签约，并召开大型发布会，震惊中美体育圈，并于 12 月在南京、福州、重庆成功举办三站赛事，获得票房与口碑双丰收。

2.提供大型路演、球迷活动、发布会、明星访华等活动策划与执行

服务包括：活动流程规划、供应商沟通、场地租赁、物料设计、人员组织、活动现场执行、活动宣传。2011 年 7 月，虎扑联合雪碧主办“创意灌篮大赛 & 炫灵感之夜明星表演赛”。邀请科比为选手颁奖，并融入周杰伦一同上演明星对抗盛宴。比赛当晚万体馆火爆空前。

2012 年阿迪达斯中国行，虎扑霍华德粉丝团追随霍华德，见证奇迹之旅。2012 年安

① 许建华：《虎扑体育营销策略分析——基于营销模式的应用》，《武魂》2013 年第 9 期。

踏加内特中国行，虎扑作为独家网络媒体合作伙伴，组织全国最铁加内特球迷，赶赴哈尔滨、郑州、成都、深圳，成为全场亮点。

2013 年 10 月，阿尔斯通领衔的"2013 华丽之旅 · 世界篮球巡回嘉年华"全国落户太原、运城、合肥、肇庆、南宁等 11 个城市。2013 年 11 月，虎扑倾力打造了"2013 星耀传奇——欧洲足球经典明星赛"，邀请包括欧文、斯科尔斯在内的众多欧洲新晋退役的豪门球星和前国脚队员，来到中国比拼室内五人制足球技巧，为广大球迷献技献艺。

2013 年 11 月 19 日，第二届虎扑国际体育营销峰会在沪召开，同时宣布利物浦中文官网落户虎扑体育。2013 年 12 月，虎扑体育与全球著名新闻机构法新社正式达成协议，双方将联合推出一项面向中国体育爱好者的新闻服务。

四、对虎扑体育的建议

任何一项事物的发展都不会一帆风顺，都会面对很多亟待解决的问题，如果及时发现并正面解决这些问题，则一定程度上会实现企业的良性发展。虎扑体育在发展过程中，面临以下问题：

（一）涉及领域过多，缺失用户体验觉察

虎扑体育从白手起家到现在的蒸蒸日上，经历过很多风雨，做过很多尝试，不管是线上还是线下，不管是电商平台、论坛、新闻还是移动应用，都有所涉足。但涉及领域过多有利有弊，在收益利润大幅上涨的时候，就会使公司的走向过于商业化，缺失对用户体验的觉察。另外，一个团队的力量毕竟有限，不可能对所有涉足的领域都做到尽善尽美，有时某一细节的缺失就会影响用户对整个公司的印象和认可。

（二）版权问题

"体育赛事资源是体育专业网站的生命线。"[①]在获取和发布体育赛事资讯的时候要特别注意信息内容的来源问题，在涉及版权问题的内容时要给予原作者充分的尊重，并在取得作者的同意后发可发布，切不可随意"移植"。若在发布后有版权纠纷，应及时给出解决方案，解决纠纷。

（三）应着眼未来，谋略大局

虎扑体育从草根论坛一路过关斩将可谓是势如猛虎，直线逆袭，在多个领域获得了不容小觑的成绩。其在门户网站中的地位不容小觑，甚至超过了新浪体育等网站的浏览量。但是不管人还是企业，都不可因过去的成功沾沾自喜，而应该着眼未来，谋划大局。虎扑体育从论坛发家，但如今多媒体发展迅速，各种社交平台的火爆已经使论坛稍显逊色，虽然如此，虎扑体育论坛的访问量仍为可观。但在互联网飞速发展的今天，如何能黏住用户，是虎扑体育仍需思考和努力的方面。

五、结语

在当今中国，体育产业初步发展，而这个美味的大蛋糕如何分配则并非易事。企业需

① 付晓静、杨格：《体育专业网站的成功之道——以虎扑网为例》，《媒体观察》2013 年第 9 期。

要"找准刚性需求，结合自身优势运筹，切勿盲目跟风"[①]，而虎扑体育在风起云涌的互联网竞争中能够白手起家，脱颖而出的经验无疑值得我们研究和借鉴。

☞ 参考文献：

1. 付晓静、杨格：《体育专业网站的成功之道——以虎扑网为例》，《媒体观察》2013 年第 9 期。

2. 李亚静：《体育产业的蛋糕怎么吃》，《纺织服装周刊》2015 年第 6 期。

3. 杨钊：《颠覆者虎扑》，《商业价值》2013 年第 1 期。

4. 刘娟：《专业体育网站虎扑网的传播特色探析》，《传媒观察》2009 年第 8 期。

① 李亚静：《体育产业的蛋糕怎么分》，《纺织服装周刊》2015 年第 2 期。

跑动经济

曼德拉曾说过："体育，拥有改变世界的力量。"近年来，由于国家政策的支持、全民健身运动的开展以及西方思想的流入，我国的体育产业如虎添翼，发展势头猛增。随着各地马拉松比赛的开展，路跑活动如雨后春笋般涌现并刺激了市场需求，路跑市场呈现井喷态势，路跑产业的潜在价值吸引着各路豪杰跃跃欲试。跑步这一项经济又方便的运动方式，从一项普通的田径运动变成了全民健身的新方式，吸引着各年龄层、不同身份的人参与进来，并通过城市跑步运动的开展向全世界展示着活动举办城市的形象。路跑运动促进了不同文化间的交流，全面推进着全民健身运动的开展。

一、路跑与路跑产业

（一）路跑

路跑起源于美国、发展于韩日，其影响之新、景象之活跃使之成为最具时代特色的运动，可以被认为是当下全民健身的一种表征。路跑，顾名思义，就是在路上进行跑步。它以健身强体为主题，并把其他文化融入到跑步活动中。随着路跑运动的发展，各种跑步活动层出不穷，出现了光猪跑、彩色跑、慈善跑、快乐跑、粉红跑、越野赛等形式。[①] 路跑仿佛是在一夜之间就成为了中国人最热衷也最流行的运动选择。清晨、白天、黑夜，任何时候你走在路上，都有可能看到穿戴着专业跑步装备、戴着耳机的"跑族"在你身边经过；微博中经常有明星晒出自己大汗淋漓的自拍照，向博友分享自己的路跑经历；朋友圈中也总会有人每天按时晒出 GPS 定位的跑图，向大家展示他今天完成的跑步计划。

路跑到底有多火？我们通过数据就可以看到：2013 年，全国共举行 39 场马拉松及相关运动赛事，其中全程马拉松 19 场，半程马拉松 7 场，其他长跑活动 13 场。全年有超过 75 万人次参与各类比赛，而其中参加全程及半程马拉松项目的人次则将近 20 万。随着赛事整体规模的扩大，单项赛事的规模也越来越大。39 场比赛中，有 27 场达到了万人以上。目前在全国 4 个直辖市、17 个省或自治区共 34 个大中城市举办过马拉松和相关运动赛事，覆盖率达到 70%左右，并且于近 3 年来保持着 10%左右的增长速度。公开数据显示，2011 年北京马拉松 3 万个名额在报名第 6 天被报满；2012 年，这一时间被缩短到 4 天；2013 年只用了 13 个小时；而到了 2014 年，主办方采取两次摇号方式，半程马拉松的

---

① 参见朱伟：《"路跑"运动的城市体育文化探析》，《福建体育科技》2015 年第 3 期。

中签比率仅为14.2%。同年,杭州5000个马拉松参赛名额在2个半小时内被抢完;上海马拉松比赛中,230万人争抢1.8万个名额,所有名额在几小时内被一抢而空。[①]

（二）路跑产业

尽管当今运动方式多种多样,运动活动也层出不穷,但跑步仍是人们强健体魄、健美塑形的主要方式。随着马拉松等跑步赛事在全球范围内的广泛开展以及越来越多的人喜欢在公园、马路上享受运动的快乐,与此相关的路跑产业也应运而生并得到快速发展。路跑产业是指路跑运动中按照产业方式运作、具有路跑运动属性的生产经营活动的集合,包括马拉松赛事、长跑(徒步)活动、路跑用品开发等方面。我国拥有基数庞大的路跑人口,中国路跑产业的发展潜力和巨大市场价值将无法估量。[②] 业内人士分析,现代人们的生活水平普遍提高,人们越来越注重健身,而跑步是最方便也是最经济的运动方式。随着路跑运动的兴起,路跑慢慢地从最开始的单纯体育运动发展为一种时尚社交方式,到如今已经成为了具有较强文化体育价值的一种产业,存在着巨大的经济价值。

二、路跑的特征

（一）参与度高

2007年《中国城乡居民参加体育锻炼现状调查公报》数据显示,62%的群众选择“健身走”和“跑步”作为主要的健身项目,因为其不受年龄、性别、体质等因素的影响,是体育明星和普通老百姓都可以在一个平台上参与的项目。路跑参与度高的原因在于以下几点:

首先,目的多样化,即人们参加的目的不同,因此在活动中的侧重点也不同。如有的是为了强健体魄、健美塑形,有的是为了释放压力、锻炼意志,还有的想从中扩大交往范围,结识新的朋友等。

其次,路跑不受人数的限制,人数从几百人到几万人都可以。

另外,路跑也不受时间的影响。人们可以选择在夏季,让路跑族享受烈日炎炎下流汗的酣畅淋漓;可以选择在冬季,锻炼路跑族的意志力,体验在严寒中超越自我突破极限的快感。

最后,路跑可以根据需要安排在不同的地点举行。人数较多时可以选择环城公路等车辆较少的路线,人数较少时可以选择在学校操场、社区空地、公园内、广场等地,参与者选择性强、参与度高,活动举办比较灵活。

（二）健身性与娱乐性相结合

随着经济的发展和生活水平的提高,在追求全民健身的当下,人们对运动、健身的认识已经有了极大的改善,开始自主地投入到运动锻炼之中。跑步是一项考验意志力和耐力的运动,也是最经济最简便的运动方式,可以起到强身健体的作用。这几年来,参与跑步运动的人数和范围不断扩大,晨跑和夜跑在全国范围内以及城市社区随处可见,除了北马、上马、广马等有国际影响力的赛事外,越来越多的二线城市也加入了“跑马”行列。

---

① 参见张莹莹:《马拉松:跑出来的经济盛宴》,《理财》2015年第2期。

② 参见管见:《中国路跑产业扬帆起航》,《环球体育市场》2009年第4期。

路跑的娱乐性体现在两个层面:(1)提升身体机制的娱乐感受。不论是娱乐性体育运动还是竞技性运动,对参与者的身体机能都有着优化提升的作用。健身塑形是其最基本的功效,除此之外,还可以让人精神愉悦,充满活力和热情,让人的身体在运动后更加放松舒适。(2)活动本身娱乐元素的感染作用。在全国范围内举行的一些比较正规的马拉松热跑活动中,不仅有传统的跑步项目,还在运动过程中增加了一些有娱乐趣味的游戏环节,增添了运动的活力。例如近来比较受欢迎的彩虹跑,即跑步过程中运动员经过不同的彩色站时,会被从头到脚抛撒彩色粉末,整个身体就像被彩虹包裹一样。“彩色跑”以“绿色·健康·运动”的宗旨在整个华南区域传递青春正能量,色彩抢占眼球席卷华南。

(三)时尚性

在新华社评选出的“2013 年中国体育十大新闻”中,“跑马拉松赛成为健身新时尚”跻身前列。虽说跑步是最经济划算的运动方式,只要有双鞋就足矣,但是对于很多热衷于路跑的人士来说,单单有双鞋并不足够,越来越多的路跑发烧友开始注重跑步设备的配备。如今,只要是稍稍入门的路跑者,无不渴望拥有一套完整的装备——压缩裤、吸汗袜、防风镜、头巾、背包、手表等,全副武装起来大概需要上万元。如果参加马拉松,还需配备科技含量更高、价格更贵的装备,比如时下最热的 APP 应用及智能穿戴设备。在手机操作系统中,可供下载的跑步 APP 应用不下几百种。配上智能手环、智能手表、智能鞋和智能袜等,会让跑步更具趣味性,也更容易让上瘾。[①] 由此,一些运动时尚品牌开始寻求商机,将一些现代时尚运动元素带入马拉松运动中。

(四)公益性趋向

2015 年 6 月 26 日,由智美控股集团和特步国际控股有限公司联合发起的“特别一步·智擅至美——中国路跑群英汇”暨“特美的心”公益慈善跑项目启动仪式在京举行。活动围绕中国路跑第一平台“中国路跑群英汇”展开,活动中同时启动“跑者之魂——中国跑者论坛”和“特美的心公益慈善跑项目”。本次活动旨在为中国路跑运动乃至中国的体育文化产业注入更多的精神健康内涵和公益慈善关怀,充分发挥路跑运动的积极社会效应,传播健康向上的正能量。

在台湾,路跑是最夯体育活动,吸引越来越多的公益团体或企业品牌投身这一平台。陈华恒表示,大陆的大型马拉松多为政府组织,台湾的路跑活动则以民间团体推动为主,再请来公安、医疗、志工单位进行协调。这当中由公益机构牵头的占了很大一部分,一些类似关怀脊椎病、心脏病、自闭症或是环保公益机构,就特别钟爱路跑活动,一方面是看中了路跑活动的健康积极形象,另一方面也借由路跑增加知名度,更好地推广公益理念。[②]

(五)放慢生活脚步,释放工作压力

运动是释放生活压力,舒缓紧张心情的有效方法之一,在奔跑中可以体验刺激的体能活动,放下生活的重担,寻求轻松畅快的感觉,以此摆脱束缚、释放压力,展现跑友们热爱生活积极向上的生活状态。研究发现,跑步不但可以健身塑形,还可以增强新陈代谢,保持年轻的生活状态,增强心肺功能,以及磨练人的意志和毅力。另外,在奔跑中可以结识

① 参见张莹莹:《马拉松:跑出来的经济盛宴》,《理财》2015 年第 2 期。

② 参见林静娴、燕子:《既能做公益又能当“城市名片”,路跑成台湾街头新宠》,2014 年 5 月 26 日《海峡导报》。

新的朋友，增加感情，对于很多人来说可以寻求更多的合作机会和商机。

三、路跑的价值

近年来，路跑参与人口的数量逐年飙升，他们已成为众多商家、体育品牌、运动企业的产品宣传对象和主要开发市场。路跑的核心产业价值是让广大参与者在享受体育运动带来健康生活的过程中，发掘庞大路跑参与者的购买力。

（一）推动体育产业的发展

路跑体育产业价值开发的关键，是在路跑者与相关产品之间，形成一个双向互动的多赢体系。路跑组织在为广大路跑爱好者提供专业化锻炼指导和服务的同时，也为知名体育品牌和厂商提供高效的展示平台，使广大路跑参与者和优质商品之间进行有效的沟通，甚至利用路跑者为自己的产品做宣传推广，可以使消费者增强对品牌的信任和好感。

例如，在体育用品市场方面，路跑带来的商机不容小觑，只要是稍稍入门的路跑者就会渴望有一套武装到牙齿的完整装备，上上下下全副武装起来大概需要上万元。如果要参加比赛的话，一些高科技的电子装备也是必需的。有些专业人士为了监测自己的运动量和参与度，智能手环、手表、智能手机 APP 等也是必不可少的。这无疑会吸引众多运动品牌前来加盟，因为赞助冠名马拉松比赛不仅可以提升美誉度，也可以达到宣传企业品牌，提升品牌的认知度的效果。

官方数据显示，全球体育产业规模是 8000 亿美元左右，业内人士估算，跑步市场占全部体育产业的 1/8，即 1000 亿美元。保守估计，国内跑步市场会在 50 亿美元，即 300 亿元左右。以每场利润 800 万元来算，2014 年全国 53 场马拉松将有 4 亿多元利润空间。[①]但是相比美国 2013 年 1100 场马拉松，中国还有 1047 场的差距，存在着近 84 亿元的利润空间，而中国人口远超美国，未来马拉松赛事利润百亿元并非天方夜谭。这场马拉松式的经济盛宴，路还很漫长。

（二）增强文化交流

路跑运动的最大特点就是参与人数集聚化。路跑对报名者的资格并不做过多要求，只要有兴趣的人都可以参与进来。从年龄来看，可以是老人、孩子、青年人；从身份来看，可以是知名影星、社会名流，也可是学生、国家公职人员；他们既可以是本地人，也可以是外地人，甚至还有外国人。所有人齐聚在路跑活动举办地，就如同一场盛大的节日。虽然比赛过程只有短短的几个小时，但在这几个小时内，可以向来自全国各地甚至世界各地的人展示城市的人文特色、自然风光、卫生环境、治安条件、环境气候等等。在比赛之余，参与者可以感受到城市的文化特色，路跑就像一张城市名片，集中展示了城市的文化。配套的文化活动有路跑市长论坛、路跑博览会、路跑摄影大赛、形象大使选拔赛，这些都表现出路跑不仅仅是一场赛事，也是一场盛大的庆典，是城市社会文化活动的一个缩影；既是健康活力的体育精神展现平台，也是城市文化特色教育的一种方式；是城市文化传播的渠道，与城市文化完全融合。[②]

---

① 参见张立新：《路跑营销正当时》，《环球体育市场》2009 年第 4 期。

② 参见朱伟：《“路跑”运动的城市体育文化探析》，《福建体育科技》2015 年第 3 期。

（三）促进全民健身运动的开展

2009年8月4日，国家体育总局局长刘鹏在“全民健身日”新闻发布会上表示，酝酿已久的《全民健身条例》即将出台，届时全民健身将有法可依，得以长效化。全民健身计划以全国人民为实施对象，以青少年和儿童为重点。在国家政策的支持和人们的积极参与下，一大批喜闻乐见的社区活动开始走进居民的生活，路跑作为一种新鲜血液开始为全民健身事业服务。路跑群众参与度高，主题明确，形式多样，可以聚集不同地方的爱好者参与进来，对促进城市之间的互相了解和合作也起到了不可替代的作用。我们应该以时不待我的紧迫感和锐意进取的精神，科学合理、严谨有序的开发路跑的价值，为广大群众提供健身需求和精神满足的需要，为实现全民健身和建设“体育强国”做出应有的贡献。

（四）增强对体育文化、精神的认知

体育营销不仅仅是对体育产品的消费和对赞助商的宣传，其实质是对体育文化乃至体育精神的营销。在体育活动中，体育文化得到传承，体育精神被更广泛的认知；在体育营销的过程中，体育文化和体育精神影响范围更广，受众群体更大。[①] 从2014年开始，国内参与跑步的人数呈井喷式增长，跑步不仅仅是作为一项简单的田径运动，而是象征积极、健康、快乐的运动精神。众多品牌争抢优势位置，抢占稀缺资源，深入发掘自有品牌在文化层面与路跑精神的契合点。但这个时代，我们除了狂欢，更需要时代英雄、时代精神。体育产业很好的将两者结合，在狂欢的同时，体育的精神、信念、理想等被人们所领会。路跑族的队伍越来越庞大，人们已经不在乎冠军的称谓，人们只希望成为自己的英雄！超越自己、挑战自我已经成为80、90后人群的终极目标。在家庭路跑中，亲子关系也由此被拉近，当父母冲过终点线的一刻，孩子关心的并不是父母是否得到了第一名，因为此刻在孩子的眼中，父母的英雄形象被树立起来，父母就是他们心中的第一。在路跑中，个人存在感被高度提升，每个人在这一过程中都实现了人格的自我提升和内心的自我完善。

在体育营销角度来看，当下的互联网时代，影响消费者选择产品的因素不单单只产品的价格和质量，产品的内在文化价值和消费者对品牌的认知度、信任度也在一定程度上决定着消费者的消费导向。因此，通过路跑可以带动消费者与产品在精神层面的沟通，更容易在消费者心中建立起企业的良好文化形象。

四、路跑营销正当时——控股，从路跑出发

智美是中国领先的体育娱乐集团，是最早进入中国马拉松商业运营的公司，重点发展的体育项目为路跑、群体项目、篮球、足球等。智美在“为健康，为快乐”的企业理念指引下，不断推出大众乐于参与的体育娱乐产品与商业项目，激发民众对体育的兴趣，引领体育娱乐消费浪潮。

2011年，在国家鼓励外商投资体育产业的背景下，智美果断出击，拿下来广州马拉松的承办权。创始人任文对记者说：“中国综合性赛事服务团队非常稀缺，智美之前运营了10年，有比较强大的客户资源和执行能力，我们以此一举拿下广马。”此后，智美又发现，路跑市场是体育产业市场的又一匹黑马。任文说：“路跑将是中国体育文化产业的第一个

---

① 参见张晗：《“跑”起来的品牌营销新思路》，《声屏世界·广告人》2015年第8期。

发力点，参与门槛最低，又是高频项目。”此后，智美集团投入精力发展路跑产业，先后拿下了2013年和2014年杭州马拉松承办权。2014年启动开发自主知识产权的路跑运动“四季跑”，今年将成办沈阳、长沙等城市的马拉松路跑项目。

2015年6月26日，由智美控股集团和国内时尚运动第一品牌特步国际控股有限公司联合发起的“特别一步·智擅至美——中国路跑群英汇”暨“特美的心”公益慈善跑项目启动仪式在京举行。两个公司的强强联合，开启了中国路跑的第一平台，为中国的路跑运动乃至中国体育文化产业注入了新鲜的活力和传播着积极向上的正能量，也体现了公益慈善的人文情怀。据了解，此次合作双方将利用各自的优势并进行完美结合，在体育产业全面布局，而“中国路跑群英汇”将成为基于这一合作基础上的国内最大路跑平台。也是智美集团在拓展体育用品市场上的重要一环。

由此智美迅速收获了路跑流行的红利，参加人数快速增加。以2014年杭州马拉松为例，一个名额在淘宝的黑市价格达到3800元钱，智美与银泰百货合作，释放了1000个名额，结果现场来了约1.4万人。赞助商从传统体育品牌扩展至金融、汽车等行业，赞助额成倍增加，“广马”就已成长为营收千万量级赛事。智美副总裁盛杰告诉《21CBR》记者，在国外一场成熟的赛事营运，收入形成“4∶3∶3”的比例：40%来自赛事版权，两个30%分别是B2B的赞助商和B2C的用户，智美的收入主要来自后两项。2014年财报显示，其赛事运营收入为2.53亿元，同比增长148.7%。①

五、结语

由此可见，中国的路跑运动正呈星火燎原之势，但相比国外，国内的路跑赛事不论在举办数量还是质量上都稍逊于国外的赛事。同时，国内对路跑活动的宣传力度明显不足，不论是前期宣传还是新闻媒体报道数量都较少。如果国家政策进一步支持，赛事组织者投入更多的资金和技术指导的同时也为知名品牌和厂商提供有效的展示平台，那么散落各地的路跑爱好者将会成为一股洪流推动着我国的路跑产业向前推进。

路跑产业市场具有巨大的社会效益和价值，需要对其有序开发，需要以时不我待的紧迫感突破路跑产业发展的障碍，弥补短板，缩小差距，为广大人民群众创造更多的财富，为实施全方位的全民健身战略做出应有的贡献。另外我国体育产业是具有强大潜力的朝阳产业，而作为其组成部分的路跑产业的崛起将会促使体育产业的发展进入一个新高度，从而进一步推进体育产值的增加，创造更多的社会财富。

☞ 参考文献：

1. 谢金萍：《智美控股——从影视跨界路跑》，《二十一世纪商业评论》2015年第8期。
2. 张立新：《路跑营销正当时》，《环球体育市场》2009年第4期。
3. 张莹莹：《马拉松：跑出来的经济盛宴》，《理财》2015年第2期。
4. 朱伟：《“路跑”运动的城市体育文化探析》，《福建体育科技》2015年第3期。
5. 管见：《中国路跑产业扬帆起航》，《环球体育市场》2009年第4期。

① 参见谢金萍：《智美控股——从影视跨界路跑》，《二十一世纪商业评论》2015年第8期。

6. 商继宇:《城市娱乐性体育活动对体育发展的影响》,《大众体育》2014 年第 93 期。

7. 童玲:《路跑市场的“新文化运动”》,《环球体育市场》2010 年第 5 期。

8. 叶新才:《体育赛事旅游产业化路径研究——以厦门国际马拉松赛为例》,《山东体育学院学报》2014 年第 3 期。

9. 吕广霞、李文明:《我国发展城市马拉松的策略思考》,《科技信息》2011 年第 16 期。

电商玩足球:阿里巴巴布局体育产业

2014年6月5日上午11时11分,阿里巴巴集团与恒大集团举行足球战略合作签约仪式,恒大足球俱乐部将进行增资扩股,阿里巴巴将投资12亿元获得恒大足球俱乐部50%的股权。恒大与阿里的这次合作事发突然,是名副其实的"闪婚",而恒大集团董事长许家印戏说为15分钟就完成了12亿的生意。阿里作为中国最大的电商以及互联网三巨头之一,这次介入国人又爱又恨的足球界,既不是心血来潮,也不是头脑发热,而是独具战略眼光的选择。

2015年9月9日,阿里巴巴宣布成立阿里体育集团,马云说:"我们不想做体育产业,也不想做体育事业,我们想做的是体育经济。"这透露出马云的体育野心,也体现出体育市场这块大蛋糕将有无限的开发潜力。易观智库分析认为,体育市场不再仅是传统巨头企业战场,以阿里巴巴、乐视等为代表的互联网企业参与其中,围绕体育产业不断进行新的互联网化融合发展布局,将促使"互联网+体育"市场不断迎来新的发展机遇。

一、阿里巴巴简介

阿里巴巴网络技术有限公司(简称"阿里巴巴集团")由以马云为首的18人于1999年在中国杭州创立。他们相信互联网能够创造公平的竞争环境,让小企业通过创新与科技扩展业务,在参与国内或全球市场竞争时处于更有利的位置。

阿里巴巴集团名字,是创始人马云所起。他觉得世界各地的人士都知道有关"阿里巴巴"的故事,而且大部分语言也存在类似的读音,因而将公司命名为阿里巴巴。电子商务是一门全球化的生意,所以拥有一个全球人士普遍熟悉的名字可谓如虎添翼。阿里巴巴意谓"芝麻开门",寓意着阿里集团的平台可以为小企业开启财富之门。

从成立之初的单项业务到现在的"枝繁叶茂",阿里巴巴集团不仅经营多项业务,而且也从关联公司的业务和服务中取得经营商业生态系统上的支援。公司业务包括淘宝网、天猫、聚划算、全球速卖通、阿里巴巴国际交易市场、1688、阿里妈妈、阿里云、蚂蚁金服、菜鸟网络等。

阿里集团凭借着"让天下没有难做的生意"的信念,依靠成为"分享数据的第一平台、幸福只是最高可以存活102年的企业"的愿景,凭借客户第一、团结合作、拥抱变化、诚信、激情、敬业的价值观站在了国内电商的前列。2014年9月19日,阿里巴巴集团在纽约证券交易所正式挂牌上市,股票代码为"BABA",创始人和董事局主席为马云。2014年全年，阿里巴巴总营业收入为762.04亿元人民币，净利润达243.20亿元人民币。而这个国内电商巨头却在2014年6月5日与恒大集团牵手联营，进军足球领域，2015年9月9日宣布成立阿里体育集团，涉足体育圈。这番举动令人琢磨不透却又能洞见阿里集团的野心。

二、阿里与恒大联姻

(一)基本情况

2014年6月5日11时11分，阿里巴巴集团与恒大集团举行足球战略合作签约协议。恒大足球俱乐部以引入战略投资者的方式增资扩股，阿里巴巴集团出资12亿，与恒大分别持有广州恒大俱乐部50%的股份。

恒大集团负责人说："阿里巴巴12亿元资金不是给恒大，而是注入恒大足球俱乐部，提升俱乐部资金实力；恒大集团不拿阿里巴巴集团入股恒大足球俱乐部12亿元资金的一分钱。"这位负责人介绍说恒大足球俱乐部增资扩股并非出售股权，而是扩大股本。

"对足球不感兴趣"的阿里巴巴董事会主席马云表示，足球应该由"外来人去搅搅局"。作为首个涉足足球的电商代表，他还说："地产正在发生很大变化……本来我们是不想来的，但既然来了，就要有新玩法。未来3～5年我们是用互联网的思维和技术帮助传统行业转型升级。"恒大集团董事局主席许家印则透露，阿里将并非唯一合作者，未来恒大俱乐部还将引进20个战略投资者，继续增资扩股40%，每家2%。两人都表示不会干涉球队运作，足球相关事宜将是主教练"里皮说了算"，两人"谁都不进更衣室"。

谈到阿里与恒大的联合原因，我想可以从下面几方面说起：

第一，可以为阿里巴巴在美国的上市造势。更早的时候，阿里以12.2亿美元(76.2亿人民币)投优酷土豆，65.4亿人民币投华数，32.99亿控股恒生电子，53.7亿元港币(43.3亿人民币)战略投资银泰百货，2.15亿美元(13.4亿人民币)投美国移动聊天和通话应用Tango，62.44亿港元(50.3亿人民币)投文化中国。2014年6月，阿里宣布投资2.49亿美元入股新加坡邮政，约合15亿人民币。每一笔投资都比12亿多，但这些投资加起来，恐怕都不如投资恒大足球俱乐部的舆论影响力，这无疑会成为互联网、文体、地产几个领域的媒体头条，从造势的角度看，马云达到了超乎预期的效果。

除此之外，一周后四年一度全球瞩目的世界杯就要开始比赛。在这个节骨眼上投资足球，能给阿里巴巴集团带来全球性的影响，有利于提升上市估值。

第二，全面布局投资产业链。在此消息公布之前，阿里有意入主浙江绿城的传闻已经在业内传得沸沸扬扬，而结果却是入股恒大。马云突然改变主意，还抛弃自己的老乡宋卫平，转而与许家印牵手"联姻"，是经过深思熟虑、有远见卓识的选择。因为绿城现在是困难时期，迫切需要马云的帮助和扶持。但是作为投资方来说，选择绿城不过是救穷救济，对于阿里的市场和业务拓展不会有太大的帮助，毕竟市场不需要眼泪。而恒大近几年的体育事业发展的风声水起，阿里与恒大的结合是真正意义上的强强联合。足球，不过是两位强者之间的一个切入点、一座桥梁、一种由头。双方合作的目的，可能都不是为了足球，而是为了更大的经济利益。[①]

第三,拓宽商业人脉。马云最喜结交圈内人脉,柳传志、李连杰、史玉柱、郭广昌、沈国军等人都是马云的座上宾,如今还将添上许家印的名字。许家印不只是搞地产和足球,他还做矿泉水。阿里方面表示,此番进军足球,也是阿里在为未来的文化娱乐与健康产业布局。或许,未来马云还会与许家印联手卖矿泉水。马云在最近的一次内部讲话也表示,未来十年,阿里巴巴将着眼于人们的身体健康和思想的快乐,并在医疗健康、文化娱乐等领域加快布局。[②]

第四,为联合营销推广埋下伏笔。特别是目前恒大正在倾尽全力向全球推广恒大冰泉,如果能够充分利用阿里在美国上市的影响以及阿里在互联网领域的实力,将恒大冰泉国际推广扩充到互联网领域,那么对于恒大冰泉的全球推广将产生十分重要的影响。[③]对于许家印来说,12 亿资金并不算太多,而马云将股权买到手后也表示不会过多干预恒大俱乐部的运作。但是,阿里巴巴在虚拟领域的影响力以及它在美国上市后可能产生的国际影响、市场号召力等,也是不可低估的。

二者的合作能否获得预期的效果、获得预期的经济效益目前还尚无定论,但是可以肯定的是,二者开启了中国企业之间合作的一种新道路、新模式。在经济全球化的今天,中国企业要想在全球站稳脚跟,成为有影响力的跨国公司,单打独斗是很难取得较明显的成就的,加强合作无疑是获得更大的发展空间、进入国际市场的捷径。

(二)擦出的火花,创收的效益

电商和足球的结合仅仅只是开始,阿里将电商带入足球只是表面功夫,深层次是全产业链的布局。而对于恒大来说,目前主推的恒大冰泉、老本行房地产以及文化板块内容王牌皆有可能是双方合作的切入点。如恒大地产集团董事局主席许家印所说:"阿里和恒大在很多的领域有很多合作的机会,但至于说是哪个领域、哪个项目的合作,还不是脑了陆时就可以想得到的。"

1.既有资源扩大,恒大老本行携手电商

恒大虽盛名于足球,但老本行还是房地产。阿里巴巴的淘宝网下设房产频道,也多次涉猎过房产拍卖项目。马云在回答双方是否会在地产或电商方面合作的问题时表示,阿里巴巴不搞房地产,但他们可以给恒大地产提供电商方面的支持,这也让阿里做房产电商有了更多的可能。也许这就是马云提到的自己是涉足足球圈的搅局者,要让足球有新玩法。而许家印在回答此问题的时候表示不排除这个可能,有机会双方可以尝试。

2011 年 4 月,由新浪乐居与 SOHO 中国开启的网络售房眼球效应颇丰,搜房网、搜狐焦点等房产网站及以淘宝为代表的电商平台也纷纷跟进。在主流开发商的积极参与和推动下,房产电商逆市成长。此外网络普及、电子商务及团购爆发式发展为房产电商奠定了良好的用户认知基础,也降低了购房者对房产电商的接受门槛,成为房产电商快速发展的另一重要条件。"恒大出了名的布局城市多、项目多,如果全盘通过淘宝电商来代理,未

---

① 参见谭浩俊:《阿里入股恒大:中国企业找到位置感的成功一案》,《IT 时代周刊》2014 年第 12 期。

② 参见《媒析马云入股恒大原因:为上市造势 扩宽商业人脉》,2014 年 6 月 6 日《华西都市报》。

③ 参见谭浩俊:《阿里入股恒大:中国企业找到位置感的成功一案》,《IT 时代周刊》2014 年第 12 期。

来阿里加码自己既有的淘宝房产甚至独立做都有了筹码。”[①]除了直接卖房，恒大阿里地产＋电商另外一种模式便是O2O的落地，即恒大销售物业项目成为淘宝的社区店。“本地化服务、区域性零售”，这些都是阿里O2O需渗透的。[②]

业内分析，马云一只手伸向地产的思路也清晰可见：阿里要么卖房子，要么房子中提炼电商附加值，这正是房地产给电商带来的下一波红利。而所谓的从房子中提取电商附加值，一个是利用既有恒大物业资源，一个是更为高级的联合获得土地资源。“当然不是做住宅，而是物流，因为马云还有菜鸟”。深耕地产多年的恒大，一方面与地方政府有着良好的关系，有助于联手阿里获得土地储备；另一方面，恒大成本控制方面的优势，有利于最大限度地确保双方在低利润的物流地产领域获取收益。[③]

2. 为足球注入资本，阿里、恒大一拍即合

2010年3月，恒大以1亿元的价格购买下广州足球俱乐部100％的股权，2014年首度与阿里合作，增资扩股，阿里以12亿元人民币入股恒大足球俱乐部，持有俱乐部的50％的股权。也就是说，恒大足球俱乐部的市场价值在四年内的时间里暴涨24倍，成为中国足球职业化改革20年里最成功的职业足球俱乐部，创造了中国足球的又一项新纪录。

许家印说：“俱乐部账上有近20亿元现金，我们可以拿这些做投资，投资赚来的钱就能应付球队日常支出，这种模式下，门票、广告等收入就是纯利润了。”这符合许家印“俱乐部未来盈利上市越快越好”的期望，而未来继续增资扩股40％引进20家投资者的计划则让恒大俱乐部这个足球平台有了更多想象空间。[④]

3. 快消＋电商

虽然业务项目伸展到各类板块，但阿里的老本行依然是电商。2013年，恒大正式推出恒大冰泉，而恒大对这一快消业寄予了厚望。许家印在2013年1月12日的恒大冰泉全国合作伙伴大会上提出“我要求恒大矿泉水集团今年销售要过100亿元，明年销售要增加100亿元，第三年要达到300亿元”。由此可以洞见，恒大要让恒大冰泉像恒大足球夺冠那样成为业界龙头。恒大冰泉为代表的恒大快消业务与阿里巴巴老本行有着天然契合。深谙营销之道的马云毫不掩饰为许家印站桩的意思：“恒大冰泉相当好，许总已送我100箱。”[⑤]业内人士猜测，阿里与恒大的合作，会在快消板块上有更多的文章可做，扩大快消领域的业务种类并且加强线上线下的互动是未来趋势。

近期，恒大冰泉正在打通全球出口业务，业务范围拓展到四大洲28国，而上市的阿里巴巴正好可以为其提供传统的销售渠道，使恒大冰泉国内国外两手抓。然而，恒大和阿里的电商业务合作并不仅限于此。众所周知，除了赛事转播权的销售之外，门票的收入是足球比赛盈利的重要部分。与传统门票销售相比，网络营销的影响力更大，波及范围更广，而淘宝无疑是最佳的销售渠道。除了恒大职业联赛门票，围绕足球的表演赛、邀请赛或其他商业活动的参与权，都可以通过电商模式进行营销。

---

① 参见张绪旺、马骏昊：《恒大阿里能擦出多少商业火花》，2014年6月6日《北京商报》。

② 参见张绪旺、马骏昊：《恒大阿里能擦出多少商业火花》，2014年6月6日《北京商报》。

③ 参见张绪旺、马骏昊：《恒大阿里能擦出多少商业火花》，2014年6月6日《北京商报》。

④ 参见张绪旺、马骏昊：《恒大阿里能擦出多少商业火花》，2014年6月6日《北京商报》。

⑤ 参见张绪旺、马骏昊：《恒大阿里能擦出多少商业火花》，2014年6月6日《北京商报》。

三、阿里巴巴体育集团，布局体育产业

2015 年 9 月 9 日，阿里巴巴集团正式宣布成立阿里体育，提出“以数字经济思维创新体育产业链”。新成立的阿里体育集团将由阿里巴巴集团控股，新浪和云峰基金共同出资。原 SMG 副总裁张大钟将出任阿里体育 CEO，阿里巴巴集团 CEO 张勇将担任阿里体育董事长。阿里巴巴集团 CEO 张勇说，互联网当前已经成为新经济基础设施，阿里体育集团不仅是为体育产业提供一个互联网的入口，还希望能以阿里的数字经济生态帮助整个体育产业升级，“为这个行业带来新价值，让消费者、运动者、体育迷得到更好的服务”。在运作方面，阿里体育集团拟整合阿里生态中的电商、媒体、营销、视频、家庭娱乐、智能设备、云计算大数据和金融等平台，融合形成一个贯穿赛事运营、版权、媒体、商业开发、票务等环节的全新产业生态。

（一）阿里集团布局体育产业的原因

其实，阿里布局体育领域早有端倪。2014 年 6 月，阿里巴巴战略投资广州恒大足球俱乐部，以 12 亿元人民币获得后者 50%的股权，其后该球队改名“恒大淘宝队”。2015 年 5 月，马云旗下的云锋基金领投了乐视体育的融资；同月，阿里又签约赞助美国高校顶级联盟“帕克十二联盟”，并于随后获得 NCAA 在华赛事的独家转播权。2015 年 7 月，马云斥资入股新浪体育，成为新浪体育合作伙伴。2015 年 8 月，NBA 巨星科比的公司 Kobe Inc 正式和阿里巴巴合作，内容涉及影视、体育等方面。[①] 这一连串的举动都是为了成立阿里体育和全面涉足体育界而造势做准备。

马云曾表示，健康和快乐是阿里巴巴集团为未来布局的两大战略方向，而体育产业是这两大方向的“黄金交叉点”。阿里体育旨在升级体育产业诸个环节，让数字经济重塑体育产业的整个链条，为生态合作伙伴释放出更大价值，让更多的消费者方便快捷地享受到优质的体育运动服务，让体育更健康更快乐。

2014 年 10 月，国务院出台了《加快发展体育产业促进体育消费的若干意见》，设定了到 2025 年中国体育运动人口达 5 亿，体育产业产值 5 万亿的目标。在这一发展大背景之下，体育产业这块“大蛋糕”无疑是吸引阿里巴巴成立体育集团的一大主要原因。

另外，虽然阿里巴巴已经在美国上市，但是在国内市场，他并不是绝对的统治者。阿里巴巴马云在与腾讯马化腾的竞争中，并无优势可言。在珠三角等地区，他的市场渗透力和竞争力甚至还远不如马化腾。12 亿对于马云来说并不是一项太大的投资，而用这些资金将已经红遍全中国的恒大足球俱乐部 50%股权收购到手，并对其冠名，无疑为他在珠三角与马化腾的竞争中增添了一个十分重要的筹码。可以预计，阿里入股恒大以后，对马化腾在珠三角的冲击还是会很大的。这应该也是阿里集团不会缺席体育产业这场“盛宴”的原因之一。

（二）阿里涉足体育圈的优势

第一，平台优势。据阿里官方统计，在阿里的零售平台上拥有 3.67 亿活跃买家和近

---

① 参见陈均：《阿里体育成立，电商平台成“王牌”》，2015 年 9 月 10 日《东方早报》；张遥、夏亮、王浩明：《“互联网＋体育”成了香饽饽》，2015 年 9 月 10 日《中华工商时报》。

千个体育运动品牌入驻。2014 年在阿里零售平台上成交的体育运动类商品高达 765 亿元，票务销售近亿元。新华社就撰文分析认为，平台优势将是阿里巴巴布局体育产业的最大砝码。“在传统体育跨领域联动程度不高的情况下，互联网的大数据运用将可构建全新的产业链运营、生态化的发展思路，将给行业发展带来巨大的想象空间。”[①]而对于阿里的优势，国内某体育经纪公司 CEO 也颇为看好：“虽然关于阿里体育最终的着陆点，现在都看不太清楚，但唯一确定的是阿里依然会做大自己的电商业务，依托强大的体育资源和丰富的体育渠道实现变现。”“比如通过自身的电商优势与各个俱乐部协作售卖周边商品及门票，与淘宝众筹、娱乐宝等业务结合，甚至做体育旅游服务”。

第二，国家政策的支持。2014 年 10 月 20 日，国务院正式印发《关于加快发展体育产业促进体育消费的若干意见》，把全民健身上升为国家战略，并把增强人民体质、提高健康水平作为根本目标，把体育产业作为绿色产业、朝阳产业进行扶持，力争到 2015 年，体育产业总规模超过 5 万亿元。在《意见》出台后，各资本大亨开始在体育产业市场各显神通。

第三，拥有更多的文化娱乐资源。2014 年 3 月 12 日，阿里巴巴斥资逾 62 亿港元购得在香港上市公司文化中国传播集团，持有 60%的股份。文化中国主要有三大业务：影视制作、报纸、移动新媒体。这一举动是阿里巴巴在宣布自己正式进军文化传媒产业。阿里与恒大的联姻意味着足球产业和互联网产业的碰撞和融合。市场研究机构易观国际分析认为，足球有很多文化娱乐延伸业务。而在足球之外，阿里和恒大在其他文化娱乐板块有更多的业务协同和想象空间，也均是两者未来重点发展的业务之一，毕竟当下产业潮流中，文化体育和互联网同属最看涨概念。

四、总结

阿里和恒大的缘分始于足球，但拥有诸多文化体育业务的恒大和拥有更多文化娱乐资源的阿里巴巴之间的缘分绝不仅仅是玩玩足球那么简单，体育市场也不再是传统巨头企业的战场。易观智库分析认为，以阿里巴巴、乐视等为代表的互联网企业参与其中，围绕体育产业不断有新的互联网化融合发展布局，开启了各个环节“互联网＋”的模式。未来对体育用户价值的不断深挖，将促使“互联网＋体育”市场不断迎来新的发展机遇。另外，随着我国居民收入水平的持续提升，居民消费已经不仅局限于基本消费，已开始向享受消费甚至高级消费过度。健身、娱乐等都是重要的消费方向，资本大鳄角力体育市场，无疑是看中其中的发展潜力和价值前景。阿里巴巴一系列的动作都是为了全面布局体育市场，拓宽体育业务。未雨绸缪，抢占先机。

☞ 参考文献：

1. 陈均：《阿里体育成立，电商平台成“王牌”》，2015 年 9 月 10 日《东方早报》。

2. 张遥、夏亮、王浩明：《“互联网＋体育”成了香饽饽》，2015 年 9 月 10 日《中华工商时报》。

① 陈均：《阿星体育成立，电商平台成“王牌”》，2015 年 9 月 10 日《东方早报》。

3. 张绪旺、马骏昊:《恒大阿里能擦出多少商业火花》,2014 年 6 月 6 日《北京商报》。

4. 谭浩俊:《阿里入股恒大:中国企业找到位置感的成功一案》,《IT 时代周刊》2014 年第 12 期。

5. 华西都市报:《媒析马云入股恒大原因:为上市造势扩宽商业人脉》,2014 年 6 月 6 日《华西都市报》。

6. 王浩明:《阿里“闪婚”恒大,马云称要有“新玩法”》,2014 年 6 月 6 日《新华每日电讯》。

7. 胡雨:《阿里成立体育集团加码文化媒体领域》,2015 年 9 月 14 日《财会信报》。

8. 文捷:《阿里恒大联姻—颠覆传统产业》,《中国品牌》2014 年第 7 期。

9. 彭琳:《阿里联姻恒大左手足球右手上市》,2014 年 6 月 6 日《南方日报》。

后 记

在大家的共同努力下，《文化产业经典案例解读》就此完稿付梓。

本书的出版要特别感谢山东大学历史文化学院的大力支持。

参加本书编写的有(排名不分先后)：朱姝、何晓倩、张翰钰、李金烁、杨佳韵、唐天然、王传丽、李璐、郝小双、万晓、王梦晓。李金莲和李金烁参与了本书的审核与校对工作。

在本书编撰过程中，我们特别注意借鉴并吸收了国内外有关专家学者的相关研究成果，并在文末参考文献中一一列举，但恐仍有所遗漏，在此一并致以衷心感谢！

由于编者水平所限，本书不足之处亟盼关心此项工作的专家和读者给予指导和帮助。

编者记于2016年冬